电动汽车
维修技能 全程图解

周晓飞 主编

化学工业出版社
·北京·

内 容 简 介

本书共4章内容，分别介绍了电学基础及安全用电注意事项，混合动力汽车、纯电动汽车的维修和氢燃料电池汽车的概述。

全书内容以实际维修应用为宗旨，以短期提升技能为突出目标；以一图一解的方式进行编排；以"基础知识→维修操作→故障排除"这样"先基础，后操作"的顺序，循序渐进地组织内容，更加易学易懂。

本书可供汽车维修及相关人员学习使用，同时也可以作为相关企业的培训用书和专业院校师生的教学参考书。

图书在版编目（CIP）数据

电动汽车维修技能全程图解 / 周晓飞主编. —北京：化学工业出版社，2021.10
ISBN 978-7-122-39788-1

Ⅰ.①电… Ⅱ.①周… Ⅲ.①电动汽车-车辆修理-图解 Ⅳ.①U469.720.7-64

中国版本图书馆CIP数据核字（2021）第167198号

责任编辑：周　红　　　　　　　　　　　文字编辑：王　硕
责任校对：宋　玮　　　　　　　　　　　装帧设计：刘丽华

出版发行：化学工业出版社（北京市东城区青年湖南街13号　邮政编码100011）
印　　装：高教社（天津）印务有限公司
787mm×1092mm　1/16　印张16½　字数419千字　2022年1月北京第1版第1次印刷

购书咨询：010-64518888　　　　　　　　售后服务：010-64518899
网　　址：http://www.cip.com.cn
凡购买本书，如有缺损质量问题，本社销售中心负责调换。

定　价：99.00元　　　　　　　　　　　　　　　　　　　　　版权所有　违者必究

编写人员

主　编　周晓飞
参　编　赵　朋　李新亮　董小龙
　　　　　李飞霞　郝建庄　张建军
　　　　　郝永振　郭献华　李飞云
　　　　　刘文瑞　赵春梅　周俊林
　　　　　张　希　高夏艳

前言

使用电力驱动的汽车并不是新事物。早期（至 1900 年）使用电力驱动装置的车辆甚至比内燃机车辆还多。首次打破 100km/h 速度限值的车辆不是以汽油为燃料的汽车，而是一辆电动车。之后，因为可达里程仅为 80 多公里和不成熟的蓄电池技术，电力驱动装置未能经受住内燃机对其产生的冲击，随着电机作为启动装置被用于内燃机车辆，电动车开始逐渐消失。

而今，电动汽车复苏并崛起。挪威和荷兰率先宣布到 2035 年禁售传统燃油车；之后德国、法国、英国等国都宣布了内燃机停售时间。世界各大汽车生产商在华投资电动汽车（新能源汽车）布局密集，研发和生产电动汽车速度加快。国产电动汽车更是突飞猛进，如比亚迪、北汽新能源、广汽埃安等，仅比亚迪现有电动汽车（混合动力和纯电动汽车）就有十几款，小鹏汽车、蔚来汽车等也专注于电动及智能化汽车的研发生产。电动汽车市场的活跃也必将给汽车维修工带来前所未有的技术挑战，"保持充电状态"必会是维修工的一种常态。鉴于此，我们组织编写了《电动汽车维修技能全程图解》这本书。

本书人性化谋篇，将一图一解的编排方式贯穿全书；以"基础知识→维修操作→故障排除"这样"先基础，后操作"的渐进策略组织内容；基本常识与维修实际应用相结合。尽最大可能以实际维修应用为宗旨，以短期提升技能为突出目标。

本书共 4 章内容，依次讲述了电学基础及安全用电注意事项、混合动力汽车维修、纯电动汽车维修、氢燃料电池汽车。各章节讲述思路清晰，方法得当，目标明确；易学易懂，重于实际应用。

本书不作为维修业务生产依据，仅为汽车维修及相关人员学习用书，同时也可以作为相关企业的培训用书和专业院校师生的参考用书。

本书编写中参考了大量文献，在此谨向为本书编写、出版给予帮助的同志们及相关文献的作者表示衷心的感谢！

由于笔者水平有限，书中难免有不妥之处，敬请广大读者批评指正。

编者

目录

第1章 电学及安全事项 ... 001

1.1 电学基础知识 ... 001
 1.1.1 高电压 ... 001
 1.1.2 高电流 ... 002
 1.1.3 高频率 ... 003
1.2 "电"的危险 ... 004
 1.2.1 电流对人体的危害 ... 004
 1.2.2 电弧对人体的危害 ... 005
 1.2.3 急救措施 ... 006
1.3 安全用电规定和预防危险的措施 ... 008
 1.3.1 安全规定常识 ... 008
 1.3.2 预防危险的措施 ... 009
1.4 高电压组件安全操作 ... 010
 1.4.1 安全操作的前提 ... 010
 1.4.2 高电压系统的必要/不允许工作 ... 010
 1.4.3 技术安全措施 ... 010
1.5 电池和电机的危险预防 ... 021
 1.5.1 镍氢电池可能引发的危险 ... 022
 1.5.2 锂离子电池可能引发的危险 ... 022
 1.5.3 电动机可能引发的危险 ... 023

第2章 混合动力汽车维修 ... 025

2.1 混合动力基础知识 ... 025
 2.1.1 混合动力划分和布局 ... 025
 2.1.2 混合动力系统布局和原理 ... 030
2.2 蓄能器 ... 035
 2.2.1 蓄电池基础知识 ... 036
 2.2.2 蓄电池类型 ... 038
 2.2.3 双层电容器 ... 041
 2.2.4 维修操作 ... 042
2.3 电机 ... 054
 2.3.1 基础知识 ... 054
 2.3.2 维修操作 ... 069
2.4 整流器 ... 080
2.5 逆变器 ... 083
2.6 直流电流调节器 ... 083
2.7 交流电流调节器 ... 083
2.8 变频器 ... 084
2.9 电动机械式接触器 ... 084
2.10 高度集中的电力电子系统 ... 085

2.10.1	电子动力系统布局	085	2.11.3	主要功能	096
2.10.2	智能动力单元	086	2.12	混合动力冷却系统	100
2.10.3	动力控制单元	089	2.12.1	高电压蓄电池单元冷却系统	100
2.11	混合动力制动系统	093	2.12.2	冷却系统运行状态	102
2.11.1	特点	093	2.12.3	冷却系统组件	103
2.11.2	主要部件	094			

第3章　纯电动汽车维修　　106

3.1	纯电动汽车基础知识	106	3.6.2	维修操作	209
3.1.1	纯电动汽车结构与布局	106	3.6.3	故障点	214
3.1.2	纯电动汽车操控	110	3.7	低电压系统	219
3.2	动力电池	114	3.7.1	基础知识	219
3.2.1	基础知识	114	3.7.2	维修操作	221
3.2.2	维修操作	118	3.7.3	故障点	221
3.2.3	故障点	123	3.8	整车控制系统	223
3.3	电池管理系统	134	3.8.1	基础知识	223
3.3.1	基础知识	134	3.8.2	维修操作	225
3.3.2	维修操作	136	3.8.3	故障点	225
3.3.3	故障点	137	3.9	电动空调系统	229
3.4	充电系统	138	3.9.1	基础知识	229
3.4.1	基础知识	138	3.9.2	维修操作	232
3.4.2	维修操作	145	3.9.3	故障点	233
3.4.3	故障点	167	3.10	电动冷却系统	234
3.5	驱动电机	171	3.10.1	基础知识	234
3.5.1	基础知识	171	3.10.2	维修操作	236
3.5.2	维修操作	178	3.10.3	故障点	238
3.5.3	故障点	191	3.11	减速器	245
3.6	高压配电系统	206	3.12	转向系统	249
3.6.1	基础知识	206			

第4章 氢燃料电池汽车概要 　　251

4.1 氢燃料电池原理　　251
4.2 氢燃料电池汽车主要部件　　252
4.3 氢燃料电池汽车控制　　254

参考文献　　256

第1章 电学及安全事项

1.1 电学基础知识

1.1.1 高电压

(1) 电场 每个带电物体周围都有电场。绝缘体带静电时就会产生这种作用。电场产生的原因是带电物体与其周围的物体之间存在电位差。电位差也称为"电压"。

图解

如图 1-1-1 所示,带电压的导体也会在其周围产生电场。电动汽车中使用的电压可达几百伏。但是电压产生的电场没有直接危险,带静电物体的电场可能比其大得多。例如,手接近带高电压的导线时,无需考虑会产生火花。

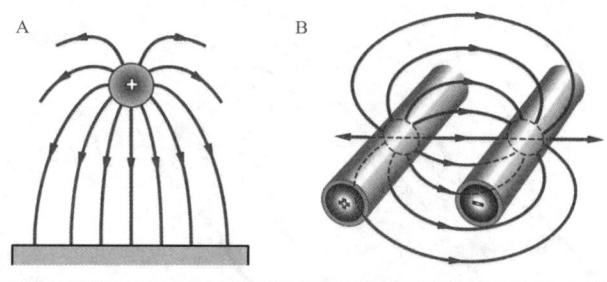

图 1-1-1 电场
A—带正电球体的电场;B—导体之间的电场

(2) 电压和电流 在电动汽车的高电压车载网络中,所使用的电压比常用的 12V 车载网络高许多倍。

电阻 $R=1k\Omega$ 时,电流和电压的关系见表 1-1-1。基本电路如图 1-1-2 所示。

表 1-1-1 电流和电压的关系

电压 (U)/V	电流 (I)/mA	电压 (U)/V	电流 (I)/mA
12	12	360	360
120	120		

图解

如图 1-1-2 所示，电压是产生电流的原因。电压不仅能在物体周围产生电场，而且能够在电路中产生电流。电压 U 越大，在电阻不变的情况下电流 I 也越大。

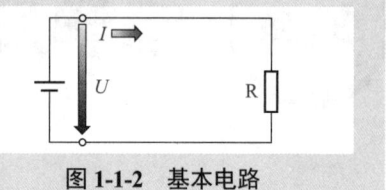

图 1-1-2　基本电路

设计时针对高电压考虑了高电压车载网络中的技术元件，以适合所要求的电流。但是人体的电阻与所施加的电压无关，因此人体与高电压车载网络的导电部件接触时，流过人体的电流明显较高（与 12V 车载网络相比）。

1.1.2　高电流

有电流流过时导体周围产生磁场。导体内的电流越大，磁场强度越大。如果在磁场内移动带电导体，则导体内会产生感应电压。如果两个有电流流过的导体并排靠近，则还能观察到力的作用和电磁感应。

（1）磁场作用　两个有电流流过的导体的磁场彼此重叠。在高电压车载网络中连至高电压蓄电池的导线（正极和负极导线）平行布置。在这些导线中电流向相反方向移动。两根导线的磁场彼此重叠，因此导线之间的磁力线密度较大，磁场也较强。

图解

根据能量守恒定律，叠加作用必须反作用于其原因（即电流）。因此两根导线上作用力的方向抵消了磁场的加强，即导线彼此推开。围绕有电流流过导体的磁场如图 1-1-3 所示。

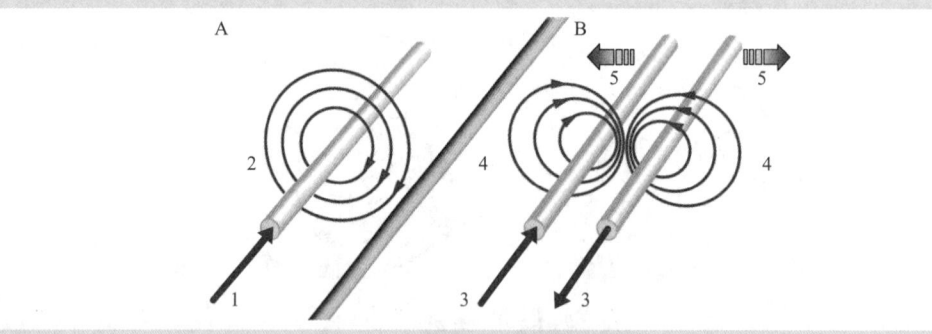

图 1-1-3　围绕有电流流过导体的磁场

A—有电流流过的单个导体；B—两个平行布置的有电流流过的导体；1—电流向一个方向流动；2—电流流过引起的磁场；3—方向相反的两个电流；4—两个电流流过引起的磁场；5—磁场作用在两个导体上的力

例如：两个导体内的电流 I=200A，导体间的距离 r=2cm，导体长度 l=1m，则作用在两个导体上的力 F=0.4N。对比：一块巧克力（m=100g）的重力约为 1.0N。

维修提示

磁场作用在导体上的力相对较小，尽管如此，安装高电压导线时仍必须注意以下事项。
① 仔细地将高电压导线放入或卡入为此准备的固定夹内。
② 使用现有的高电压导线拉力卸载装置。

③ 用规定拧紧力矩固定高电压导线的螺纹接头。将锁止件牢固地安装在高电压导线的插接连接件上。

④ 必须遵守各高电压导线之间以及高电压导线与信号导线之间的设计规定距离。

行驶模式下不仅出现直流电，而且还有（重叠的）交流电。因此导线上的作用力也不是恒定的，而是根据电流方向而改变力的方向。固定或连接还必须防止因作用力变化产生的振动而造成高电压导线松动。如果维修时不注意这些说明，则可能出现振动噪声，此外还可能造成电气接头松动和接触电阻过高。

（2）电磁感应　如果某一导体内电流发生变化，那么导体周围的磁场也会随之改变。导体本身产生感应电压，该电压对缠绕的导体（线圈）尤为重要。如果其它导电物体位于该导体的磁场内，则这些导体内同样会产生感应电压，最终导致导体内产生电流。电流变化越大、变化速度越快，则感应电压越高。因为电动汽车的高电压车载网络内不仅使用高电流，而且使用高开关频率，所以感应具有重要意义。在此不会因此带来危险，但是，在高电压导线附近安装信号导线时，必须考虑确保电磁兼容性（EMV）的边界条件。

1.1.3 高频率

在高电压车载网络内使用变频器和 DC/DC 转换器。这些功率电子电路以高开关频率工作。

> **图解**
>
> 因为以高开关频率工作，所以高电压导线的电压和电流曲线不是恒定的，而是具有最高几百赫兹的频率。由此产生的电磁场导致相邻导线内可能出现干扰电压和干扰电流。在电路图中可以通过导线内或导线之间的电感和电容看出这些影响。导线的电感和电容见图 1-1-4。

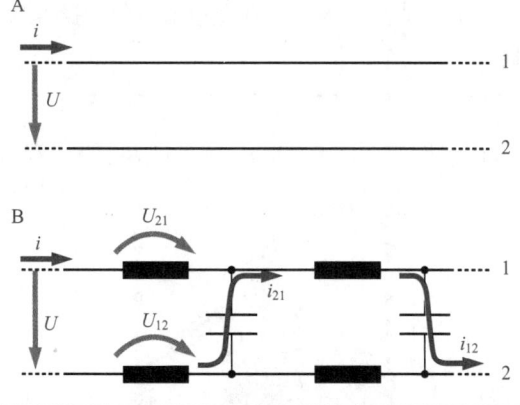

图 1-1-4　导线的电感和电容

1—导线 1；2—导线 2；A—两根平行布置的导线；B—两根平行导线的等效电路图；
i_{12}—导线 2 中通过电容耦合产生的干扰电流，由导线 1 中的电压引起；
i_{21}—导线 1 中通过电容耦合产生的干扰电流，由导线 2 中的电压引起；
U_{12}—导线 2 中通过电感耦合产生的干扰电压，由导线 1 中的电流引起；
U_{21}—导线 1 中通过电感耦合产生的干扰电压，由导线 2 中的电流引起

图解

为了确保信号导线上的干扰尽可能小,在此采取了相应措施,例如使用屏蔽导线、双绞导线或导线之间的距离尽可能大。电动汽车的新特点是可能产生这类干扰电压和干扰电流,尤其是在高电压导线周围。为保证电磁兼容性,高电压导线都带有屏蔽层。带屏蔽层的高电压导线见图1-1-5。

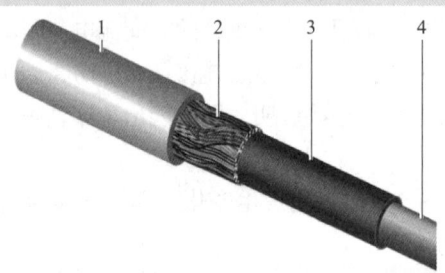

图 1-1-5 带屏蔽层的高电压导线

1—橙色外部保护套;2—作为屏蔽层的钢丝网;3—导体绝缘层;4—导体

不得因未按规定维修或使用非正规解决方案而影响车内采取的所有电磁兼容性措施,否则肯定会造成车内复杂的电子系统出现功能故障。电动汽车中会涉及安装高电压导线等高电压组件,但是也涉及供电电子装置。因此不允许非正规维修损坏的绝缘或壳体部件,否则不仅可能因干扰电压和干扰电流而影响系统功能,而且可能危及车辆用户和维修人员。

1.2 "电"的危险

1.2.1 电流对人体的危害

(1) 影响因素 人体细胞在有限范围内具有导电性。细胞内液体比例较高是导电的主要原因。如果接触带电部件,则电流可能流过人体。在此电流以最短路径流过身体。取决于在体内所经过的路径,电流可能会遇到不同器官。

图解

在图1-2-1电流流过人体示例中,电流遇到的器官包括呼吸器官和心脏。

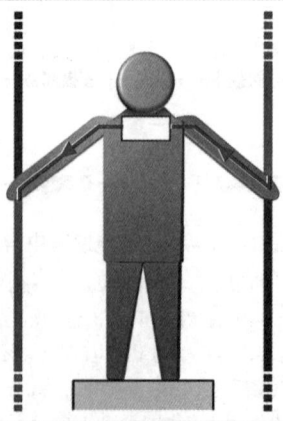

图 1-2-1 电流流过人体示意图

也可以针对人体内电流经过的不同路径给出电阻值。人体的电阻大小取决于衣服、皮肤湿度和人体内电流经过路径的长度和类型等影响因素。

有电流流过的身体部位处衣服越厚、越干,电阻值越大。如果皮肤上有水或雪,那么身体电阻就会下降。如果身体内电流经过的路径较短,那么电阻比电流流过较长路径时小。表 1-2-1 为人体电阻的近似值,这些数值可能受上述因素影响。

表 1-2-1　人体电阻

身体内电流的路径	电阻(约)/Ω	身体内电流的路径	电阻(约)/Ω
从一只手到另一只手	1000	从双手到双脚	500
从一只手到双脚	750	从双手到躯干	250

电流仅取决于施加在身体上的电压和人体电阻:$I=U/R$,见表 1-2-2。

表 1-2-2　人体内电流强度

状况	施加的电压 U/V	人体电阻 R/Ω	电流 I/mA
分别用一只手接触 12V 蓄电池的一个电极	12	1000	12
分别用一只手接触高电压蓄电池的一个电极	420	1000	420
用一只手接触墙壁插座的外部导体且双脚站在地面上	230	750	307

(2)人体内电流的作用　电流的作用不仅体现在技术方面(加热、发光、化学和磁性作用),还影响人体等生物体。人们将电流对生物体的作用称为生理作用,其原因是电过程控制许多生物体机能:肌肉运动和心跳都受电脉冲控制;感觉器官的信息也以电信号形式通过神经组织传输到大脑;大脑也利用电信号工作。人体内的这些信号具有很低的电压和电流,如果外部电源产生的电流流过人体,那么这个信号会叠加在自然电信号上,因此可能严重干扰自然电信号控制过程,至少可以使人感觉到电击和产生抽搐。电流较大时大脑无法再控制肌肉运动,这可能导致人体无法自主松开带电部件。如果超过所谓的松开限值,就会形成危险的循环:电流流过人体的时间越长,其作用的危害性越大。

1.2.2　电弧对人体的危害

(1)电弧　电弧是指电流从两个隔开(通过空气等气体隔开)的导体之间流过。通过气体隔开时导体之间通常是绝缘的。两个导体接触且有电流流动时,可能会产生电弧。

图解

两个导体之间的电弧如图 1-2-2 所示。产生电弧的前提是最低电压和最低电流(导体分开之前)。这些数值无法明确给出,而是取决于导体的材料。过去电弧在灯泡中作为光源使用(典型的有钨丝灯泡),如今也用于焊接(钨惰性气体焊接)等。

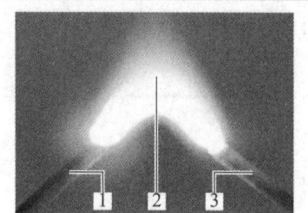

图 1-2-2　两个导体之间的电弧
1—导体;2—电弧;3—导体

(2)电弧对人的潜在危害

① 烧伤。如果人体靠近电弧或直接进入电弧内，则会因高温而产生严重烧伤。因此要注意，身体部位不要进入电弧内，只能在戴上防护手套的情况下握住导体。

② 紫外线辐射。电荷载体碰撞不仅产生热量，还发射可见光及紫外线。紫外线可能伤害眼睛，准确地说是使视网膜受伤害，这种伤害称为"灼伤"。切勿在未使用防护面具的情况下直视电弧。

③ 飞尘微粒。电弧产生的高温不断将离子和电子从导体材料中"拉出"，此时较小的微粒也可能随之"逃出"，然后不受控制地飞向四周。通常情况下这些微粒温度非常高。在未穿防护服（包括防护手套和护目镜）的情况下切勿靠近电弧。

> **维修提示**
> 如果要在维修车间内面对电弧工作，则必须注意以下事项：
> ① 尝试通过指定的装备（例如高电压安全插头）关闭电源。
> ② 远离电弧且不要直视电弧！
> ③ 如果必须靠近电弧，必须按焊接工作规定使用防护装备（防护服、护目镜、防护手套），如图1-2-3所示。

图1-2-3 使用防护装备

(3)避免产生电弧 由于电弧可能带来危险，因此必须避免产生电弧。为避免混合动力车辆的组件产生电弧，从技术角度采取了许多措施。因此售后服务人员很少遇到前述的危险情况。

> **维修提示**
> 高电压系统仍处于运行状态且导线内有电流时，切勿断开高电压导线。断开高电压导线前，应关闭高电压系统并确定系统无电压，这样可以进一步降低混合动力车辆中出现电弧的可能性。

1.2.3 急救措施

(1)立即断电 如果发生事故，救助人首先估计事故情况并判断是否属于带电流的事故。若属于带电流的事故，则应立即断电。

图解

发生带电流的事故时，第一个紧急措施是断开事故电路，见图 1-2-4。

电流流过人体时可能使人体受重伤。电流越大、电流持续时间越长，受伤越严重。因此，救助遇事故人的首要措施是断开事故电路。

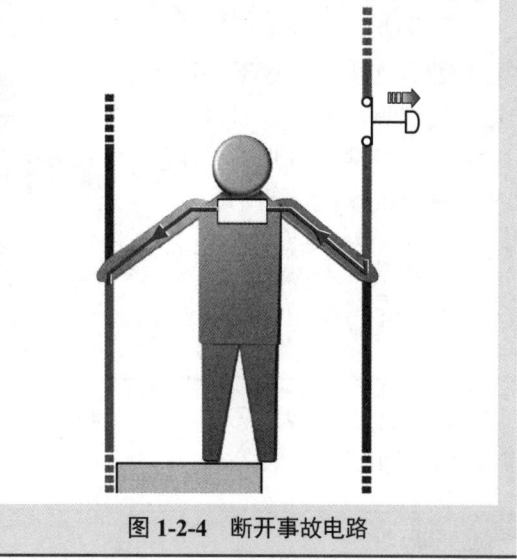

图 1-2-4　断开事故电路

每个救助人的自然反应是抓住遇事故人并将其从带电部件上拉下来，但是救助人会因此将自身置于危险中，此后电流流过两个人的身体并造成救助人受伤。因此，救助开始时救助人正确估计当前情况并首先考虑自我保护非常重要。

维修提示

救助时自我保护具有最高优先等级。救助人不得为断开事故电路而直接抓住遇事故人。取而代之的是，必须借助专门预留的装置关闭电源。

可采用以下几种方式关闭混合动力车辆上事故电路的电源：
① 拉起高电压安全插头。
② 断开 12V 供电（例如断开 12V 蓄电池接线）。
③ 拔下保险丝（如果有）。

如果救助人不能在无危险的情况下关闭电源，则必须以其它方式断开事故电路。为此，救助人需使用绝缘用品，最好是绝缘防护手套（图 1-2-5）。只有这样，才允许救助人尝试将遇事故人与带电部件分开。在特殊情况下也可以用位于附近的塑料部件或干木材将遇事故人与电路分开。只有使用这类用品，才能减小或排除电气事故给救助人带来的危险。

（2）拨打急救电话　每次发生电流引起的事故时，都必须请专业医生实施救助。要及时拨打急救电话，并说明以下情况：

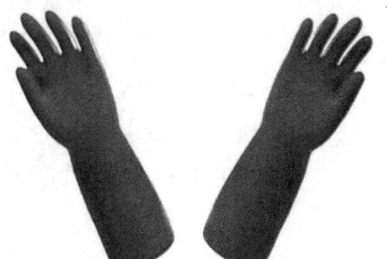

图 1-2-5　绝缘防护手套

事故发生在何处？发生了什么？多少人受伤？事故或受伤类型？

（3）急救处理　如果遇事故人失去知觉和 / 或不再呼吸，则需要采取急救措施。这些措施用于维持对人体而言生死攸关的机能，直至急救服务机构到达事故现场。

图解

必须将失去知觉，但是还能呼吸的遇事故人置于侧卧状态。若遇事故人失去知觉且不再呼吸，必须立即开始心肺复苏措施，如图 1-2-6 所示。

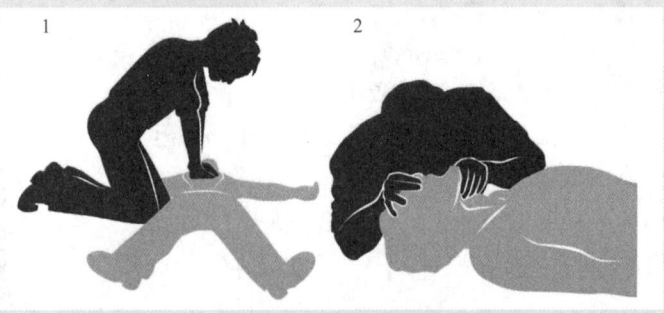

图 1-2-6　心肺复苏措施示意图
1—胸腔按压；2—人工呼吸

心肺复苏措施包括交替按压胸腔和人工呼吸。必须持续执行此措施，直至遇事故人恢复呼吸能力或救援服务人员到来。

维修提示

如果是烧伤，则必须用流动的冷水冷却，直至疼痛减轻，然后用无菌纱布盖住。如果遇事故人在受到烧伤的同时神志不清且血液循环有问题，则优先采取心肺复苏措施。

1.3　安全用电规定和预防危险的措施

1.3.1　安全规定常识

在劳动保护方面，维修技师都有责任完成以下工作：
① 必须遵守有关安装和健康保护的说明和规定。
② 必须使用现有防护装备。
③ 必须按规定使用装备。
④ 如果发现装备损坏，则自己必须按专业要求排除。如果不能排除，则必须向上级通报，以便按专业要求排除故障。

图解

"危险电压"的定义以人与带电工作部件接触时产生的结果为基础。如果通过人体的电流可能危害健康，则该电压是"危险的"。在电动汽车中带危险电压的组件汇总在高电压组件下。这些危险通过图 1-3-1 所示的安全标签表示出来，或者以橙色为信号颜色（高电压导线）。

危险电压警告图

高电压组件警告提示牌(1)

高电压组件警告提示牌(2)

图 1-3-1　高压警告标识

维修提示

绝不允许在带电运行部件上进行工作!

开始工作前必须关闭供电（无电压），工作期间也必须确保系统无电压。具体要求如下：

① 关闭供电（无电压），并固定住以防重新接通；

② 确定高压系统无电压；

③ 盖住相邻的导电部件。

维修提示

如果在短路的高电压蓄电池上重新施加电压，则会有很高的短路电流流过，这可能导致高电压蓄电池失火。盖住相邻部件可确保工作期间保持运行的相邻电流不带来危险（例如与断电的电路短路）。

1.3.2 预防危险的措施

（1）关闭供电　进行高电压组件方面的工作时，身体可能接触高电压导线的接口等部件。行驶期间这些工作部件带有危险电压。为了在工作期间使高电压组件上不带有危险电压，最简单的方法是关闭高电压蓄电池。高电压安全插头（维修开关）如图 1-3-2 所示。

（2）确定系统无电压　关闭高电压系统（无电压）并将其固定住以防重新接通。必须检查高电压系统是否确实处于无电压状态。高电压系统的设计要求是可以自动确定系统有无电压。几个高电压组件借助用于测量电压的集成式元件自动测量电压，测量结果通过总线系统传输给组合仪表。如果所有测量结果都表明电压值低于危险限值，则组合仪表显示高电压系统已成功关闭且确实处于无电压状态。

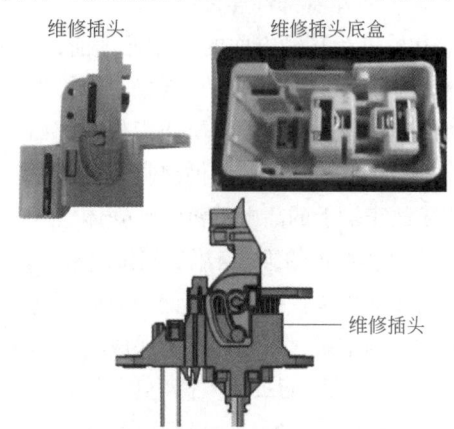

图 1-3-2　高电压安全插头（维修开关）

图解

如图 1-3-3 所示，这个检查控制符号中高电压危险符号（闪电）带有斜线，这也直观地表示了不再有危险电压。显示方式取决于车型，可能与此处图示的符号不同，因此必须借助相应车型的维修说明或培训媒体确定显示内容。

图 1-3-3　高电压系统无电压检查控制符号

开始进行高电压组件方面的工作前，同样必须注意并执行安全规定。借此检查是否按规定关闭了高电压系统（无电压）。这样可以确保高电压系统不会危害在车辆上工作的人员。

1.4 高电压组件安全操作

1.4.1 安全操作的前提

只有满足以下三个前提时,才允许进行高电压组件方面的工作。

(1)**具有专业资格** 必须具有高电压组件电气专业人员的资格(低压电工证)。

(2)**执行安全规定操作** 进行高电压组件方面的工作前,必须执行三个安全规定:关闭供电,固定住高电压组件以防重新接通,以及确定系统无电压。

(3)**遵循维修说明** 进行高电压组件方面的工作时,必须严格遵守维修说明,规范操作和防护。

1.4.2 高电压系统的必要/不允许工作

(1)必要的工作

① 高电压组件的现场直观检查。

② 诊断检测。

③ 检查车身部件连接。

开始进行车辆方面的故障处理前,必须仔细检查高电压组件。原则上建议进行现场直观检查,对于事故车辆必须进行现场直观检查。通过现场直观检查,可以在高电压系统自诊断功能识别到故障前发现损坏的高电压组件。例如,如果高电压导线的绝缘层损坏,但是未与车身部件接触,则绝缘监控功能还未做出响应,可以通过现场直观检查识别到这种故障状态。还应现场直观检查事故车辆上的高电压蓄电池壳体,从而防止电解液流出等。

高电压系统的维修工作结束时,必须借助诊断系统检查高电压组件。这取决于具体车辆,可能只需读取故障代码存储器记录或启动特殊服务功能。通过这项检查可以查阅高电压系统大量自诊断过程的结果,因此可以确保成功维修后高电压系统处于正常且可靠运行状态。

(2)**不允许的工作** 高电压导线损坏时,不允许进行维修。例如,不允许维修绝缘层的损坏部位。取而代之的是,必须更换整个高电压导线。

如果供电电子装置等高电压组件损坏,则不允许打开壳体维修组件内部。取而代之的是,必须按检测计划更换整个高电压组件。

1.4.3 技术安全措施

高电压系统所使用的技术安全措施如下:

① 接触保护;

② 高电压接触监控;

③ 高电压电路放电;

④ 将高电压车载网络与 12V 车载网络分开;

⑤ 短路监控;

⑥ 发生事故时关闭。

(1)**高电压组件的标记** 每个高电压组件的壳体上都带有一个标记,可以通过标记很直观地看出高电压可能带来的危险。所有使用的警告提示牌都基于符合国际标准且为大家所熟知的危险电压警告标志。

> **图解**
>
> 如图 1-4-1 所示,有关标记的特殊情况是高电压导线。因为导线长度可能为几米,所以在一处或两处通过警告提示牌标记意义不大(维修技师容易忽视这些标牌),取而代之的是用橙色警告色标记出所有高电压导线。高电压导线的某些插头以及高电压安全插头也可能采用橙色规格。
>
>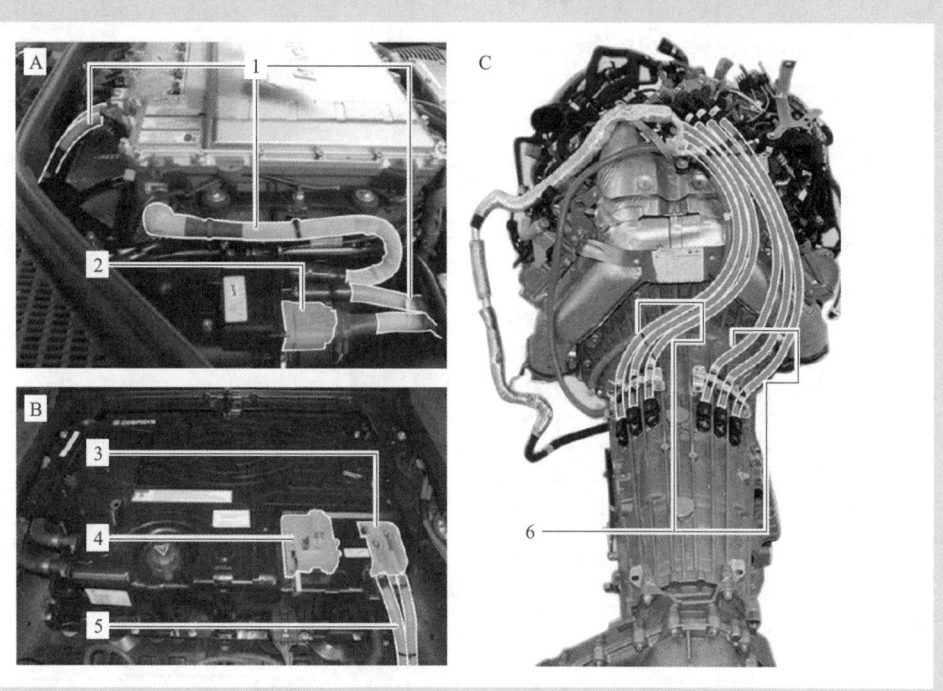
>
> **图 1-4-1　高电压导线的橙色标记**
> A—发动机室内的橙色标记;B—高电压蓄电池上的橙色标记;C—主动变速箱上的橙色标记;
> 1—发动机室内的高电压导线;2—高电压导线上的插头;3—高电压蓄电池上的接线端;
> 4—高电压安全插头;5—高电压蓄电池上的高电压导线;6—主动变速箱上的高电压导线

(2)防止直接接触(基本保护)　基本保护表示在正常运行条件下(即无故障时)的保护等级。基本保护可以通过所谓的保护方式以 IP 代码形式(表 1-4-1)规定。

例如,要求保护方式 IP××B 用于发电机室且通过高电压系统满足这一要求。在车内其它安装位置必须满足更高的保护方式 IP××D。

基本保护还包括隔开(绝缘)壳体内外的带电工作部件。

表 1-4-1　IP 代码形式

第一部分	第二部分		第三部分
IP	××		表示人员安全
	"IP"后面的前两位为数字,表示防异物和防潮	B	字母"B"表示高电压系统壳体和盖板的成型和组装方式是:用手指接触不到带危险电压的部件
		D	字母"D"表示无法通过金属丝与带危险电压的部件接触

（3）防止间接接触（故障保护） 第二个等级的故障保护是基本保护的附加保护措施，这些措施可防止出现电气故障时给人带来的危害。其中包括：高电压导线绝缘和高电压车载网络的网络形式。

按规定，高电压导线带有绝缘塑料层。高电压导线必须满足绝缘电阻方面的严格要求。在此要求绝缘电阻为几兆欧姆。

① 高电压车载网络保护。高电压组件出现电气故障时，高电压车载网络的网络形式如何参与人员保护？为便于解释，下面以带电导线与可导电壳体短路作为故障原因进行介绍，首先与房屋内的电气安装进行比较，然后介绍与混合动力车辆高电压车载网络的区别。

图解

房屋内的电气安装由三相交流电压系统组成。如图 1-4-2 所示，有三根带电导线（外部导线）和至少一根接地导线（零线，可能包括一根地线）。这种广泛使用的网络形式称为"TN"。"TN"表示发电机的星形交叉点接地且有一个接地零线引至房屋接口。可导电的壳体也接地。

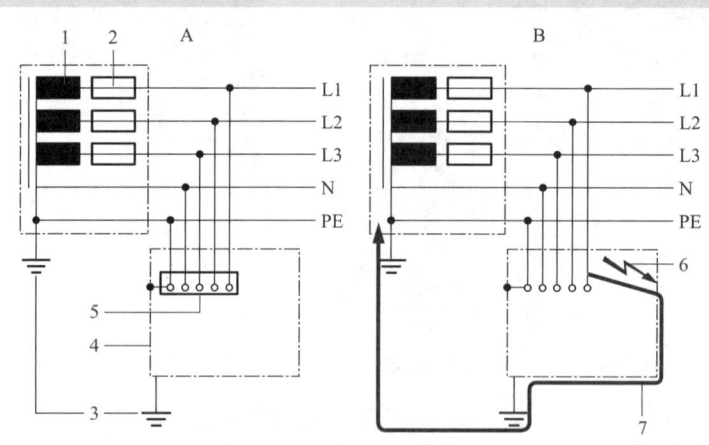

图 1-4-2　TN 网络

A—TN 网络结构；B—TN 网络内的故障情况；1—供电变压器或发电机的线圈；2—过载电流保护装置（保险丝）；3—接地；4—TN 网络用电器的壳体；5—用电器内导线的接口；6—外部导线 L1 与用电器壳体之间短路；7—从外部导线 L1 通过壳体和接地流回到供电变压器的故障电流；L1、L2、L3—三个外部导线；N—零线；PE—地线

壳体可防止设备使用者直接接触带电部件。如果出现故障，导致某一外部导线与壳体连接（可导电），则壳体上带有危险电压。电流通过壳体流至接地点，然后流回到发电机。为防止人接触壳体上的危险电压，在这个 TN 网络中采用过载电流保护器（保险丝）作为保护措施。

过载电流保护器在发生上述故障时做出响应并关闭供电。通过这种方式可以防止间接接触。

图解

如果混合动力车辆中采用带有过载电流保护器的 TN 网络，则只出现一个故障（外部导线与壳体之间短路）时高电压系统就会关闭，因此降低了电动驱动装置的使用率。出于这个原因，在混合动力车辆中使用另一种网络形式，即带有绝缘监控功能的 IT 网络，如图 1-4-3 所示。

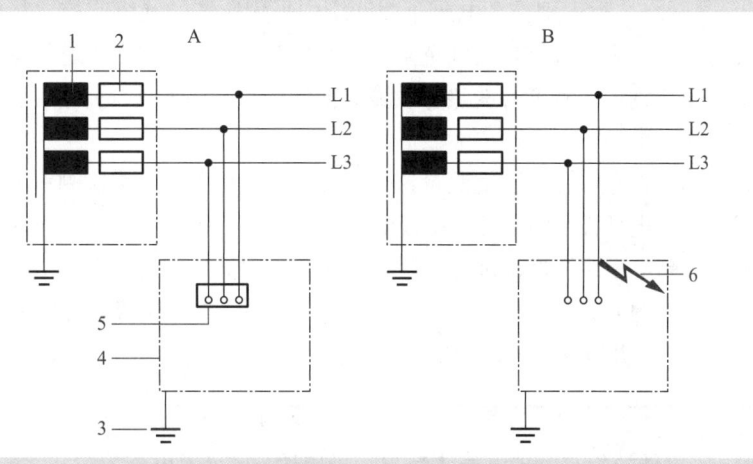

图 1-4-3　IT 网络

A—IT 网络结构；B—IT 网络内的故障情况；1—供电变压器或发电机的线圈；
2—过载电流保护装置（保险丝）；3—通过接地补偿电位；4—IT 网络用电器的壳体；
5—用电器内导线的接口；6—外部导线 L1 与用电器壳体之间短路；L1、L2、L3—三个外部导线

在 IT 网络中不导电的导线接地。如果发生带电导线与壳体短路的故障，IT 网络中会出现什么情况？

因为电源未与接地点连接，所以无短路电流。因此过载电流保护装置不触发。其结果是，在这种故障类型下高电压系统可能仍暂时保持运行状态，因此保证了高电压车载网络有较高的使用率，这是这种网络形式的第一个优势。IT 网络不仅可以用于三相交流电网络，也可以用于直流电压网络，车辆的高电压系统也使用直流电压网络。

图解

因为至电源的电路未闭合，所以接触壳体时没有电流流过身体。即使身体其它部位与车身（接地）接触，电路也始终不闭合。只有同时接触高电压车载网络的第二个带电导线时，电流才会流过身体。此为 IT 网络的第二个优势。高电压车载网络中的故障情况见图 1-4-4。

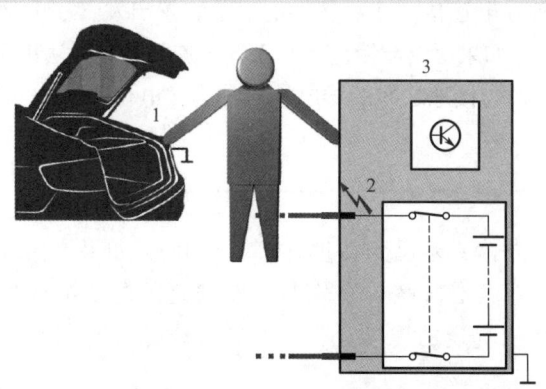

图 1-4-4　高电压车载网络中的故障情况

1—车身（观察电气系统：接地）；2—高电压导线与高电压蓄电池单元的壳体之间短路；3—高电压蓄电池单元

② 高电压车载网络故障识别。高电压车载网络中采用所谓的绝缘监控。其目的是，识别所有带高电压部件与可导电壳体或接地之间危险的绝缘故障。如果壳体/接地与另一个带高电压部件之间存在危险电压，则说明有危险的绝缘故障。换句话说，高电压部件与壳体/接地之间的绝缘电阻低于某一限值。

高电压车载网络中的绝缘监控功能测量这个绝缘电阻，例如通过多次测量电压间接测量。在此通过测量电阻测量带电部件（例如高电压蓄电池的正极和负极）与接地之间的电压。高电压系统启用期间以及关闭高电压系统后都进行测量。绝缘监控功能通常集成在一个或两个高电压组件内，例如供电电子装置内和/或高电压蓄电池的控制单元内。但是绝缘监控功能如何识别另一个高电压组件（例如电动空调压缩机）内的绝缘故障？

图解

只有当高电压组件的所有可导电壳体都与车身接地连接（有电流）时，才能从一个或两个中心位置实现绝缘监控。高电压车载网络中的绝缘监控见图1-4-5。

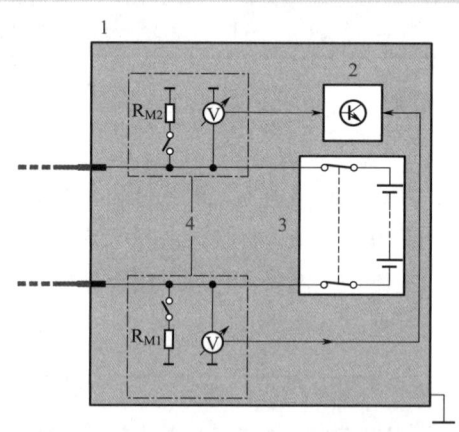

图1-4-5　高电压车载网络中的绝缘监控
1—高电压蓄电池单元；2—高电压蓄电池单元中的控制单元；3—高电压蓄电池；4—用于测量绝缘电阻的电路

例如，只有借助这种导电连接，才能从供电电子装置出发，在电动空调器内可靠识别高电压导线与壳体之间的短路。如果可以与接地之间无导电连接，则无法识别该故障，因此对人有潜在危险。壳体彼此之间以及与接地之间的导电连接称为"电位补偿"，因此使用的电气连接称为"电位补偿导线"。

维修提示

高电压组件的导电壳体必须已与接地连接（导电）。如果维修高电压组件或更换车身部件，则组装时必须注意：必须按规定恢复与车身之间的导电连接。在此还应严格遵守维修说明，尤其是在使用规定的连接元件（例如自攻螺钉）和遵守规定的拧紧力矩要求方面。

（4）高电压接触监控

① 概述。高电压组件的带电工作部件带有盖板或壳体，以防直接接触。这与高电压导线的

导体类似：导体通过绝缘层或绝缘的插头壳体防止接触。维修技师进行高电压组件方面的工作前，必须通过执行安全规定关闭高电压系统，然后让所有带电部件都处于无电压状态，从而可以无危险地工作。如果忘记按规定关闭系统，则有一个附加安全措施自动关闭高电压系统。

② 高电压接触监控的原理。可接触到的带电部件和插头（其触点可接触到）上方的盖板与高电压接触监控电路连接。

高电压接触监控电子装置有两个主要任务。首先是产生互锁信号，在此指交流电压（或交流电流），在大多数情况下该电压为矩形波电压，电压值较低，因此无危险。该互锁信号输入到经过高电压组件盖板和/或高电压导线插头上方的电路内。

> **图解**
>
> 盖板和插头内分别有一个跨接线。如果装上盖板，则高电压接触监控电路内的跨接线闭合。如果取下盖板并因此拉起跨接线，则电路断开。对高电压插头而言情况类似：插上高电压插头后，高电压接触监控电路内的跨接线闭合；拔下插头后，跨接线使电路断开。在此高电压导线的触点采用凹进布置结构。这意味着，首先断开高电压接触监控电路，然后断开高电压导线的连接，这样可以进一步防止接触并降低连接松开时产生电弧的危险。高电压接触监控的原理见图1-4-6。
>
>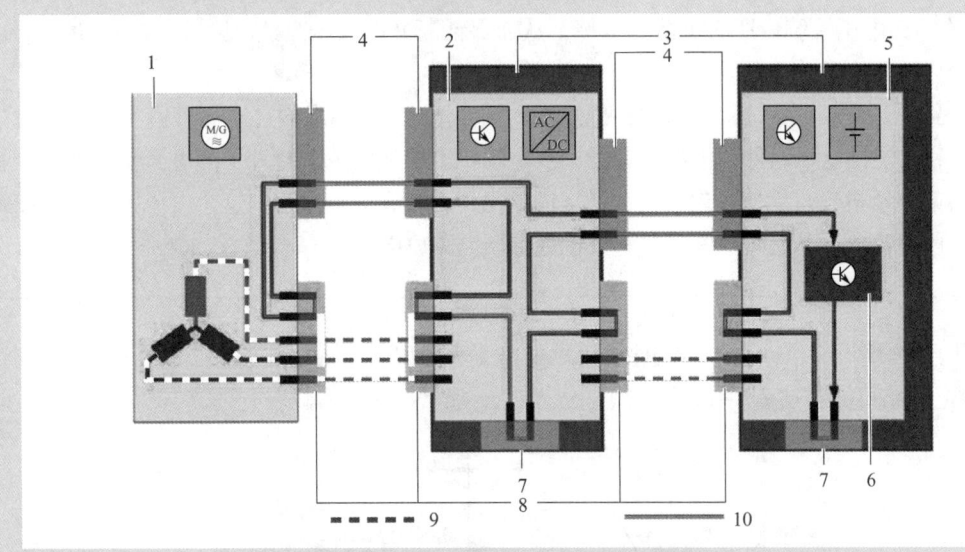
>
> **图1-4-6　高电压接触监控的原理**
> 1—电动机；2—供电电子装置；3—高电压安全盖板；4—用于高电压接触监控检测导线的低电压插头；5—高电压蓄电池单元；6—高电压接触监控电子装置；7—高电压安全盖板上高电压接触监控的跨接线；8—带高电压接触监控跨接线的高电压插头；9—高电压导线；10—高电压接触监控检测导线

跨接线串联在高电压接触监控的整个电路内，因此取下盖板或拔下高电压插头即可使互锁信号中断。如果接收到的信号与所发出的高电压互锁信号存在较大偏差（信号电平、对地或对正极短路），则电子装置促使高电压系统关闭。高电压接触监控见图1-4-7。

电子装置可能是高电压组件（例如高电压蓄电池）控制单元的组成部分。互锁信号的发生器和分析电路也可能分布在两个高电压组件上（例如高电压蓄电池和供电电子装置）。

在此分多步自动控制高电压系统的关闭过程：

① 取消电动机的控制；

② 电动机绕组短路；

③ 打开高电压蓄电池内的接触器；

④ 高电压电路放电。

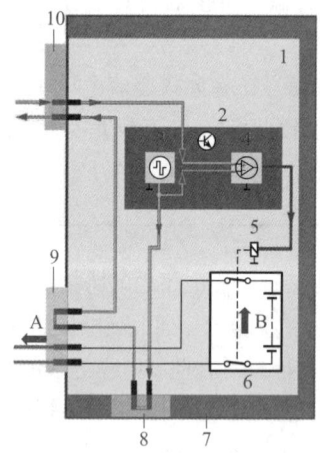

图 1-4-7　高电压接触监控

1—高电压蓄电池单元；2—高电压接触监控电子装置；3—互锁信号发生器；4—互锁信号分析电路；5—电动机机械式接触器；6—高电压蓄电池；7—高电压安全盖板；8—高电压安全盖板上高电压接触监控的跨接线；9—带高电压接触监控跨接线的高电压插头；10—用于高电压接触监控检测导线的低电压插头；A—拉下高电压插头并打开高电压接触监控跨接线；B—打开接触器触点

借此关闭高电压系统内所有可能的电源，从而保证断开高电压互锁电路后最迟 5s 时，整个高电压系统内不再有危险电压。

（5）高电压电路放电　除了高电压蓄电池外，高电压车载网络内还有另外两个电源：供电电子装置（和其它高电压组件）内的电容器以及电动机。即使断电时打开了高电压蓄电池的接触器，电容器或电动机也可能使高电压车载网络内的电压保持在某一数值，这个电压可能危及接触部件的人。因此高电压系统每次断电时都要让高电压电路放电。

图解

如图 1-4-8 所示，借助高电压组件的简化电路图表示出了系统如何放电。混合动力车辆中的实际放电电路可能与这个简化图不同。

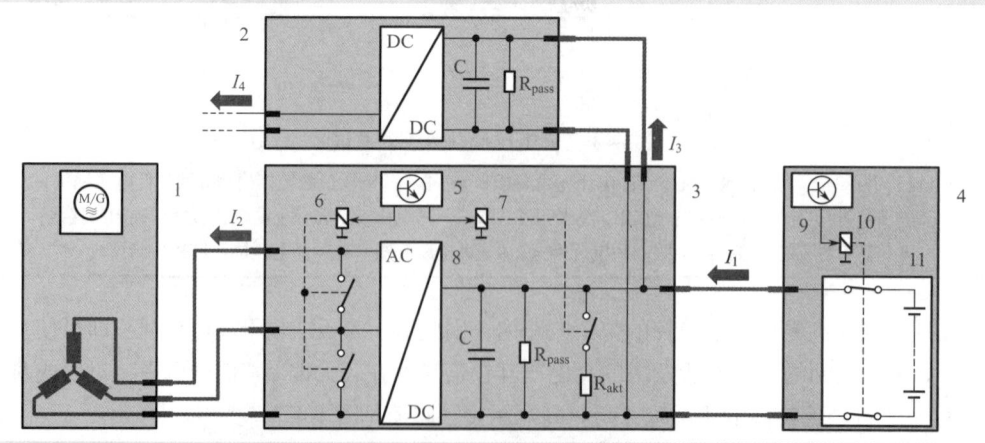

图 1-4-8　高电压系统的简化电路图（主动状态）

1—电动机；2—DC/DC 转换器；3—供电电子装置；4—高电压蓄电池单元；5—供电电子装置控制单元；6—电动机绕组短路继电器；7—电容器主动放电继电器；8—供电电子装置内的电流整流器，在此作为逆变器使用；9—高电压蓄电池单元内的控制单元；10—高电压蓄电池单元内的电动机械式接触器；11—高电压蓄电池；C—DC/DC 转换器和供电电子装置内的中间电路电容器；$I_1 \sim I_4$—用电器电流；R_{pass}—被动放电电阻；R_{akt}—主动放电电阻只要高电压蓄电池的接触器处于闭合状态，高电压蓄电池的电压就会施加在高电压导线上。供电电子装置直流电压侧的电容器电压相同且为放电状态。供电电子装置为高电压组件供电，电流流过高电压导线。

打开高电压蓄电池的接触器前，供电电子装置控制所有高电压用电器，以使用电器不再有电流。从电路技术角度看，这种状态等同于没有用电器连接在高电压车载网络上。

> **图解**
>
> 如图 1-4-9 所示，即使高电压蓄电池的接触器已打开，电动机也可能在高电压车载网络中产生危险电压。如果电动机仍在运转，则绕组内就会产生感应电压。这个电压施加在高电压导线上，也可能对人有危险（取决于转速）。出于这个原因，高电压蓄电池的接触器打开后电动机的绕组短时闭合。
>
>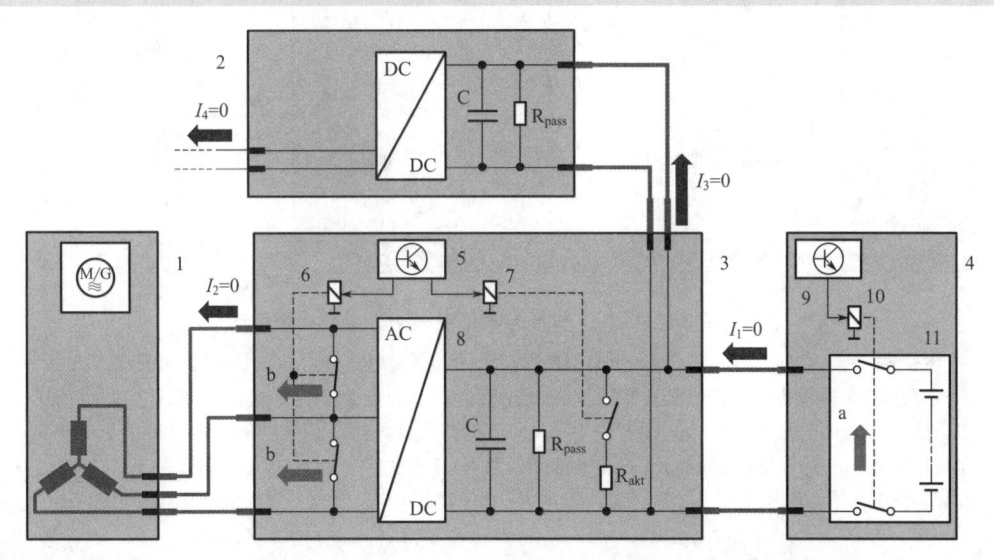
>
> 图 1-4-9　高电压系统的简化电路图（电动机绕组短路）
>
> 1—电动机；2—DC/DC 转换器；3—供电电子装置；4—高电压蓄电池单元；5—供电电子装置控制单元；6—电动机绕组短路继电器；7—电容器主动放电继电器；8—供电电子装置内的电流整流器，在此作为逆变器使用；9—高电压蓄电池单元内的控制单元；10—高电压蓄电池单元内的电动机械式接触器；11—高电压蓄电池；a—高电压蓄电池单元内的接触器触点打开；b—电动机绕组短路触点闭合；C—DC/DC 转换器和供电电子装置内的中间电路电容器；$I_1 \sim I_4$—用电器电流；R_{pass}—被动放电电阻；R_{akt}—主动放电电阻

在最新混合动力车辆中这个过程通过供电电子装置控制。在所有最新 BMW ActiveHybrid 车辆中驱动装置电机的绕组都短路连接。在这些车辆中短路连接特别重要，因为车辆滑行时电动机可能仍在转动。此时绕组上可能产生危险的感应电压。对于混合动力车辆中的其它电动机（例如电动空调压缩机中的电动机）来说，其绕组是否必须短路连接取决于电动机的结构和关闭时的状态。如果关闭后电动机继续转动并在绕组上产生危险的感应电压，则还会关闭绕组。具体车型不同，情况可能会不同。

> **图解**
>
> 例如，通过电路图可以看出供电电子装置中使用的电容器与高电压导线并联。如果打开高电压蓄电池的接触器，则电压仍与高电压导线上以前的电压相同。电容器存储电能并使电压保持在这个数值。因为事先关闭了所有高电压用电器，所以在没有附加措施的情况下电容器无法放电。在此使用电容器放电电路来降低高电压导线上的电压，该电路由一个被动放电电阻和一个主动放电电阻组成。图1-4-10所示为高电压系统的简化电路图（电容器放电）。

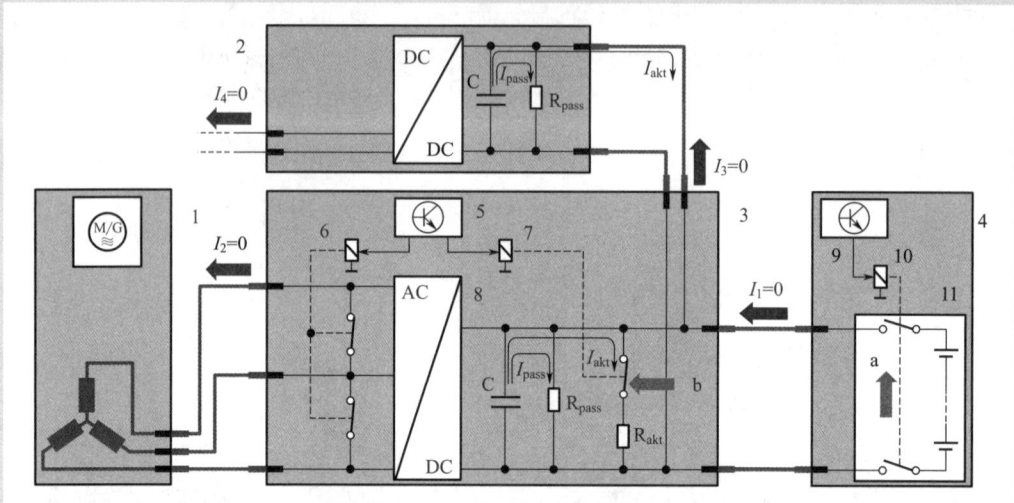

图1-4-10 高电压系统的简化电路图：电容器放电

1—电动机；2—DC/DC转换器；3—供电电子装置；4—高电压蓄电池单元；5—供电电子装置控制单元；6—电动机绕组短路继电器；7—电容器主动放电继电器；8—供电电子装置内的电流整流器，在此作为逆变器使用；9—高电压蓄电池单元内的控制单元；10—高电压蓄电池单元内的电动机械式接触器；11—高电压蓄电池；a—高电压蓄电池单元内的接触器触点打开；b—电容器主动放电触点闭合；C—DC/DC转换器和供电电子装置内的中间电路电容器；$I_1 \sim I_4$—用电器电流；I_{pass}—经过被动放电电阻的电流；I_{akt}—经过主动放电电阻的电流；R_{pass}—被动放电电阻；R_{akt}—主动放电电阻

被动放电电阻R_{pass}（电阻值：R_{pass}）始终与电容器并联。打开高电压蓄电池内的接触器后，放电电流立即从电容器通过被动放电电阻流走。电容器电压和高电压导线上的电压以指数速度降低，经过$t=5\tau=5R_{pass}C$后达到0V。但是，即使在高电压系统工作时，电流也会通过被动放电电阻流走。为了使此时产生的功率损失保持在较低程度，被动放电电阻的设计阻值相对较高，数量等级为几万欧姆，所用电容器的电容值为几百微法，因此，被动放电时电压降到零的时间可能为几分钟。该系统的设计方案是，最迟5min后电容器通过被动放电电阻放电到非危险电压。

但是，被动放电只是主动放电电阻不运行时的一项附加安全措施。高电压蓄电池的接触器关闭后，关闭高电压系统时供电电子装置控制主动放电电阻上开关的关闭。主动放电电阻R_{akt}的阻值为几十欧姆，因此放电速度明显加快。这种设计可确保最迟5s后结束高电压电路主动放电。

在车辆中通常有一个主动放电电阻，该电阻位于供电电子装置内。关闭高电压系统时，不仅供电电子装置内的电容器通过这个电阻放电，而且其它高电压组件（例如DC/DC转换器和电动空调压缩机）内的电容器也通过该电阻放电。因为高电压导线和其它高电压组件中的电容器并联，所以可以采用这种主动放电形式。

除了主动放电电阻外,带电容器的每个高电压组件内还有被动放电电阻。确保主动放电成功结束前,即使主动放电失败或高电压组件之间的高电压导线断路,电容器也能放电。被动放电和主动放电的电路类型、电阻数量、最大持续时间见表1-4-2。

表1-4-2 被动放电和主动放电

	被动放电	主动放电
放电电路类型	永久	打开
放电电阻数量	带电容器的每个高电压组件内都有一个被动放电电阻	整个高电压系统内至少有一个主动放电电阻,可能有多个
最大持续放电时间	5min	5s

(6)脱开高电压车载网络与12V蓄电池的导电连接 高电压车载网络与12V蓄电池之间通过一个DC/DC转换器彼此连接,因此可以通过高电压车载网络的能量为12V蓄电池充电,此后不再需要12V发电机。对于两个车载网络的这个所需"能量"连接来说,必须确保高电压车载网络的危险电压不传输到12V车载网络内,否则进行相关工作前,也要在12V车载网络内执行与高电压车载网络内相同的电气安全规定。出于这个原因,12V车载网络与高电压车载网络的电气连接彼此断开,即两个车载网络之间没有导电连接。断开连接通过合适的绝缘在组件和导线上实现。

> **图解**
> 在DC/DC转换器中必须使用尽管存在能量连接但是导电连接脱开的电路,例如变压器电路。因为无法借助变压器在直流电压网络之间传输能量,所以必须将直流电压转换为交流电压或反向转换。高电压车载网络和12V车载网络见图1-4-11。

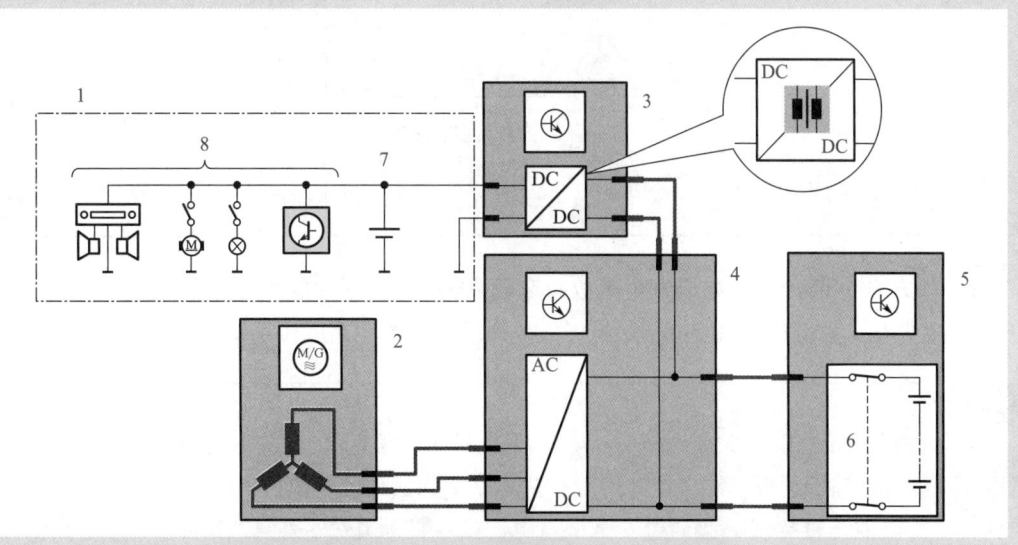

图1-4-11 高电压车载网络和12V车载网络

1—12V车载网络;2—电动机;3—DC/DC转换器;4—供电电子装置;5—高电压蓄电池单元;6—高电压蓄电池内的接触器触点;7—12V蓄电池;8—12V用电器

(7) 短路监控　例如，高电压车载网络内两个高电压蓄电池导线之间短路会产生很高的短路电流。其原因是：

① 电压较高；
② 高电压蓄电池内阻较低；
③ 高电压导线的电阻较低。

这种高短路电流的后果很严重，在此会产生电弧、造成高电压导线或高电压蓄电池毁坏直至发生火灾。为避免出现这种后果，在混合动力车辆的高电压车载网络中采用了用于识别短路的技术措施。这些措施通常集成在高电压蓄电池内。

图解

在此使用高电流保险丝和电子过载电流保护开关。为了在短路时缩短响应时间，系统借助蓄电池导线内的电流传感器以电子形式监控电流。如果高电压蓄电池单元的控制单元识别到电流高于允许值，则促使高电压蓄电池内接触器的触点打开。这些开关触点的设计方案是，即使在短路造成的电流很高时也能打开，但是会因此造成使用寿命明显降低。与只使用传统保险丝相比，电子短路监控功能可降低响应时间，尤其是在电流很高时。短路监控电路图见图1-4-12。

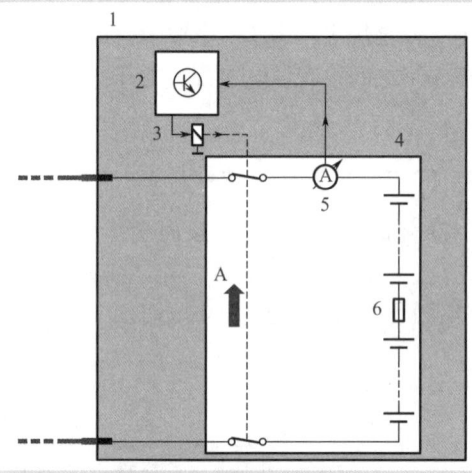

图1-4-12　短路监控电路图

1—高电压蓄电池单元；2—高电压蓄电池单元内的控制单元；3—电动机械式接触器；
4—高电压蓄电池；5—电流传感器；6—保险丝；A—短路监控响应时打开接触器触点

(8) 发生事故时关闭　如果发生事故时车辆底部碰到尖锐的障碍物，则可能因高电压导线裂开而产生火花。为将这种风险降至最低，发生事故时会关闭高电压系统。

图解

如果碰撞和安全模块识别到相应严重程度的事故，就会以燃爆方式脱开从12V蓄电池至蓄电池正极接线柱的正极导线。在此针对有些车型增加了相应的执行机构，即安全型蓄电池接线柱，与蓄电池正极导线一起通过安全型蓄电池接线柱断开另一根12V导线。这根导线用于以两种方式关闭车辆中的高电压系统：①打开高电压蓄电池内的接触器触点；②高电压电路主动放电。识别到事故时关闭高电压系统见图1-4-13。

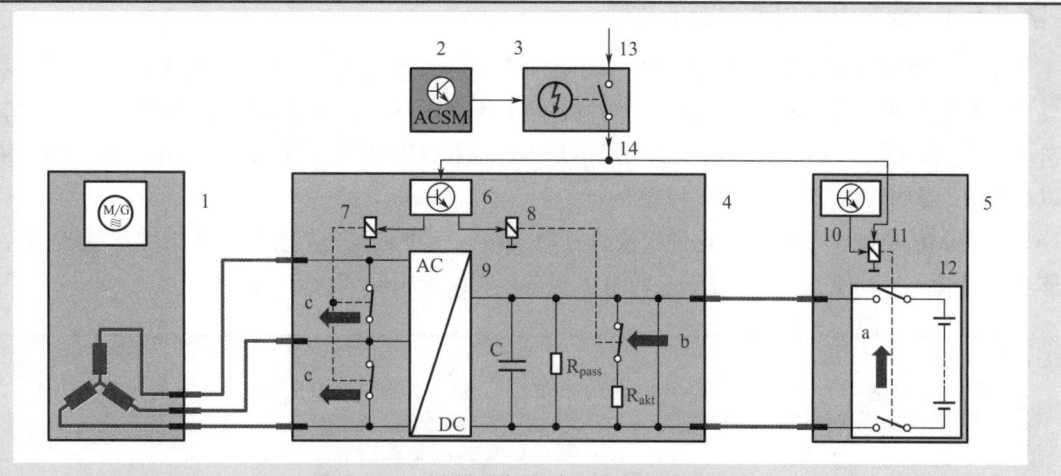

图 1-4-13　识别到事故时关闭高电压系统

1—电动机；2—碰撞和安全模块；3—安全型蓄电池接线柱（增加了附加触点）；4—供电电子装置；5—高电压蓄电池单元；6—供电电子装置控制单元；7—电动机绕组短路继电器；8—电容器主动放电继电器；9—供电电子装置内的电流整流器，在此作为逆变器使用；10—高电压蓄电池单元内的控制单元；11—高电压蓄电池单元内的电动机械式接触器；12—高电压蓄电池；13—总线端 30；14—从安全型蓄电池接线柱上断开的 12V 导线；a—高电压蓄电池单元内的接触器触点打开；b—电容器主动放电触点闭合；c—电动机绕组短路触点闭合；C—DC/DC 转换器和供电电子装置内的中间电路电容器；R_{pass}—被动放电电阻；R_{akt}—主动放电电阻

在没有额外启用高电压蓄电池单元的控制单元的情况下，打开接触器触点。在高电压蓄电池中，通过安全型蓄电池接线柱断开 12V 导线用于为高电压蓄电池单元内电动机械式接触器的电磁铁供电。供电电压下降时，接触器触点自动打开。

供电电子装置使用安全型蓄电池接线柱断开 12V 导线作为信号输入端使高电压系统主动放电。如果导线断路，则供电电子装置控制单元负责短路连接电动机的绕组和使电容器主动放电。

安全型蓄电池接线柱触发时，产生一个发生事故时关闭高电压系统的信号。但是，碰撞和安全模块也分析总线电码：如果事故达到相应严重程度时碰撞和安全模块以这种方式发出信号，则也会关闭高电压系统。

通过这项技术措施可确保：发生事故时在最短的时间内可靠关闭高电压系统。因此几乎可以完全排除事故期间和事故后高电压引起的危险。

> **维修提示**
>
> 尽管如此，仍必须特别小心地处置其壳体因事故而损坏的高电压组件。

1.5　电池和电机的危险预防

电动汽车中使用化学蓄能器（蓄电池）用于电驱动。蓄能器含有必须按规定特别小心处置的危险材料。相应信息必须记录在安全数据表内。

1.5.1 镍氢电池可能引发的危险

如果按规定使用镍氢电池（NiMH）且电池未损坏，那么电池不会带来直接危险。壳体设计要求是在整个使用寿命期限内液体（例如电解液）不会泄漏。在发生事故或未按规定使用等情况造成壳体损坏时，NiMH 电池可能带来以下危险：腐蚀（电解液）、危害健康（电解液、冷却液）以及失火/爆炸。

在 NiMH 电池中使用氢氧化钾溶液作为电解液。这种碱液是一种具有腐蚀性和刺激性的液体。电解液从 NiMH 电池中流出时，维修人员等不得接触电解液。

图解

为提示可能存在的危险，电池带有危险符号标记，如图 1-5-1 所示。

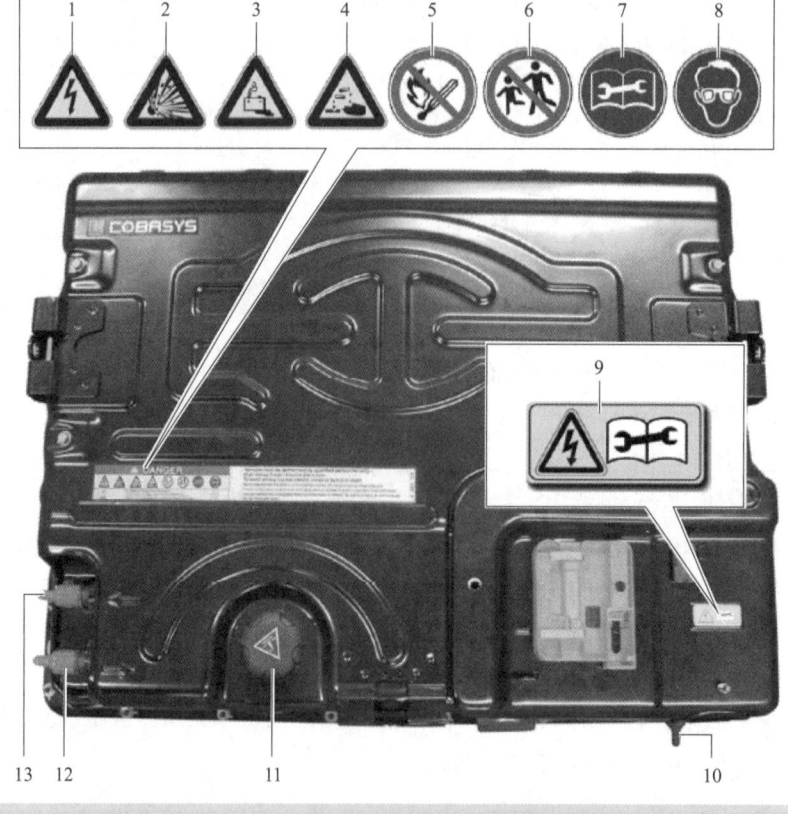

图 1-5-1　镍氢电池

1—警告标志（危险电压警告）；2—警告标志（易爆物品警告）；3—警告标志（电池危险警告）；4—警告标志（腐蚀性物品警告）；5—禁止标志（禁止明火、火焰和吸烟）；6—禁止标志（禁止儿童接触）；7—指示标志（注意操作说明和维修说明）；8—指示标志（戴防护眼镜）；9—高电压组件的安全标签；10—氢气流出口；11—冷却循环回路补液罐；12—冷却液管路接口（入口）；13—冷却液管路接口（出口）

1.5.2 锂离子电池可能引发的危险

不允许锂离子电池过载且电池不得处于温度过高的环境中。

过载可能导致金属锂沉积在正电极上，负电极可能分解。在这种情况下会产生高温，锂离子电池可能着火。锂离子电池控制单元负责在规定边界条件内的充电和放电过程。控制单元借助传感器监控电解槽温度和电解槽电压，必要时控制单元干预充电和放电过程。这不仅适用于行驶模式，也适用于通过充电器在12V系统上为高电压蓄电池充电的情况。

维修提示

不允许打开锂离子电池。在没有对应控制单元的情况下不允许让电池运行或为其充电，否则有失火危险。

不允许将锂离子电池置于温度过高的环境中。其运行温度约为50℃，超过这个温度会导致使用寿命缩短。电解槽温度达到100℃或更高，可能导致电解槽短路。此后的高电流使温度继续提高，因此可能出现连锁反应，这会毁坏整个锂离子电池，也可能导致火灾。

锂离子电池失火时很难扑灭，但是电池本身没有直接爆炸的危险。失火时产生的高温可能引燃周围物品（包括液体、气体），因此最终可能导致爆炸。

图解

必须注意锂离子电池安全标签上的安全数据表以及警告标志和禁止标志，如图1-5-2所示。

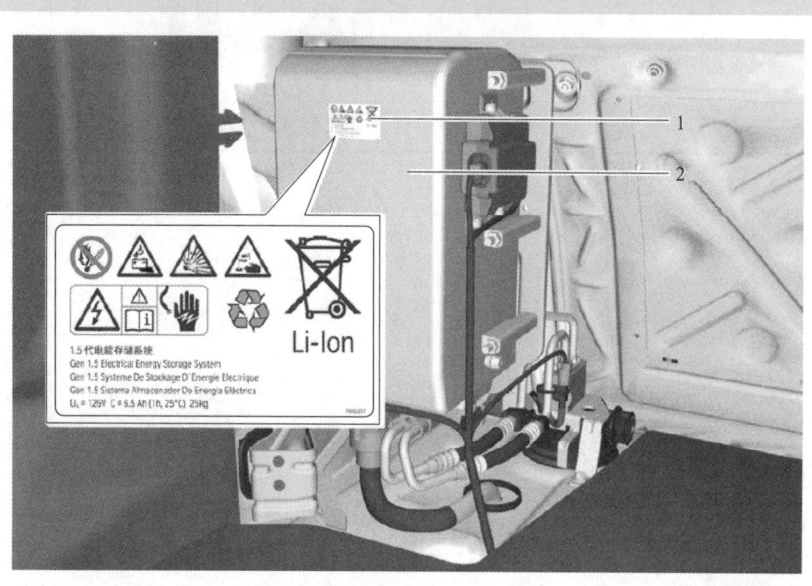

图1-5-2 锂离子电池
1—安全标签；2—壳体

1.5.3 电动机可能引发的危险

由于车辆的电动驱动装置功率较高，所用电动机以较强的磁场工作。这种磁场由永久磁铁或电磁铁产生，即使高电压系统或电动机已关闭，磁场也会始终存在，尤其是永久磁铁产生的磁场。

图解

这些磁场可能影响医疗电子设备的功能,尤其是心脏起搏器的功能。为了指明这种危害,组件带有禁止标志。图 1-5-3 为电动机上的禁止标志示例。

为维持健康而使用心脏起搏器或其它医疗电子设备的人不得进行带有图 1-5-3 所示禁止标志的组件方面的工作。

图 1-5-3　禁止带心脏起搏器的人士接近

第 2 章 混合动力汽车维修

2.1 混合动力基础知识

混合动力技术这个概念用于两个方向,其一是双燃料动力,其二是驱动混合动力技术。

图解

驱动混合动力技术是指将两种不同的动力装置组合在一起来使用,且这两种动力装置的工作原理是不同的。本章讲述的混合动力是指,将内燃机与电机组合在一起的动力形式,如图 2-1-1 所示。

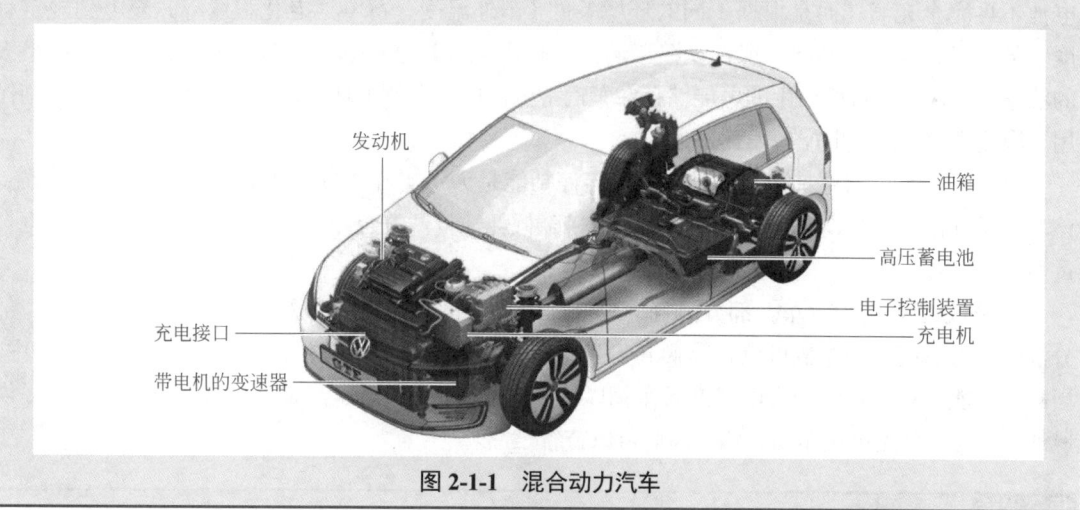

图 2-1-1 混合动力汽车

混合动力技术可用作发电机从动能中回收电能(能量回收)、用作发动机来驱动车辆以及用作内燃机的起动机。根据基本结构情况,混合动力驱动分为 2.1.1 节中讲述的三种形式。

2.1.1 混合动力划分和布局

(1)按功率划分 根据所使用电机的功率可以将混合动力汽车分为三类:微混合动力汽车、部分混合动力汽车以及全混合动力汽车。

① 微混合动力汽车。以发动机为主要动力源,电机作为辅助动力,具备制动能量回收功能的混合动力电动汽车称为微混合动力汽车。电机的峰值功率和总功率的比值小于 10%。仅具有停

车怠速停机功能的汽车也可称为微混合动力汽车。

其实，严格地讲微混合动力汽车并不能算是混合动力汽车，因为它仅有一种驱动类型。微混合动力汽车指的是初级混合动力车辆。采用了普通12V蓄电池技术的微混合动力汽车的电机功率为2～3 kW。由于功率和电压较小，因此制动和滑行阶段中能量回收利用的效率受限。车辆将微混合动力系统回收的电能提供给12V车载网络。

图解

如图2-1-2所示，此类汽车使用微混合动力驱动结构，电动部件（起动机/发电机）只是用来执行启动-停止功能。一部分动能在制动时又可作为电能使用（能量回收）。不能以纯电动方式驱动车辆来行驶。

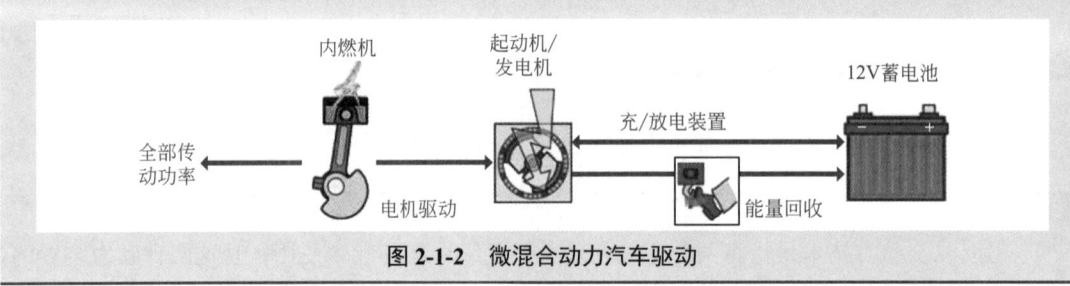

图2-1-2 微混合动力汽车驱动

a. 智能化发电机调节功能。智能化发电机调节的核心原理是扩展车辆蓄电池的充电策略。蓄电池不再完全充满，而是根据不同的环境条件（车外温度、蓄电池老化程度等）充电到规定程度。与传统充电策略不同，现在仅在车辆滑行阶段进行充电过程。此时发电机在外部激励最大的状态下工作，并将所产生的电能储存在车辆蓄电池内。车辆加速阶段发电机不承受外部激励作用，因此不会为产生电能而消耗燃油。

b. 发动机节能启停功能。发动机节能启停功能是为了实现"节能减排"而采取的一项措施。该功能通过在车辆静止期间自动关闭发动机来降低耗油量。符合相应的接通条件时，发动机也会重新自动启动。

② 部分混合动力汽车。部分混合动力汽车以发动机为主要动力源，电机作为辅助动力。部分混合动力系统中的电机可以在车辆起步和制动时为内燃机提供支持。在一些部分混合系统中，当高压蓄能器处于足够的充电状态且车辆以约50km/h的速度匀速行驶时可以停止为内燃机提供燃油。此时仅使用电机驱动车辆，因此可以节省燃油。

维修提示

部分混合动力驱动在技术上和部件方面都与完全混合动力驱动一样，只是它不能以纯电动方式驱动车辆来行驶。它也有能量回收、启动-停止以及助力功能。

③ 全混合动力汽车。全混合动力汽车以发动机或电机为动力源，电机可以独立驱动车辆正常行驶。

图解

如图2-1-3所示，全混合动力汽车是将一台大功率电机与内燃机组合在一起，可以以纯电动方式来驱动车辆行驶。一旦条件许可，该电机会辅助内燃机来工作。车辆缓慢行驶时，是纯粹通过电动方式来提供动力的,可以实现启动-停止功能,还有能量回收功能,用以给高压蓄电池充电。内燃机和电机之间有一个离合器,通过它可以断开这两个系统。内燃机只在需要时才接通工作。

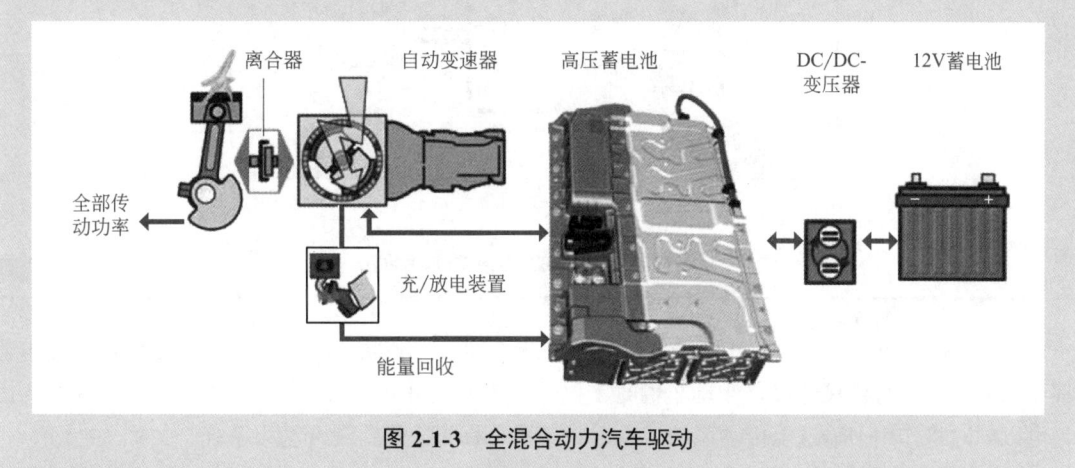

图 2-1-3　全混合动力汽车驱动

全混合动力汽车和部分混合动力汽车主要有以下区别:

全混合动力汽车:a.电动动力总成的动力强劲,可以以纯电动方式行驶;b.耗油量和排放量明显减少,特别是在城市交通中;c.混合动力组件和蓄电池造成质量增加;d.制造成本较高。

部分混合动力汽车:a.电机较小,用于为内燃机提供支持("助推"功能);b.无法以纯电动方式行驶;c.燃油消耗少,节能减排效果明显;d.由于混合动力组件较小,因此重量和占用空间方面增加不多;e.与标准动力总成相比制造成本较高,但是比全混合动力低。

(2)按动力总成布置划分　按动力总成布置划分,全混合动力驱动有四种形式:串联式混合动力系统、并联式混合动力系统、分支式混合动力系统以及插电式混合动力系统。

① 串联式混合动力。使用串联混合动力车辆驱动方案的混合动力车辆具有一个电机和一个内燃机。其特点是仅由电机直接对驱动轮产生影响。因为所有组件须依次安装,所以这种结构被称为串联。由内燃机驱动一个可以为电动行驶传动装置和电存储器提供能量的发电机。通过供电电子装置控制电流。根据蓄电池和充电策略、作用范围以及动力性确定发电机与电存储器的大小。可以对串联混合动力中的组件进行非常灵活的布置。串联式混合动力车辆的最大缺点是需要进行两次能量转换,导致效率下降。必须按照最大驱动功率设计内燃机和发电机。与并联式混合动力车辆相比,在内燃机效率相同的情况下串联式混合动力车辆会产生更多的排放并造成耗油量增大。

纯电动传动装置在特定情况下也是一种串联传动装置。

图解

如图 2-1-4 所示,车辆只通过电机来驱动,内燃机与驱动轴之间是没有机械连接的。内燃机带动一个发电机,该发电机在车辆行驶时为电机供电或者给高压蓄电池充电。

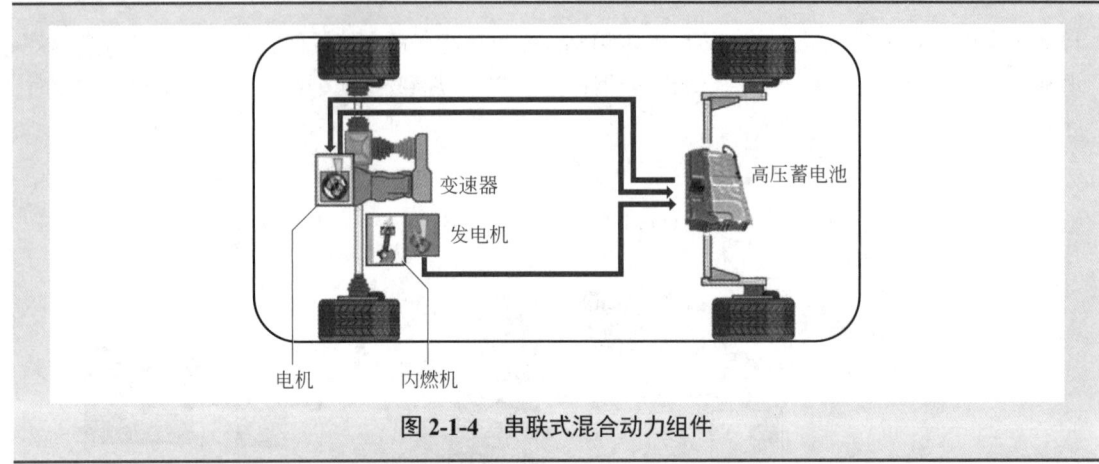

图 2-1-4　串联式混合动力组件

② 并联式混合动力。与串联式混合动力系统不同，在并联式混合动力系统中内燃机和电机都要与驱动轮进行机械连接。驱动车辆时不仅可以单独，也可以同时使用两种动力传动系统。因为可以同时将作用力输送至传动系统，所以将该系统称为并联式混合动力系统。

由于可以将两个动力输出的功率进行叠加，所以这两个发动机可以采用更小和更轻的设计。这样可以降低重量、耗油量和 CO_2 排放量。设计时可以通过其它方法获得最大的行驶动力性，当内燃机功率相同时通过电机提高功率，甚至还可以降低耗油量。电机也可以作为发电机使用，因此可以将其统称为"电机"。在滑行阶段或制动时电机会产生电能，通过供电电子装置的控制将其存储在高压蓄电池内，同时还能降低耗油量。并联式混合动力车辆与部分混合动力车辆相比成本更低。

图解

如图 2-1-5 所示，并联式结构的特点是简单。要对现有车辆进行"混合动力改造"的话，就使用这种结构。

内燃机、电机和变速器装在同一根轴上。内燃机和电机各自的功率加起来，就是总功率。对于四轮驱动车辆来说，并联式混合动力结构可以将动力分配到四个车轮上。

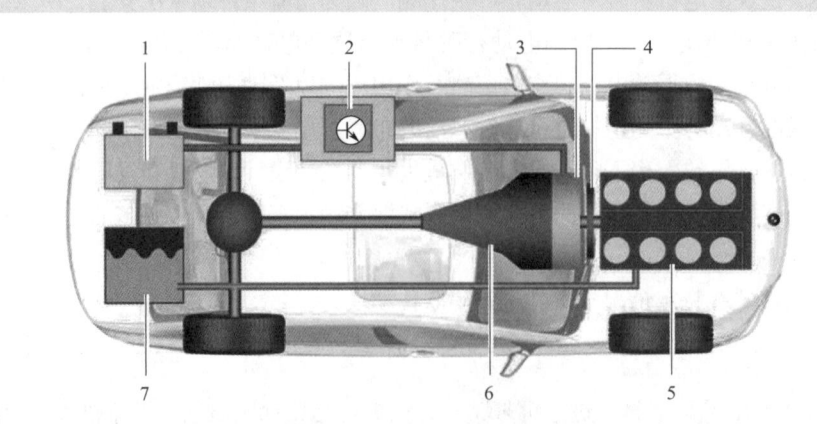

图 2-1-5　并联式混合动力传动装置的组件

1—高压蓄电池；2—供电电子装置；3—电机；4—离合器；5—内燃机；6—变速箱；7—燃油箱

③功率分支式混合动力：

a. 概述。因为在这种混合动力传动装置中可以用串联和并联的方式传递作用力，所以该系统也被称为串并联或功率分支式混合动力系统，或称混联式混合动力系统。它分成两种：一种为发动机主动型，车辆运行时，主要是发动机起作用；另一种是电力主动型，车辆运行时，主要是电机起作用。

b. 运行模式。

图解

针对不同行驶状态提供以下运行模式：
① 由内燃机驱动发电机以便为高压蓄电池充电。
② 由内燃机驱动发电机。使用其所产生的电能驱动电机（串联式混合动力）。
③ 与电机一样，内燃机以机械方式与驱动轴相连，由两个传动装置同时驱动车辆（并联式混合动力）。

功率分支式混合动力传动装置的组件见图 2-1-6。

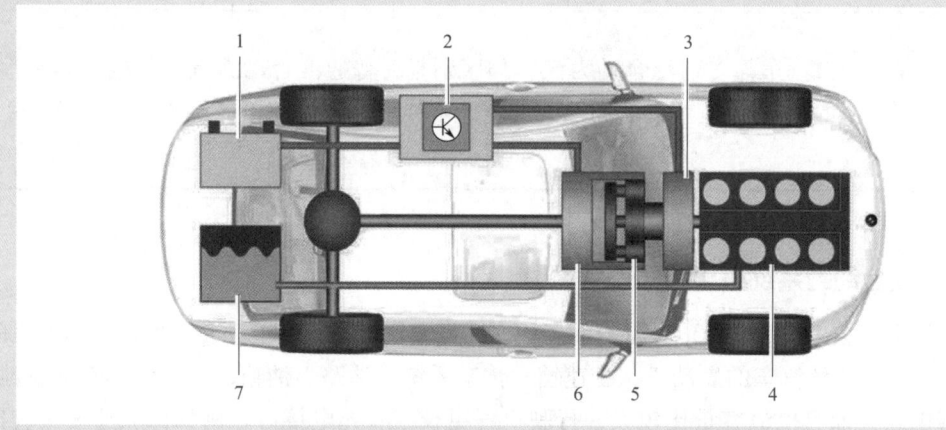

图 2-1-6　功率分支式混合动力传动装置的组件
1—高压蓄电池；2—供电电子装置；3—发电机；4—内燃机；5—行星齿轮箱；6—电机；7—燃油箱

在这种组合式混合动力传动装置中只需使用一个离合器就可以完成两种运行模式的切换。使用功率输出联结混合动力传动装置的车辆可以在某一特定速度下以纯电动方式行驶。此外，通过两种传动装置良好的组合可以使内燃机始终在其最佳运行范围内工作。功率分支式混合动力传动装置的缺点是传动控制复杂且成本较高。通常只有在全混合动力中才会使用功率分支式混合动力系统。

④ 插电式混合动力。插电式混合动力指汽车上使用了混合动力装置，而其高压蓄电池还可以通过外接电源（充电站或者家用插座）来充电。插电式混合动力是目前应用最为广泛的一种技术。使用插电式混合动力可以进一步降低耗油量。

图解

插电式混合动力汽车的电池相对比较大，可以外部充电，可以用纯电模式行驶，电池电量耗尽后再以混合动力模式（以内燃机为主）行驶，并适时向电池充电。插电式混合动力的组件见图 2-1-7。

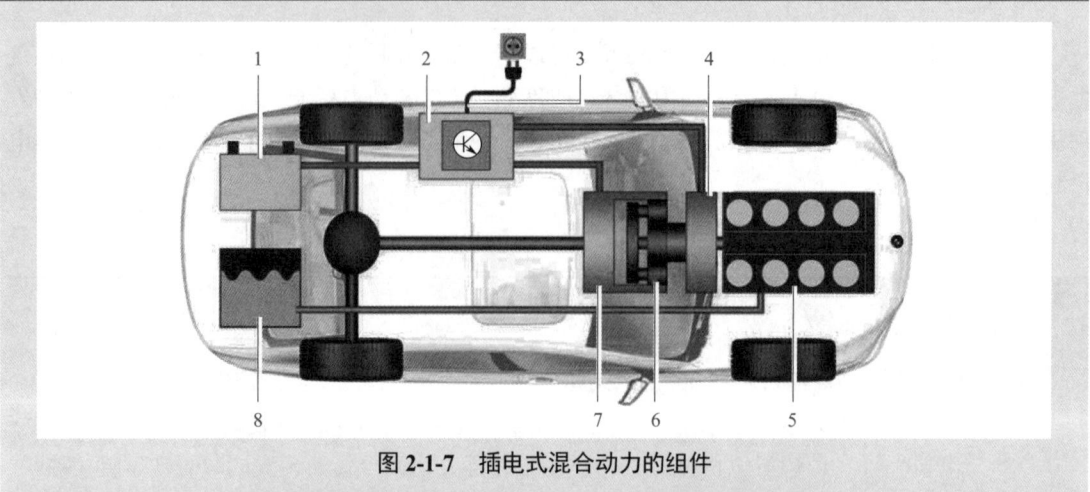

图 2-1-7 插电式混合动力的组件

1—高压蓄电池；2—供电电子装置；3—电源插头；4—发电机；
5—内燃机；6—行星齿轮箱；7—电机；8—燃油箱

维修提示

插电式混合动力汽车与普通混合动力汽车的区别是，普通混合动力汽车的电池容量很小，仅在启/停、加/减速的时候供应和回收能量，不能外部充电，不能用纯电模式较长距离行驶。

2.1.2 混合动力系统布局和原理

现在市场上比较主流的是插电式混合动力汽车，简单说就是介于电动车与燃油车两者之间的一种车。它既有传统汽车的发动机、变速箱、传动系统、油路、油箱，也有电动车的电池、电机、控制电路，而且电池容量比较大，行驶里程更长，有充电接口。例如比亚迪·秦、比亚迪·唐等。

而非插电式混合动力汽车必须加油，通过发动机驱动发电机来给电池充电，低速启动时仅靠电动机驱动行驶，通过发动机直接驱动车轮行驶或由电动机与发动机两者共同驱动车轮。其代表车型有：丰田的普锐斯、凯美瑞·尊瑞等。

（1）串联式混合动力

① 串联式混合动力结构布局：见图 2-1-8。

② 串联式混合动力运行原理。串联式混合动力车的电动机直接驱动车轮，发动机则用于驱动发电机给电池进行充电。因为发动机并不直接驱动车轮，因此该系统不需要变速器（见图 2-1-8）。这相当于在普通的电动车上装载了一台发动机。

图解

串联式混合动力结构的动力来源于电动机，因此，电动机功率一般要大于发动机功率，这样才能满足车辆的行驶需求。所以，通俗地讲，串联式混合动力结构即：电动机+发动机。串联式混合动力结构布局见图 2-1-8。

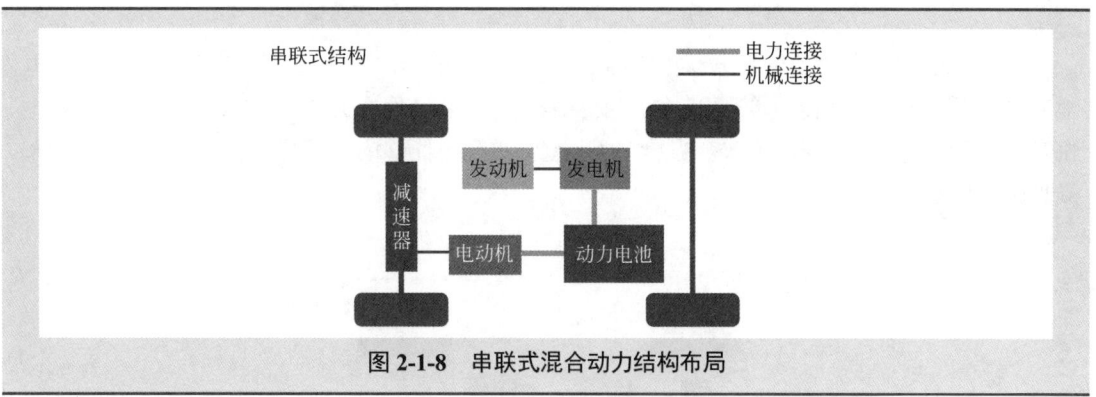

图 2-1-8　串联式混合动力结构布局

(2) 并联式混合动力

① 并联式混合动力结构布局。

图解

并联式混合动力结构汽车靠发动机或者电动机中的某一个，或者发动机和电动机共同驱动。并联结构保留了变速器。因此，通俗地讲，并联式混合动力结构即：普通汽车＋电动机。并联式混合动力结构布局见图 2-1-9。

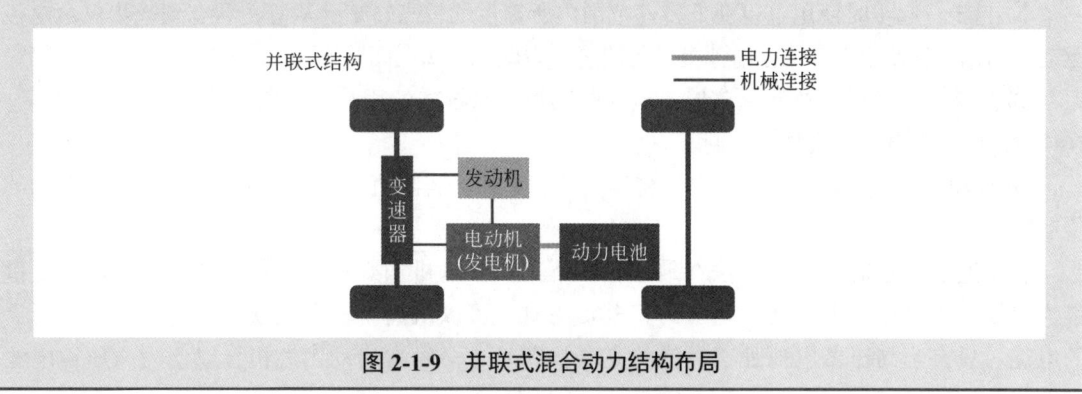

图 2-1-9　并联式混合动力结构布局

② 并联式混合动力运行原理。并联式混合动力车内有两套驱动系统，也就是说，其大多是在传统燃油车的基础上增加电动机、电池、电控而成，电动机与发动机共同驱动车轮。车内只有一台电机，驱动车轮的时候充当电动机，不驱动车轮而给电池充电的时候充当发电机。

其运行原理也就是发动机为主，电动机为辅，电动机一般无法单独驱动汽车。系统输出动力等于发动机与电动机输出动力之和，其中最为典型的有本田 IMA 系统。

(3) 混联系统

① 混联系统结构布局：见图 2-1-10。

② 混联系统运行原理。混联系统主要靠电机，发动机为辅助，电动机和发动机都能单独驱动汽车。由于系统中配置有独立发电机，因而系统输出的最大动力等于发动机、电动机以及充当电动机（部分情况）的发电机的输出动力之和。混联式系统结构复杂，但动力性能和燃油经济性都相当出色，其中典型的有丰田 THS-Ⅱ系统。

> **图解**
>
> 混联系统中，在发动机和电动机协同驱动汽车行驶的同时，发动机还能带动发电机为电池充电，不再像并联结构中单一电动机需要身兼二职，并且理论上它能够实现发动机带动发电机发电、电动机驱动汽车的模式。当然，两个动力单元也能够单独驱动车辆。混联系统结构布局见图2-1-10。

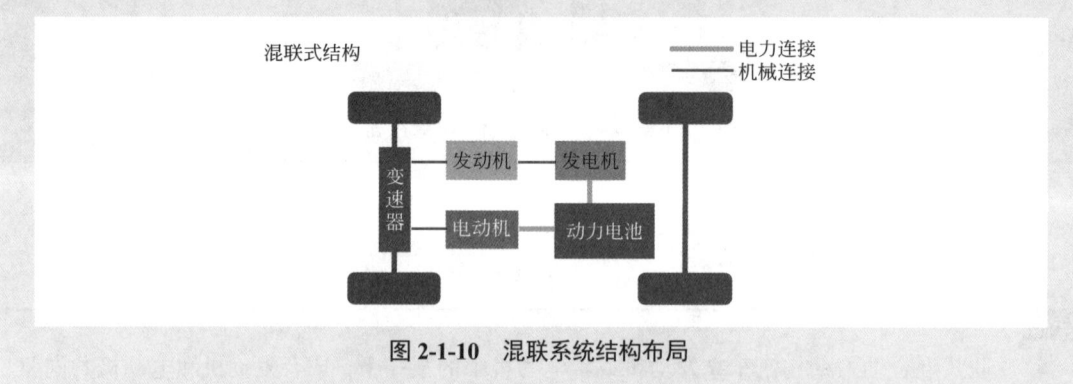

图 2-1-10　混联系统结构布局

（4）混合动力行驶状态运行模式　可把混合动力车辆行驶状态分为五个阶段。

① 起步。起步时使用电机在低转速范围内所提供的较高转矩。从静止状态到起步仅由电机驱动车辆，而且使用由高压蓄电池提供的能量。内燃机处于关闭状态。

② 加速。车辆处于静止状态时，电动驱动控制系统将使用高电压蓄电池的功率移动车辆。在该阶段内以纯电动方式移动车辆。

③ 行驶。在某一规定速度时电机将达到其功率和转速限值，此时将切换至由内燃机驱动的传动装置。

在低速至中速时内燃机无法在最佳状态下工作。电机正好相反，可以在较低转速时提供最大转矩。当高压蓄电池处于足够的充电状态时，可以从高压蓄电池获取车辆电动驱动所需的电能。只有当高压蓄电池处于较低的充电状态时才会经常启动内燃机，以便为高压蓄电池充电。

车辆恒定高速行驶时内燃机能够以最佳效率进行工作，而电机在该功率范围内则需要从高压蓄电池获取过多的能量，因此需通过内燃机获得大部分的驱动力。当高电压蓄电池处于较低的充电状态时，内燃机的部分功率还将通过电机用于蓄电池充电。

④ 加速。为了能够提供较高的总功率，在超车或加速时车辆由电机和内燃机共同驱动。

在交通信号灯处、斜坡或超车操作进行高速加速时，如果高压蓄电池处于足够的充电状态，则可以为车辆提供额外能量并且通过电机将这些能量作为驱动功率使用。通过内燃机和电机的功率组合可以实现与使用强劲发动机一样的行驶动力性。

⑤ 制动。制动时首先进行电动（能量回收）制动。如果制动不足，还会使用机械式制动器进行制动。在电动制动时电机将作为发电机进行工作，部分制动能量将被转换为电能存储在高压蓄电池内。

（5）途观混合动力行驶模式　途观PHEV具有电动行驶模式（纯电）、混合动力模式、蓄电池维持模式（电量保持）、蓄电池充电模式和GTE模式五种（图2-1-11）。

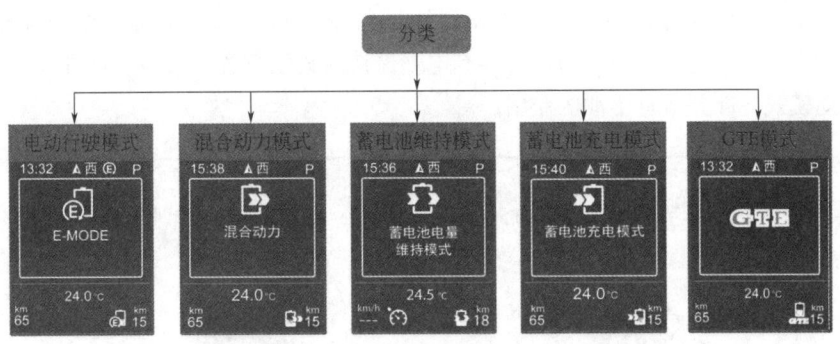

图 2-1-11 驾驶模式及显示

① 电动行驶模式。当电量充足时,启动进入行驶准备后默认纯电模式。

图解

车辆由电动机驱动。车辆上电后,在温度条件和高压电池电量允许的情况下将自动进入纯电动模式。电动行驶模式见图 2-1-12。

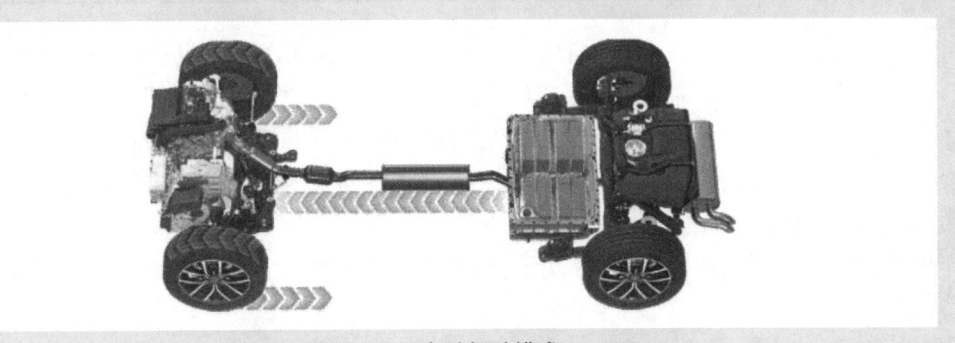

图 2-1-12 电动行驶模式

② 混合动力模式。当电池电量不足时,系统自动进入混合动力模式。

图解

车辆由电动机和内燃机协同驱动。当电量下降到一定程度或者不符合纯电动行驶条件时,车辆会自动进入此模式。混合动力模式见图 2-1-13。

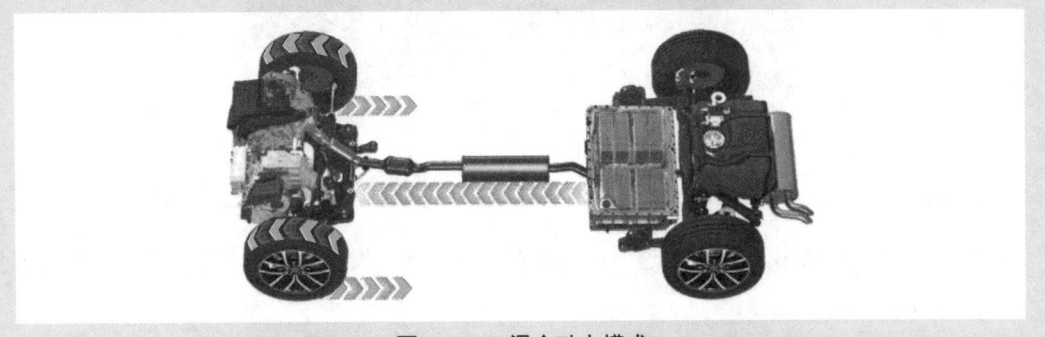

图 2-1-13 混合动力模式

③ 蓄电池维持模式。系统不会自动切换到蓄电池维持模式，需要驾驶员根据需要自行选择，在高速路上就应该使用这个模式。可以切换到电量保持模式以节省电量，一旦进入拥堵路段，就可改用纯电动模式，起到节省燃油的作用。

图解

车辆根据工况选择驱动方式，高压电池电量值维持在一定范围。蓄电池维持模式见图 2-1-14。

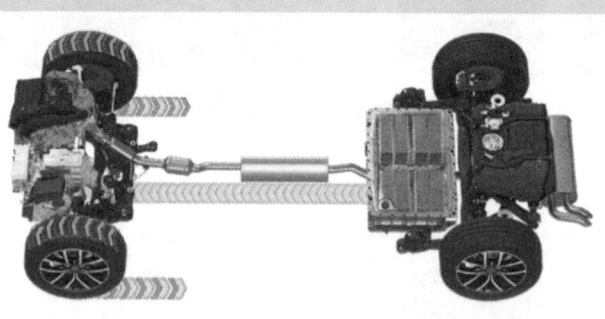

图 2-1-14　蓄电池维持模式

④ 蓄电池充电模式。系统不会自动切换到蓄电池充电模式，需要驾驶员根据需要自行选择。

蓄电池充电模式下，系统会最大限度地为电池充电，除了使用发动机动能替电池充电，"滑行能量回收"的功能也会启动，替电池充电，为可能会遇到的拥堵路况做准备。在滑行或者下坡时，电动机转变成发电机运作，产生电能并存储在高压蓄电池内，并模拟发动机制动作用实现一定的制动效果（这就是能量回收）。

当驾驶员踩下刹车踏板时，真正用于减速的并不是机械刹车系统，而是能量回收系统，每一次刹车都会使电池充电。

图解

车辆根据工况选择驱动方式，驱动电机会为高压电池充电。蓄电池充电模式见图 2-1-15。

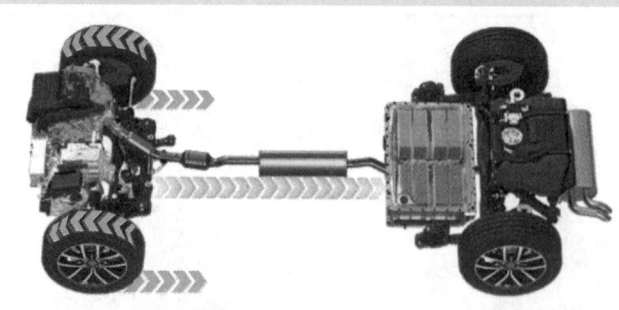

图 2-1-15　蓄电池充电模式

⑤ GTE 模式。GTE 模式下，加速时油门踏板响应更快，发动机更容易介入工作，也更容易进入 Boost 功能。

GTE 模式和混合动力模式不同之处是，在 GTE 模式下电动机和发动机动力、变速器换挡逻辑、油门响应都处在一个非常协同的状态，性能表现更强劲。

图解

发动机和变速箱管理系统切换至运动模式时车辆由电动机和内燃机协同驱动。GTE 模式见图 2-1-16。

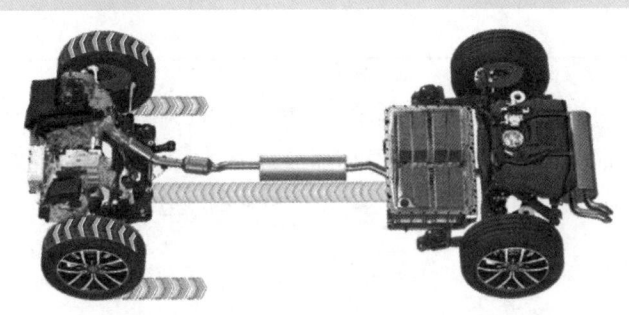

图 2-1-16　GTE 模式

维修提示

如果高压电池电量不足,低于设定的阈值,则会同步为高压电池充电。

2.2　蓄能器

蓄能器的用途是可以将以后某一时刻需要使用的能量存储起来。通常将当前能量以另外一种能量形式进行存储,需要使用时再进行转换,以便能够将静态损失的缺点降至最低。例如存储在燃油箱内的化学能(燃油)可以在内燃机中转换为热能和机械能。在能量存储和能量转换的过程中始终会出现能量损失。蓄能器种类繁多(例如机械式、热敏式、化学式、磁场式和静电式)。下面会对化学式和静电式蓄能器进行详细介绍,因为在目前的混合动力车辆中经常将这 2 种蓄能器作为第二种能量来源使用。

原电池是蓄能器系统的核心部件,所以相应的电池槽选择将会对蓄能器特性产生决定性影响。当电池槽的电压和 / 或容量不能满足需求时,可以将多个电池槽进行串联和并联。表 2-2-1 为重要电蓄能器的特性概要。

表 2-2-1　电蓄能器的特性

蓄能器	电池槽电压 /V	功率密度 /(W/kg)	能量密度 /(Wh/kg)	记忆效应	工作温度 /℃
铅酸蓄电池	2	最高为 500	30	—	最高为 45
镍镉蓄电池	1.2	最高为 1000	40	有	最高为 65
镍氢混合动力蓄电池	1.2	最高为 1000	80	较小	最高为 60
锂离子蓄电池	3.6	300 至 1500	95 至 190	无	最高为 50
双层电容器	2.3 至 2.7	最高为 10000	5	无	最高为 65

2.2.1 蓄电池基础知识

（1）原电池　原电池是通过氧化还原反应而产生电流的装置，或者说是把化学能转变成电能的装置。

① 原电池结构。

图解

如图 2-2-1 所示，原电池基本上由电解液、电池壳体和两个电极构成。此外在电极之间还有一个离子可以透过而电子不能透过的绝缘用隔板。在原电池内发生的化学反应导致一侧电极上的电子过剩而另一侧电极上电子不足，这样就能够在两个电极之间产生电压。

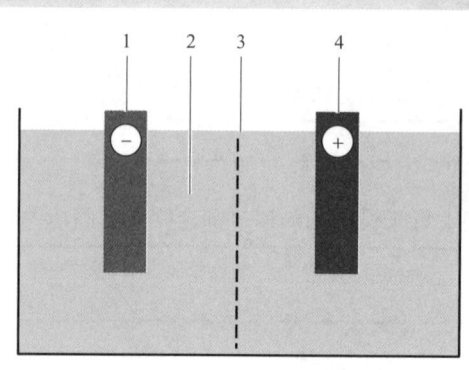

图 2-2-1　原电池的基本构造
1—负极；2—电解液；3—隔板；4—正极

② 原电池原理。电池放电时所存储的化学能可以通过化学反应转换为电能。提供能量的反应和放电虽然被隔为两个空间，但是组成了相互连接的部分反应（电极反应）。与另一个电极相比，氧化还原电压较低时发生相应部分反应的电极为负电极，另一个则为正电极。电池放电时将会在负极处开始氧化过程以释放电子；同时在正极处则会通过还原过程吸收相应数量的电子。

电子流通过一个外部用电器电路由负极流至正极。在电池内部电极之间的电流通过离子进入可以传导离子的电解液内（"离子流"），从而使电极内/上的离子和电子能够相互连接。

③ 原电池作用。原电池的用途是作为直流电压电源使用。可以根据电极材质的组合为原电池命名，例如镍氢混合动力电池。电解液和电极材质会根据电池是否充电或放电而产生变化。制作电极所使用的材料种类决定了电池的额定电压。

（2）蓄电池

① 蓄电池概述。将多个可作为能量来源使用的原电池互联起来形成的整体被称为蓄电池。但是一个单独的原电池在普通术语中也被称为"蓄电池"。原电池可以将其所存储的化学能直接转换为电能。

② 蓄电池分类。蓄电池分为可再次充电和不可再次充电两种。区别是可再次充电的蓄电池（充电型）放电时的反应可以逆转，这样就能够始终对蓄电池进行充电和放电，因此化学能和电能可以进行反复转换。

图解

如果所需电压比实际电池电压高，可以将电池进行串联。蓄电池的总电压与单个电池的电压之和相同。例如图 2-2-2 中的总电压 $U_{ges}=U_1+U_2+U_3$。

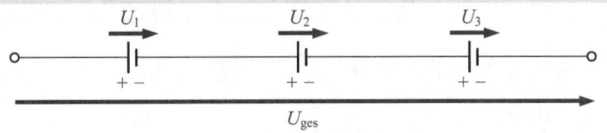

图 2-2-2　原电池的串联

通过原电池的并联可以提高蓄电池的电容量，蓄电池电压则保持不变，如图 2-2-3 所示。

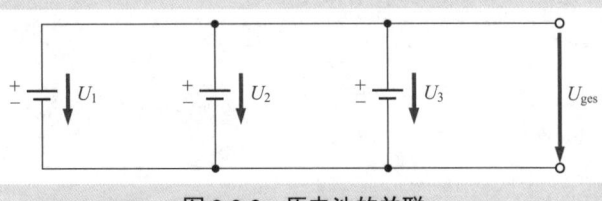

图 2-2-3　原电池的并联

③ 蓄电池容量。蓄电池容量（以下简称容量）就是指蓄电池内所存储的电荷数量，单位为安时（缩写：Ah）。放电条件决定蓄电池所能提供的容量。放电电流增大时所能提供的容量就会随之下降。

④ 蓄电池功率。蓄电池功率等于放电电流与放电电压的乘积，单位为瓦特（W）。通常不会对蓄电池所存储的能量大小进行说明，因为尺寸和容积往往是蓄电池系统最为重要的参数。

⑤ 蓄电池的能量密度和功率密度。

图解

图 2-2-4 中显示了一些蓄能器的功率密度和能量密度。例如双层电容器的功率密度非常高，但是与其它蓄能器相比其能量密度较低，也就是说它只能在短时间内提供较高的功率。将镍镉蓄电池和镍氢混合动力蓄电池进行相互比较可以看到，两种蓄电池的功率密度几乎相同，但是镍氢混合动力蓄电池的能量密度几乎是镍镉蓄电池的两倍。

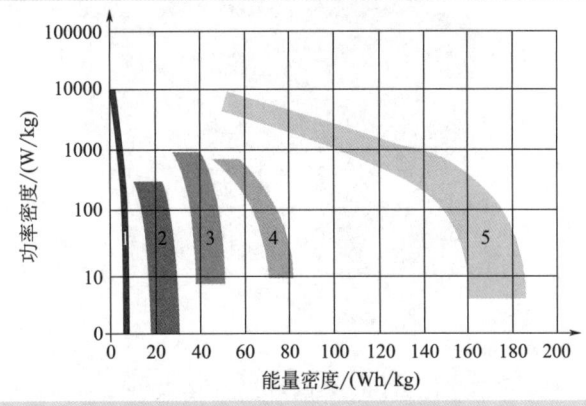

图 2-2-4　蓄电池能量密度和功率密度
1—双层电容器；2—铅酸蓄电池；3—镍镉蓄电池；4—镍氢混合动力蓄电池；5—锂离子蓄电池

也就是说，当镍氢混合动力蓄电池与镍镉蓄电池的存储能量相同时，其重量仅相当于镍镉蓄电池的一半。或者从可达里程的角度来比较：蓄电池体积相同时，使用镍氢混合动力蓄电池的车辆可达里程是使用镍镉蓄电池的车辆的两倍。

单位质量的物质中的能量大小称为能量密度，单位为 Wh/kg。在混合动力车辆中所用蓄能器的能量密度决定了其可达里程。

单位质量的物质的电功率称为功率密度，单位为 W/kg。

图解

矿物燃料的能量密度都非常高，例如汽油或柴油的能量密度一般可达 11.8kWh/kg。而 12V 铅酸蓄电池的能量密度一般仅为 30Wh/kg，也就是说汽油的能量密度几乎是 12V 铅酸蓄电池的 400 倍。例如，体积仅为 0.03L 的汽油中就包含了与一个体积约为 12L 的 12V 铅酸蓄电池相同的能量，如图 2-2-5 所示。

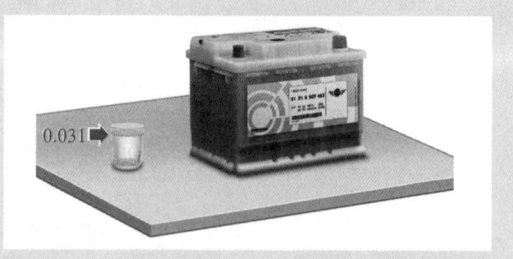

图 2-2-5　比较汽油和 12V 铅酸蓄电池能量密度

2.2.2　蓄电池类型

市场上蓄电池的规格繁多。下面仅针对混合动力技术的重要蓄电池类型进行说明。

（1）铅酸蓄电池

图解

铅酸蓄电池是一种出现较早的蓄电池系统，目前仍然广泛应用。铅酸蓄电池在车辆中被作为启动内燃机的启动电池使用。此外，它也可以在发动机处于静止状态的有限时间内为用电器提供电流。铅酸蓄电池的结构见图 2-2-6。

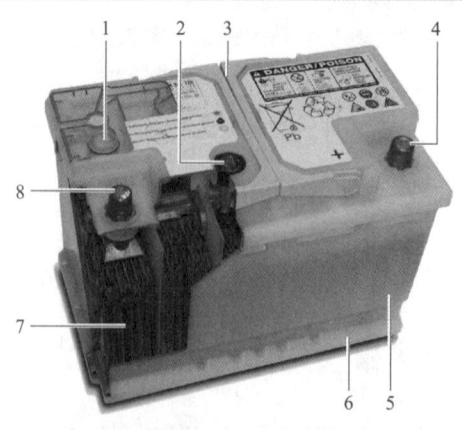

图 2-2-6　铅酸蓄电池的结构

1—密封塞；2—液体比重计（电眼）；3—提手；4—蓄电池的正极接线柱；5—蓄电池壳体；6—用于固定蓄电池的底部滑轨；7—由正极板组和负极板组构成的极板组；8—蓄电池的负极接线柱

图解

如图 2-2-7 所示，在充电状态下，铅酸蓄电池的正极被氧化为二氧化铅（PbO_2），而负极被还原为绒状铅（Pb）。使用经过稀释的硫酸（H_2SO_4）作为电解液。蓄电池放电时，将会在两个电极处生成硫酸铅（$PbSO_4$）。

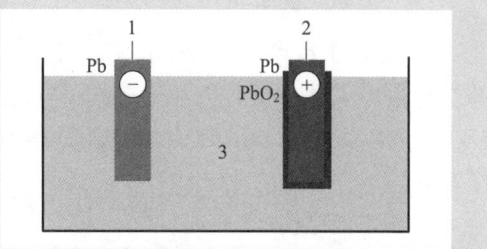

图 2-2-7 铅酸蓄电池中的化学反应
1—负极（负极接线柱）；2—正极（正极接线柱）；3—硫酸

可以通过以下化学方程式对放电时的整个反应进行描述：

$$Pb+PbO_2+2H_2SO_4 \longrightarrow 2PbSO_4+2H_2O+ 电能$$

电解槽主要由正负极、隔板和其它组装所需部件构成。每个电解槽都输出 2V 电压，6 个电解槽串联在一起可以提供 12V 的蓄电池电压。铅酸蓄电池的能量密度约为 30Wh/kg。

（2）镍镉蓄电池　镍镉（NiCd）蓄电池已有 100 多年的发展历史。它与铅酸蓄电池的主要区别是镍镉蓄电池在充电和放电期间电解液保持不变。已充电情况下镍镉电池槽的正极板为镉，负极板则为氢氧化镍，使用氢氧化钾作为电解液，这种组合方式可提供 1.2V 的电压。其能量密度与铅酸蓄电池基本相同。

对镍镉蓄电池进行经常性的部分放电时会出现电容量损失，这种情况被称为记忆效应，即蓄电池似乎会对以前放电过程时的能量需求产生"记忆"。此时蓄电池仅能提供较小的能量而不是原来正常的能量，且电压也会随之下降。

（3）镍氢混合动力蓄电池

图解

NiMH 电池槽可以提供 1.2V 的电压。NiMH 蓄电池的能量密度约为 80Wh/kg，几乎是 NiCd 蓄电池能量密度的两倍。在 NiMH 蓄电池中几乎不会出现前面所说的记忆效应。这种蓄电池可以在短时间内以几乎恒定的电压释放存储的电能，如图 2-2-8 所示。

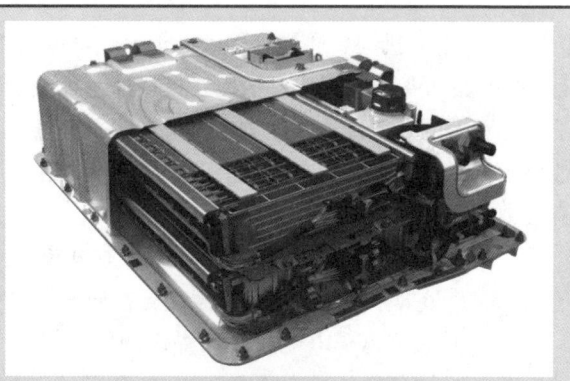

图 2-2-8 镍氢混合动力蓄电池

NiMH 蓄电池对过度充放电、过热和电极错误较为敏感。此外，它对温度也比较敏感，当达到冰点附近的温度时会出现明显的容量损失。

其阳极由可逆存储氢的金属合金制成，氢以晶格形式存储在该合金内，这样就形成了一个氢金属电池。由氢氧化镍制成的阴极位于电解液中。

放电时氢被氧化，同时在两个电极处产生 1.2V 的电压。为了防止在放电结束时金属替代氢而被氧化，负电极的尺寸比正电极大得多。

（4）锂离子蓄电池

① 锂电池特点。当今能量需求较高的便携设备（移动电话、数码相机、笔记本电脑等）基本都采用了锂离子蓄电池（简称锂电池）为其提供能量。锂电池能量密度较高，其自放电较小，所以对电动和混合动力车辆尤为有益。此外，它在放电时可提供恒定的电压且没有记忆效应。

② 锂电池结构。

图解

常见锂电池的正极由多层锂金属氧化物制成，负极则由多层石墨制成。两个电极都位于无水电解液中，隔板安装在两个电极之间，如图 2-2-9 所示。

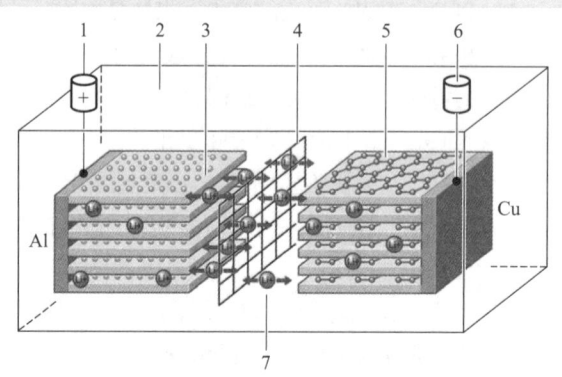

图 2-2-9　锂离子电池槽的结构

1—正极；2—带有电解液的壳体；3—锂金属氧化物；4—隔板；5—石墨层；6—负极；7—锂离子

③ 锂电池机理。通过推移锂离子，在锂电池上可以产生一个源电压。在电池充电过程中带有正电荷的锂离子通过电解液由正极移动至负极的石墨层，锂离子与石墨（碳）进行化合，同时不破坏石墨的分子结构。放电时锂离子返回至金属氧化物中，电子可以通过外部电路流至正极。锂离子和石墨层反应后在负极上可以产生一个保护层，该保护层可以让较小的锂离子通过，而电解液中的分子则无法通过。

④ 锂电池特点。锂离子蓄电池的自放电较小，且因为锂离子的移动能力较高，所以其效率可达 96%。该效率的大小取决于温度，在低温下将会大幅下降。

一个普通锂离子电池槽可以提供的额定电压为 3.6V。锂离子电池槽的电压约是镍氢混合动力蓄电池的三倍。过度放电至 2.4V 会导致电池出现不可逆损坏和容量损失，因此不允许过度放电。

相应的功率密度为 300～1500W/kg。能量密度几乎是镍镉蓄电池的两倍。

维修提示

使用锂离子蓄电池时应注意它的一些特点：蓄电池的机械损伤可能会导致电池槽短路；高强度电流会导致壳体融化和起火；锂离子蓄电池的外壳虽然是密封的，但请不要将它放入水中，因为锂离子电池槽将会和水发生剧烈反应，特别是在满充电情况下，因此不能用水而应该用沙土等扑灭燃烧的电池。

2.2.3 双层电容器

① 双层电容器结构。双层电容器结构,即双层电荷载体的结构:从外部施加电压时电荷载体附在位于电解液中的两个电极上。根据制造商的不同,双层电容器又称为黄金电容、超级电容、Boost电容。

② 双层电容器特点。双层电容器是一种功率密度高达10kW/kg的电能静电蓄能器,但是与化学蓄能器相比其能量密度较小,约为5Wh/kg。双层电容器的优点是效率较大(几乎可达100%)、自放电小和使用寿命较长。此外,它不会出现记忆效应。因为双层电容器的能量密度较小,所以它不适合作为独立的能量蓄能器用于车辆驱动,但是与化学蓄能器组合使用时可以显著降低重量并延长化学蓄能器的使用寿命。

③ 双层电容器的机理。

> **图解**
>
> 如图2-2-10所示,双层电容器由两个通过电解液湿润处理的电极制成。当在电极上施加电压时电解液中极性相反的离子会在电极处聚集。它们和不可移动的电荷载体共同构成了一个层厚度仅比分子略小的区域。此处没有真正的电介质。在电极和电解液边缘上形成的两个电荷载体层可以起到电介质的作用。这两个电荷载体层也被称为双电层并根据它为双层电容器命名。

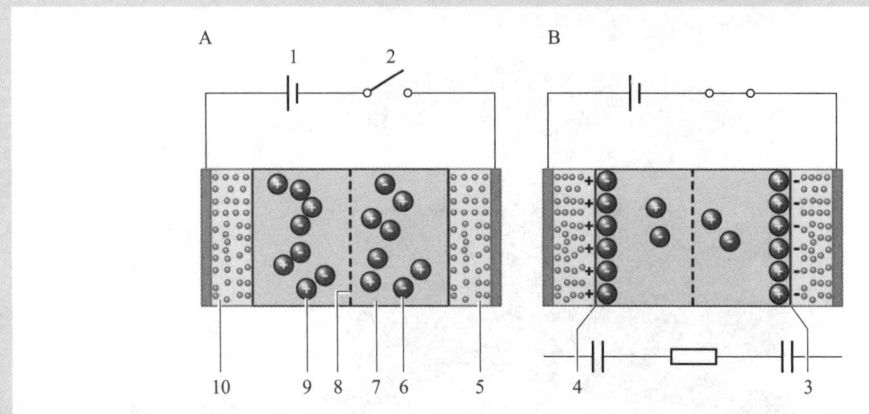

图2-2-10 双层电容器结构原理

A—已放电的双层电容器;B—已充电的双层电容器;1—电压电源;2—开关;3—绝缘的电荷载体层;
4—绝缘的电荷载体层;5—负极;6—负电荷载体;7—电解液;8—隔板;9—正电荷载体;10—正极

带有电荷载体层的电极作为电介质的作用就像两个电容器,通过可以导电的电解液将其连接在一起。双层电容器中的电能只能进行静电存储。

④ 双层电容器的容量。电容器的容量取决于绝缘层的厚度和电极面积:

$$C = \varepsilon_0 \varepsilon_r A/d$$

式中,C为电容器的容量;ε_0为真空电容率;ε_r为某电介质的相对介电常数;A为电极的面积;d为电极或绝缘电荷载体层的距离。

因为双层电容器的绝缘层很薄且电极面积较大,所以其功率密度很高。它通过使用活性炭实现了较大的电极面积。活性炭是一种内部表面积非常大的细粒状碳基物质,4g活性炭的内部表面积相当于一个标准足球场的面积。绝缘层的厚度仅比纳米稍厚。

双层电容器的容量为 1～50F，电压约为 2.5V。和化学蓄能器一样，它可以通过多个电容器的串并联增大容量和工作电压。

2.2.4 维修操作

高压蓄电池是动力电池的另一种叫法。目前插电式混动车型采用锂离子动力电池较多。

图解

动力电池如图 2-2-11 所示，一般安装在车辆底部。如图 2-2-12 所示，高压蓄电池用螺栓拧紧固定在车辆中间，用于支承车身。36 个单体锂离子蓄电池模块分为两层，蓄电池壳体通过一根等电位线与车身相连。

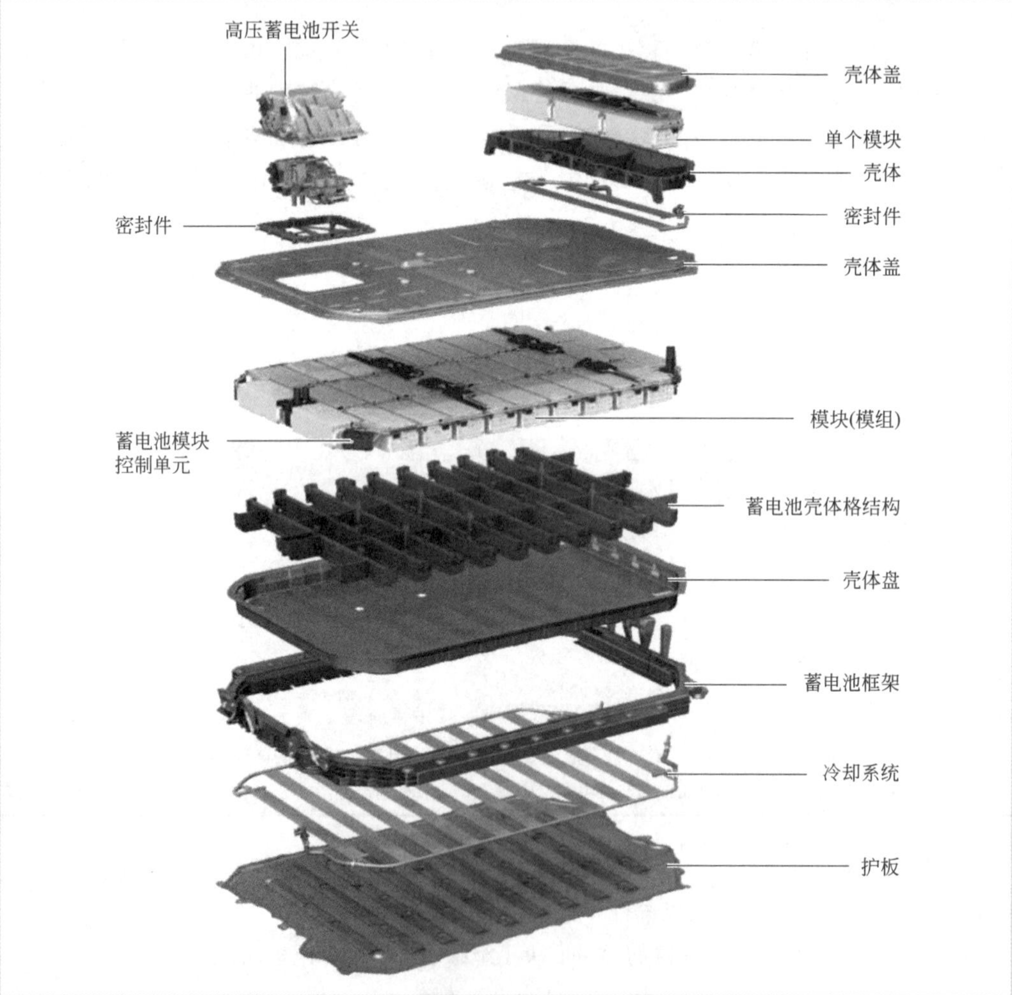

图 2-2-11 动力电池

（1）动力电池安装位置　宝马（X1）F49 混合动力车的动力电池安装在车身底部燃油箱前，如图 2-2-12 所示。这种安装方式的优点是降低车辆的重心，从而改善驾驶特性。为接触到动力电池接口，必须拆除车身底部的装饰板。

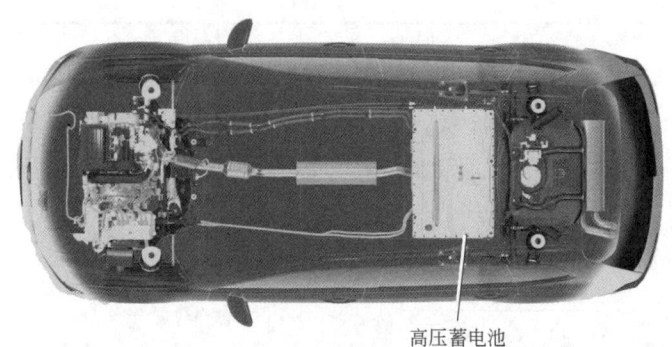

图 2-2-12　混合动力车动力电池安装位置

（2）动力电池组外部特征　动力电池组除高电压接口外还有一个 12 V 车载电气系统接口。通过该接口为集成在高电压蓄电池单元内的控制单元提供电压、数据总线、传感器和监控信号。将其接入制冷剂循环回路内，以对高电压蓄电池进行冷却。

动力电池的电压远远高于 60 V。因此在进行任何高压作业前，都必须遵守电气安全规定：断开系统电源；使用安全装置以防重新接通；确保系统无电压。

可在无需拆卸动力电池的情况下断开导线（高电压和 12V 车载电气系统接口）和冷却液管路。

动力电池位于乘员舱以外。如果出现严重故障导致蓄电池组电池产生过压，必须向外排出所产生的气体。高电压蓄电池单元上部壳体上的排气单元直接与外部相连。

（3）机械接口　高电压蓄电池单元的壳体通过支架固定在车身上。拆卸高电压蓄电池单元时，必须首先进行维修说明中规定的所有前提工作，例如诊断、断开电压、清空制冷剂。同时拆除车身底部装饰板与支柱。松开固定螺栓前，必须将带有相应固定装置的可移动总成升降台放在高电压蓄电池单元下方。通过等电位导线使高电压蓄电池单元壳体与车身之间形成电气连接。

高电压蓄电池单元壳体与接地之间的低电阻连接是确保自动绝缘监控功能正常运行的一项重要前提。因此应注意所有安装螺栓的拧紧力矩是否正确。

固定等电位螺栓时，必须执行准确的工作步骤：
① 清洁接触面并让另外一人进行检查；
② 按规定力矩拧紧电位补偿螺栓；
③ 让另外一人检查力矩；
④ 两人必须将准确工作情况记录在车辆档案内。

图解

如图 2-2-13 所示，在高电压蓄电池单元壳体上进行任何安装时，都只能使用自攻螺钉。允许使用螺纹套对壳体下部件端盖的螺纹进行修复。

图 2-2-13　高电压蓄电池单元安装

1—高电压蓄电池单元；2—高电压蓄电池固定螺栓；3—保护罩固定螺栓；4—等电位连接螺栓

【图解】

如图 2-2-14 所示，高电压蓄电池单元贴有 4 个提示牌，即 2 个型号铭牌和 2 个警告提示牌。型号铭牌提供逻辑信息（例如零件编码）与关键技术数据（例如额定电压）。警告提示牌一方面指出采用了锂离子技术，另一方面指出高电压蓄电池单元内电压较高，从而提醒人们注意可能存在的相关危险。高电压组件的警告提示牌强调组件带有高电压的事实。

图 2-2-14　高电压蓄电池单元壳体上的提示牌

1—高电压蓄电池单元壳体上部件；2—高电压蓄电池单元警告提示牌；3—标注技术数据的 BMW 型号铭牌；
4—高电压组件警告提示牌；5—标注技术数据的 CATL 型号铭牌

（4）电气接口

① 高电压接口。在高电压蓄电池单元上有一个 2 芯高电压接口，高电压蓄电池单元通过该接口与高电压电气系统连接。

【图解】

如图 2-2-15 所示，围绕高电压导线的两个电气触点各有一个屏蔽层触点。这样可使高电压导线屏蔽层（每根导线各有一个屏蔽层）一直延伸到高电压蓄电池单元壳体内，从而有助于确保电磁兼容性。

此外高电压接口还可防止人体误接触导电部件。触点本身带有塑料外套，从而防止直接接触。只有连接导线时，才压开外套并进行接触。

塑料滑块用于插头的机械锁止机构。此外，它还是一项安全功能的组成部分：未连接高电压导线时，滑块会盖住高电压互锁回路电桥接口。只有按规定连接高电压导线且插头锁止时，导线才能接触到该接口并插上电桥。这样可确保：只有连接高电压导线时，高电压互锁回路电路才会闭合。

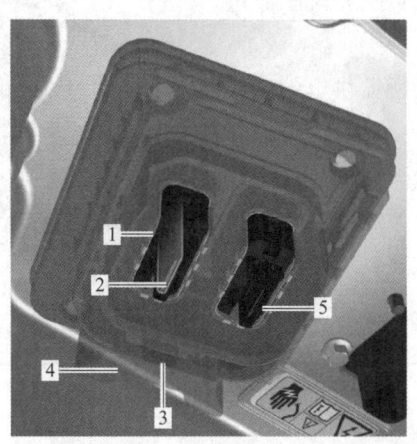

图 2-2-15　高电压蓄电池单元上部的接口

1—屏蔽层触点；2—高电压导线触点；3—带高电压互锁回路电桥接口的插孔；4—机械滑块；5—触点保护

只有所有的高电压接口连接电机电子装置与便捷充电电子装置时，高电压系统才会启用。这样可以额外防止人体接触可能带电的接触面。

> **图解**
>
> 如图 2-2-16 所示，与高电压蓄电池单元的所有其它组件一样，高电压接口可作为单独组件进行更换。

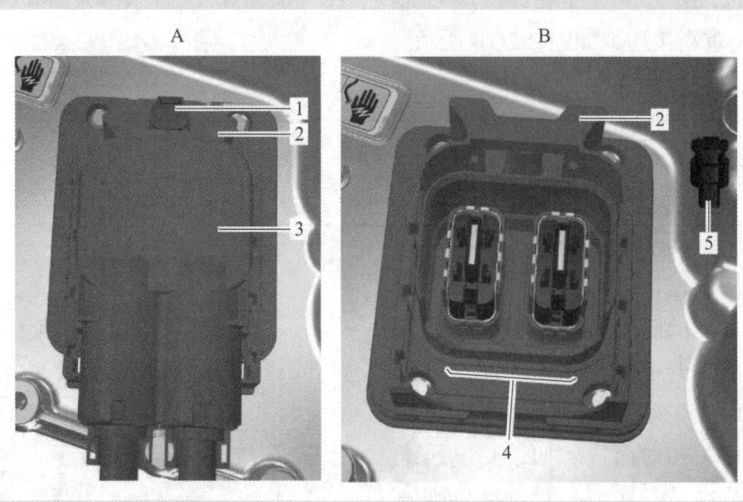

图 2-2-16　高电压接口

A—已插入高电压导线的高电压接口；B—已松开高电压导线的高电压接口；1—高电压互锁回路电桥（已插上）；2—机械滑块；3—高电压导线的高电压插头；4—高电压接口；5—高电压互锁回路电桥（已松开）

② 12V 车载电气系统接口。

图解

如图 2-2-17 所示，高电压蓄电池单元上带有一个 12V 车载网络接口，可实现以下连接：

① 通过总线端 30F 为 SME 控制单元供电和接地连接；

② 用于为电动机械式接触器供电的总线端 30 碰撞信息；

③ 来自 BDC 的唤醒导线；

④ 高电压互锁回路的输入端和输出端；

⑤ 用于启用截止和膨胀组合阀的输出端（+12V 和接地）；

⑥ PT-CAN2。

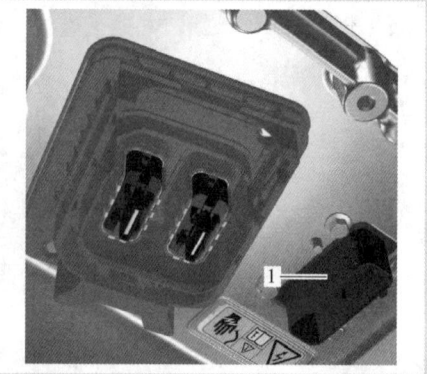

图 2-2-17 高电压蓄电池单元底部的接口
1—12V 车载电气系统接口

③ 高电压安全插头。

图解

高电压安全插头或连接桥是高电压互锁回路电路的组成部分。如果将高电压安全插头和插孔彼此拉开，高电压互锁回路电路就会断路。

高电压安全插头和插孔无法完全彼此拉开。两个部分以机械方式固定在一起，以防彼此拉开。需要断开高电压互锁回路电路时，可将两个部分彼此拉开，直至能够使用 U 形锁固定住以防止重新接通，如图 2-2-18 所示。

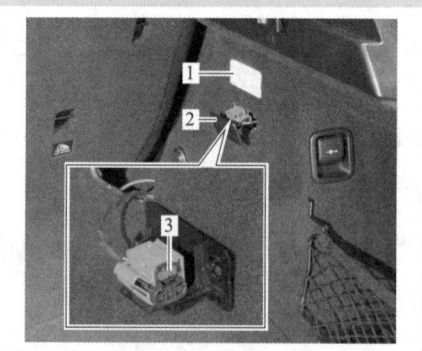

图 2-2-18 安装位置
1—后备厢照明；2—开关盖；3—高电压安全插头

④ 第二紧急接口。

图解

当出现追尾碰撞，高电压维修断电开关无法使用时，紧急维修人员必须确保车辆在实施救援措施前断开电压连接。因此，第二紧急接口应运而生。第二紧急接口通常与高电压维修断电开关相对而置。如果高电压维修断电开关安装在后备厢内，紧急接口则安装在发动机室内，如图 2-2-19 所示。

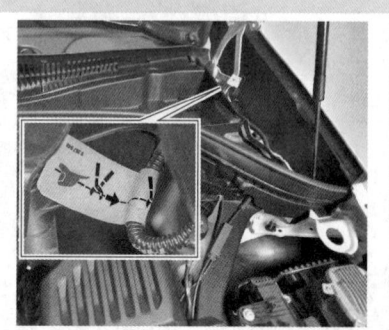

图 2-2-19 宝马 PHEV 紧急接口安装位置

紧急接口总线端 30C 可为安全盒内的接触器提供电压。在标记的位置切断导线，可确保接触器断开。切断导线后，紧急接口可再次维修。

（5）48V 轻混系统　48V 轻混系统，核心部件包括 48V 电池、48V 启动电机/发电机、48V/12V（DC/DC）的电压逆变器，以及相应的控制模块。轻混只是指回收了一部分能量储存在电池，但是不能单独靠电力行驶，必要时电机可以辅助发动机增加功率输出。采用 BSG（Belt-driven Starter Generator）双轴并联低度混合式，即发动机与电机之间采取带传动方式进行动力传输，以发动机为整车的驱动动力源，电机系统用于实现发动机的快速启动。

① 混合动力工作。48V 轻混系统车辆，和普通车辆不同的是其发电机发出电压为 48V，电池组电压也是 48V，而发电机既能发电又能作起动机，还能当做电动机使用（3合1），为发动机提供助力。部分车用电器系统仍然采用 12V，例如音响、大灯等，所以还需要一个 48V/12V 转换器，以给 12V 电瓶充电。可以说 48V 轻混系统大部分供电为 48V，电压提高以后在同样功率下电流会减小，损耗更低，而同样的电流可以输出更大的功率。轻混系统车辆具有能量回收系统，例如：刹车制动时多余的能量经发电机转为电力存储在电池内，供大功率电器使用。而在起步、加速时电机可以介入，协同发动机工作，在提高动力的同时也降低了油耗。轻混电气化部件见图 2-2-20。

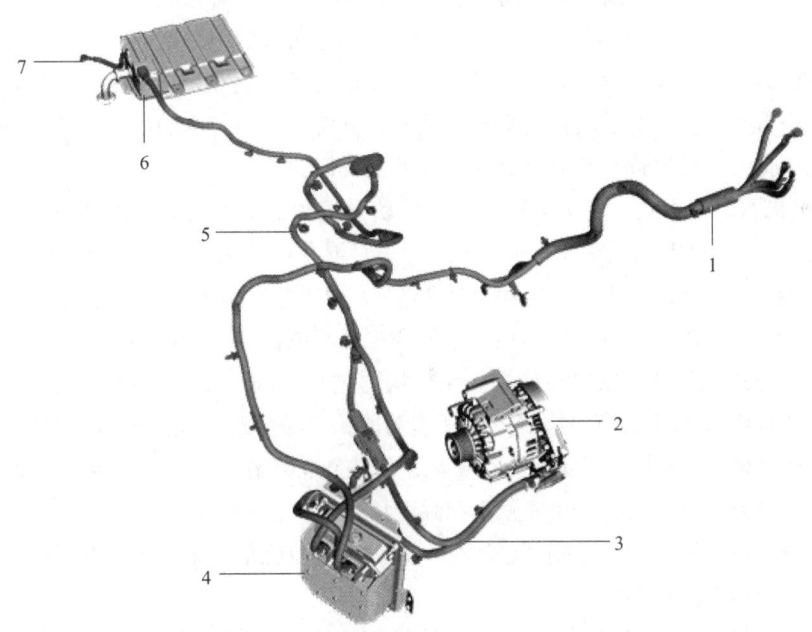

图 2-2-20　48V 轻混电气化部件

1—蓄电池正极和负极电缆；2—起动机/发电机；3—驱动电机蓄电池充电电缆；4—附件直流电源控制模块；5—高压蓄电池至蓄电池正极电缆；6—高压蓄电池；7—蓄电池负极电缆

② 维修模式。维修模式可用于维修和诊断、确认故障指示灯是否正确运行以及可能用于排放检查目的。车辆熄火且制动踏板未被踩下时，按住电源按钮 5s 以上可将车辆置于维修模式。仪表和音频系统的运行方式与启动时相同，但车辆将无法行驶。驱动系统在维修模式下不会启动。

③ 再生制动。当车辆滑行或制动时，电源逆变器模块可能以发电模式将驱动电机作为发电

机运行。作为发电机运行时，驱动电机施加传动机构负载，帮助降低车辆速度。驱动电机产生的电能被电源逆变器模块转移到混合动力/电动汽车蓄电池组。

④ 起动机/发电机。起动机/发电机（也称为驱动电机）位于发动机舱内。驱动电机安装在发动机的前部，代替交流发电机。驱动电机利用专用蛇形带和传动带张紧器与曲轴带轮相连接。

起动机/发电机主要有四个功能：

a. 启动器功能，特别为停止和启动应用而设计。

b. 提高发电机性能。

c. 再生制动功能，除12V电池外，还使用48V电压储能。

d. 通过使用存储在48V电压能量存储器中的能量来辅助发动机。

驱动电机是一个三相交流感应电机。此设备不仅充当交流（AC）发电机，还用于提供发动机电源辅助，以及在自动熄火模式下启动发动机。交流（AC）电流通过三相电缆总成在驱动电机和发电机控制模块（也称为起动机/发电机控制模块）之间流动。

作为发电机时，驱动电机向驱动电机控制模块提供功率高达12kW的交流（AC）电。

作为起动机时，驱动电机提供高达10 kW的电力辅助，帮助发动机启动。电机的电力来自驱动电机控制模块（发电机控制模块的内部构件）提供的三相交流电源。

驱动电机具有一个不可维修的内部传感器——驱动电机位置传感器。

驱动电机带轮与曲轴带轮的比率为3.0∶1。发电机控制模块通过接收发动机控制模块（ECM）利用串行数据发送的发动机转速输入信号，并将该信号与驱动电机位置传感器发送的驱动电机转速输入信号进行比较，从而能够检查驱动电机带的完好性。

⑤ 驱动电机蓄电池系统。48V电池为汽车传动系统和辅助车辆负载提供能源。电池组由电池和电池能量控制模块组成。例如雪佛兰•沃兰多轻混蓄电池由14个棱柱形锂离子电池组成，电池组的额定容量为6Ah，标称电压实际上是46.2V，但电池组用于在48V系统中运行。

蓄电池能量控制模块位于蓄电池组内，监测蓄电池组的温度、电流和电压。蓄电池能量控制模块还会对此信息进行处理。蓄电池能量控制模块通过CAN通信总线将蓄电池状态传达给车辆或其他用户。蓄电池能量控制模块执行电量平衡功能，该功能对于锂离子蓄电池通常是必需的，并执行主动/被动充电/放电控制功能。在车辆系统内正常工作时，蓄电池会向车辆控制器提供蓄电池组电压、电流、充电状态、功率限制和温度信息。

a. 安装位置。混动蓄电池位于副驾驶座位下方。蓄电池能量控制模块、电流传感器和高压连接器位于混合动力蓄电池总成内。

b. 充电/放电控制。通过激活内部继电器实现主动充电/放电控制。继电器打开时，电池将无法向车辆供电或从车辆接收电力。为了闭合继电器，端子电压必须与模块电压匹配，车辆管理系统必须处于唤醒状态（12V电源和点火），必须由车辆控制器通过CAN发出闭合继电器指令。

c. 电量平衡。蓄电池能量控制模块能够执行电量平衡。系统采用被动平衡，其说明通过借助蓄电池能量控制模块板上的内部平衡电路，可以将高电压电池放电至最低电池电压。

满足以下所有条件时应发生电量平衡：

电压最高和最低的电池之间的电压高于10mV；

最高电池电压在3.27V和3.35V之间；

最低电池电压高于3.2V，是为了避免电量平衡期间发生过放；

继电器断开；

电流小于100mA。

蓄电池组处于休眠模式后，蓄电池能量控制模块将每隔四小时检查一次上述条件，以启动电量平衡。所有电池电压均在5mV最低电池电压范围内时，应停止平衡。

d. 热管理。48V系统一般蓄电池采用风冷自然冷却。

⑥ 14V电源模块。14V电源模块（也称为附件直流电源控制模块）位于前舱内。14V电源模块通过一个独立于发动机冷却系统的冷却系统的冷却液循环进行冷却。

14V电源模块是一个能够取代传统车辆上的发电机的电子装置。在混合动力或电动车辆上，14V电源模块将高压（48V）直流电（DC）转换成低压（12V）直流电，以便为附件电气运行供电，并为12V蓄电池充电。

通常14V电源模块只有在车辆处于正常行驶循环时提供12V直流电。然而在某些情况下，当车辆正在通过标准壁式插座充电时，需要14V电源模块运行以保持12V蓄电池充电。

14V电源模块能够提供高达130A的12V直流电。

a. 电路输入。14V电源模块的输入包括高压电路和12V电路。14V电源模块还具有来自发动机控制模块（ECM）的脉宽调制设定点输入信号，该输入信号能够使电压从高压转换成期望的12V输出电平。

b. 电路输出。由14V电源模块支持的输出只有状态反馈电路（至发动机控制模块）和12V直流电（向车辆中的12V部件供电并为12V蓄电池充电）。混合动力/电动车辆上的低压12V电缆不要求特殊的颜色或维修程序。

⑦ 电磁兼容性。车辆中的电子设备必须能够承受一定数量的电磁干扰，而其运行不会受影响。电磁干扰在电流流过电路时产生。所产生电磁干扰的总量或幅度通常取决于电流大小和电路电流的开关模式和频率。电磁干扰要求通常称为电磁兼容性。

确保车辆满足电磁兼容性要求的方式很多，包括向某些电路添加电容器和电阻器、调节部件运行的频率、将线路电缆和部件进行屏蔽等。

a. 电路。电源逆变器模块（通常称为驱动电机发电机电源逆变器模块）和14V电源模块（通常称为附件直流电源控制模块）各自含有连接到高压电路的滤波电容器。这些电容器对于降低电流开关所造成的电压尖脉冲是必须的。降低电压尖脉冲能够减少电磁干扰。同时精密调节电流的开关频率，频率太高会增加电磁干扰。

b. 线路/电缆。一般类型的电路屏蔽包括双绞线和内部编织线或箔屏蔽。双绞线一般用于串行数据电路等电路，两条线以特定的单位长度螺纹绞在一起。屏蔽电缆用于所有需要阻挡外部电磁干扰或降低电缆自身电磁干扰辐射进入附近部件或电路的其他电路。

c. 低电压和中电压布线。变速器传感器的信号电路使用屏蔽保护。驱动电机位置传感器电路使用内部箔屏蔽。变速器总成的线束外部通过电源逆变器模块的环形端子连接到底盘搭铁。内部变速器线路线束通过阀体总成的环形端子连接到底盘搭铁。

辅助变速器油泵3相电缆使用内部箔屏蔽。线束屏蔽连接到电源逆变器模块内的底盘搭铁。

d. 部件屏蔽。一些部件利用其结构来有效屏蔽电磁干扰。金属盖、底盘搭铁金属外壳和电磁导电衬垫都可能是某个部件电磁兼容性设计的一部分。

e. 屏蔽损耗。正确屏蔽的损耗可能造成调幅收音机接收不良和/或传感器电路读数不正确（取决于屏蔽损耗的位置）。渗透至高压电缆绝缘导体的损坏将无法维修。某些低压和中压屏蔽线路线束可以维修。

⑧ 拆装驱动电机蓄电池充电电缆。

维修提示

按照安全规程执行安全防护及以下措施。

a. 应佩戴带侧护套的安全眼镜。

b. 使用经认证的最新的 0 级绝缘手套，额定防护电压为 1000V，具有皮革保护层。

使用手套前需进行目视检查和功能检查。在高压电池总成处进行工作时，要始终佩戴绝缘手套，无论该系统通电与否。

c. 在拆卸或安装高压电池总成前，确保所有高压电池盖/板已安装。安装盖/板可消除在拆卸或安装期间接触暴露高压触点的风险。

拆卸事项如下。

a. 断开蓄电池负极。

b. 解除高压系统。

c. 拆下前保险杠及前舱隔板。

图解（见图 2-2-21）

d. 拆卸驱动电机蓄电池充电电缆螺母 1。

e. 拆卸驱动电机蓄电池充电电缆接地螺母 2。

f. 拆卸驱动电机蓄电池充电电缆卡扣 3。

g. 拆卸驱动电机蓄电池充电电缆固定件 4。

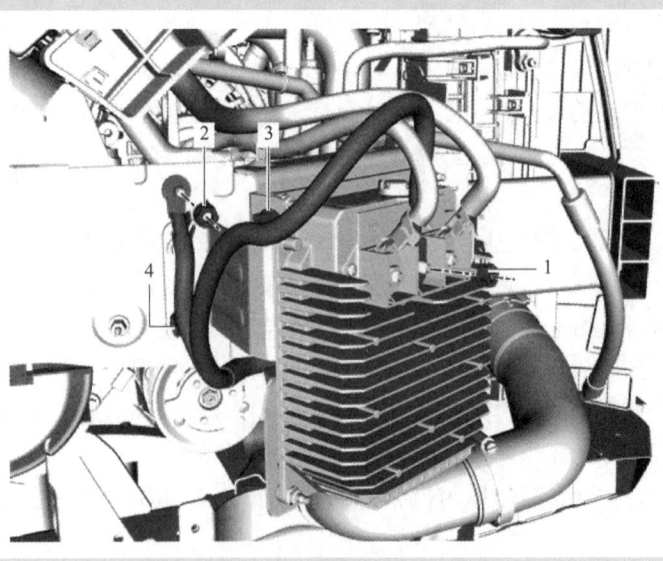

图 2-2-21　拆卸驱动电机蓄电池充电电缆（一）

图解（见图2-2-22）

h. 拆卸驱动电机蓄电池充电电缆固定件1。
i. 拆卸驱动电机蓄电池充电电缆卡扣2。
j. 断开电气连接器3。

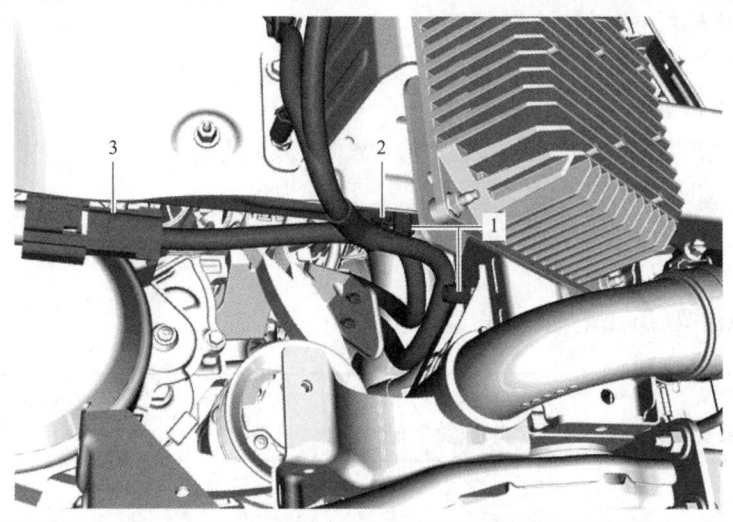

图 2-2-22　拆卸驱动电机蓄电池充电电缆（二）

图解（见图2-2-23）

k. 拆卸驱动电机蓄电池充电电缆螺母1。
l. 拆卸驱动电机蓄电池充电电缆卡扣2。
m. 拆卸驱动电机蓄电池充电电缆3。

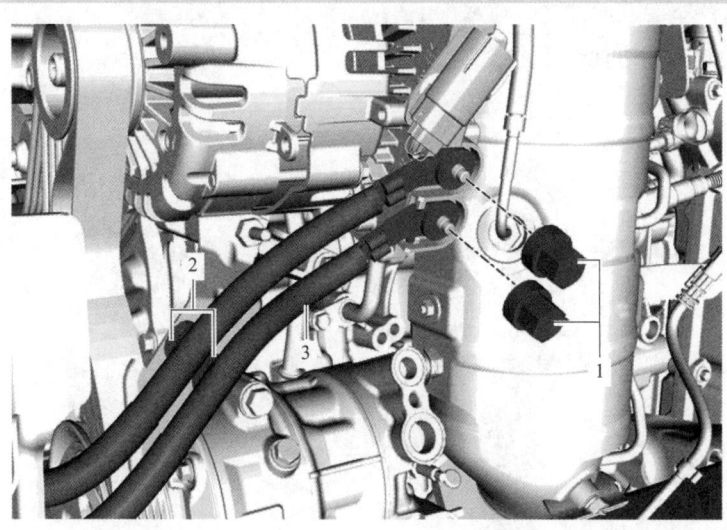

图 2-2-23　拆卸驱动电机蓄电池充电电缆（三）

安装事项如下。

a. 安装驱动电机蓄电池充电电缆。

b. 安装驱动电机蓄电池充电电缆卡扣。

c. 安装驱动电机蓄电池充电电缆螺母并紧固至规定力矩。

d. 连接电气连接器。

e. 安装驱动电机蓄电池充电电缆卡扣。

f. 安装驱动电机蓄电池充电电缆固定件。

g. 安装驱动电机蓄电池充电电缆卡扣。

h. 安装驱动电机蓄电池充电电缆接地螺母并紧固至规定力矩。

i. 安装驱动电机蓄电池充电电缆螺母并紧固至规定力矩。

j. 安装前舱隔板及前保险杠。

k. 启用高压系统。

⑨ 拆装蓄电池至高压蓄电池正极电缆。

维修提示

同样，按照安全规程执行安全防护及措施。

拆卸事项如下。

a. 断开蓄电池负极电缆。

b. 解除高压系统。

c. 拆卸空气滤清器总成。

d. 拆卸前保险杠。

e. 拆卸地板地毯。

图解（见图2-2-24）

f. 拆卸蓄电池至蓄电池正极电缆螺母1。

g. 拆卸蓄电池至蓄电池正极电缆2。

图 2-2-24　拆卸蓄电池至高压蓄电池正极电缆（一）

图解（见图2-2-25）

h. 松开蓄电池至蓄电池正极电缆固定件1。

i. 断开蓄电池至蓄电池正极电缆电气连接器2。

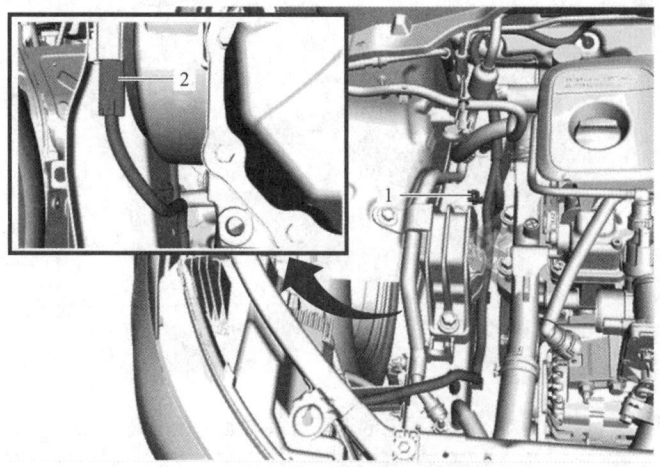

图2-2-25　拆卸蓄电池至高压蓄电池正极电缆（二）

图解（见图2-2-26）

j. 松开蓄电池至蓄电池正极电缆固定件1。

k. 拆卸蓄电池至蓄电池正极电缆护套2。

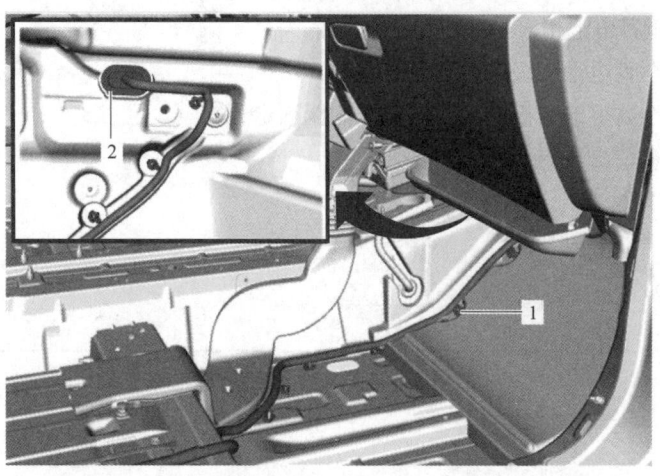

图2-2-26　拆卸蓄电池至高压蓄电池正极电缆（三）

图解（见图2-2-27）

l. 松开蓄电池至蓄电池正极电缆卡扣1。

m. 拆卸蓄电池至蓄电池正极电缆螺母2。

n. 断开蓄电池至蓄电池正极电缆。

o. 从发动机舱侧缓慢地将电缆拉出。

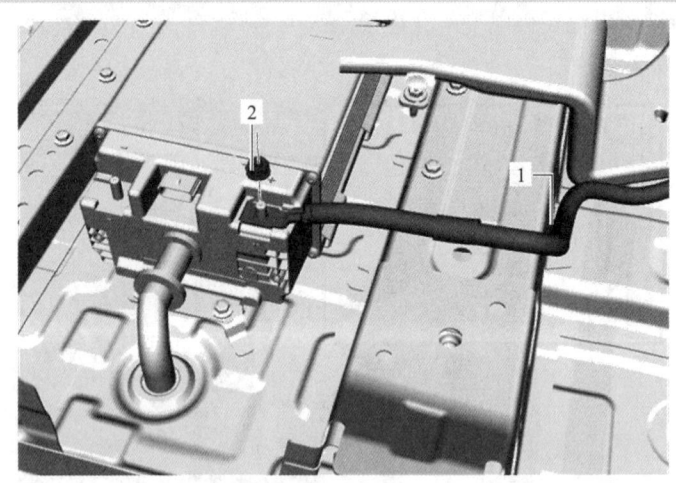

图 2-2-27 拆卸蓄电池至高压蓄电池正极电缆（四）

安装事项如下。

a. 安装电缆时：在发动机舱侧，将驾驶舱部分的电缆通过前围板对应孔位先塞入。

b. 安装蓄电池至蓄电池正极电缆螺母并紧固至规定力矩。

c. 安装蓄电池至蓄电池正极电缆卡扣。

d. 安装蓄电池至蓄电池正极电缆固定件。

e. 安装蓄电池至蓄电池正极电缆护套。

f. 连接蓄电池至蓄电池正极电缆电器连接器。

g. 连接蓄电池至蓄电池正极电缆。

h. 安装蓄电池至蓄电池正极电缆螺母并紧固至固定力矩。

i. 安装地板地毯。

j. 安装前保险杠。

k. 安装空气滤清器总成。

l. 启用高压系统。

2.3 电机

2.3.1 基础知识

（1）电机相关的物理学定律

① 磁铁。

图解

如图 2-3-1 所示，永久磁铁或永久磁体通常是由一种铁钴或铁镍合金制成，制造时将其进行磁化并始终（持续）保持这种磁化状态。在小型电动机中产生励磁磁场时使用永久磁铁。

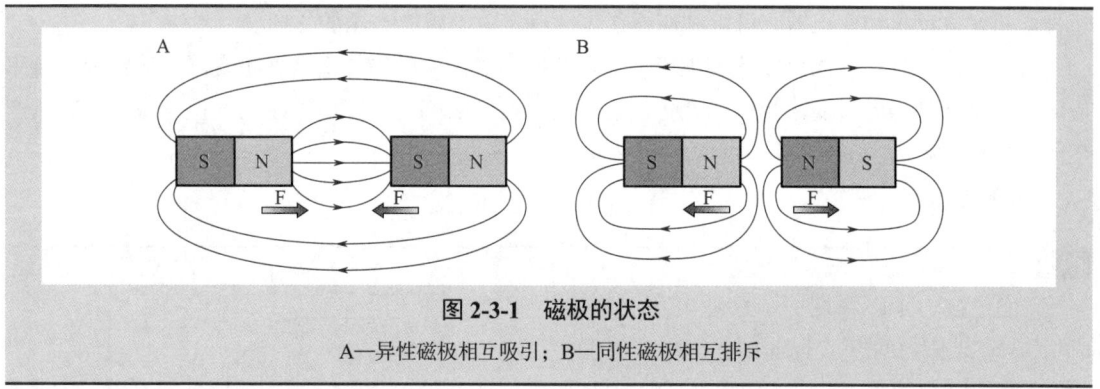

图 2-3-1　磁极的状态

A—异性磁极相互吸引；B—同性磁极相互排斥

② 电磁铁。电磁铁与永久磁铁不同，其磁效应可以通过电流是否流过线圈来控制通断。带有电动激励装置的直流电机如串联或并联电机可以作为电磁铁在定子内产生磁场，也可以在继电器中的线圈上使用电磁铁。

图解

如图 2-3-2 所示，有电流流过的线圈可以产生一个与棒状磁铁非常相似的磁场，因此可以作为电磁铁使用。

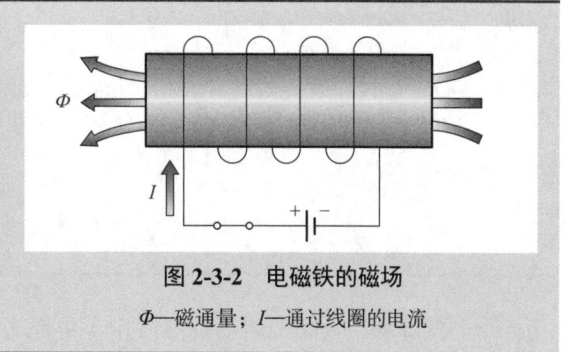

图 2-3-2　电磁铁的磁场

Φ—磁通量；I—通过线圈的电流

③ 磁场。

图解

如图 2-3-3 所示，可以利用永久磁铁或电磁铁产生一个磁场。通过由北磁极至南磁极的磁铁磁力线对磁场进行描述。磁场越强，磁力线的密度也就越大。

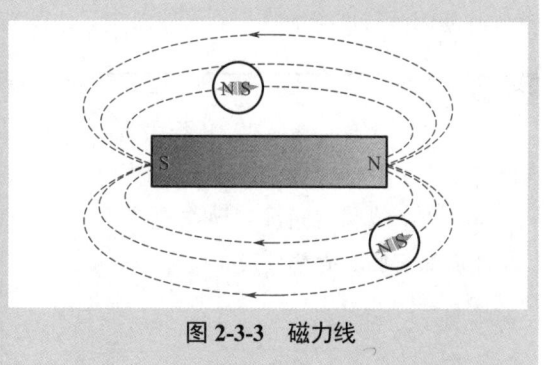

图 2-3-3　磁力线

④ 电磁感应：

a. 电磁感应定律。电磁感应是电物理学的一种基础现象。电磁感应定律对磁场和电压之间的关系进行了说明，特别是对了解电机起到了重要作用。

电磁感应定律指出，通过线圈的圈数 N 和随时间变化的磁场中的磁通量 Φ 可以推导出电压 U_{ind}。

b. 楞次定律。通过移动线圈也可以在不随时间变化的磁场中产生电压。电磁感应效应主要用于发电机、电动机和变压器。可以利用楞次定律确定电磁感应电压的方向。

c. 自感应。通过线圈可以改变电流，而由线圈本身产生的磁场也会发生变化，线圈内的自感应电压则会出现与电流变化相反的变化。这种情况通常被称为自感应。磁场变换越快越强，所产生的电压也就越高。

⑤ 洛伦兹力。

图解

洛伦兹力是磁场在一个移动电荷上施加的力。在导体内的电子上施加一个力 F，此时整个导体就会向着某一方向移动。可以通过"右手定则"或根据三指定则确定力的方向。

通过图 2-3-4 得到以下结果：起因 = 电流→传递 = 磁场→结果 = 电子上的力。

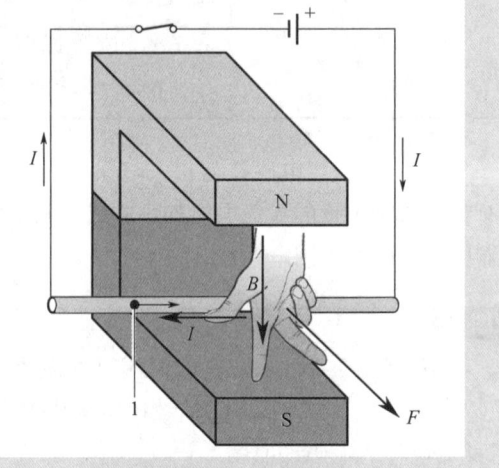

图 2-3-4　电子上的洛伦兹力

1—电子；B—磁通量；F—电子上的力；I—电流；
N—北磁极；S—南磁极

（2）变压器　理想变压器在实际中不可能实现，因为始终会有能量损失。因此任何一种变压器所提供的电能总会比其接收的电能稍小一些。损失的电能一部分通过电阻使线圈变热，另一部分则转换成了所谓的涡流。为了将涡流降至最低，变压器使用了由很多薄铁片组成的铁芯。这些铁片使用漆层进行绝缘，从而使涡流无法流动。

图解

如图 2-3-5 所示，变压器由安装在一个共用铁芯上的两个线圈构成。在两个线圈之间没有导线连接，也就是说它们之间相互分离。

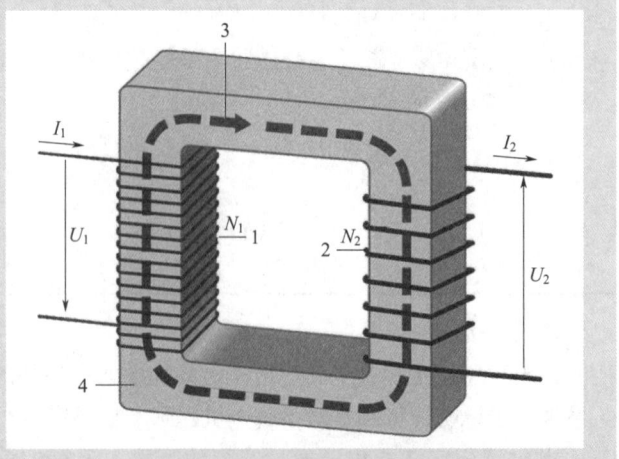

图 2-3-5　变压器的结构

1—圈数为 N_1 的初级线圈；2—圈数为 N_2 的次级线圈；
3—磁通量；4—铁芯

在一个线圈上施加交流电压时,根据电磁感应定律,在第二个线圈上也会产生一个交流电压。此时可以在第二个线圈的端部测量到一个电压。初级电压和两个线圈的圈数决定了感应电压的大小:$U_1/U_2=N_1/N_2$。

当初级和次级线圈的圈数相同时,次级电压 U_2 与初级电压 U_1 相同。当次级线圈的线圈圈数是初级线圈的两倍时,次级电压也将为初级电压的两倍。在次级线圈上连接用电器时,必须使用电路初级侧所提供的能量。理想变压器的初级侧所提供的能量应该与次级侧使用的能量相等,也就是说理想的变压器不会产生能量损失。电压与电流 I_1 和 I_2 成反比,因此理想变压器初级和次级侧的功率应该相同:$U_1I_1=U_2I_2$。

(3)电机 通过电机这种设备可以将电能转换为机械能,也可以将机械能转换为电能。根据转换能量的不同,电机也被称为电动机(将电能转换为机械能)或发电机(将机械能转换为电能)。电机使用了磁极同性相斥、异性相吸的原理,通过电流产生至少一个磁场。电机一方面可以根据电流进行分类,例如分为直流、交流或三相交流电机;另一方面也可根据工作原理分类,如分为同步或异步电机。电机有以下几种:直流电机、同步电机、异步电机。

① 直流电机。直流电机已有约 200 年的历史,直到今天仍被广泛使用。在汽车电气系统中,车窗玻璃刮水器、车窗升降器、鼓风机和伺服电机大量使用了最大功率约为 100W 的直流电机。

a. 直流电机结构。直流电机可以将(直流电流形式的)电能转化为动能。它由一个固定部件——定子,和一个转动支撑部件——转子(电枢)组成。大多数直流电机采用内部转子结构,即转子是内部部件,定子是外部部件。定子可由电磁铁组成,在小型直流电机内由永久磁铁构成。

b. 直流电机原理。

> **图解**
> 电机工作原理以作用力施加在磁场内的载流导体上为基础。载流导体的磁场和永久磁铁的磁场相互影响。如果永久磁铁牢固固定且导体以可转动方式支撑,则会在导体上施加一个作用力,通过作用力的影响转动载流导体,如图 2-3-6、图 2-3-7 所示。

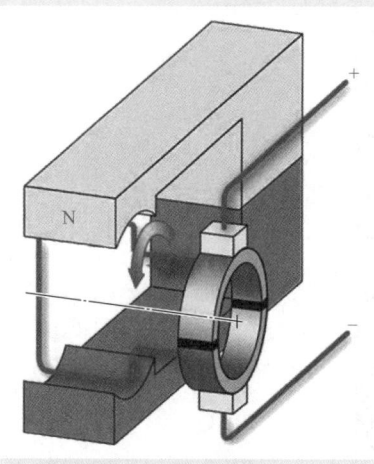

图 2-3-6 直流电机的工作原理

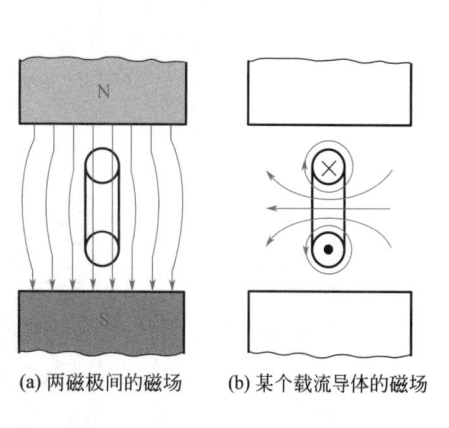

(a)两磁极间的磁场 (b)某个载流导体的磁场

图 2-3-7 直流电动机中磁场

导体上的作用力取决于：导体内的电流、磁场强度以及导体有效长度（线圈圈数）。

图解

在图 2-3-8 中显示了一个线圈，在线圈上施加电压时，线圈内流动的电流产生一个磁场（线圈磁场）。永久磁铁两极间的磁场和线圈磁场形成一个总磁场，根据线圈内的电流方向产生一个左旋或右旋力矩。线圈继续转动，直至线圈磁场方向与永久磁体两极间磁场方向相同。随后线圈停留在所谓的磁极磁场中性区域内。为了能够继续转动，必须改变线圈内的电流方向。在此通过与线圈起始端和线圈末端连接的电流换向器（集电环）实现电流方向的切换，每旋转 180° 集电环切换电流方向一次，从而实现连续转动。

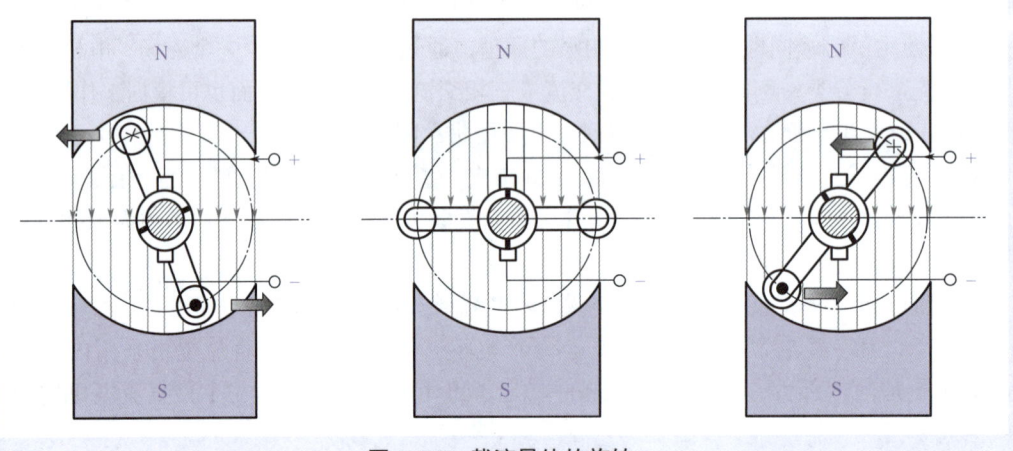

图 2-3-8 载流导体的旋转

图解

在技术应用中通过一个分段集电环和滑动触点（碳刷）为电枢输送电流。集电环由金属段组成，金属段与细条状绝缘材料（塑料、空气）一起构成间断的圆柱或圆形面。用于输送电流的两个碳刷通过弹簧压紧在集电环上，如图 2-3-9 所示。

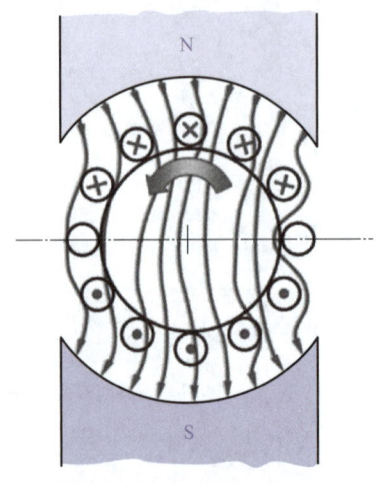

图 2-3-9 共用铁芯上的多个线圈

图解

例如车窗玻璃刮水器和起动机就属于车辆中直流电机的典型使用情况。如图 2-3-10 所示,转子每转动一次,通过电枢绕组的电流方向就会改变一次,同时那些通过电流流动而产生力矩的导体进入定子磁场内。电机的转速取决于电压和转动方向。

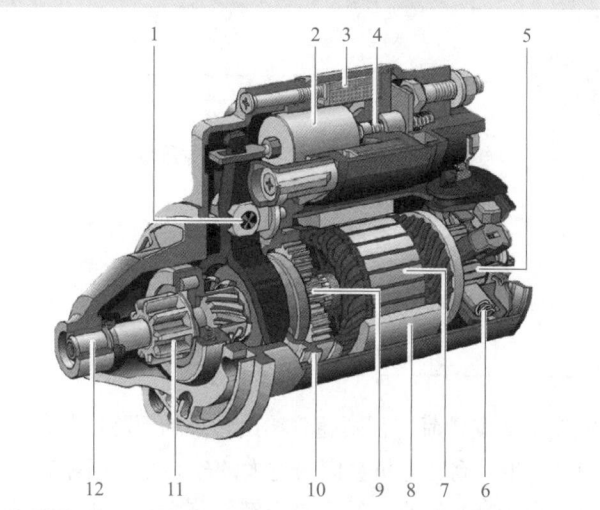

图 2-3-10　起动机的结构

1—叉杆；2—继电器电枢；3—继电器线圈；4—继电器弹簧；5—集电环；6—碳刷；7—转子（电枢）；8—永久磁铁；9—行星齿轮箱；10—带有减振装置的烧结齿圈；11—小齿轮；12—传动机构轴承

c. 励磁电机。直到现在,直流电机中的主磁场仍可通过永久磁铁产生,但是在直流电机中也可以通过电磁铁产生主磁场。励磁线圈电源不受电枢电路电源影响的电机被称为外部激励电动机,如图 2-3-11 所示。这种电动机的转速控制系统非常简单,因为可以分别对电枢电压和激励电压进行调节。

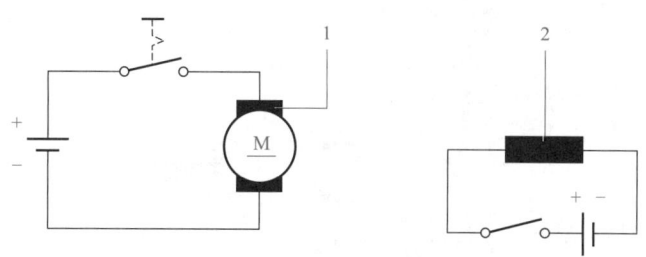

图 2-3-11　外部激励直流电机

1—电枢绕组；2—励磁线圈

励磁线圈和电枢电路相互连接的电机被称为自激励电动机。根据励磁线圈和电枢电路的连接方式可以分为串联式和并联式电机。

串联式电机：串联式电机中的励磁线圈和电枢绕组以串联的形式连接。必须尽量降低励磁线圈的内阻。

图解

以交流电压为例,在每一个半波下励磁场和电枢电流的方向都会改变,因此电机也可以在交流电压下使用。为了避免出现涡流,定子的铁芯必须由一个叠板制成。串联式电机的转速主要取决于其负荷的大小(串联特性曲线),如图2-3-12所示。

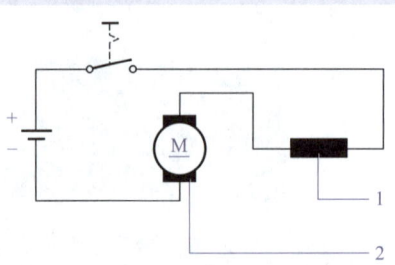

图 2-3-12　串联式电机的电路图
1—励磁线圈;2—电枢绕组

仅允许串联式电机使用基本负荷,否则随着输出转矩的下降,其转速将会大幅升高。没有基本负荷可能导致转速的进一步升高,电机会因为过大的离心力而损坏。

串联式电机的优点是启动转矩较高,缺点是负荷转矩主要取决于转速,转速升高时负荷转矩则会降低。

并联式电机:并联式电机的主要优点是"转速恒定性",即负荷出现变化时转速基本保持不变。

图解

并联式电机也有一定的局限性,当其内部电枢电压发生变化时,场激励则会保持不变。场效应采用的设计可以在发动机处于静止时(电枢电压=0)使激励装置长时间保持接通状态,如图2-3-13所示。

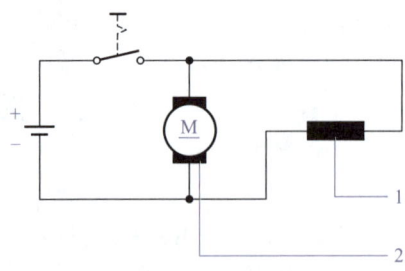

图 2-3-13　并联式电机的电路图
1—励磁线圈;2—电枢绕组

② 三相电机。三相电机是一种电动机械式转换器,可以作为电动机或发电机使用。它作为电动机使用时可以通过三相电流产生旋转电磁场,作为发电机使用时则可以产生三相电流。三相电流是一种带有三个相位的交流电流。三相电流的名称源自其产生方式。

图解

从图 2-3-14 可以看出三个相位在时轴上都有对应的时间点，因此可以确定各个位置上的三个交流电压之和为零。

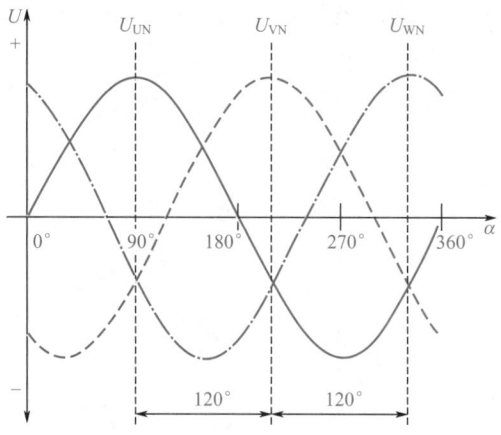

图 2-3-14　三个交流电压的曲线

图解

如图 2-3-15 所示，为了能够产生旋转磁场，需要三个针对其中心轴旋转 120° 的线圈。通常这三个线圈被安装在三相交流电机的定子上，通过这三个线圈提供相位差为 120° 的交流电压。线圈以星形电路或三角形电路连接，根据需要可以选择使用这两种电路。重要的是三个内部有电流流动的绕组相之间的相位差为 120°。旋转磁场可以使三相交流电机的结构更为简单。

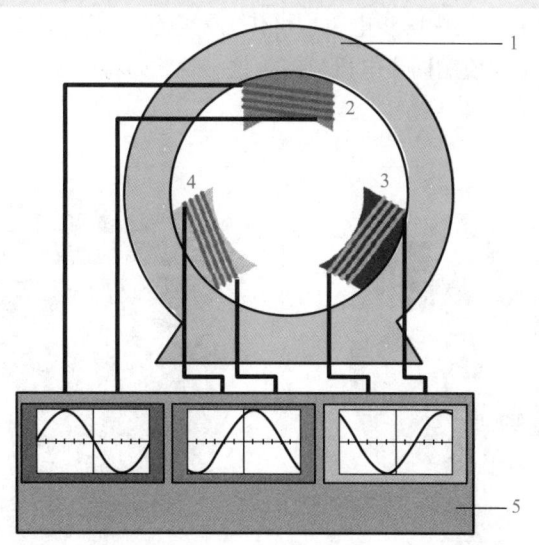

图 2-3-15　定子的结构

1—定子；2—绕组 U；3—绕组 V；4—绕组 W；5—三相电流的相位

图解

如图 2-3-16 所示，在星形电路中 U2、V2 和 W2 支路在星形交叉点 N 处相互连接在一起。每个支路的起始点 U1、V1 和 W1 与星形电路的外部导体连接。在三角电路中每个线圈的支路起始点都与另一个线圈的支路相连。原则上将所有线圈依次连接。外部导体 L1、L2 和 L3 从连接部位与用电器相连。通过线圈的相互连接，在布线时三个相位 L1、L2 和 L3 仅需三根导线。第二种类型的三相交流电机与采用了三支路三相电流绕组定子的电机有基本相同的结构，只是定子结构稍有不同。可通过定子结构来区分同步和异步电机。

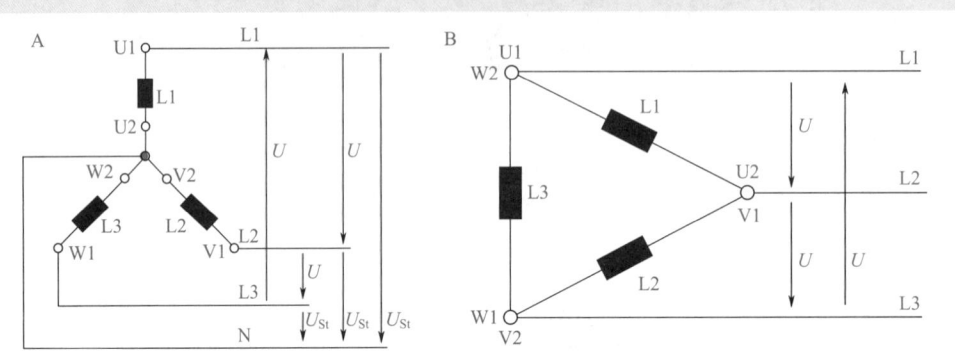

图 2-3-16　绕组相的星形和三角形电路
A—星形电路；B—三角形电路

③ 三相同步电机。

a. 三相同步电机的作用。三相同步电机是一种电动机械式转换器，可作为由三相电流驱动的电动机或产生三相电流的发电机使用。在发电站中同步电机主要作为可以产生电能的发电机使用。

图解

如图 2-3-17 所示，在车辆中同步电机也可作为发电机为用电器提供电能和为蓄电池充电。如今在中等功率范围内很少使用同步电机，但是这一现状即将改变，因为在混合动力车辆上将会大量使用同步电机。

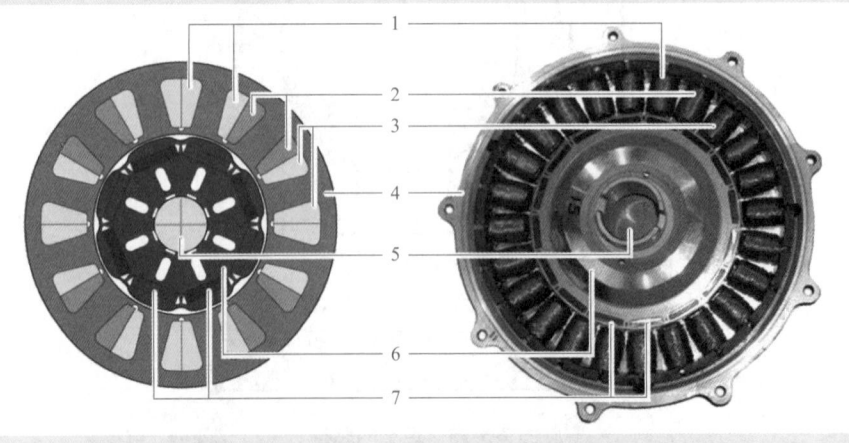

图 2-3-17　同步电机的结构
1—绕组 W；2—绕组 V；3—绕组 U；4—带有旋转磁场绕组的定子；5—轴；6—带有永久磁铁的转子；7—永久磁铁

通过永久磁铁（小型电机）或电磁铁（大型电机）在同步电机的转子中产生磁场。第二种情况需要安装滑动触点，相对较小的电流只有通过该触点才能流入。与直流电机不同，同步电机无需集电环。汽车发电机见图 2-3-18。

b. 同步电机的工作原理。为了能够对同步电机的转速进行无级调节，必须使用变频器。通过机械装置或利用变频器使同步电机在额定转速下运行并使其保持同步。

图 2-3-18　汽车发电机

> **图 解**
>
> 如图 2-3-19 所示，同步电机通常采用内极电机的设计。还有另外一种型号的电机，这种电机的定子绕组安装在电机内部，而带有永久磁铁的转子则安装在电机外部，这种设计被称为带有外部转子的电机。

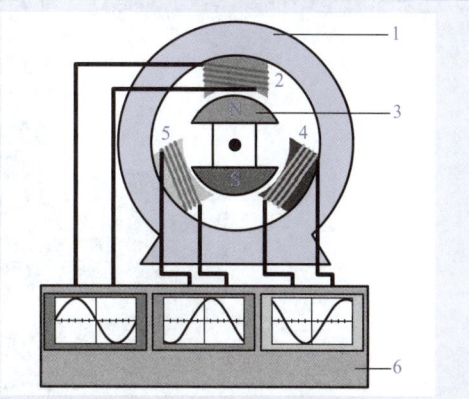

图 2-3-19　带有永久磁铁的同步电机的结构
1—定子；2—绕组 U；3—转子；4—绕组 V；5—绕组 W；
6—三相电流的相位

> **图 解**
>
> 如果在定子的绕组上施加一个三相电流，就会产生相应的旋转磁场。转子的磁极随着该旋转磁场的方向进行相应的转动。这样就可以使转子转动。转子转动的速度与旋转磁场的转速相同。该转速也被称为同步转速。同步电机也因此得名。通过三相电流的频率和极点数量，精确地规定了同步电机的转速，如图 2-3-20 所示。

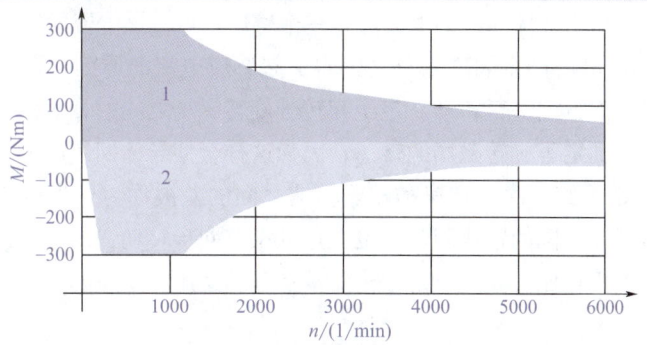

图 2-3-20　永磁同步电机的工作范围
1—作为电动机时的工作范围；2—作为发电机时的工作范围

同步电机在混合车辆中已广泛使用。借助永久磁铁转子而不必使用其它外部能量就可以产生磁场，因此这种电机具有非常高的功率密度和效率（＞90%）。

永磁同步电机的其它优势：惯量较小；维修费用低廉；转速不受负荷影响。

同步电机的缺点：磁铁材料的采购成本较高；调节成本较高；无法自动运行。

④ 三相异步电机。

a. 三相异步电机的作用。三相异步电机可以作为电动机或发电机使用。

图解

异步电机的特点是不为转子直接提供电流，而是通过与定子旋转磁场的磁场感应产生转子磁场。因为转子使用了定子旋转磁场产生的感应电流，所以通常异步电机也被称为感应式电机。转子通常采用带有后端短路导体棒的圆形罐笼。三相异步电机见图2-3-21。

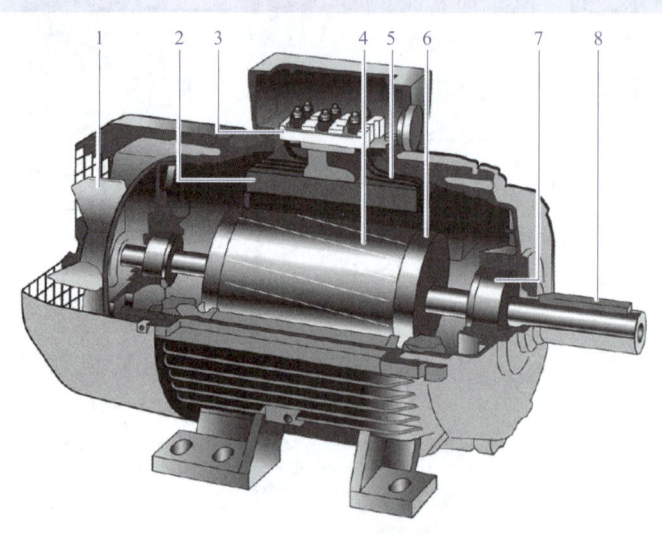

图2-3-21　异步电机的结构
1—风扇；2—支架叠板；3—端子板（电源接口）；4—带有转子棒的转子叠板；
5—支架绕组；6—短路环；7—滚柱轴承；8—轴

b. 三相异步电机原理。通过定子绕组的旋转磁场对定子导体回线内的磁流（磁场、电流）变化产生影响。这样就会和短路导体棒内的电流产生一个感应电压，该电流同样可以产生磁场。

楞次定律指出，感应电流产生的磁场总是阻碍引起感应电流的原因。因此产生的转矩可以使转子按照定子旋转磁场的方向进行转动。定子和转子旋转磁场之间的相对速度是引起感应的原因。转子的转速不允许达到定子旋转磁场的转速，因为这样会使导体回线内的磁流变化为零，从而无法产生感应电压。定子旋转磁场转速和转子转速之间的差被称为异步转速，大小取决于负荷。定子旋转磁场和转子以不同的转速旋转，也就是说没有同步转动，因此这种电机被称为异步电机。异步电机与直流电机相比，其优点是结构简单且坚固耐用。这里的主要优点是不再需要集电环和电刷。

从电气角度来看，异步电机就像一个变压器。定子绕组为初级，短路的导体棒为次级。自调节电流取决于转速。

> **图解**
>
> 如图 2-3-22 所示，怠速运行时异步电机的替代电路图主要由 Rs 和 Xs 构成，因此电机接收的几乎都是无功功率。只要转子没有转动，变压器的次级侧将始终处于短路状态，因此需要提供一个较高的电流和一个较强的磁场。在该启动范围内电机的效率较差并且会产生很高的温度。只要电枢开始转动且已适应周围的旋转磁场，那么电流就会变小且效率也会得到提高。通过供电电子装置和可以提高或降低频率的变频器实现异步电机的转速控制。
>
>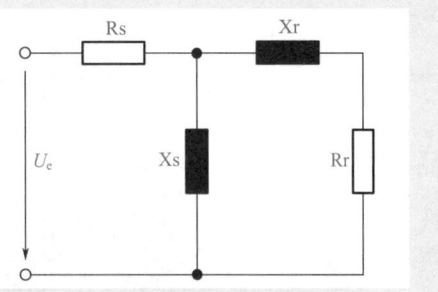
>
> 图 2-3-22　异步电机的替代电路图
> U_e—电源电压；Rs—定子绕组的电阻；Xs—定子绕组的感应电阻；Xr—转子的感应电阻；Rr—转子的电阻

c. 异步电机的优点：使用寿命较长；因为可以简便地安装和拆除电刷，所以维护费用较低；制造成本相对较低；可以自动运行；短时间内可以承受较强的过载。

d. 异步电机的缺点：与永磁同步电机相比，在高转矩利用率方面的效率较低；未使用带有启动控制的变频器时启动转矩较小。

（4）供电电子装置及其重要元件　供电电子装置是一种可以进行连接、控制和电能转换的电子元件。供电电子装置的元件和电路由可控硅二极管和晶闸管构成。这种元件可以在非常高的电压和电流下进行连接。

在较低功率范围内也可使用可控硅二极管和晶闸管。晶闸管是一种开关元件，可以通过控制极和门上的控制电压对其接通时间进行调节。可以反方向同时接通且可以共同控制的带有两个晶闸管的部件被称为三端双向可控硅开关。可以进行电能转化的变压器和旋转设备都不能算作供电电子装置。供电电子装置的作用主要是可以以电压的形式转化电能，电压和电流的大小与频率相同。

> **图解**
>
> 电子控制装置负责将高压蓄电池单元（最高 340V DC 左右）的直流电压转换成三相 AC 电压，用来启用电机和高压启动电动发电机，在此过程中，电机和高压启动电动发电机作为电动机。相反，当电机和高压启动电动发电机作为发电机工作时，电机电子装置将三相 AC 电压转换成直流电压，并为高压蓄电池单元充电。比如，在制动能量再生（能量回收）过程中发生此类操作。为了进行这两种模式的操作，有必要配备 DC/AC 双向转换器，该装置可以作为换流器和整流器进行工作。
>
> DC/DC 转换器同样与电机电子装置成为一体，确保 12V 汽车电气系统的电压供给。
>
> F49（宝马 X1）的整个电机电子装置位于一个铝制壳罩内。控制单元（DC/AC 双向转换器以及 12V 汽车电气系统的 DC/DC 转换器）位于该壳罩内。
>
> EME 控制单元还承担其它任务。比如：高压动力管理，即对高压蓄电池单元的可用高压进行管理，同样与 EME 集成为一体。此外，EME 有各类输出级，负责 12V 执行机构的启用。
>
> 供电电子装置如图 2-3-23 所示。

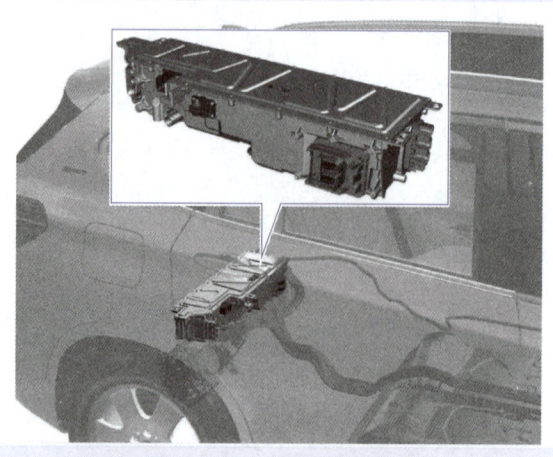

图 2-3-23　供电电子装置

① 两端交流开关元件。两端交流开关元件是一种电子部件，当在其两个接口处施加超过一定限制的电压时，它将具备传导交流电压的特性。该电压被称为击穿电压。两端交流开关元件也被称为"双向二极管"或"交流电流二极管"，因此也可称为 Diac。Diac 是英文 Diode for Alternating Current（交流电流二极管）的缩写。

图解

因为不能给出极性，所以两个接口被称为正极 1 和正极 2。由于 Diac 采用了双向结构，所以可以接通交流电压。只要在接口（A1 和 A2）上施加的电压超过规定门电压，就可以将其击穿并使 p-n 段具备导电功能。只有流过 Diac 的电流超过规定值时电阻才会增大，此时无法继续传导电流。为了能够产生一个下降沿较为倾斜的触发脉冲，两端交流开关元件主要被用于三端双向可控硅开关元件制成的触发开关中。Diac 的电路符号如图 2-3-24 所示。

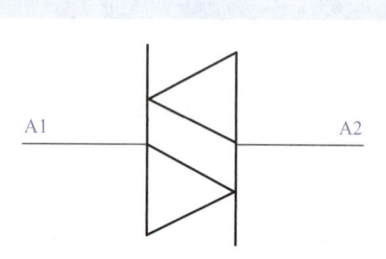

图 2-3-24　Diac 的电路符号

② 晶闸管。

图解

如图 2-3-25 所示，晶闸管是一种半导体结构的元件，由四层或多层半导体层可变掺杂物质制成。thyristor（晶闸管）的名称是由英文 thyratron（闸流管）和 resistor（电阻）组合而来。

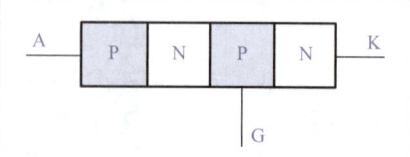

图 2-3-25　晶闸管的结构
A—正极；G—门；K—负极；P、N—半导体层

图解

如图 2-3-26 所示，晶闸管包括一个负极、一个正极和一个控制电极（门）。初始状态下晶闸管双向都不导通，流通方向始终处于禁用状态，直至门上的电流脉冲接通。通过门上的一个正极电流脉冲使其进入导通状态。负荷电路内通过切断电压或转换电压极性使晶闸管进入阻隔状态。与普通二极管一样，其对阻隔方向的电流进行阻挡。在交流电流的电路中经常会使用晶闸管。例如，晶闸管调节器可以作为软启设备对笼式异步电机开始工作时的启动电流和转矩进行监控。晶闸管整流器也可用于直流电机的转速控制。

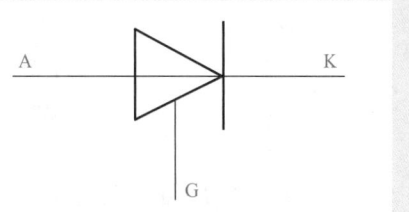

图 2-3-26　晶闸管的电路符号
A—正极；G—门；K—负极

③ 三端双向可控硅开关。三端双向可控硅开关是一种采用半导体层结构的电子部件，原则上由两个反方向连接的晶闸管组成。因此三端双向可控硅开关可以进行电流的双向导通。

图解

如图 2-3-27 所示，三端双向可控硅开关包括一个控制电极 G（英文"gate"的缩写）和 A1、A2 两个正极。通过在控制电极上施加的控制电压，三端双向可控硅开关可以进行双向导通，因此只需要一个控制接口就可以满足两个晶闸管的需要。三端双向可控硅开关安装了两个引爆装置，这样就可以使用正极和负极控制脉冲使其进入接通状态。三端双向可控硅开关并不适用于较大的电流，因此在供电电子装置范围内主要还是使用晶闸管。

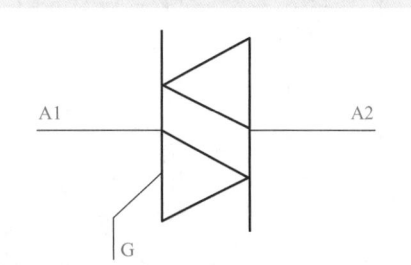

图 2-3-27　三端双向可控硅开关的电路符号
A1—正极 1；G—门；A2—正极 2

（5）部分混合动力中的供电电子装置

图解

如图 2-3-28 所示，部分混合动力的传动系中至少包括一个功率约为 10～15kW 的电机。这样就可以将制动过程中车辆所产生的大部分动能回收存入高压蓄电池。通过 AC/DC 变流器将发电机的三相电流转换为直流电压。AC/DC 变流器可以进行双向工作，也就是说借助 AC/DC 变流器可以将高压蓄电池的直流电压转换成三相电流，以便驱动电机。

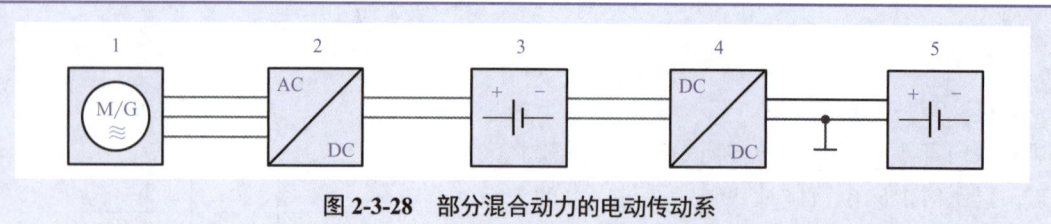

图 2-3-28　部分混合动力的电动传动系

1—电机；2—AC/DC 变流器；3—高电压蓄电池；4—DC/DC 转换器；5—12V 蓄电池

因为在混合动力车辆中通过电机实现传统起动机和发电机的功能，所以必须通过 DC/DC 转换器为 12V 车载网络供电。该 DC/DC 转换器同样可以进行双向工作，即可以借助 DC/DC 转换器通过 12V 车载网络对高压蓄电池充电。

（6）全混合动力中的供电电子装置

图解

如图 2-3-29 所示，全混合动力与部分混合动力的电气结构相似。区别在于，前者至少需要另一个电机。两个电机可以提供较高的功率（20～50kW），以便车辆能够以纯电动方式行驶。因此还需要两个 AC/DC 变流器。

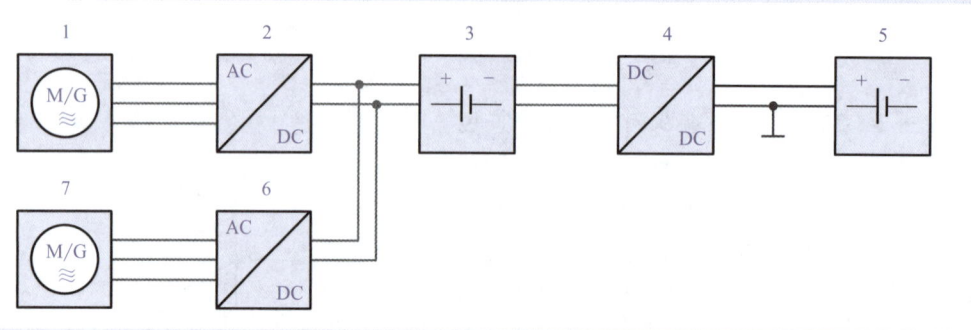

图 2-3-29　全混合动力的电动传动系

1—电机 1；2—AC/DC 变流器 1；3—高电压蓄电池；4—DC/DC 转换器；
5—12V 蓄电池；6—AC/DC 变流器 2；7—电机 2

（7）插入式混合动力中的供电电子装置

图解

如图 2-3-30 所示，在插入式混合动力中，借助 AC/DC 变流器将家用电源插座中的 220V 交流电转换成可用于高压蓄电池的直流电压，以便为蓄电池充电。与其它混合动力车辆的蓄电池相比，插入式混合动力车辆的蓄电池能量密度明显偏大。只有这样，插入式混合动力车辆以电动方式行驶时才能实现较大的可达里程。通常可以使用一个小排量内燃机对插入式混合动力车辆的电动可达里程进行补充。高压蓄电池的充电状态显示低于某一限值时，使用内燃机驱动发电机。借助另一个 AC/DC 变流器将发电机的三相电流转换为直流电压，以便对高压蓄电池进行再次充电。

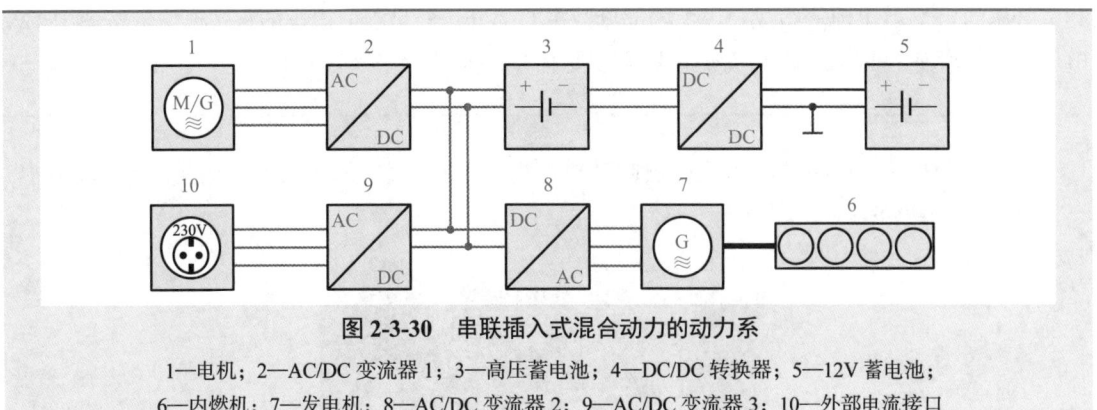

图 2-3-30　串联插入式混合动力的动力系

1—电机；2—AC/DC 变流器 1；3—高压蓄电池；4—DC/DC 转换器；5—12V 蓄电池；
6—内燃机；7—发电机；8—AC/DC 变流器 2；9—AC/DC 变流器 3；10—外部电流接口

2.3.2　维修操作

（1）电机（电动机）布局　电动机的不同安装位置，决定了拆卸和维修操作的复杂程度。在混合动力汽车中，按电动机位置的不同可分为 P0～P4 和 PS 架构，其中 P 代表电机位置。不同位置的电机，其功能、角色不同。

【图解】

图 2-3-31 体现了混合动力汽车电动机的位置。

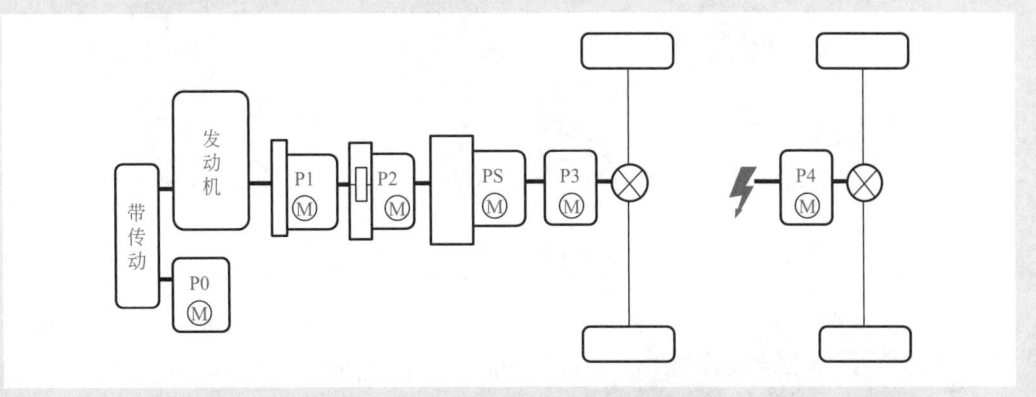

图 2-3-31　混合动力汽车电动机安装位置

P0：位于发动机前端，通过带与曲轴连接。
P1：位于发动机曲轴上。
P2：位于发动机与变速箱中间。
P3：位于变速箱后端，与发动机分享同一根轴，同源输出。
P4：位于无动力车轴，直接驱动车轮。
PS：也称 P2.5，位于双离合变速箱内部，与发动机各分享一个离合器。

① P0 架构。前面讲过，48V 轻混动力车辆中 BSG 电机主要由一个采用带与发动机连接的，既能充当起动机，又能充当发电机，必要的时候还能够对发动机助力的电机，和能够储存、释放

48V 电压的 48V 蓄电池等组成。以上两部分为主要部分，但是当前汽车的很多模块依然使用 12V 电压，例如所有的 ECU 和大灯等，所以必须要有 DC/DC 从 48V 转换到 12V。

> **图解**
>
> 带启动电机，它的作用就是充当起动机，也充当助力发动机，同时还能反向转动发电（图 2-3-32、图 2-3-33）。

图 2-3-32　电机位置

图 2-3-33　带驱动

图 2-3-34　P1 架构的电机位置

② P1 架构。如图 2-3-34 所示，P1 架构的电机位于发动机曲轴后端，多采用盘式电机，集中绕组，取代了传统的飞轮。除继承飞轮储存发动机做功的能量和惯性的功能外，P1 电机与 P0 电机功能相似，同样支持发动机启停、制动能量回收发电、辅助动力输出。P1 架构车辆无法实现纯电驱动。

③ P2 架构。P2 架构的电机也是并联结构中的单电机的一种，只不过电机位于发动机与变速箱之间，不必像 P1 架构的电机一样整合在发动机外壳中。该架构可在发动机与变速箱之间配备 1～2 个离合器。

> **图解**
>
> 如图 2-3-35 所示，P2 架构有三种布局方式：
>
> a. 电机布置在离合器前的单离合结构。电机起到助力、驻车发电和启动发动机的作用，与 P1 架构相似。
>
> b. 电机布置在离合器后的单离合结构。电机可实现单独驱动车辆、制动能量回收发电以及助力。
>
> c. 电机布置在双离合结构中间。电机可单独驱动车辆，还可启动发动机或进行驻车发电。

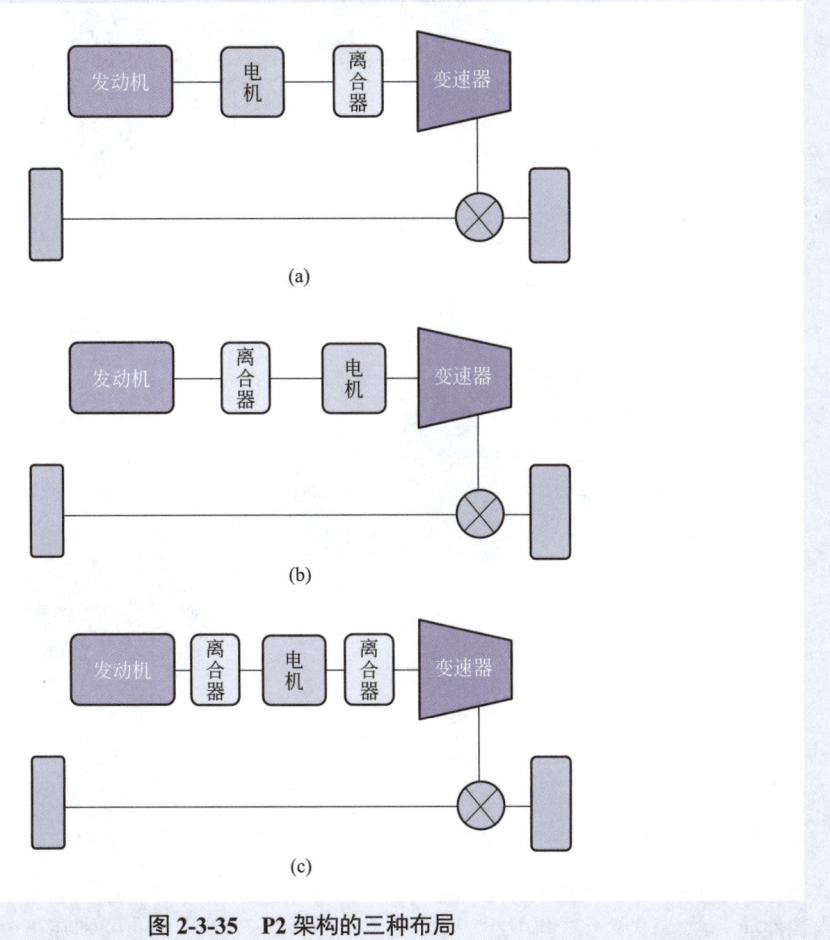

图 2-3-35　P2 架构的三种布局

P2 架构与 P0、P1 构型不同的是，P2 电机除了需要承担车辆启停的任务外，还需要承担行车过程中启动发动机的任务。例如，从纯电驱动切换至发动机驱动、滑行停机后又有了较大的驱动需求等工况下，就需要 P2 电机启动发动机。

> **图解**
>
> 图 2-3-36 为搭载 1.4T 发动机的奥迪 A3 e-tron，是 P2 架构的代表车型，同时搭载了一台最大功率 75kW 的永磁同步电机。电动机结构见图 2-3-37。

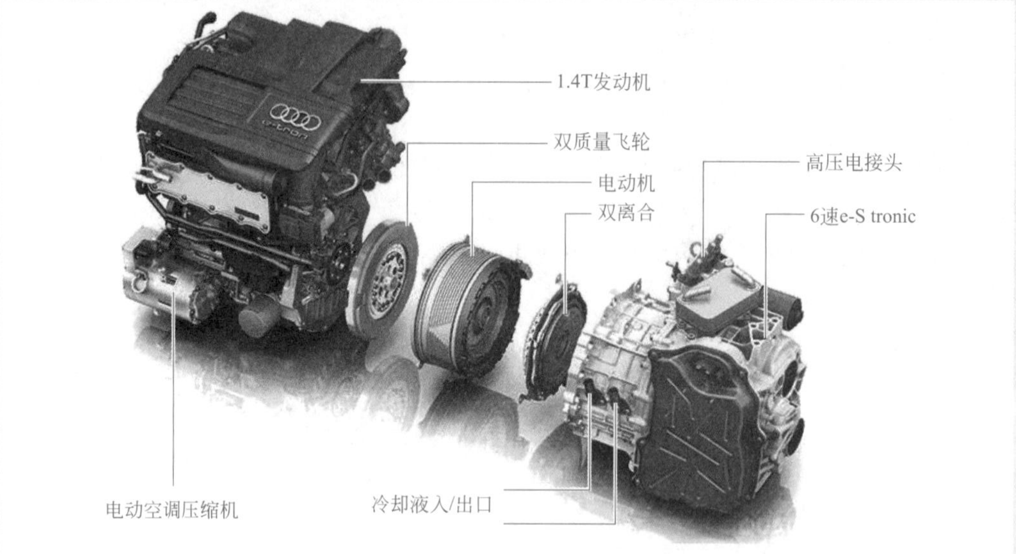

图 2-3-36　P2 架构车型

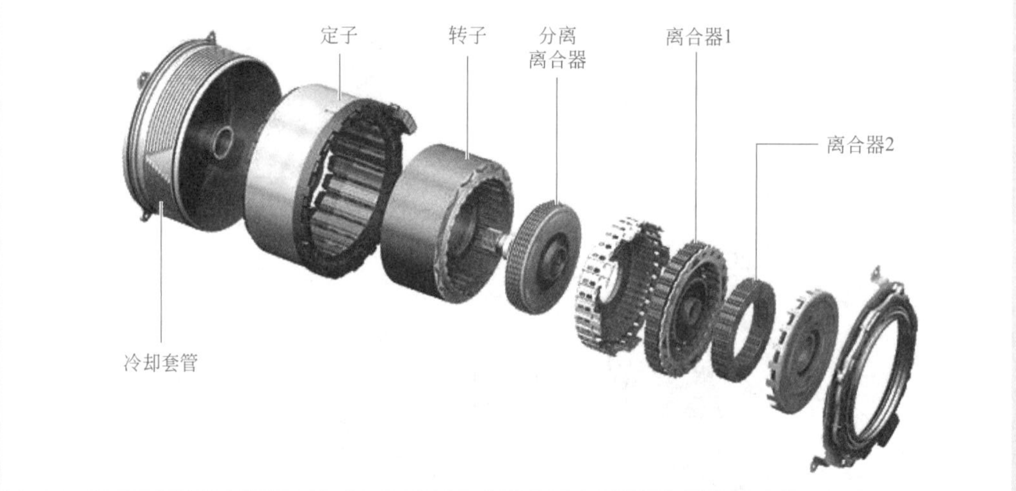

图 2-3-37　电动机

④ PS 架构。PS 也叫 P2.5，意思是介于 P2 和 P3 之间的一种混动形式。这种架构从系统功能和性能、总成需求上看与 P2 构型并无太大差异，二者最大的区别在于 P2.5 构型中电机与发动机为平行轴结构，电机集成在变速箱的某一轴上。PS 架构主要在搭载配合的双离合变速器，把电机布置在奇数挡或偶数挡中；多采用永磁同步电机，功率偏中大，可实现纯电驱动功能，可实现插电充电。

图解

以领克混动为例，P2.5 架构（图 2-3-38）是将电机设计在双离合变速器上，将电机的输出端直接接入变速箱偶数轴。电机动力也是经由变速箱传递到车轮。发动机的动力则更多经由奇数轴传递。

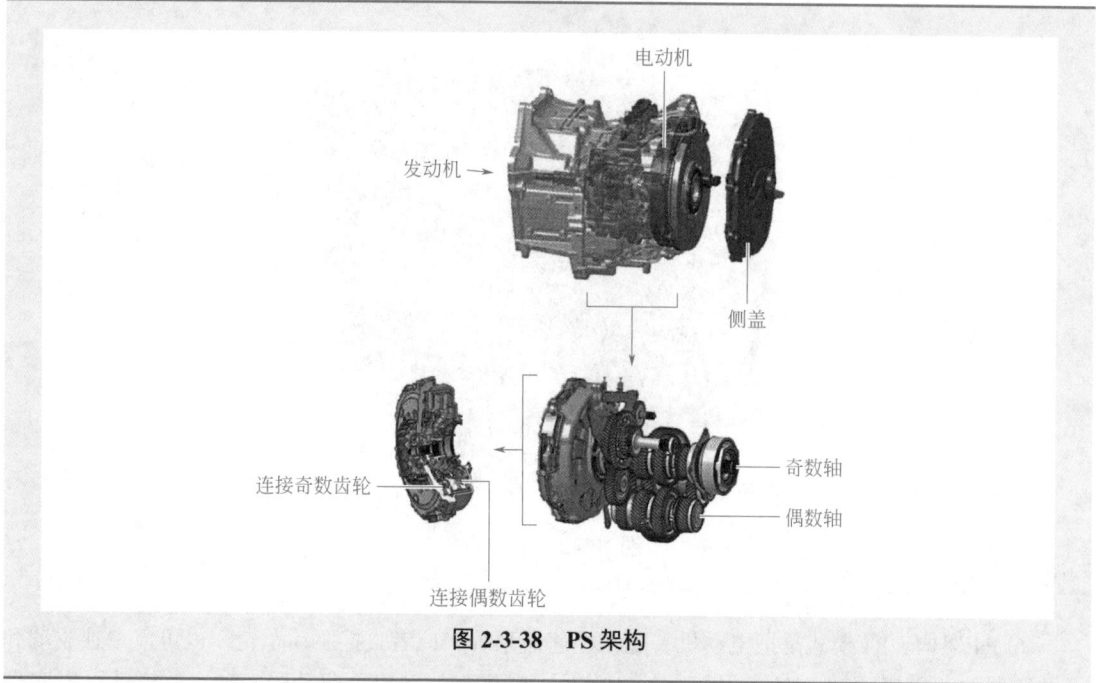

图 2-3-38 PS 架构

⑤ P3 架构。P3 电机可实现制动能量回收、纯电驱动车辆。P3 电机转速较低，电机不能实现启动发动机的功能，因此 P3 构型一般都采用双电机，即 P0+P3 方案，或 P1+P3 方案。

P3 构型由发动机、发电机/起动机、电动机通过动力耦合装置共同组成动力单元，可以工作在纯电驱动模式、混合动力驱动模式与发动机驱动模式下。双电机系统带来的另外一个优势是，增加了串联行驶功能。

图 解

图 2-3-39 所示的本田雅阁 iMMD 的动力驱动系统有两个电机，一个是驱动电机，另一个是发电机。其中，驱动电机和发电机以及离合器集成形成了电动耦合 e-CVT，取代了传统的变速器。发电机始终与发动机相连，主要用于发电；驱动电机与驱动车轮相连，主要用于驱动车辆行驶。在制动的时候，电机可以回收能量对电池进行充电。P3 布局见图 2-3-40。

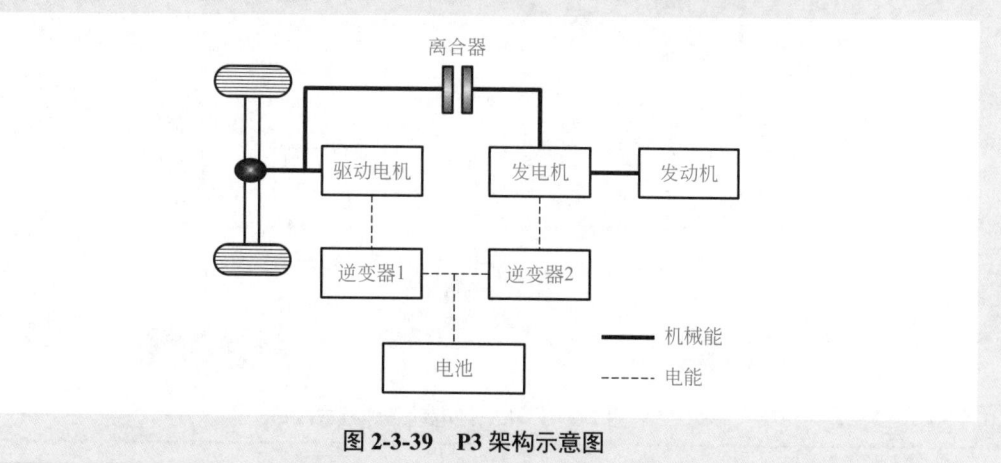

图 2-3-39　P3 架构示意图

图 2-3-40 P3 布局

⑥ P4 架构。P4 模式是把电动机装配在差速器系统中或者直接驱动车轮,也可以单独驱动和无差速器的双电机驱动。P4 布局最大的特点是,电机与发动机不驱动同一轴,这样就可以实现四轮驱动。

常见车型的电机布局为 P0+P4(双擎四驱)、P0+P3+P4(三擎四驱)、P0+P3(前驱)、P2+P4 等。比亚迪·唐使用的是 P2+P4、P0+P3+P4 等组合。P4 这种混动模式主要用于跑车和越野 SUV 上,例如讴歌 NSX、宝马 i8 等跑车,它们的前轮就是由电动机直接驱动的。比亚迪·唐 DM 工作模式见下述图解。

图解

纯电动工作模式:纯电动工作模式下,动力电池提供电能,以供电机驱动车辆,可以满足各种工况行驶需求,例如起步、倒车、怠速、急加速、匀速行驶等,如图 2-3-41 所示。

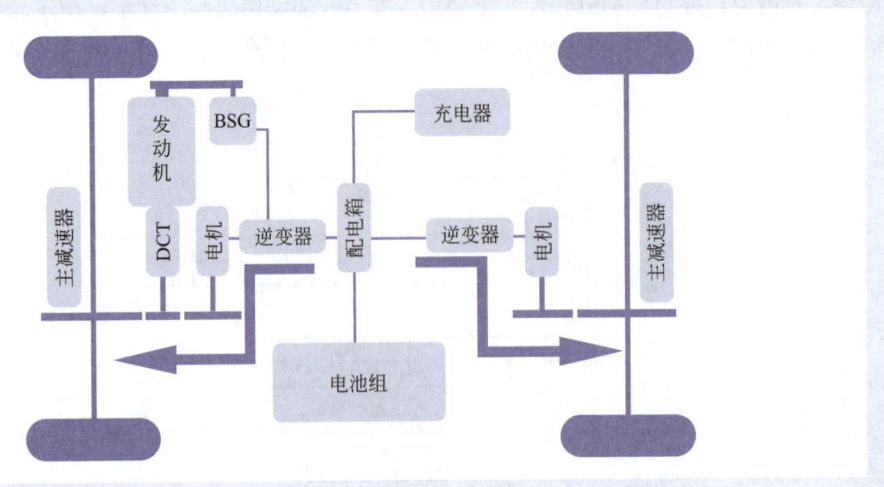

图 2-3-41 EV 纯电动工作模式

> **图解**

双模工作模式：如图 2-3-42 所示，当从 EV 模式切换到 HEV 双模工作模式后，车辆由发动机和电机共同驱动，实现了最佳的动力性，但仍能保证双模系统具有良好的经济性。

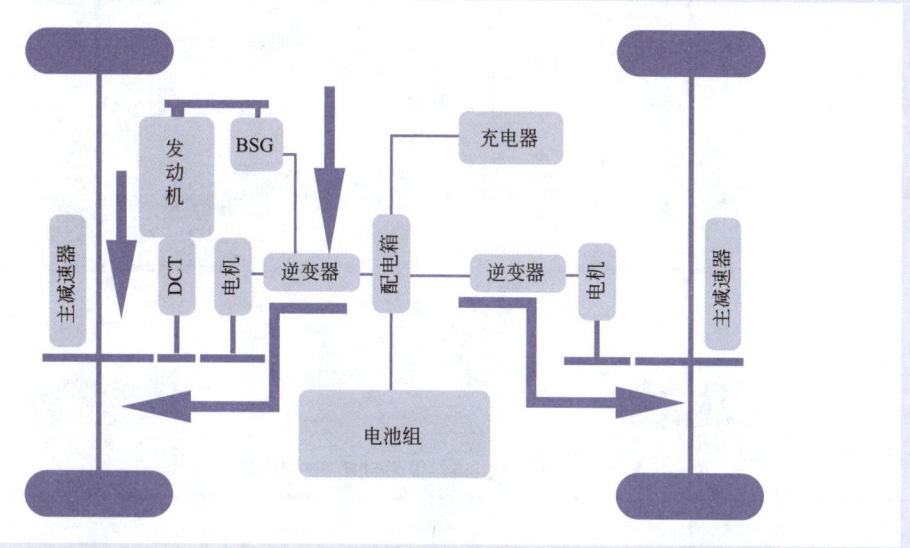

图 2-3-42　HEV 双模工作模式（一）

当电量不足时，系统从 EV 模式自行切换到 HEV 模式，使用发动机驱动。在车辆以较稳定的速度行驶时，发动机输出的一部分转矩会驱动电机进行发电，对动力电池进行充电，如图 2-3-43 所示。

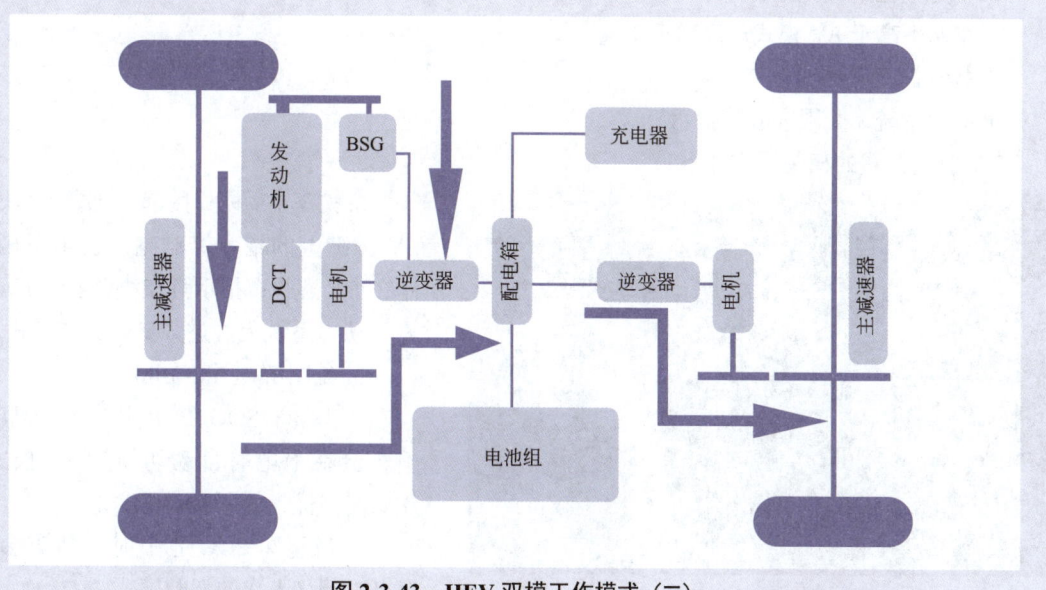

图 2-3-43　HEV 双模工作模式（二）

> **图解**
> 仅发动机工作模式:当部分高压系统故障时,可单独使用发动机驱动,实现了高压系统的独立性,如图 2-3-44 所示。

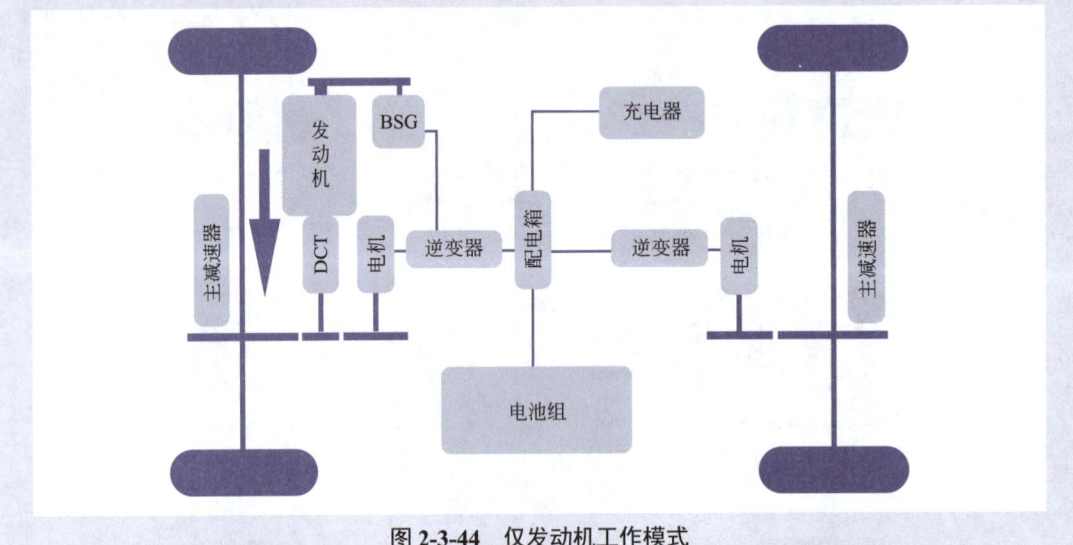

图 2-3-44　仅发动机工作模式

(2)双模选择操作

①EV 驱动模式。在 EV 驱动模式下,电动机驱动车辆,电动机由动力电池提供动力。

整车需要以下条件才可以进入 EV 驱动模式:

a. 非地形模式;

b. 纯电动力系统温度适中;

c. 整车行驶路面坡度平缓;

d. 动力电池电量充足;

e. 车速不高于 EV 模式最高需求车速;

f. 中小油门行驶;

g. 动力系统无受限或故障提示。

EV 驱动模式的相关操作如下。

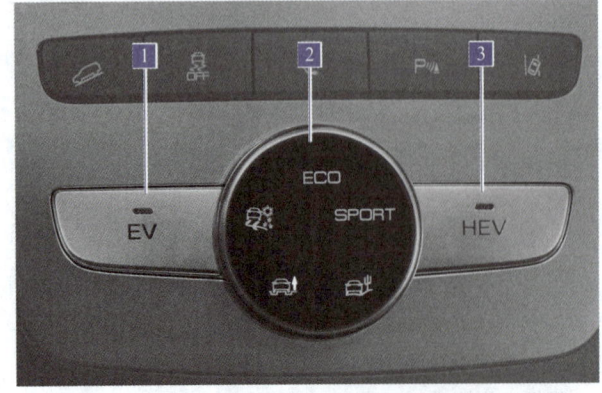

图 2-3-45　双模选择操作按钮
1—EV 模式按键;2—模式开关旋钮;3—HEV 模式按键

a. 按下 EV 模式按键(见图 2-3-45),EV 按键上的指示灯点亮,表示车辆工作在 EV 模式;指示灯点亮几秒后熄灭,表示动力系统无法进入 EV 工作模式。

b. 见图解(图 2-3-46)。

c. 当整车 SOC(充电状态)较高时,整车会在上电时自动切换到 EV 模式,建议用户优先使用 EV 模式。

d. 当整车 SOC 适中时,整车会在上电时记忆上次的驾驶模式。

> **图解**
> 进入到 EV 模式后，旋转旋钮可进入到 EV-ECO、EV-SPORT 运行模式，见图 2-3-46。
>
>
>
> 图 2-3-46　EV 操作

无法进入 EV 驱动模式或者自动切换至 HEV 模式：

汽油发动机可能在下列情况下自动启动：

a. 动力电池电量低；

b. 行驶路面坡度较大；

c. 长时间处于温度很高的环境，双模系统温度高；

d. 长时间处于温度很低的环境，双模系统温度低；

e. 油门过深；

f. 外界温度较低，有采暖或者除霜需求。

② 强制 EV 驱动模式。强制 EV 是为了满足用户短途低速纯电动行驶需求的一个模式。由于该模式运行在动力电池电量不足的情况下，所以建议在使用该模式行驶后及时补充电量，否则会把电池电量降至极低，继续行驶会增加油耗并降低驾驶感受。

整车需要以下条件才可以进入强制 EV 驱动模式：

a. 非地形模式；

b. 纯电动力系统温度适中；

c. 动力系统无受限或故障提示；

d. 整车行驶路面坡度不大；

e. 整车电量不能过低；

f. 车速不能过高；

g. 中小油门行驶。

进入强制 EV 驱动模式：长按 EV 模式按键 3s 以上，仪表显示 EV 指示灯持续闪烁，表明进入了强制 EV 驱动模式。

下列情况下可能会自动切换到 HEV 或者无法进入强制 EV：

a. 动力电池电量过低；

b. 行驶路面坡度很大；

c. 长时间处于温度很高的环境，双模系统温度过高；

d. 长时间处于温度很低的环境，双模系统温度过低；

e. 油门较深；

f. 外界温度较低，有采暖或者除霜需求。

③ HEV-ECO 驱动模式。在 HEV-ECO 驱动模式下，整车行驶过程中低速时由电机单独驱动，车速达到一定值后发动机启动介入驱动，发动机启动后车辆在一定车速范围内小负荷行驶时发动机自行关闭，提高车辆行驶过程的经济性。

整车需要以下条件才可以进入 HEV-ECO 驱动模式：

a. 动力系统无受限或故障提示；

b. 整车行驶路面坡度不陡；

c. 整车电量充足。

进入 HEV-ECO 驱动模式的操作如下：

图解

如图 2-3-47 所示，按下 HEV 模式按键，旋转旋钮至"ECO"位置，进入到 HEV-ECO 驱动模式。

图 2-3-47　HEV-ECO 操作

在强制 HEV-ECO 驱动模式下行驶时，汽油发动机可能在下列情况下不具备自动启停功能：

a. 动力电池电量过低；

b. 行驶路面很陡；

c. 长时间处于温度很高的环境，双模系统温度过高；

d. 长时间处于温度很低的环境，双模系统温度过低；

e. 外界温度很低，有采暖或者除霜需求。

维修提示

由于 HEV-ECO 驱动模式具有发动机启停功能，因此在过涉水路面时应避免使用该驱动模式。

④ HEV-SPORT 驱动模式。在 HEV-SPORT 驱动模式下，电机和发动机同时驱动，动力系统快速响应油门踏板的变化，整车经济性相对其它模式较差，在拥堵路况下不建议在此模式下行驶。

进入 HEV-SPORT 驱动模式的条件：在仪表无发动机、TCU（自动变速箱控制单元）故障提示的情况下才可以进入 HEV-SPORT 驱动模式。

进入 HEV-SPORT 驱动模式的操作如下：

图解

按下 HEV 模式按键，旋转旋钮至"SPORT"位置，进入到 HEV-SPORT 驱动模式，见图 2-3-48。

图 2-3-48　HEV-SPORT 操作

维修提示

双模系统工作模式注意事项：

1）车辆在汽油和电力的组合下运转，特别注意以下各项：

① 动力电池在低温环境下的性能会下降。为防止动力电池损坏，会存在温度低时，车辆限制充电、放电功率及电量的情况。

② 车辆最佳使用温度为 25℃；温度过高或过低时，电池会限制输出功率，纯电续驶里程也会缩短。

2）注意高压和高温部件：

① 车辆装备有连接到动力电池和其它高电压组件的橙色电缆。

② 电机、冷却液散热器和一些其它部件会在行驶时达到高温。对这些零部件使用警告标签加以标识。应仔细阅读并遵守警告标签上的说明。

3）其它事项：

① 如果"OK"指示灯点亮，则表示车辆可以行驶，即使汽油发动机未启动（仅由电机驱动）。

② 驻车时，务必按下 P 挡按键。在 P 或 N 挡位，SOC 低于一定电量时，发动机可能会启动，给动力电池充电。

③ 将换挡杆置于 N、R、D 挡位时间过长，会导致系统故障。因此挂挡完成后，务必将换挡杆松开。离开车辆时，务必拉起电子驻车开关，按下 P 挡按键，带走钥匙，并将所有车门锁好。

④ 如果启动型铁电池故障，导致电量完全耗尽，即便用 12V 外接电源也无法进行车辆的跨接启动。

(3) 电机检测　在维修中，最好的手段是通过使用绝缘表进行绝缘电阻测量，这样能相对快捷地判断出电机相短路问题。电机相之间的具体检测，在后述纯电动汽车章节有具体讲解。

2.4　整流器

(1) 特点

图解

如图 2-4-1 所示，通过整流器可以将交流电压转换为直流电压；相反，也可以将直流电压转换为交流电压。为此需要使用逆变器。通过直流电流调节器可以将一个直流电压转换成另一个较高或较低的直流电压。直流电流调节器也被称为 DC/DC 转换器。

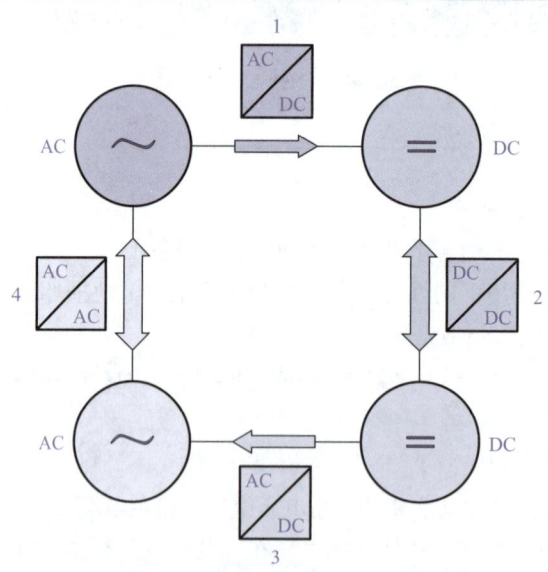

图 2-4-1　整流器和电流调节器
1—整流器；2—直流电流调节器；3—逆变器；4—交流电流调节器

使用交流电流调节器可以将交流电压转换为另一种较高（振幅）的交流电压。如需改变交流电压的频率，则必须使用变频器。在混合动力车辆中，供电电子装置需要在直流电压和交流电压之间进行双向转换。此外，借助供电电子装置可以对电机的工作点进行灵活调节。

将交流电转换为直流电的装置被称为整流器，根据其功能可以分为直流整流器、逆变器和变流器。

（2）整流器原理 整流器由多个互联的二极管构成。二极管控制交流电压的各个半波进入一个共同的方向，这样就会产生间歇式的直流电压。为了获得纯直流电压，必须使用电容或扼流圈对经过整流器的电压进行平滑处理。可以通过无需控制的半导体二极管或利用可控晶闸管实现整流。可控整流器需要固定的控制电压，通过该电压在特定的时间打开和关闭电子开关以起到整流作用。可控整流器通过电子开关如晶闸管和金属-氧化物-半导体场效应晶体管实现其功能。不可控整流器在进行交流电整流时没有附加的控制电子装置。整流器电路符号见图2-4-2。

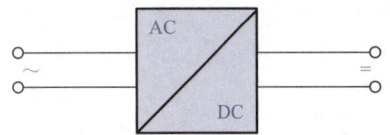

图 2-4-2 整流器的电路符号

（3）单通道整流器

> 图解
>
> 单通道整流器只能对交流电压的半波进行整流，而另外半波则无法通过。这种电路的缺点是波纹大、效率低。为了能够使用这种经过整流的电压，必须对其进行平滑处理。波纹具有与输入电压相同的频率。带有二极管的单通道整流器电路见图2-4-3。

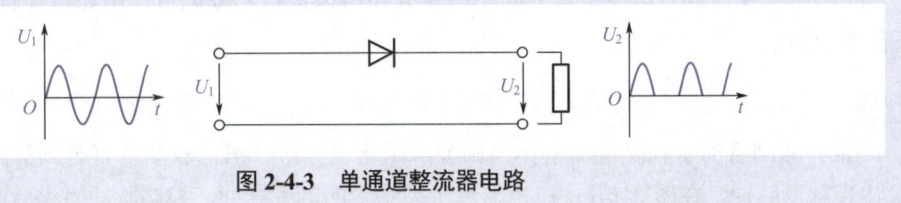

图 2-4-3 单通道整流器电路

（4）双通道整流器

> 图解
>
> 可以通过双通道整流器（包括桥式整流器和格列茨电路）来避免单通道整流器的缺点。如图2-4-4所示，电路由四个二极管构成。左侧施加的交流电压将被转换为一个（图2-4-4右侧所显示的）脉动直流电压。

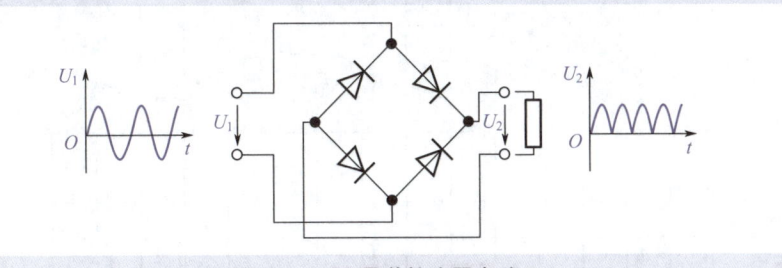

图 2-4-4 双通道整流器电路

因为经过双通道整流，所以交流电压的负半波振幅在直流电路中的用电器 R 上呈现为正振幅。波纹的频率是输入电压频率的两倍，因此可降低用于电压平滑处理的费用。该电路的效率也得到了显著改善。

（5）用于三相电流的整流器

图解

通过六线圈桥式电路也可以对三相电流进行整流。通过所采用的六个二极管可以充分使用三相导线上的所有半波。经过整流的直流电流仅具有较小的波纹。这种电路可以在车辆发电机电压的整流中使用，如图 2-4-5 所示。

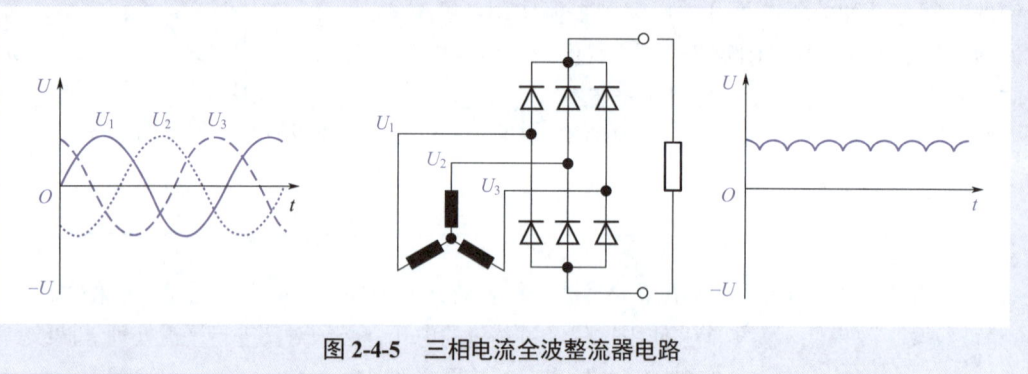

图 2-4-5　三相电流全波整流器电路

（6）可控整流器

可控整流器除了整流外还可以进行功率调节，例如可在直流电机转速控制范围内使用。

图解

带有晶闸管的可控整流器可作为调节阀阻止电流进行双向流动，直至调节阀的控制电极上出现触发脉冲。在图 2-4-6 中以矩形表示晶闸管的触发脉冲。控制脉冲熄灭后产生电流。只有当电流下降到某一限值时，晶闸管再次对其进行阻止且必须在下一个半波振幅中对其进行重新触发。

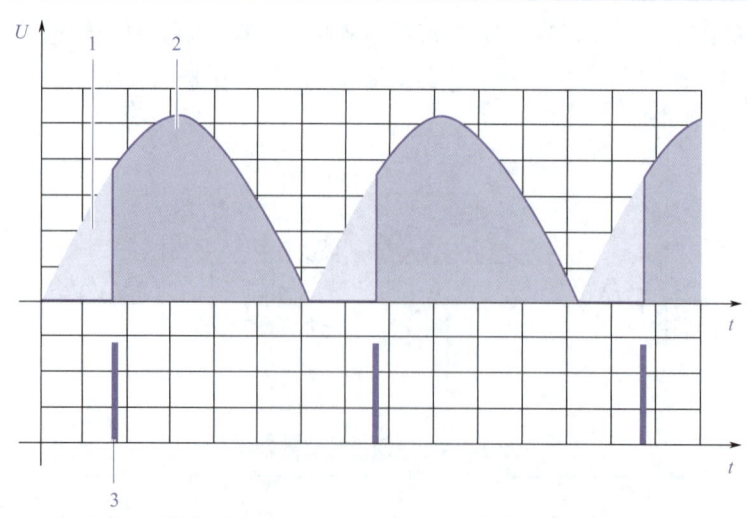

图 2-4-6　通过晶闸管接通时间点的推移对可控整流器进行功率调节
1—输入电压整流未使用部分；2—输入电压整流所需使用部分；3—用于晶闸管的触发脉冲

2.5 逆变器

可以将直流电压转换为交流电压的整流器被称为逆变器。在混合动力车辆中电能存储在高压蓄电池内，为了进行电机驱动就需要使用三相电流。

逆变器采用的设计不仅可以用于单相交流电流，也可以用于三相交流电流（三相电流），其效率最高可以达到大约98%。为了进行驱动，用电器需要使用交流电压，但是仅有一个直流电源可供使用，此时就需要使用逆变器。逆变器的电路符号见图2-5-1。

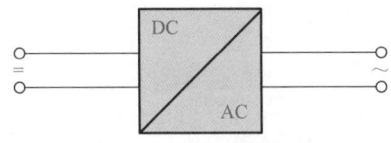

图 2-5-1　逆变器电路符号

2.6 直流电流调节器

可以通过二极管电路将恒定的输入电压转换为其它数值电压的整流器被称为直流电流调节器，也称 DC/DC 转换器。特别是在电动动力总成技术中采用了直流电流调节器。基本类型包括降压变压器、增压变压器和换流器。它采用已广泛使用的功率 MOSFET 和晶闸管作为开关。

（1）直流电流调节器的作用　为了能够使用辅助启动导线或充电器对高压蓄电池充电，DC/DC 变流器须能够双向使用，即可以进行双方向的直流电压转换。直流电流调节器的电路符号见图 2-6-1。

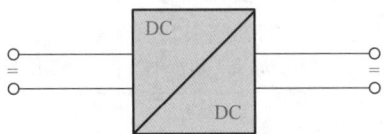

图 2-6-1　直流电流调节器电路符号

（2）直流电流调节器的原理　因为无需对直流电压进行变压，所以 DC/DC 转换器可以像电子开关模式电源件一样首先将直流电压转换为交流电压；随后通过变压器将其转换为所需的较高电压，再在整流器内将该电压转换成直流电压并使用网状过滤器进行平滑处理。受工作原理所限，电流在直流电流调节器处只能单向流动。为了使高压蓄电池的电压降低至12V，必须在部分和全混合动力车辆中使用 DC/DC 转换器。

2.7 交流电流调节器

利用交流电流调节器可以将一个交流电压转换为另一其它数值的交流电压。也可以通过使用变压器实现交流电压的转换，但是变压器不属于供电电子装置的部件。也就是说，交流电流调节器可以起到类似变压器的作用，但它不是由带有铁芯的线圈制成，而是由供电电子装置的部件所构成的电路。交流电流调节器电路符号见图2-7-1。

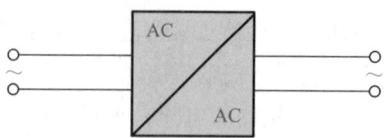

图 2-7-1　交流电流调节器电路符号

2.8　变频器

图解

　　变频器可以将带有恒定电压振幅和频率的交流或三相电源转换为另一带有可变电压振幅和频率的电源。可以通过三相交流电机的无级转速调节对该电压/频率进行控制。变频器基本电气结构见图2-8-1。

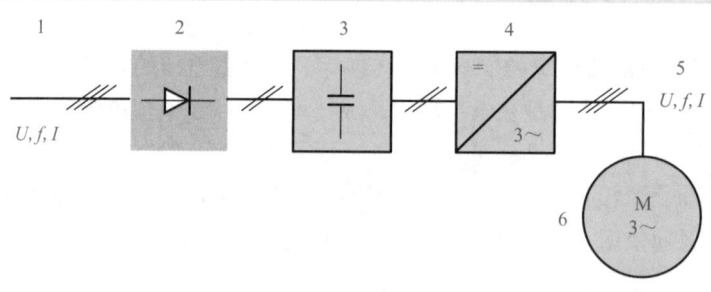

图 2-8-1　变频器基本电气结构
1—电源电压、电源频率、电源电流；2—整流器；3—电容；4—逆变器；
5—可变电压、可变频率、可变电流；6—三相交流电机

　　变频器可以将供电电源的恒定电压和频率转换为直流电压。通过该直流电压可为三相交流电机产生一个新的带有可变电压和频率的三相电源。

　　电压和频率振幅转换时，通过供电部件中的快速换挡会产生能够通过电源或电磁场进行传输的电流。该电流可能造成测量、控制和调节装置以及数据处理装置等出现故障，因此所有电子设备特别是变频器必须满足电磁兼容性（EMC）的相关规定。

2.9　电动机械式接触器

图解

　　电动机械式接触器是一种用于较高断流容量的电气开关。接触器的工作原理与继电器相同。通过接触器接通的功率非常高，接通范围可从500W直至上百千瓦，如图2-9-1所示。

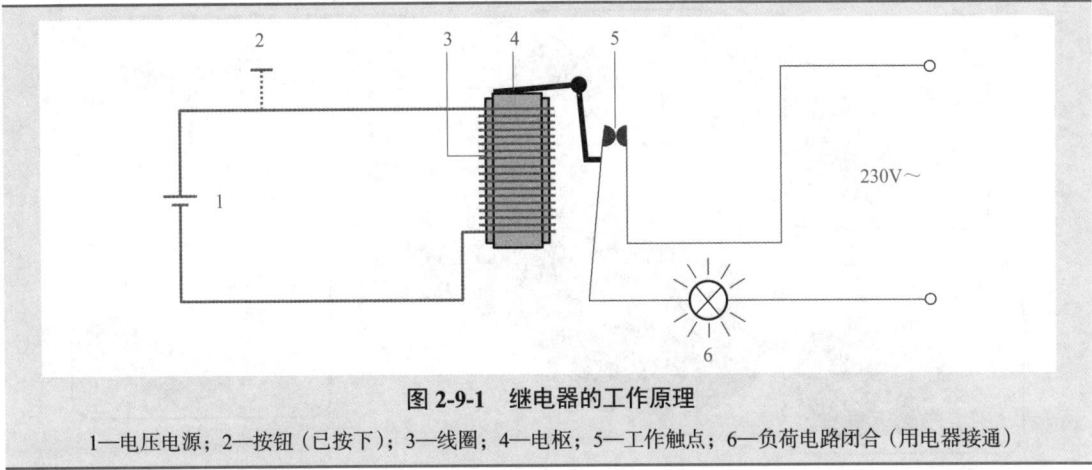

图 2-9-1　继电器的工作原理

1—电压电源；2—按钮（已按下）；3—线圈；4—电枢；5—工作触点；6—负荷电路闭合（用电器接通）

图解

接触器与继电器的区别之一是接触器始终采用常闭接点或常开接点的设计。回忆一下：继电器也可作为转换器使用。此外可以简单地断开继电器的开关触点，而在接触器中则至少需要两次才能断开。接触器的电路符号如图 2-9-2 所示。

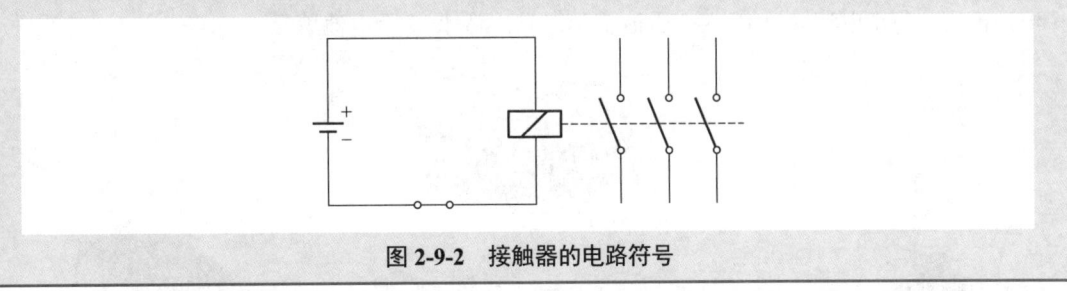

图 2-9-2　接触器的电路符号

接触器的操纵线圈可以按照交流或直流电压驱动方式进行设计。因为对实心开关触点的快速操作可以造成接触器出现机械振动和噪声，关闭接触器时操纵线圈作为感应式用电器会引起干扰电压峰值，所以为了对控制电子装置进行缓冲，需要一个保护电路。

为此需要在交流电流电路中使用一个电阻电容器电路（RC 组合电路）。在直流电流电路中则需要使用一个空程二极管。为了避免在开关触点上产生断路火花和表面烧伤，同样需要使用 RC 组合电路。

2.10　高度集中的电力电子系统

2.10.1　电子动力系统布局

本田混合动力 i-MMD 系统是由汽油发动机和两个电机并联的混合动力系统。电动动力系统由 E-CVT 内两个高电压电机、发动机舱内动力控制单元（PCU）、在后备厢下部的高压蓄电池和 PCU 与高压蓄电池之间的高压电机电源变频器电缆等组成，见图 2-10-1。该系统根据驾驶条件或手动操作 EV 开关切换驱动力。

图 2-10-1 混合动力系统主要部件

2.10.2 智能动力单元

（1）智能动力单元组成　智能动力单元（IPU）包含锂离子高电压电池组、DC/DC 转换器、蓄电池状态监测单元、线路板和电池电流传感器，见图 2-10-2、图 2-10-3。高电压电池组包含 4 个电池模块，每个电池模块由 18 个电池单元组成，总计 72 个电池单元。

图 2-10-2 智能动力单元（IPU）

图 2-10-3 智能动力单元（IPU）组成及连接

（2）蓄电池控制单元　高压蓄电池通过 PCU 内的逆变器由发电机或牵引电机产生的电能充电。高压蓄电池配备有多个温度传感器，这些传感器将信息发送给蓄电池状态监测单元。

（3）蓄电池输出控制　蓄电池放出或充入的电量取决于蓄电池的温度等。如果蓄电池充入或放出的电量高于安全范围，则蓄电池寿命将缩短或处于恶劣的情况，蓄电池可能会严重损坏，如热失控和液体泄漏等。为了避免损坏且使蓄电池的寿命最大化，蓄电池充电和放电由蓄电池状态监测单元控制。

> **图解**
> 蓄电池状态监测单元使用来自蓄电池温度传感器、蓄电池电流传感器和蓄电池状态监测单元计算的充电状态（SOC）来控制蓄电池进出的功率。蓄电池状态监测单元使用以上信息，以及决定蓄电池最优电量的指令信号。蓄电池输出控制框图见图 2-10-4。

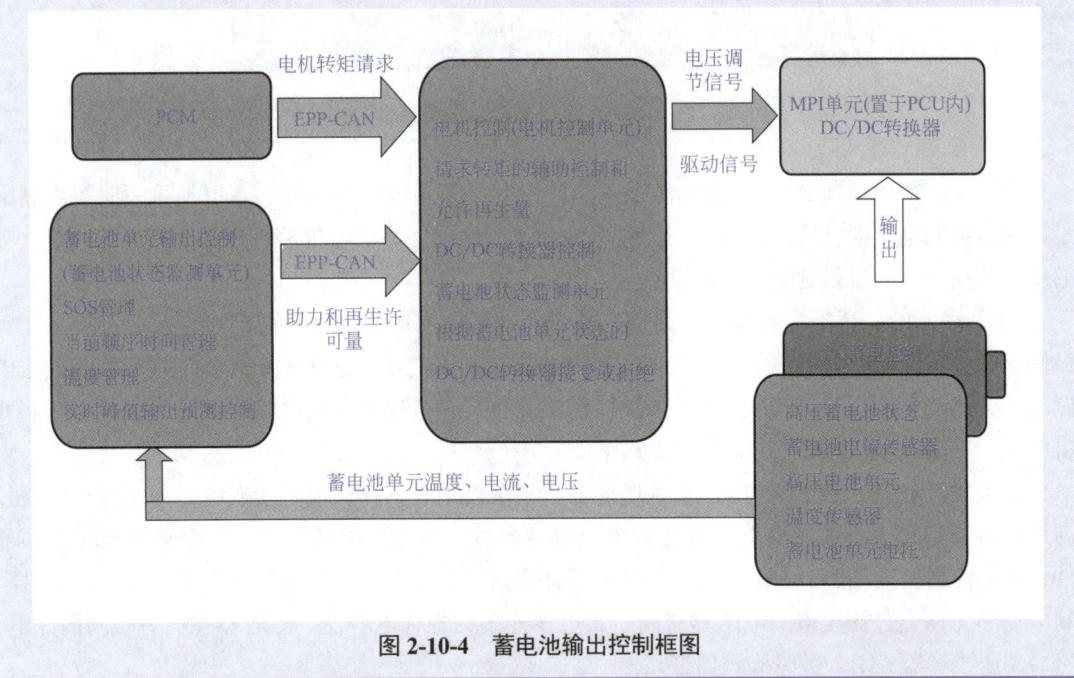

图 2-10-4　蓄电池输出控制框图

（4）SOC 管理控制　为防止蓄电池老化，由蓄电池状态监测单元控制 SOC。如果 SOC 达到不可接受的水平，蓄电池状态监测单元将根据需要限制电量输出。

（5）温度管理控制　为了避免极热或极寒天气对蓄电池造成损坏，蓄电池状态监测单元可能限制蓄电池电量。蓄电池状态监测单元同样控制高压蓄电池单元风扇的操作。

> **图解**
> 混合动力系统重复充电和放电循环，蓄电池组和 DC/DC 转换器将发烫，所以要装配风扇来散热。高压电池组装有多种传感器。当电池温度增加后，蓄电池状态监测单元（BCM）会让 IPU 冷却风扇启动。高压蓄电池温度监测框图见图 2-10-5。

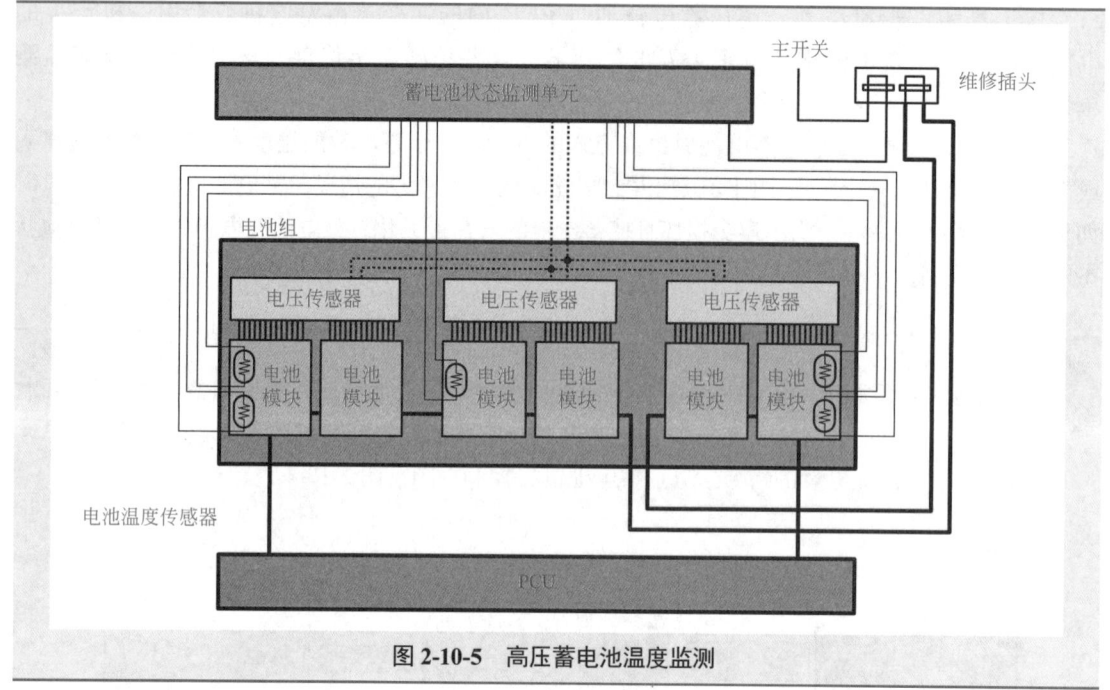

图 2-10-5　高压蓄电池温度监测

（6）连续输出管理控制　蓄电池供电能力因电量和供电时间而异。蓄电池可短时提供高电量，而提供低电量则可持续较长时间。蓄电池状态监测单元将供电量控制在低于蓄电池性能上限的安全范围内，以防蓄电池老化或过热。

（7）接触器　高压接触器和旁路接触器排布在蓄电池组正极侧，而高压子接触器排布在负极侧。这些接触器由蓄电池状态监测单元控制并执行高压电路的连接和断开。在接触器连接正极侧时，旁路接触器切换为 ON，然后高压接触器被打开，通过预充电电阻连接高压电路可限制冲击电流，直至电容器充好电，以保护系统。

PCU 和 DC/DC 转换器中有几个大电容器。系统启动时，这些电容器放电，如果蓄电池通过高压接触器连接，极大的具有损坏性的电流将会流过，被称为浪涌电流。此电流会损坏各种部件，还会使高压接触器上产生电弧。为防止浪涌电流，启动时旁路接触器先关闭。这样，通过限制电流和允许电容器充电的电阻器将高压蓄电池连接到各种电容器。电容器在极短时间内充电，然后高压接触器关闭，旁路接触器打开。

（8）漏电传感器　漏电传感器，也称蓄电池电流传感器，用来监测高压蓄电池的输入和输出电流。传感器检测到的输入输出电流信息被发送到蓄电池状态监测单元，用于计算充电状态 SOC 的剩余容量。

（9）DC/DC 转换器　为保持 12V 系统电压，系统使用 DC/DC 转换器。DC/DC 转换器将高压直流电转换为低压直流电，减少能量损耗。

DC/DC 转换器将内置温度传感器的温度信息传递给蓄电池状态监测单元。如果温度出现突然增长，则蓄电池状态监测单元将停止 DC/DC 转换器的操作，并点亮 12V 蓄电池充电指示灯。当 DC/DC 转换器因异常情况停止工作时，将会有 12V 电源不足，这会根据 12V 蓄电池的输出下降限制混合动力系统的输出。

（10）维修开关　维修开关安装在高压蓄电池的高压电路和接触器控制电路。当混合动力系统或周围部件需要检修时，断开维修开关，即可中断高压电路，保证安全操作。

> **图解**
> 如果漏电传感器监测到短路信息，蓄电池状态监测单元会将所有的开关断开。图 2-10-6 为监测电路框图。

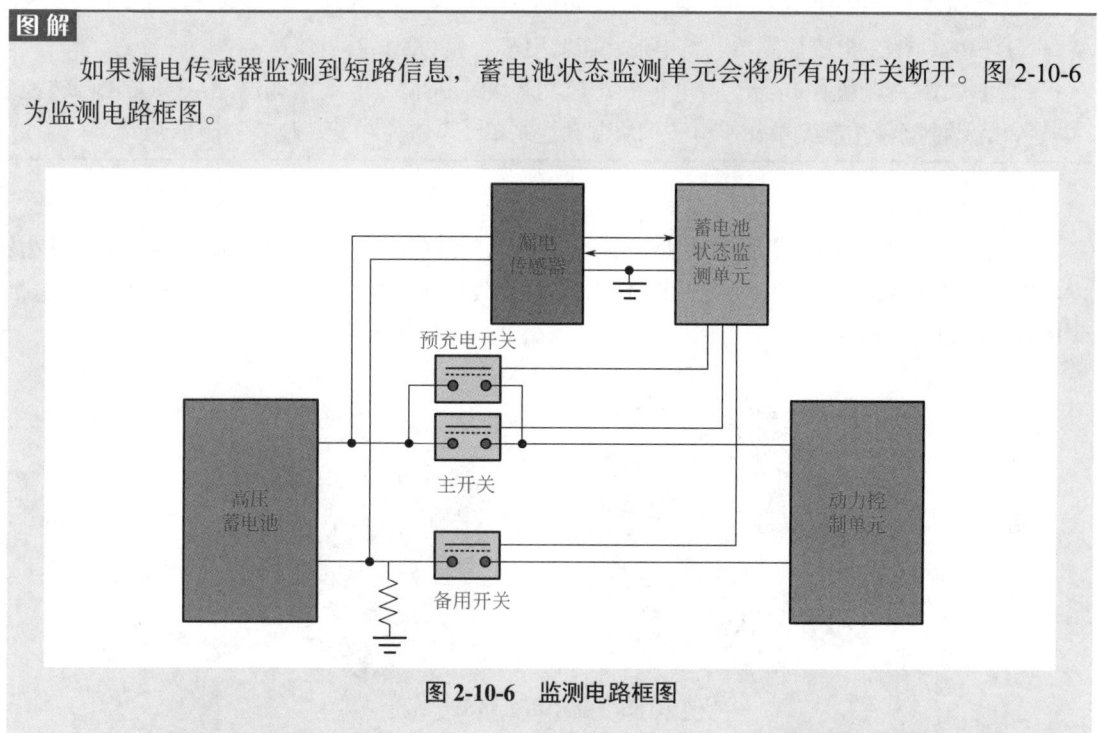

图 2-10-6 监测电路框图

2.10.3 动力控制单元

（1）集中部件及控制　如图 2-10-7 所示，动力控制单元（PCU）包含动力驱动单元、电动机/发电机控制单元和相电流传感器，由独立的冷却系统进行冷却，部件高度集中。

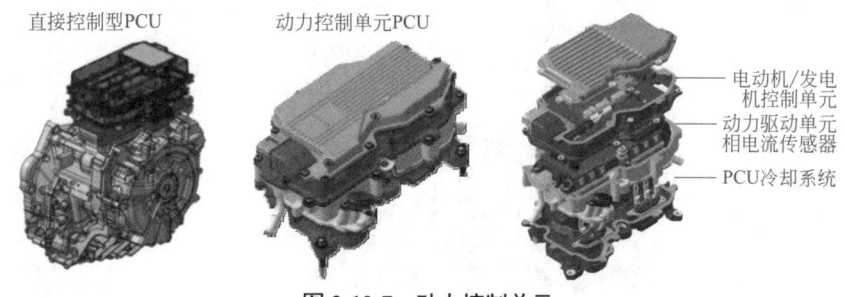

图 2-10-7 动力控制单元

电机控制系统包括牵引电机、发动机电机、挡位单元和变速器 E-CVT 中的相电流传感器，电源控制单元中的电机控制器控制高压电机，冷却 PCU 内部的冷却系统，变频器将电机的电压转换为合适的电压。变频器和电机控制器位于动力控制单元 PCU。冷却系统是由专用散热器、电子电机控制器冷却泵和散热片组成的，这种冷却系统可进行 PCU 内的温度调节。

电机控制器位于动力控制单元 PCU 内部，控制牵引电动机和发电机的电机，并与 PCM 通信协调发动机和变速器的操作。

> **维修提示**
> 电动动力系统使用两条 CAN 通信线路：EPP-CAN 和 F-CAN。
> ① EPP-CAN：电机控制器、蓄电池状态监测单元和 PCM。
> ② F-CAN：电机控制器、蓄电池状态监测单元、PCM、电动空调压缩机、DC/DC 转换器、VSA 调制器-控制器单元、电子伺服制动控制单元、SRS 单元、仪表控制单元。

（2）牵引电动机

① 牵引电动机结构。牵引电动机位于变速器内，可产生驱动力并为高压蓄电池提供动力；发电机同样位于变速器内，可为高压蓄电池充电并为发动机启动提供动力。牵引电动机/发电机集成总成件如图 2-10-8 所示。

图 2-10-8　牵引电动机/发电机

> **图解**
> E-CVT 通过齿轮机构、电动机、发电机的组合实现车辆的前进以及倒退，见图 2-10-9。两种动力都通过变速器内的齿轮机构进行传递。

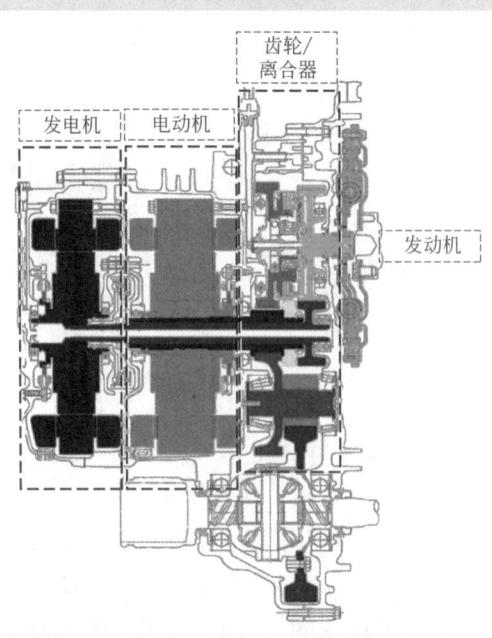

图 2-10-9　牵引电动机/发电机示意图

② E-CVT（电动机/发电机）部件，见图 2-10-10。

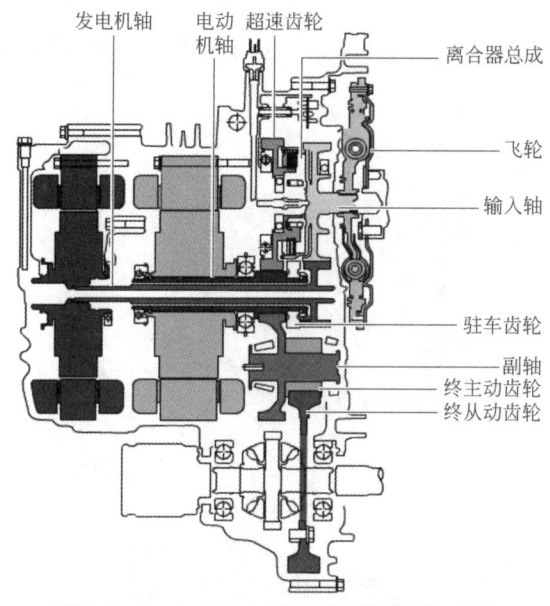

图 2-10-10　E-CVT（电动机/发电机）部件

③ E-CVT（电动机/发电机）动作。

a. 超越离合器：

> **图解**
>
> 　　超越离合器能改变发动机的动力流向，从而实现在驱动车辆和驱动发电机之间转换。图 2-10-11 显示的是当超越离合器不工作时，只有发动机驱动发电机工作。

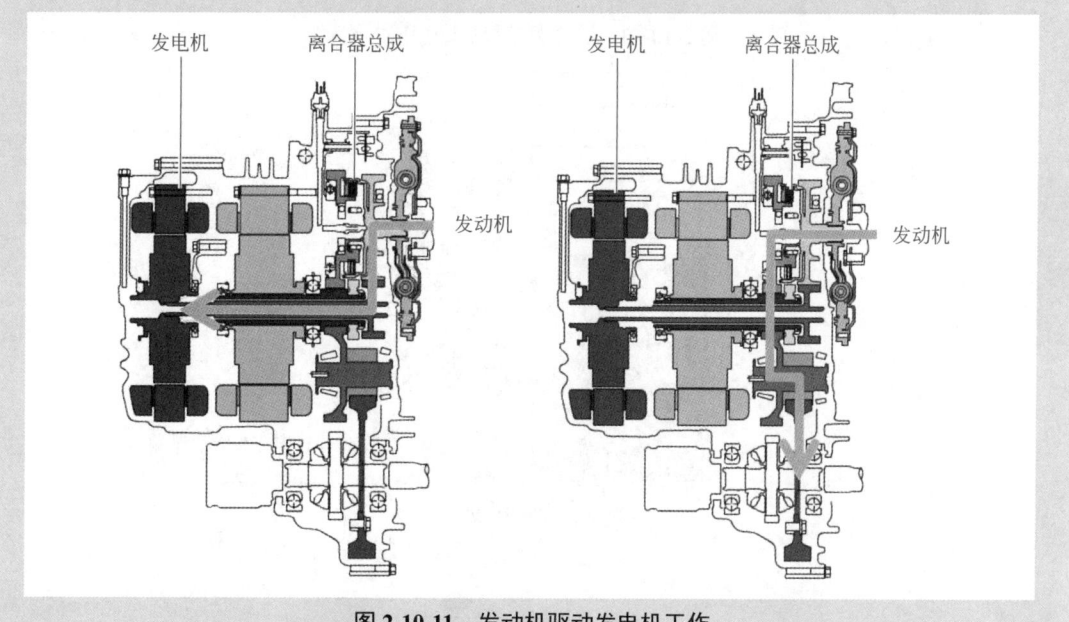

图 2-10-11　发动机驱动发电机工作

b. 电动驱动：

图解

电动机运行的情况下的动力流向（图 2-10-12）：电机轴→副轴→终主动齿轮→终从动齿轮。

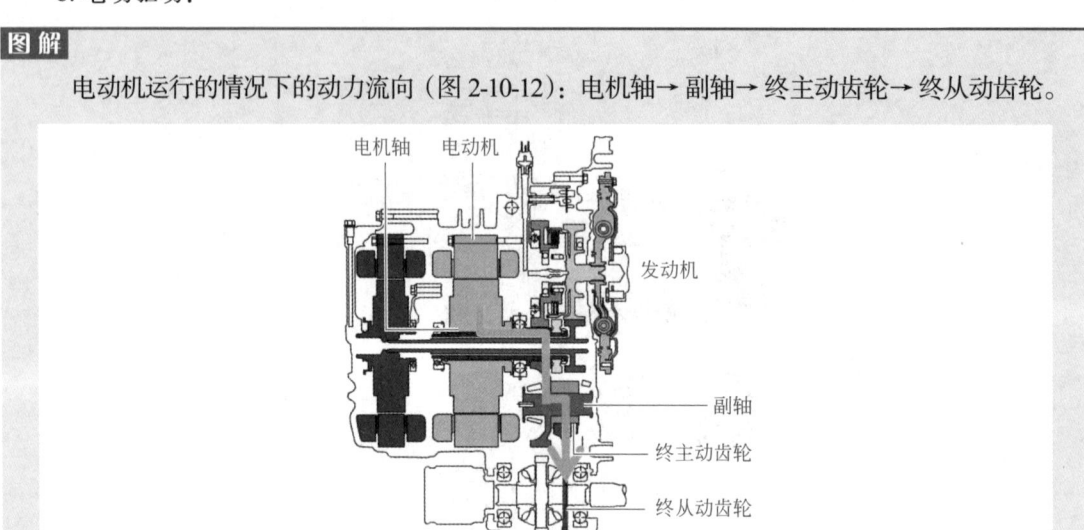

图 2-10-12　电动驱动

c. 混合驱动：

图解

图 2-10-13、图 2-10-14 显示的是当发动机和电动机一起工作时的动力流向。

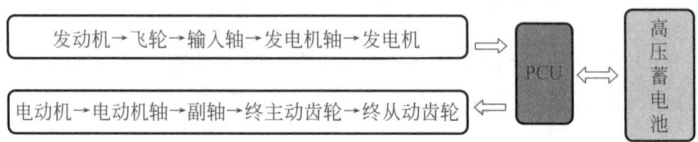

图 2-10-13　混合驱动模式动力流向图

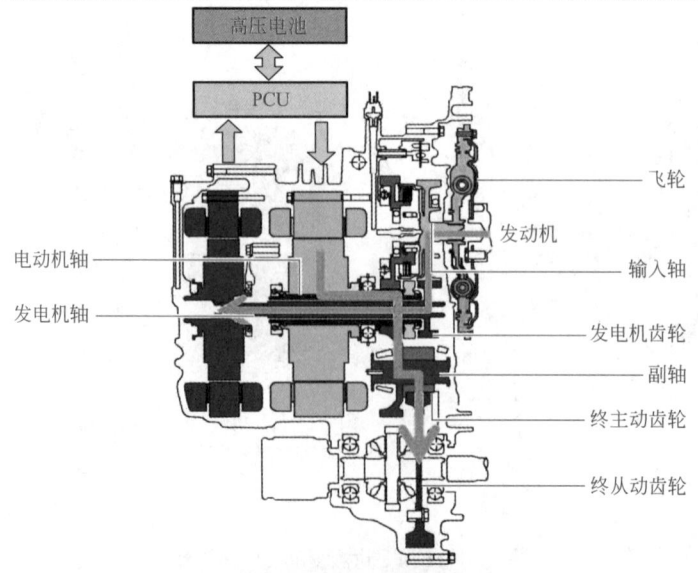

图 2-10-14　混合驱动模式

d. 发动机驱动：

> 图解
>
> 如图 2-10-15 所示，仅发动机驱动下的动力流向：发动机→飞轮→输入轴→超越离合器→离合器齿轮→副轴→终主动齿轮→终从动齿轮。

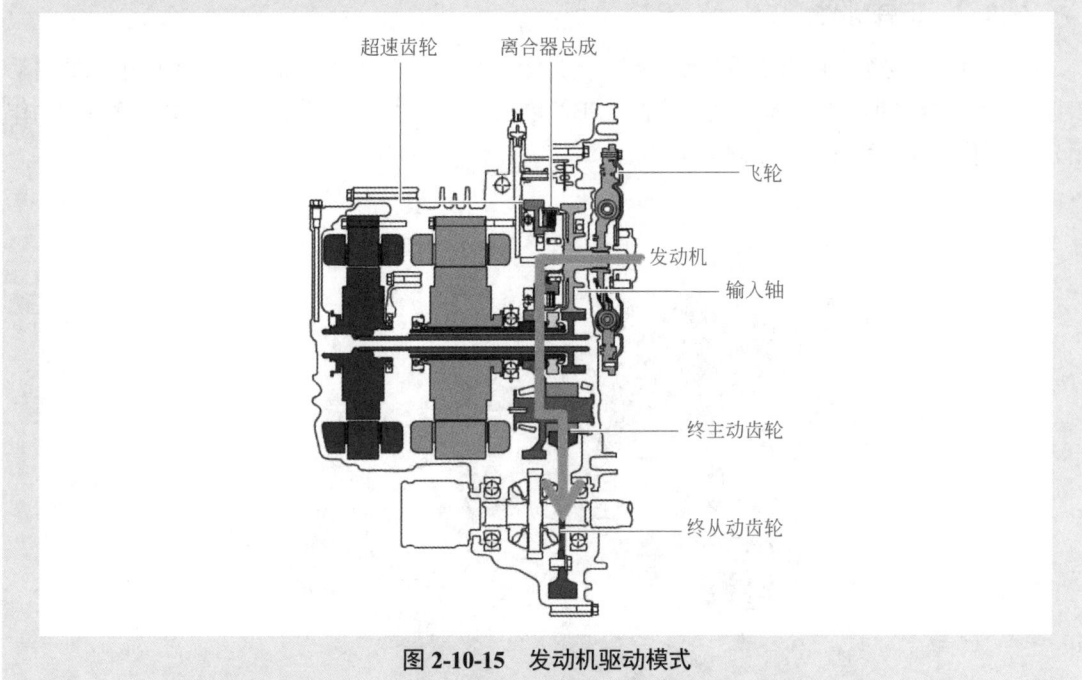

图 2-10-15　发动机驱动模式

e.E-CVT（电动机 / 发电机）- 工作 - 倒车：当高压电池有充足的电量时，可以通过电动机驱动车辆倒车，其动力传递和驱动车辆前进时一样。驱动电动机反向运转，即可实现倒车。

2.11　混合动力制动系统

2.11.1　特点

电动汽车（包括纯电动汽车、混合动力汽车和燃料电池汽车）的制动系统与其它汽车基本相同。不同的是，在电动汽车上，一般还有电磁制动装置，它可以利用驱动电动机的控制电路实现电动机的发电运行，使减速制动时的能量转换成对蓄电池充电的电流，从而得到再生利用。

混合动力汽车的制动系统不仅仅用于使车辆可靠、稳定地减速，它还能使车辆的一部分制动能量不转化为热量，而是被回收利用并通过主动变速箱内的电动机转化为电能。为了配合全混合动力驱动方式获得最大燃油经济性，制动系统必须回收利用尽可能多的制动能量。

在电子伺服制动控制系统中，制动踏板与制动系统其它部分（制动助力器）之间不再永久保持机械连接。在系统中，通过电子方式感知驾驶员的制动要求，随后将制动要求划分为电气部分和液压部分。电气部分通过主动变速器的电动机转化为电能并存储在高电压蓄电池内。液压部分通过传统行车制动器产生减速度。划分制动要求时会考虑到制动强度、行驶情况和混合动力组件状态。通过这种方式，混合动力制动系统可以以纯电动方式实现最高 $3m/s^2$ 的减速度。但更为重要的一个参数是在所有行驶情况下可以回收利用的制动能量百分比。就这一数值而言，这样的制动系统可以达到 80% 以上，也就是说，在所有制动能量中只有 10% 至 20% 通过行车制动器转化为无用的热量。

2.11.2 主要部件

混合动力制动系统由以下重要组件组成（见图 2-11-1）：带有传感器系统和关闭单元的制动踏板、主动式制动助力器、真空供给装置、SBA 单元（混合动力制动作用转换，电子感应制动作用）、动态稳定控制系统、车轮制动器。

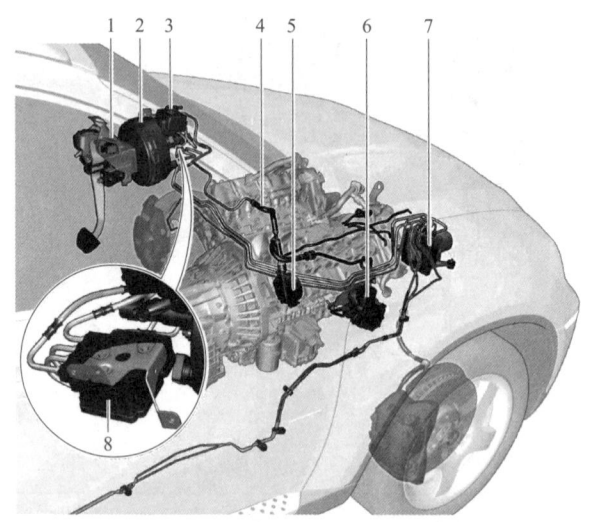

图 2-11-1　混合动力制动系统组件

1—制动踏板；2—主动式制动助力器；3—制动液储液罐；4—真空管路；5—机械真空泵；6—电动真空泵；7—动态稳定控制系统；8—SBA 单元（混合动力制动作用转换，电子感应制动作用）

（1）SBA 单元　在宝马的混合动力制动系统中，SBA 单元即"混合动力制动作用转换"，指的是由控制单元和液压单元构成的单元（图 2-11-2）。它是混合动力制动系统的一个重要组件，该组件将驾驶员的制动要求划分成回收利用部分和液压部分。进行维修时只能将其作为一个单元更换。

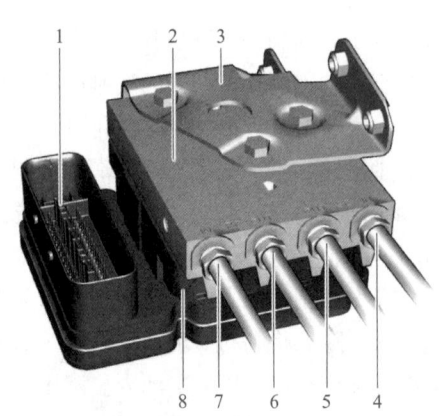

图 2-11-2　SBA 单元

1—电气接口；2—液压部件；3—固定支架；4—后部制动回路制动管路接口，由制动主缸输入；5—后部制动回路制动管路接口，输出至 DSC 单元；6—前部制动管路接口，输出至 DSC 单元；7—前部制动管路接口，由制动主缸输入；8—电子控制单元

SBA 控制单元对制动控制执行主控功能。它探测驾驶员的制动要求,将整个制动力矩划分为能量回收部分和液压部分。为此,SBA 控制单元带有以下电气接口:制动踏板角度传感器、关闭单元关断阀、关闭单元压力传感器、制动助力器内的电磁阀、制动助力器内的隔膜行程传感器、制动助力器内的制动真空压力传感器、电动真空泵(控制和监控)、供电、总线系统 PT-CAN 和 H-CAN2。

为了实现能量回收部分,SBA 控制单元通过混合动力 CAN2、混合动力接口模块和混合动力 CAN 与混合动力主控制单元进行通信。液压部分由 SBA 控制单元通过直接控制制动助力器内的电磁阀来实现。与所有对液压制动系统进行干预时的情况一样,在此 DSC 控制单元也是 SBA 控制单元的一个重要通信设备。

(2)电动真空泵 以纯电动方式行驶期间,发动机处于静止状态,因此也不会驱动机械真空泵。为了在此期间同样确保提供制动真空压力,宝马 E72 上装有一个附加电动真空泵(图 2-11-3)。

泵元件是一个双膜片泵。其内部结构基本对称,因此两个端面上分别带有一个输入阀和一个输出阀。根据壳体盖板的形状可以识别出这两个阀门。泵输入端与真空管路相连,真空泵通过输入端吸入空气并产生真空压力。吸入的空气通过壳体盖板上的输出孔向外输送。

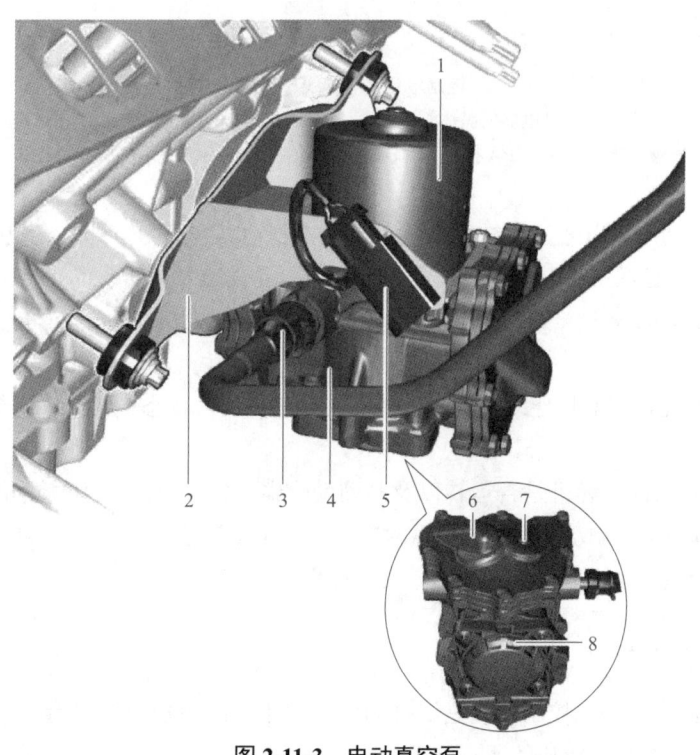

图 2-11-3 电动真空泵
1—电机壳体;2—固定支架;3—真空管路接口;4—泵元件壳体;
5—电气接口;6—输出阀盖;7—输入阀盖;8—输出孔

电动真空泵的电机由 SBA 控制单元和两个继电器供电,这两个继电器串联连接。在正常运行模式下,SBA 控制单元从总线端 30g 接通起就会接通电动机械式继电器。但电动真空泵的实际接通和关闭由半导体继电器负责。电动真空泵的操控电路如图 2-11-4 所示。

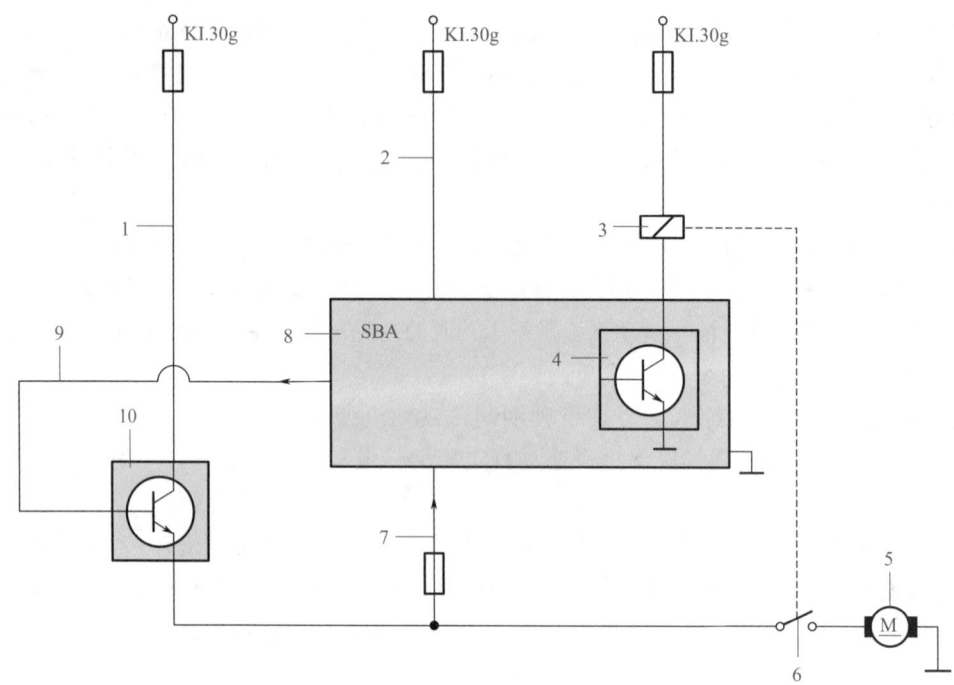

图 2-11-4 电动真空泵的操控电路

1—真空泵电机供电导线；2—SBA 控制单元供电导线；3—用于控制电机的电动机械式继电器；
4—用于接通电动机械式继电器的晶体管；5—真空泵电机；6—电动机械式继电器的开关触点；
7—监控导线；8—SBA 控制单元；9—半导体控制导线；10—半导体继电器

如果内燃机启动后可以通过机械真空泵正常提供制动真空压力，即使出现电动真空泵故障，混合动力制动系统也会保持在电子伺服模式下。否则，混合动力制动系统就会切换为传统模式。

SBA 控制单元可以通过半导体输出端与电动机械式继电器开关触点间分出的监控导线识别出部件故障。

SBA 控制单元测量该监控导线上的电压并将其与所需切换状态（继电器接通或关闭）决定的期望值进行比较。

SBA 控制单元根据内燃机是否运转以及制动助力器上制动真空压力测量值的信息控制按需接通和关闭电动真空泵。制动真空压力过低时就会接通电动真空泵。

维修时，只能将电动真空泵作为整个单元进行更换。

2.11.3 主要功能

（1）分布式功能　SBA 控制单元是混合动力制动系统的主控控制单元，它控制从探测制动要求直至控制制动系统执行机构的所有过程。

能量回收式制动的执行机构是传动系统：通过供电电控箱控制电动机，使其以发电机方式工作。

为了使其能够产生电能，必须以机械方式对其进行驱动，因此电动机吸收作用在传动系统上的制动力矩。在减速度最高 $3m/s^2$ 的情况下，如果制动力矩仅作用在后桥上，就会出现不稳定的行驶情况。因此进行能量回收式制动时，分动器内的片式离合器也会接合。随后，前桥和后桥达到相同转速,从而为制动力矩在两个车桥上的平均分配创造条件。在这种"电子伺服模式"下会尽可能地回收利用制动能量,即通过第一个电动途径输送。只有在减速度高于 $3m/s^2$ 或混合动力驱动装置无法转化所有可回收的制动能量时,才会针对剩余能量使用传统行车制动器。为此,SBA 控制单元控制主动式制动助力器。后者产生用于两个制动回路的制动压力,制动压力通过动态稳定控制系统分布到四个车轮制动器上(见图 2-11-5)。

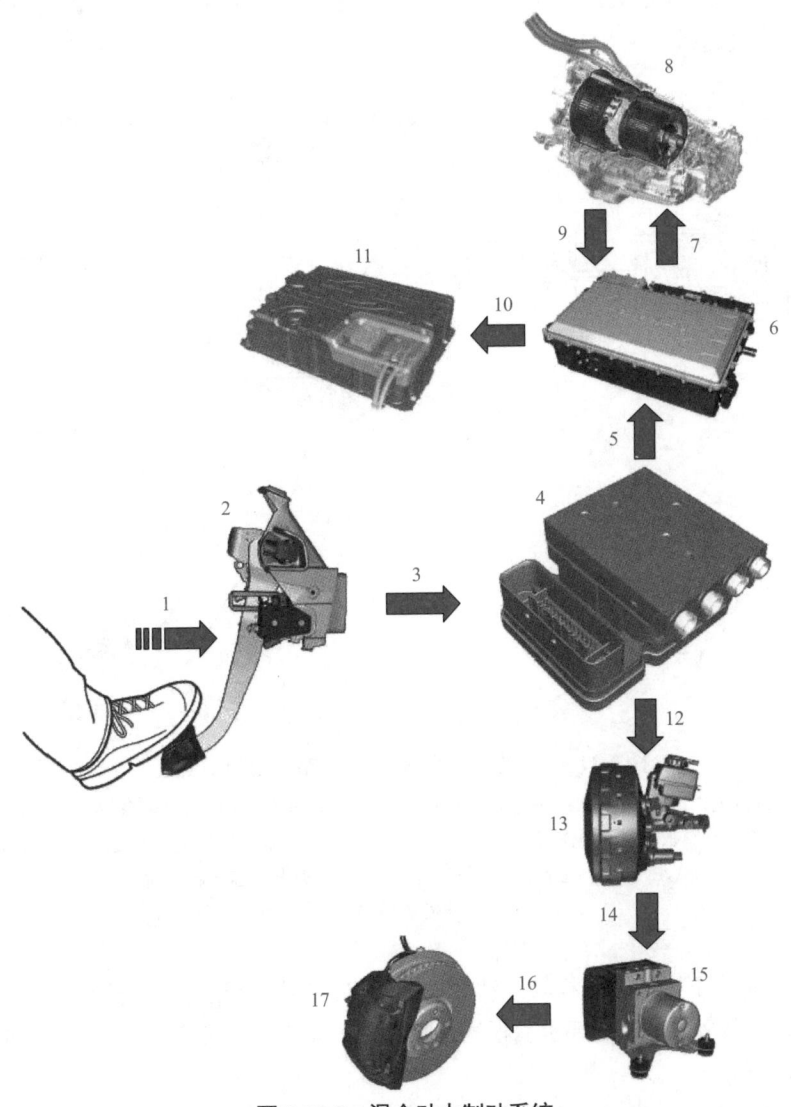

图 2-11-5 混合动力制动系统

1—踩下制动踏板(作用力,行程);2—制动踏板单元;3—以电动方式传输制动要求;4—SBA;5—能量回收部分的规定值;6—供电电控箱;7—使电动机以发电机形式受控;8—主动变速箱内的电动机;9—由电动机产生的电能;10—有待存储的电能;11—高电压蓄电池;12—对制动助力器内的电磁阀进行电气控制;13—主动式制动助力器;14—两个制动回路内的液压压力;15—动态稳定控制系统;16—传输至车轮制动器的制动管路内的液压压力;17—车轮制动器

只有在故障情况或特殊情况下才会提供应急功能,此时 SBA 控制单元不再执行主控功能。例如在不稳定的行驶情况下,动态稳定控制系统就会执行主控功能,从而以高优先级使车辆稳定

下来。此时无法继续进行能量回收式制动。

能量回收式制动所需的某一组件失灵或供电失灵时，混合动力制动系统就会由"电子伺服模式"切换为传统模式。在传统模式下制动踏板与行车制动器重新建立起机械连接。这样可使车辆通过传统液压制动系统实现可靠减速。

（2）电子伺服模式　混合动力制动系统在接通供电后对电子伺服模式正常工作所需的所有系统组件进行自检，顺利结束自检后就会启用电子伺服模式（见图2-11-6）。否则，混合动力制动系统就会保持传统模式。

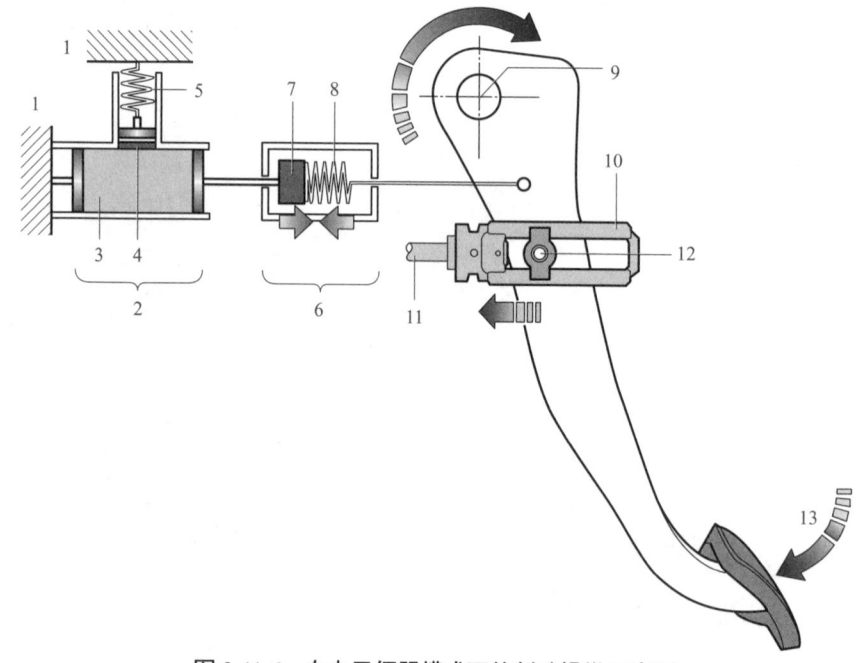

图 2-11-6　在电子伺服模式下的制动操纵示意图

1—支撑在车身部件上；2—关闭单元；3—制动液；4—关闭单元内的关断阀关闭；5—弹簧；6—踏板力模拟器；
7—用于在制动踏板上产生反作用力的弹性塑料块；8—用于在制动踏板上产生反作用力的弹簧；
9—制动踏板旋转轴；10—叉形压杆端部；11—压杆（连接制动助力器）；
12—销；13—驾驶员操作制动踏板

在电子伺服模式下，制动踏板与制动助力器的机械连接断开。SBA控制单元通过制动踏板角度传感器分析出驾驶员的制动要求，根据行驶情况和混合动力组件状态将制动要求划分为能量回收部分和液压部分。

SBA控制单元向混合动力主控控制单元发送一个规定值用于实现能量回收部分。混合动力主控控制单元随即通过混合动力电动机控制装置控制单元执行该规定值。

由电动机通过这种方式产生的电能存储在高电压蓄电池内。在此也需要供电电控箱控制单元的参与（改变电压和电流）。

为了实现液压部分，SBA控制单元为主动式制动助力器内的电磁阀供电。这样可使空气流入工作室内并通过真空压力在制动主缸内的活塞上产生作用力，从而将压杆拉入制动助力器内。这样，插入压杆叉形端部的制动踏板销也不会碰到机械限位位置，因此不会在操作制动踏板时产生反作用力。

但是踏板力模拟器会产生反作用力,所实现的作用力传递与传统制动系统基本相同。在电子伺服模式下,关闭单元的作用就像一个刚性元件,密闭于其中的制动液无法被压缩。在这种状态下,制动液也无法溢出到带有弹簧的膨胀室内,因为膨胀室被一个电磁阀封住。

(3)传统模式 传统模式是混合动力制动系统的基本机械模式(见图2-11-7)。在该模式下制动踏板与制动助力器重新建立起机械连接,因此驾驶员可以像在带有制动助力装置的传统车辆上一样,使液压制动系统内产生一个制动压力并使车辆可靠减速。在传统模式下无法进行能量回收式制动,全部制动力均由液压制动系统提供。

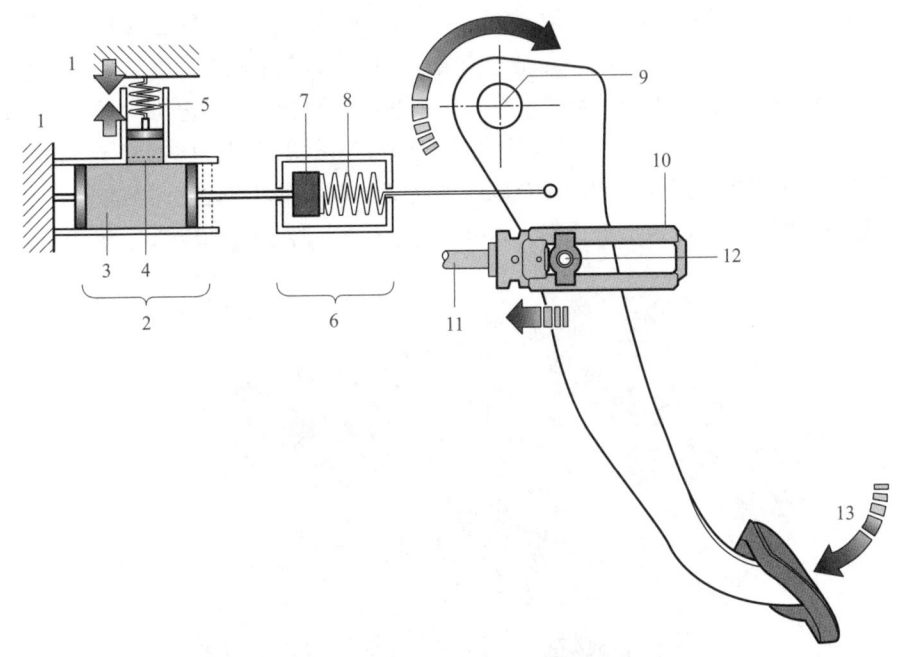

图 2-11-7 在传统模式下的制动操纵示意图
1—支撑在车身部件上;2—关闭单元;3—制动液;4—关闭单元内的关断阀打开;5—弹簧;6—踏板力模拟器;
7—用于在制动踏板上产生反作用力的弹性塑料块;8—用于在制动踏板上产生反作用力的弹簧;
9—制动踏板旋转轴;10—叉形压杆端部;11—压杆(连接制动助力器);
12—销处于限位位置;13—驾驶员操作制动踏板

驾驶员在传统模式下操作制动踏板时,主动式制动助力器内的电磁阀不会受控工作。此时压杆不会移动。因此在操作制动踏板期间,销与压杆端部限位位置间的间隙闭合且建立起上述机械连接。从驾驶员的角度来说,这表明空行程增大,驾驶员几乎不会感觉到任何反作用力,直至销到达限位位置。可以这样来解释:在传统模式下,关闭单元内的电磁阀打开,因此关闭单元内的制动液可以向上方空间流动,那里有一个移动活塞可以克服弹簧力向上移动。关闭单元内弹簧产生的反作用力明显低于踏板力模拟器内的弹簧产生的力。因此在这种情况下,踏板力模拟器内的弹簧根本不会被压缩,也可以说踏板力模拟器在此不起任何作用。仅有的反作用力来源于关闭单元内的弹簧,而且该作用力非常小。

如果内部监控功能发现可导致车辆无法继续在电子伺服模式下可靠运行的故障,就会自动启用传统模式。识别到踏板角度传感器失灵、关闭单元内的压力传感器失灵、关闭单元内的电磁阀不再正常工作、隔膜行程传感器失灵、主动式制动助力器内的电磁阀失灵、真空供给装置失灵、真空压力传感器失灵、SBA 控制单元或供电失灵、SBA 单元内的压力传感器失灵以及通信受到干扰等故障时就会启用传统模式，通过亮起警告灯和发出检查控制信息告知驾驶员进入传统模式。

2.12 混合动力冷却系统

为了尽可能延长高电压蓄电池的使用寿命并获得最大功率，应在规定温度范围内运行蓄电池。温度在 -40℃ 至 +55℃ 范围内（实际电池温度）时，原则上高电压蓄电池单元处于可运行状态。就温度特性而言，高电压蓄电池单元是一个惰性系统，即电池温度一般需要几个小时才能与环境温度一致。在极其炎热或寒冷的环境下短暂停留并不表示电池已经达到环境温度。

但就使用寿命和功率而言，最佳电池温度范围明显缩小，该范围为 +25℃ 至 +40℃。如果在功率输出较高时电池温度持续明显超出该范围，就会影响蓄电池组电池使用寿命。为了消除该影响并在所有环境温度条件下确保最大功率，高电压蓄电池单元带有自动冷却功能，见图 2-12-1。

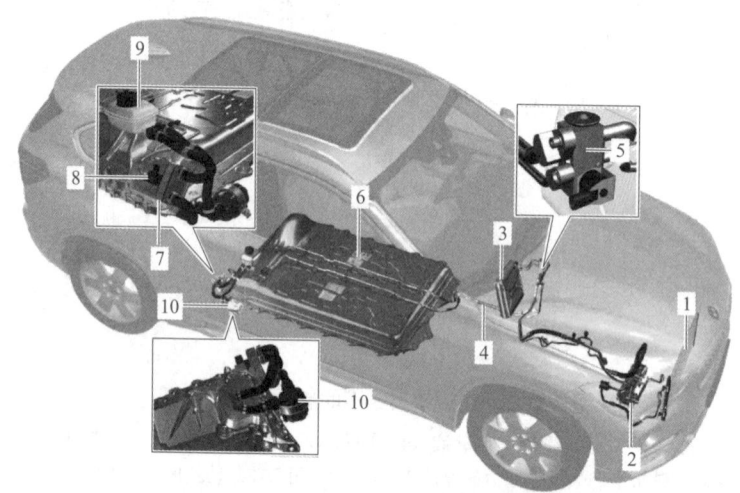

图 2-12-1　高电压蓄电池单元整个制冷剂系统

1—冷凝器；2—电动空调压缩机；3—车内空间热交换器；4—至高电压蓄电池冷却单元的制冷剂管路；5—用于热交换器的膨胀和截止组合阀；6—高电压蓄电池单元；7—冷却单元（冷却液制冷剂热交换器）；8—膨胀和截止组合阀；9—冷却液膨胀箱；10—电动冷却液泵

2.12.1 高电压蓄电池单元冷却系统

高电压蓄电池单元直接通过冷却液进行冷却，冷却液循环回路与制冷剂循环回路通过冷却液制冷剂热交换器（即冷却单元）连接。因此，空调系统制冷剂循环回路由两个并联支路构成，一个用于冷却车内空间，另一个用于冷却高电压蓄电池单元。两个支路各有一个膨胀和截止组合阀，用于相互独立地控制空调功能。

蓄电池管理电子装置可通过施加电压启用并打开冷却单元上的膨胀和截止组合阀。这样可使制冷剂流入冷却单元内，在此膨胀、蒸发并冷却流经高电压蓄电池的冷却液。车内空间冷却同样根据需要来进行。热交换器前的膨胀和截止组合阀也能够通过 EME 以电气方式启用。高电压蓄电池单元整个制冷剂系统见图 2-12-1。

图解

如图 2-12-2 所示,电动冷却液泵通过冷却液循环回路输送冷却液。只要冷却液的温度低于电池模块,仅利用冷却液的循环流动便可冷却电池模块。冷却液温度上升,不足以使电池模块的温度保持在预期范围内。因此必须要降低冷却液的温度,需借助冷却液制冷剂热交换器。它是介于高电压蓄电池冷却液循环回路与空调系统制冷剂循环回路之间的接口。

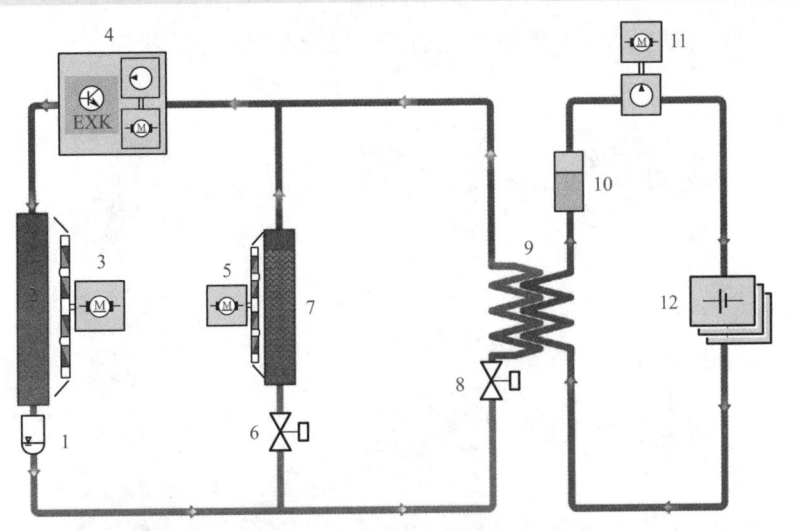

图 2-12-2　高电压蓄电池单元制冷剂循环回路

1—干燥器瓶;2—冷凝器;3—电动风扇;4—电动空调压缩机(EKK);5—车内空间鼓风机;6—膨胀和截止组合阀(车内空间);7—车内空间热交换器;8—膨胀和截止组合阀(高电压蓄电池);9—冷却单元(冷却液制冷剂热交换器);10—冷却液膨胀箱(高电压蓄电池单元冷却液循环回路);11—电动冷却液泵(50W);12—高电压蓄电池单元

图解

如图 2-12-3 所示,如果冷却单元上的膨胀和截止组合阀使用电气方式启用并打开,液态制冷剂将流入冷却单元并蒸发,可吸收环境空气热量,因此也是一种流经冷却液循环回路的冷却液。电动空调压缩机(EKK)再次压缩制冷剂并输送至电容器,制冷剂在此重新变为液体状态,因此可再次吸收热量。

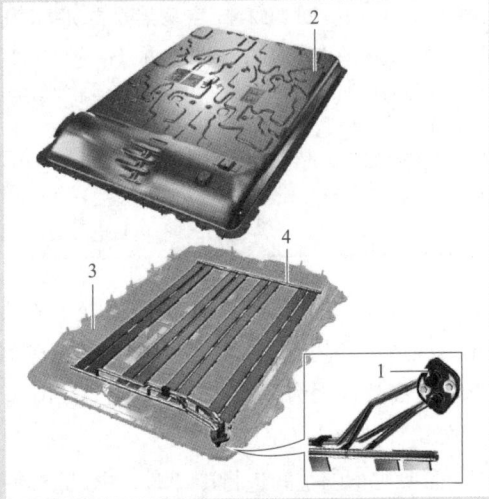

图 2-12-3　高电压蓄电池单元冷却系统

1—冷却液管路连接法兰;2—壳体上部件;3—高电压蓄电池模块;4—主要冷却液通道

2.12.2 冷却系统运行状态

可实现冷却系统关闭和冷却系统接通两种运行状态。

主要根据电池温度、环境温度以及高电压蓄电池获取或输送的功率来启用这两种运行状态。控制单元根据输入参数决定需要哪种运行状态。

> **图解**
>
> 图 2-12-4 展示了输入参数、控制单元的作用以及控制所用执行机构。

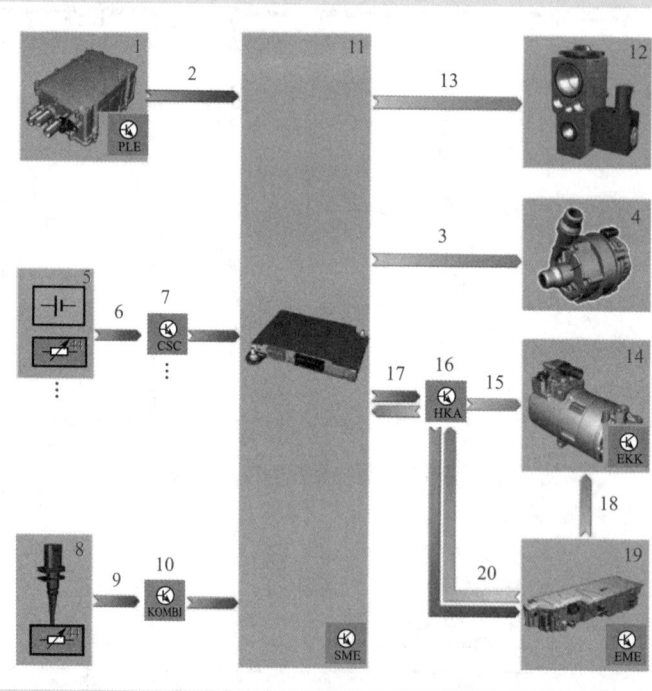

图 2-12-4　宝马某款混动高电压蓄电池单元冷却系统输入/输出

1—便捷充电电子装置 KLE；2—高电压蓄电池单元进行外部充电的信息；3—高电压蓄电池冷却泵启用信号；4—高电压蓄电池冷却泵；5—高电压蓄电池上的温度传感器；6—电池模块温度信号；7—电池监控电子装置（CSC）；8—车外温度传感器；9—环境温度信号；10—组合仪表 KOMBI；11—SME 控制单元（高电压蓄电池内）；12—膨胀和截止组合阀；13—膨胀和截止组合阀启用信号；14—电动空调压缩机（EKK）；15—电动空调压缩机 EKK 控制信号（通过局域互联网总线）；16——体化自动加热/空调系统；17—冷却要求；18—高电压电源；19—电机电子装置（EME）；20—高电压功率要求

（1）"关闭"运行状态　电池温度处于或低于最佳范围时，会启用"冷却系统关闭"运行状态。车辆在适中环境温度下以较低电功率行驶时，通常会启用该运行状态。"冷却系统关闭"运行状态非常高效，因为无需其它能量来对高电压蓄电池进行冷却。

相关组件按以下方式工作：

① 需要对车内空间进行冷却时，电动空调压缩机不运行或降低功率运行。

② 冷却单元上的膨胀和截止组合阀与电动冷却液泵均关闭。

（2）"接通"运行状态　蓄电池组电池温度上升至 30℃ 左右时，冷却系统就会开始冷却高电压蓄电池。SME 控制单元以两个优先级向 IHKA（自动空调控制系统）控制单元提出冷却要求。

之后 IHKA 决定是否对车内空间、高电压蓄电池单元之一或二者进行冷却。SME 提出优先级较低的冷却要求且车内空间冷却要求较高时，IHKA 可能会拒绝提出的冷却要求。但热管理提出优先级较高的冷却要求时，始终会对高电压蓄电池进行冷却。

进行冷却时，IHKA 要求电机电子装置内的高电压电源管理系统提供用于电动空调压缩机的电功率。在冷却运行状态下，组件工作方式如下：

① SME 控制单元提出冷却要求。

② IHKA 授权后，SME 控制单元启用电动冷却液泵（如未启用）与冷却单元上的膨胀和截止组合阀。通过这种方式使该阀门打开，制冷剂流入冷却单元内。

③ 电动空调压缩机运行。

尽管此过程需要高电压电气系统提供能量，但最重要的是：只有这样才能确保蓄电池组电池具有较长使用寿命与较高效率。

蓄电池组电池温度明显低于 20℃ 最佳运行温度时，其功率会暂时受限且能量转换效率也不理想。这是无法避免的锂离子蓄电池化学效应。

如果车辆长时间停放在极低环境温度条件下，蓄电池组电池温度也会变为与环境温度一样低。在此情况下，刚开始行驶时，电池可能无法提供最大电动驱动功率，但驾驶员并不会有所感觉，因为此时由内燃机驱动车辆。

2.12.3 冷却系统组件

（1）热交换器 热交换器为单层结构，具有良好热传导性且密度低，由 8 个多接口管道构成。在一定范围内，最大优化模块下支撑力，以确保足够的热传导性能且不损害电池模块与热交换器。介于传导体与电池模块之间的热阻很小。

热交换器需经过一系列组件测试，例如压降测试、气密性测试、爆破压力测试与振动测试。所有这些都将在汽车等级测试与确认期间进一步优化。

图解

如图 2-12-5 所示，在高电压蓄电池单元内部，冷却液在管路和冷却通道内流动。通过入口管路流入的冷却液在高电压蓄电池单元接口后分别进入两个管路。低温冷却液首先流经热交换器外部的四个冷却液通道，吸收电池模块的热量，并汇集到热交换器另一端，然后通过中间的四个通道返回冷却电池模块。

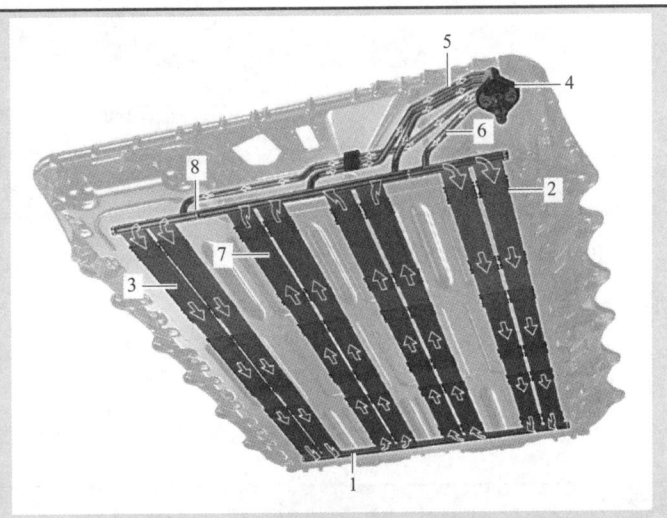

图 2-12-5 高电压蓄电池单元冷却组件

1—主要冷却液通道；2—弹簧条；3—压力侧供给通道；4—冷却液入口与出口处的连接法兰；5—至冷却单元的回流管路；6—压力侧至冷却液泵的供给管路；7—回流通道；8—冷却液供给与回流通道之间的隔板

为了确保冷却液通道排出电池模块热量，必须以均匀分布的作用力将冷却通道整个平面压到电池模块上。通过嵌入冷却液通道的弹簧条产生该压紧力。针对电池模块几何形状和下半部分壳体对弹簧条进行相应调节。

热交换器的弹簧条支撑在高电压蓄电池单元的壳体下部件上，从而将冷却液通道压到电池模块上。

冷却液管路、冷却液通道和弹簧条共同构成了一个单元，进行修理时可单独更换该单元。为简单起见，该单元也称为热交换器，但不要与传统车辆前部的热交换器混淆。

热交换器是壁厚相对较薄的组件，一方面具有非常出色的导热特性，另一方面薄壁也导致机械稳定性较弱。处于安装状态时这不是重大缺点，因为高电压蓄电池单元壳体可确保机械稳定性。但在维修过程中进行热交换器操作时要特别小心。

更换热交换器时，必须严格遵守维修说明并要特别小心。

（2）电动冷却液泵

图解

如图 2-12-6 所示，宝马某款高电压蓄电池单元冷却液循环回路内的电动冷却液泵额定功率为 50W。电动冷却液泵利用冷却单元上的支架固定，安装于高电压蓄电池的右后角。

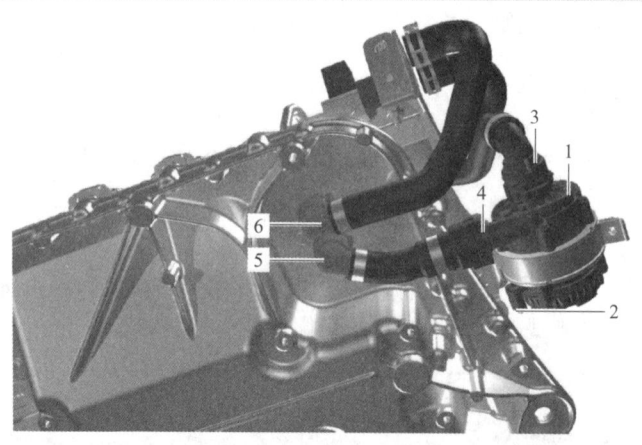

图 2-12-6　高电压蓄电池单元电动冷却液泵

1—电动冷却液泵；2—电气接口；3—冷却液管路接口，入口侧；4—冷却液管路接口，压力侧；
5—高电压蓄电池冷却液管路接口，入口侧；6—高电压蓄电池冷却液管路接口，出口侧

蓄电池管理电子装置根据需要，使用脉宽调制信号启用电动冷却液泵。前手套箱内的配电箱通过总线端 30B 提供电压。

（3）冷却单元　和传统加热与空调系统膨胀阀一样，该膨胀和截止阀也通过热学方式即根据制冷剂温度自动调节其开度。

膨胀和截止组合阀打开后，制冷剂可流入冷却单元，然后膨胀、蒸发，吸收周围环境热量。

图解

如图 2-12-7 所示，冷却单元负责使用制冷剂冷却高电压蓄电池单元冷却液循环回路内的冷却液。这也是冷却单元由冷却液制冷剂热交换器与膨胀和截止组合阀构成的原因。SME 控制单元通过一根直接线控制膨胀和截止组合阀。电气启用装置可识别出两种状态：

① 0V 启用电压,表示阀门保持关闭状态。
② 12V 启用电压,表示阀门打开。

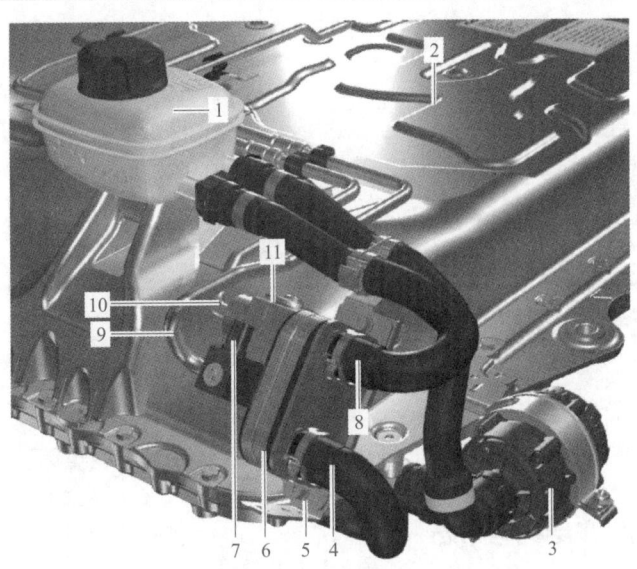

图 2-12-7 冷却单元

1—冷却液膨胀壶;2—高电压蓄电池单元;3—电动冷却液泵;4—冷却液供给管路;5—顶板;
6—冷却液制冷剂热交换器;7—用于膨胀和截止组合阀的电气接口;8—冷却液回流管路;
9—制冷剂管路(压力管路);10—制冷剂管路(入口管路);11—膨胀和截止组合阀

Chapter

第 3 章　**纯电动汽车维修**

3.1 纯电动汽车基础知识

纯电动汽车英文简称为 BEV（battery electric vehicle），是驱动能量完全由电能提供的、由电机驱动的汽车。电机的驱动电能来源于车载可充电储能系统或其它能量储存装置。

3.1.1 纯电动汽车结构与布局

（1）基本结构　纯电动汽车在结构上与燃油汽车相比，主要增加了电力驱动控制系统，取消了发动机。当汽车行驶时，由蓄电池输出电能（电流）通过控制器驱动电机运转，电机输出的转矩经传动系统带动车轮前进或后退。

图解

纯电动汽车的基本结构比较简单，主要由动力电池和电动机组成，如图 3-1-1 所示。动力电池和电动机之间是电气连接；电动机、减速器和车轮之间为机械连接。

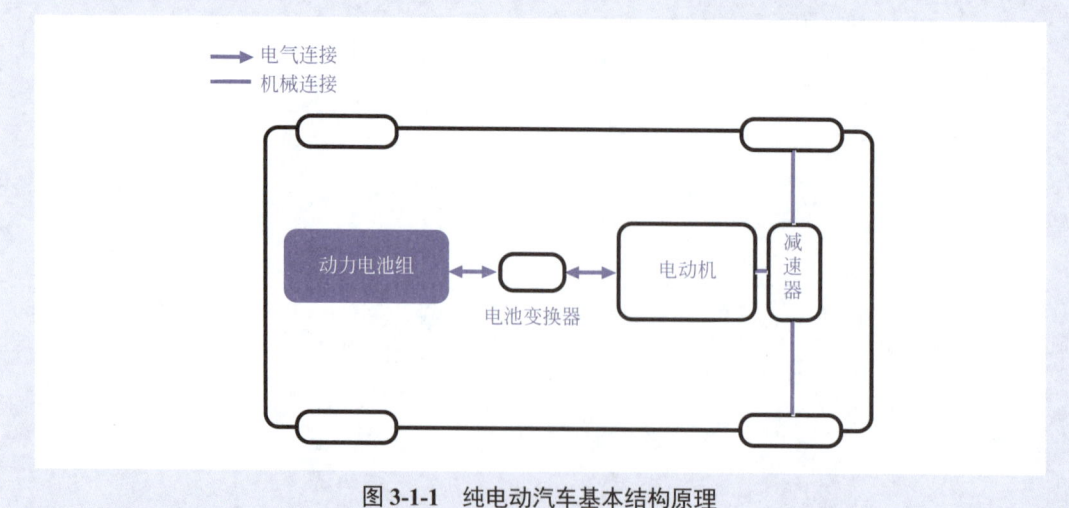

图 3-1-1　纯电动汽车基本结构原理

（2）整车电气结构布局

① 机舱布局，见图 3-1-2。

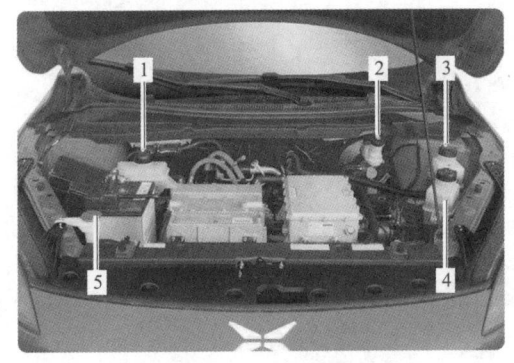

图 3-1-2 机舱布局

1—电动机冷却液罐；2—制动液罐；3—采暖冷却液罐；4—动力电池冷却液罐；5—挡风玻璃清洗液罐

② 电动化系统整车布局，见图 3-1-3。

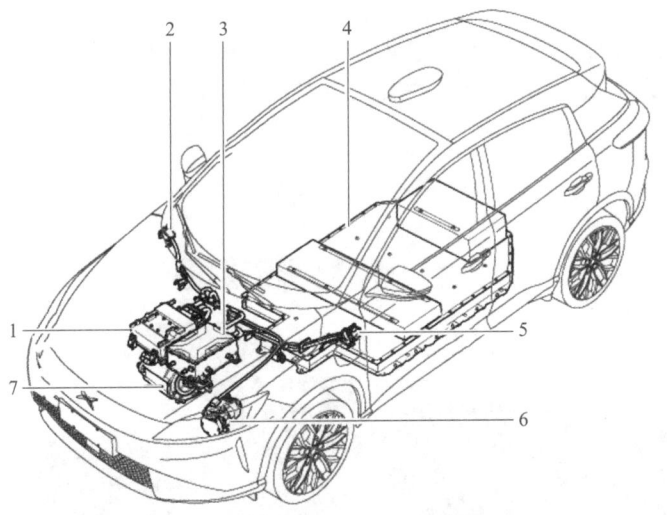

图 3-1-3 电动化系统整车布局

1—电机控制器；2—交流充电口；3—充电机/直流转换器；4—动力电池；5—直流充电口；6—空调压缩机；7—驱动电机

③ 不同形式的电动化系统整车布局，见图 3-1-4、图 3-1-5。

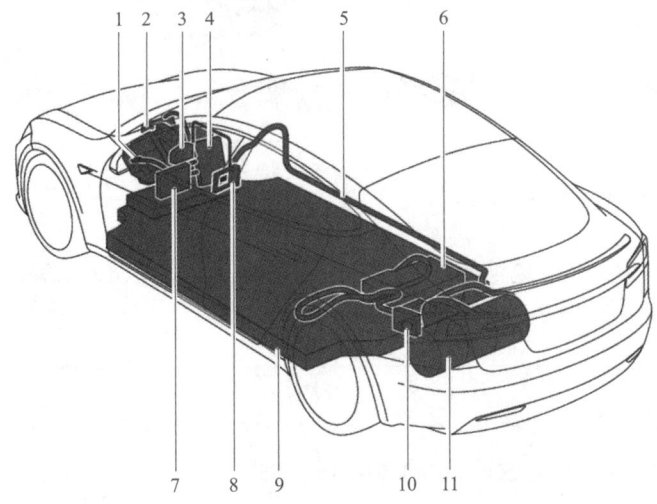

图 3-1-4 电动化系统整车布局（双电机）

1—前置电机；2—空调压缩机；3—电池冷却剂加热器；4—前接线盒；5—高压电缆；6—车载充电器；7—直流-直流变流器；8—驾驶室加热器；9—电池；10—充电端口；11—后置电机

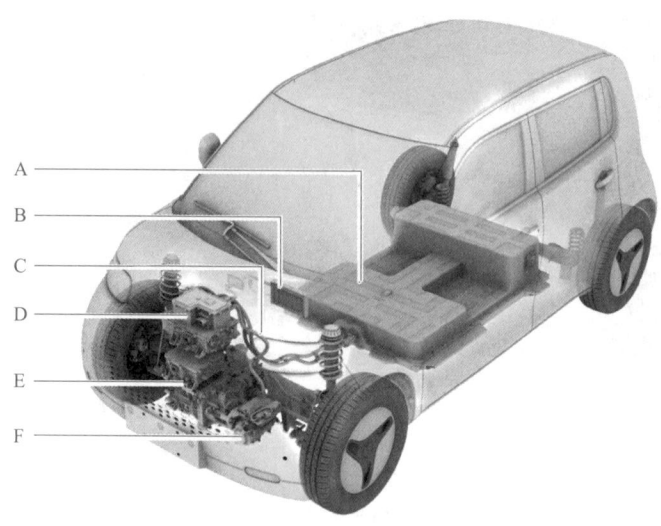

图 3-1-5 电动化系统整车布局（小型汽车）

A—动力电池；B—空调加热器；C—高压线束；D—充电机；E—驱动电机；F—空调压缩机

（3）纯电动汽车组成 纯电动汽车由重要的"三电"，即以动力蓄电池为核心的电源系统、以驱动电机为核心的驱动电机系统和以电机控制器为核心的电控系统，以及其它辅助系统组成，见图 3-1-6。

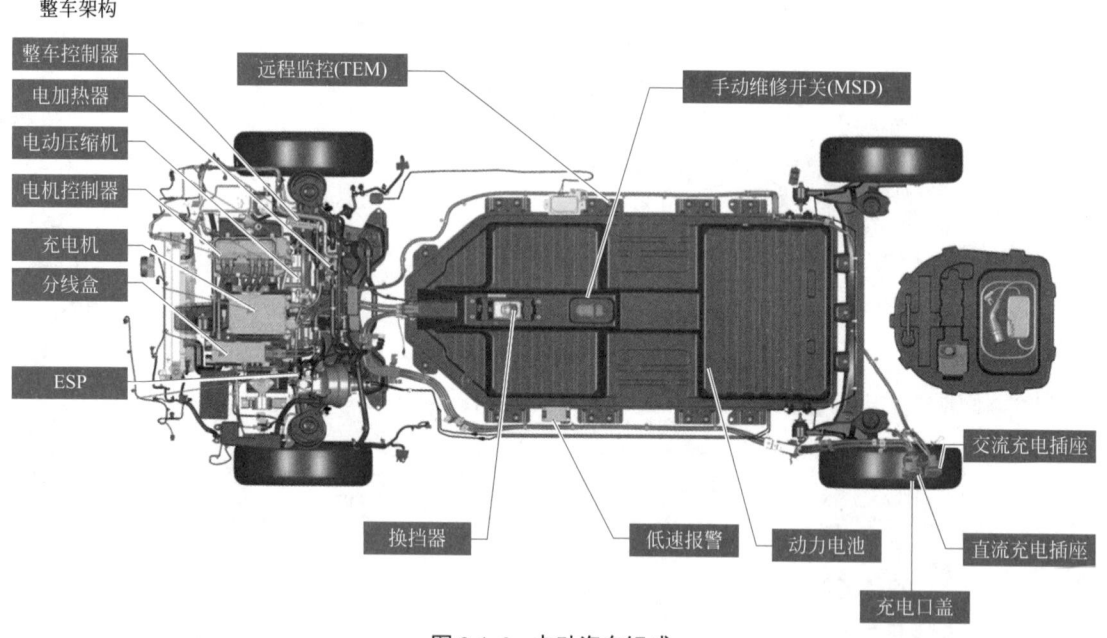

图 3-1-6 电动汽车组成

① 电源系统。电源系统主要包括动力电池、电池管理系统、车载充电机及辅助动力源等。动力电池是电动汽车的动力源，是能量的存储装置。

图解

动力电池（图 3-1-7），通常也称高压蓄电池，在电动汽车标准术语中称动力蓄电池。动力电池的功能是存储能量，通过从主电源电路充电以及通过再生制动接收能量。

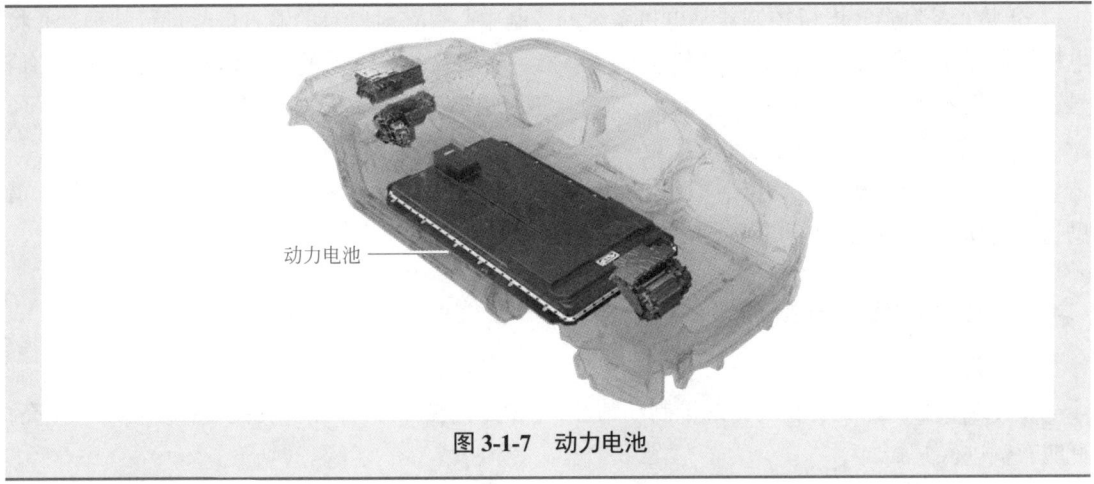

图 3-1-7　动力电池

② 驱动电机系统：

图解

驱动电机系统以驱动电机（图 3-1-8）为核心，将存储在蓄电池中的电能高效地转化为车轮的动能进而使汽车行驶，并能够在汽车减速制动或者下坡时，实现再生制动。

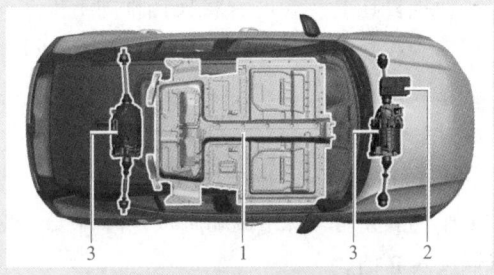

图 3-1-8　驱动电机

1—动力电池；2—蓄电池（12V）；3—驱动电机

驱动电机系统由驱动电动机、驱动电机控制器构成，通过高低压线束、冷却管路，与整车其它系统做电气和散热连接。

图解

驱动电机通常为三相永磁同步电机，是电动汽车的"心脏"，是纯电动汽车的唯一动力来源，是汽车行驶的主要执行机构，其决定汽车的动力性等重要指标，如图 3-1-9 所示。

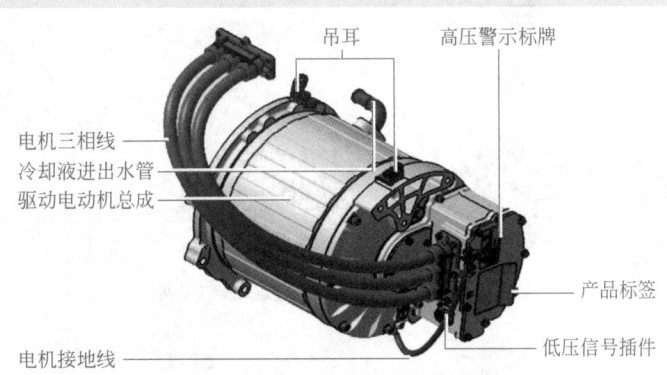

图 3-1-9　驱动电机

③ 整车控制器。电机控制器是电机系统的控制中心，它对所有的输入信号进行处理，并将电机控制系统运行状态的信息发送给整车控制器。根据驾驶员输入的加速踏板和制动踏板的信号，向电机控制器发出相应的控制指令，对电机进行启动、加速、减速、制动控制。

④ 其它功能系统，包括电动汽车变速器、电动空调系统、冷却系统、电动转向系统等。

⑤ 辅助系统。辅助系统包括车载信息显示系统、照明及除霜装置、刮水器和收音机等，借助这些辅助设备来提高汽车的操纵性和舒适性。

3.1.2 纯电动汽车操控

（1）挡位及换挡

① R：倒挡。车辆静止时，踩下制动踏板，同时向上推换挡杆，仪表板 R 挡位指示灯高亮，此时车辆进入 R 挡。

② N：空挡。进行以下操作，车辆可进入 N 挡，仪表板 N 挡位指示灯高亮：

a. 换挡杆在 D 挡位时，将换挡杆向下推或向上推 1 挡并保持 1s。

b. 换挡杆在 R 挡位时，将换挡杆向下推或向上推 1 挡并保持 1s。

c. 车辆在驻车状态时，踩下制动踏板，同时向上或向下推换挡杆 1 挡并保持 1s。

③ D：前进挡。车辆静止时，踩下制动踏板，同时向下推换挡杆，仪表板 D 挡位指示灯高亮，此时车辆进入 D 挡。

④ P：驻车挡。

a. 车辆静止时，踩下制动踏板，同时按下换挡杆的 P 挡按钮，仪表板 P 挡位指示灯高亮，此时车辆进入 P 挡。

b. 车辆下电时，挡位自动切换到 P 挡。

c. 当未系安全带，松开制动踏板和加速踏板，车速＜3km/h 时，将关闭状态的主驾车门打开。

> **维修提示**
>
> 当连接充电枪充电时，车辆会自动切换到 P 挡。

⑤ 换挡。车辆装备 R 倒挡、N 空挡、D 前进挡、P 驻车挡（图 3-1-10、图 3-1-11）。当车辆在静止状态且车辆上电时，必须踩下制动踏板才能切换挡位，向上或向下移动换挡杆切换挡位。

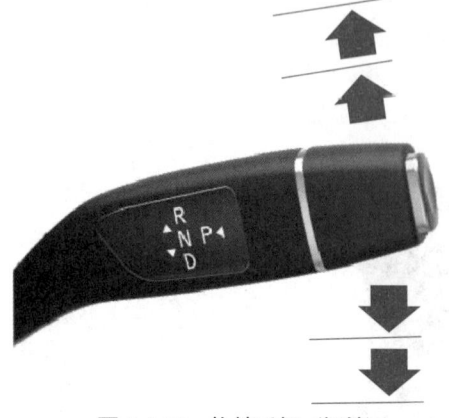

图 3-1-10　换挡手柄（怀挡）

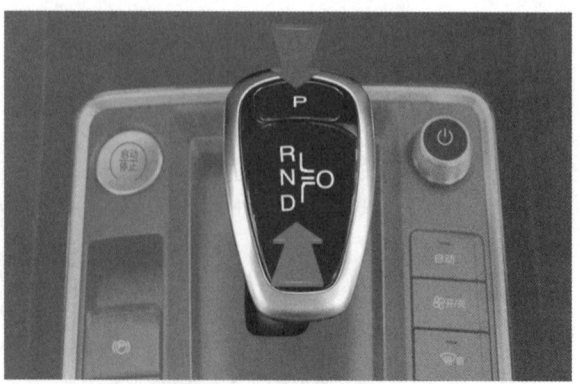

图 3-1-11　换挡手柄

换挡需要满足一定的条件。如不能满足，换挡时，仪表板会显示"充电中，无法切换挡位""请先 READY（启动成功），再切换挡位""请先踩刹车，再切换挡位""请先减速，再切换挡位"等信息，根据提示操作以满足换挡条件。

图解

当切换挡位时，仪表板会根据相应的挡位高亮显示对应的挡位指示灯（图 3-1-12）。当发生挡位故障或驻车机构未执行到位时换挡，挡位指示灯闪烁显示。

图 3-1-12　指示灯

（2）仪表和"三电"指示灯　电量表显示车辆动力电池剩余电量，并估算剩余电量的续航里程。不同纯电动汽车仪表见图 3-1-13、图 3-1-14、图 3-1-15。

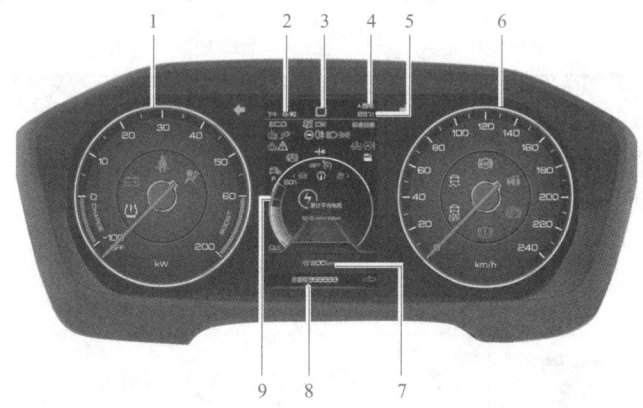

图 3-1-13　仪表（比亚迪·全新秦 EV）

1—功率表；2—时间；3—挡位；4—方位；5—车外温度；6—车速表；7—续航里程；8—总里程；9—电量表

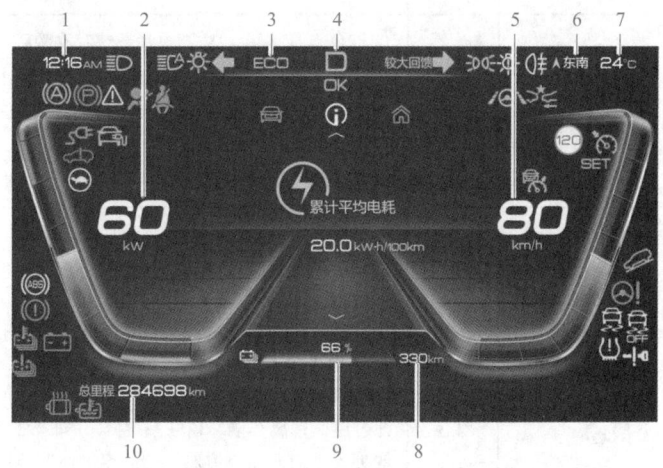

图 3-1-14　仪表（比亚迪·宋 ProEV）

1—时间；2—功率表；3—工作模式；4—挡位；5—车速表；6—方位；7—车外温度；8—续驶里程；9—电量表；10—里程表

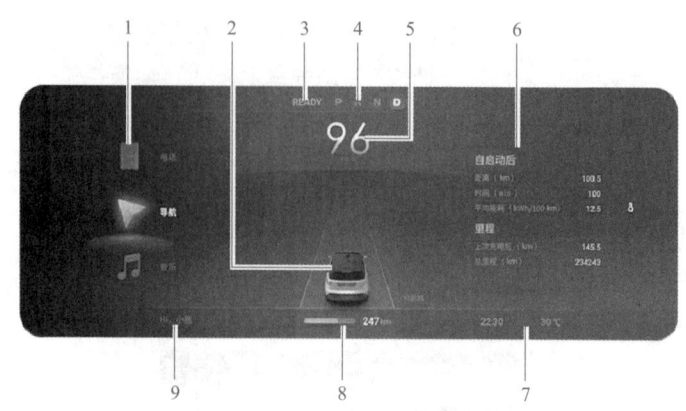

图 3-1-15 仪表（小鹏 G3 触屏仪表）

1—仪表板左侧显示区域；2—显示本车；3—READY 指示灯；4—挡位指示灯；5—车速；
6—仪表板右侧显示区域；7—时间/温度；8—电量表；9—登录账号信息

车辆上电时，部分指示灯会点亮，待系统完成自检或车辆启动后，如果系统正常，指示灯会熄灭。部分指示灯点亮，显示车辆系统功能的状态信息，并非系统故障。"三电"指示灯见表 3-1-1。

表 3-1-1 "三电"指示灯

名称	符号	颜色	说明
放电指示灯		绿色	正常放电
READY 指示灯	READY	绿色	绿色点亮表示车辆启动成功
经济模式指示灯	ECO	蓝色	蓝色点亮表示 ECO 模式启用成功
运动模式指示灯	SPORT	红色	红色点亮表示 SPORT 模式启用成功
12V 蓄电池充电系统指示灯		红色	红色点亮表示 12V 蓄电池系统存在故障。 ①当系统检测到 12V 蓄电池电压过低时，红色点亮，同时仪表板会显示"低压蓄电池电压过低"信息提示驾驶员。 ②当系统检测到 12V 蓄电池有故障时，红色点亮，同时仪表板会显示"低压蓄电池故障"信息提示驾驶员
充电枪已连接指示灯		红色	红色点亮表示充电枪已连接成功。 当连接充电枪给车辆充电时，红色点亮，同时仪表板会显示"充电枪已连接"信息提示
电动系统故障指示灯		红色	红色点亮表示车辆电动系统有故障。 当车辆电动系统有故障时，红色点亮，同时仪表板会显示"电池过温，远离车辆，请联系维修""车辆跛行，请联系维修""车辆失去动力，安全停车，请联系维修"等信息及蜂鸣器鸣叫提示驾驶员，此时驾驶员应根据提示操作

续表

名称	符号	颜色	说明
电机及控制器过热指示灯		红色	红色点亮表示电机及控制器温度过高
动力电池过热指示灯		红色	红色点亮表示动力电池温度过高
动力电池故障警告灯		红色	当整车电源挡位处于"OK"挡电时,此灯点亮。如果动力电池系统工作正常,则几秒后此灯熄灭。如果系统发生故障,此灯将再次点亮。 如果发生任何一种下列情况,则表示由警告灯系统监控的部件中发生故障。 ①当整车电源挡位处于"OK"挡电时,此灯持续点亮。 ②驾驶中此灯持续或偶然点亮
电机冷却液温度过高指示灯		红色	此警告灯长亮时表示电机冷却液温度过高,请停车冷却车辆
电池低电量提示灯		黄色	黄色点亮表示动力电池电量过低,同时仪表板会显示"续航里程低,请及时充电",提示驾驶员及时充电
驱动功率限制警告灯		黄色	当动力电池电量低,电机功率受到限制时,此警告灯点亮

(3) 低速提示音 低速提示音系统(AVAS)指当车辆低速行驶时,对临近车辆的行人发出提示声音。

① 车辆前进时:

a. 当车速 0km/h < v ≤ 20km/h 时,提示声随车速的增加而增大;

b. 当车速 20km/h < v ≤ 30km/h 时,提示声随车速的增加而降低;

c. 车速 v > 30km/h,提示声自动停止。

② 倒车时:倒挡行驶时,车辆发出持续均匀的提示声。

③ 系统暂停/开启控制:可以通过多媒体屏操作按键控制低速提示音系统开启及关闭。

维修提示

① 低速提示音系统只有在行人不太可能接近车辆的情况下才可关闭,例如在交通堵塞时或者高速公路上。只要行人有可能出现在车辆周围,低速提示音系统就需要开启。

② 如果车辆在低速提示音系统关闭的状态下低速行驶,将无法提醒行人车辆临近,降低整车安全性。

③ 如果在低速行驶时听不到低速提示音系统的提示声,请将车辆停靠在相对安全和安静的地方,打开车窗,挂倒挡行驶,检查是否能听到车辆前端发出的提示声。

3.2 动力电池

3.2.1 基础知识

（1）结构　电动汽车的动力电池一般采用三元锂电池、镍氢电池、磷酸铁锂电池。三元锂电池使用较多，这种电池以钴酸锂、锰酸锂或镍酸锂等化合物为正极，以可嵌入锂离子的碳材料为负极，使用有机电解质。

图解

还没有被安装在汽车上的动力电池，通常称为独立动力电池，见图 3-2-1。

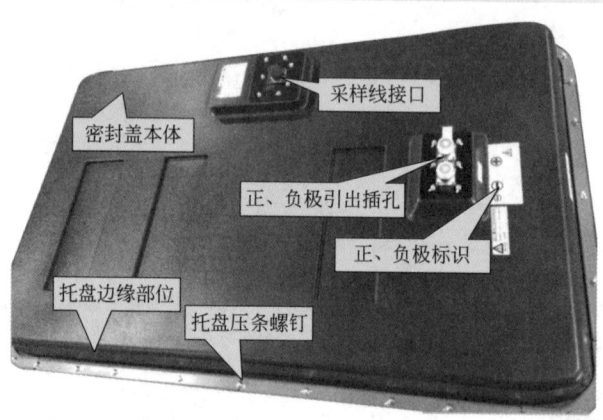

图 3-2-1　动力电池（独立动力电池）

图解

动力电池总成安装在车体下部，这种安装在汽车上的动力电池通常叫被载动力电池，如图 3-2-2 所示。动力电池的组成部件包括：各模组总成、CSC 采集系统、电池控制单元（BMU）、电池高压分配单元（B-BOX）、维修开关等部件。

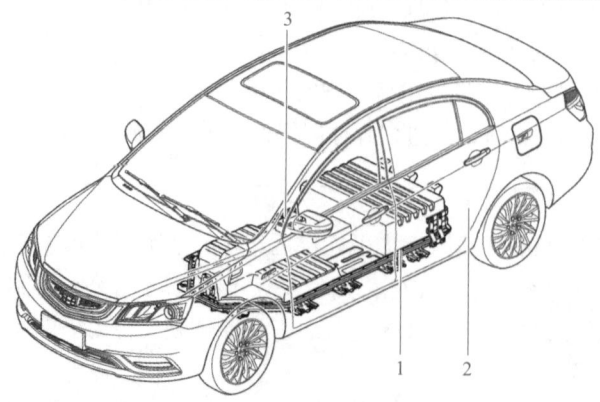

图 3-2-2　部件位置（被载动力电池）

1—动力电池；2—车身；3—维修开关

（2）动力电池系统

① 电池单体，是直接将化学能转化为电能的基本单元装置，包括电极、隔膜、电解质、外壳和端子，并被设计成可充电。

② 电池模组，是将一个以上电池单体按照串联、并联或串并联方式组合，且只有一对正负极输出端子，并作为电源使用的组合体。

③ 电池单元。数十个电池单体或电池组串联在一起，构成一个电池单元。数个电池单元串联在一起，构成动力电池总成。

④ CSC 采集系统。每一个电池单元有多个 CSC 采集系统，以监测其中每个电池单体或电池组单体电压、温度信息。CSC 采集系统将相关信息上报电池控制单元（BMU）并根据 BMU 的指令执行单体电压均衡。

⑤ 电池控制单元（BMU），安装于动力电池总成内部，是电池管理系统核心部件。电池控制单元将单体电压、电流、温度及整车高压绝缘等信息上报整车控制器（VCU）并根据 VCU 的指令完成对动力电池的控制。

⑥ 电池高压分配单元（B-BOX），安装在动力电池总成的正负极输出端，由高压正极继电器、高压负极继电器、预充继电器、电流传感器和预充电阻等组成。

⑦ 维修开关，位于动力电池总成中间表面位置。打开驾驶室内副仪表手套箱开关，可操作维修开关。在高压零部件检查和维护前，断开维修开关可以确保切断高压。

> **维修提示**
> 在操作维修开关时，首先确保电池对外无电流输出，并且佩戴绝缘防护装备。

> **图解**
> 瑞虎 3xe 动力电池额定电压为 350V，集成了如下所述部件，见图 3-2-3。
> ① 电池单体；
> ② 自动断开系统 ADS（Auto Disconnect System）或 BDU（Battery Distribute Unit）；
> ③ 电池管理系统 BMS（Battery Management System）。
> BMS 管理系统包括 1 个电池控制单元 BCU（Battery Control Unit）和 4 个电池检测单元（Battery Monitor Unit）。

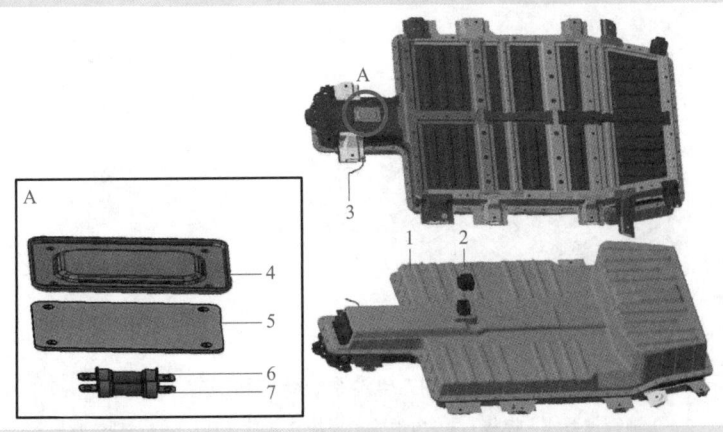

图 3-2-3　动力电池组成
1—电池组总成；2—MSD 保险端；3—搭铁线；4—维修口盖；5—维修口盖密封垫；6—加热 PTC 保险；7—慢充保险

图解

长城 C30EV 动力电池额定电压为 332V，其组成部件如下所述，见图 3-2-4、图 3-2-5。

（1）电池管理系统

①电池状态监控：监控动力电池包内部电芯、电池控制器、传感器、执行器和系统的状态；

②控制功能：依据整车控制器的指令和电池的状态控制接触器的通断，依据电池热管理控制策略控制加热膜的状态；

③通信功能：通过 CAN 网络或硬线信号与整车其它控制单元或直流充电机通信。

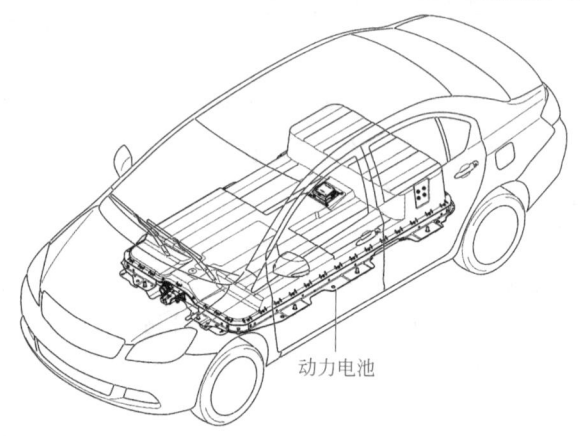

图 3-2-4 动力电池

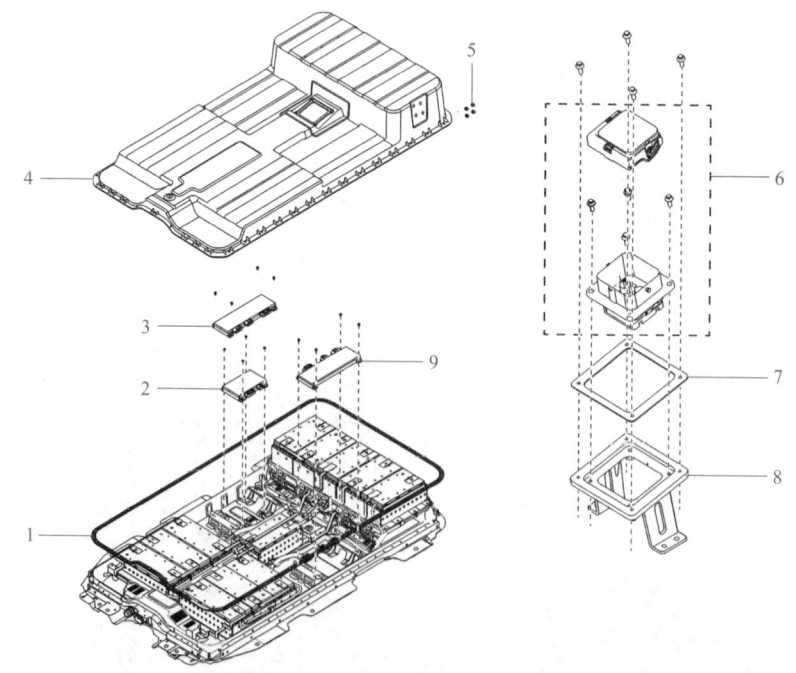

图 3-2-5 动力电池系统结构和组成

1—密封条；2—电池管理系统主控板；3—电池管理系统 2 号从控板；4—上壳体本体；5—透气阀；6—手动维修开关；7—MSD 密封垫；8—MSD 固定铝板；9—电池管理系统 1 号从控板

(2)上壳体分总成

① BDU 子总成。集成接触器、分流器和熔断器用于保护和控制动力电池包的输出。

② 电池模组总成。电池模组总成通过将电能转化为化学能来存储能量;通过将化学能转化为电能为整车高压系统供电。

③ 手动维修开关带支架总成。手动维修开关通过其内置熔断器在高压系统短路时切断系统输出以保护电池系统;在车辆维修和装配时通过断开手动维修开关切断电池高压回路以确保维修人员的安全。

④ 密封条。密封条通过上下壳体压缩形变以确保上下壳体的密封性能。

(3)下壳体分总成

① 高压线束。连接电池模组和内部高压器件,传输高压电能。

② 低压线束。连接电池模组、高低压器件,用于传输信号和能量。

图解

上汽荣威 E50 纯电动汽车的动力电池:总电压范围是 232.5～334.8V,包含 5 个模块,其中 3 个大模块(27 串 3 并),2 个小模块(6 串 3 并)。电池共 93 个串联。动力电池系统包含如下所述部件,见图 3-2-6。

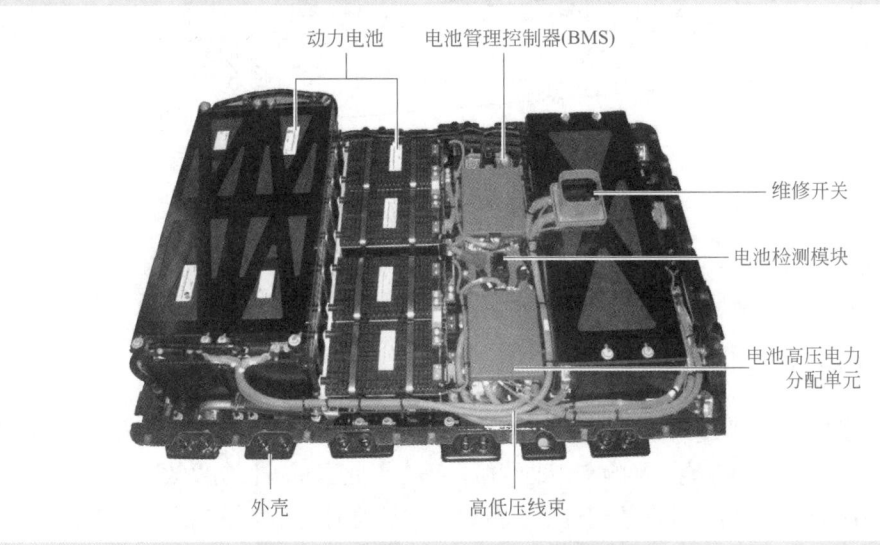

图 3-2-6　动力电池系统组成

① 高压电池包电池管理控制器。高压电池包电池管理控制器汇总内部控制器采集的电池信息,通过一定的控制策略,向整车控制器提供电池运行状态的信息,响应整车高压回路通断命令,实现对电池的充放电和热管理。

② 高压电池包电池高压电力分配单元。高压电池包电池高压电力分配单元通过不同高压继电器的通断,实现各个高压回路的通断。

③ 高压电池包电池检测模块。高压电池包电池检测模块实现电流检测和绝缘检测等功能。

④高压电池包电池采集和均衡模块。高压电池包电池采集和均衡模块实现电池电压和温度的采集，及电池均衡功能。每个大模块由2个电池采集和均衡模块管理，每个小模块由1个电池采集和均衡模块管理。

⑤高低压线束及接插件。

⑥冷却系统附件，包括冷却板和冷却管路等。

（3）动力电池外部连接　升起车辆，便可看见如图3-2-7所示的动力电池外部插接件或接口。

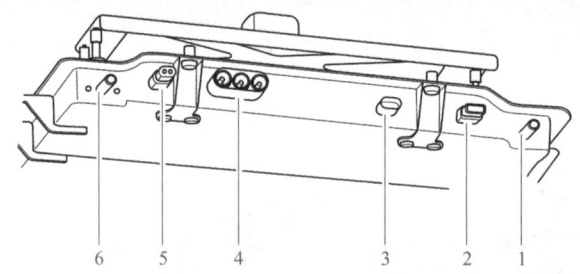

图3-2-7　动力电池系统组成

1—冷却水管入口；2—低压接插件（整车低压接插件）；3—低压接插件（充电低压接插件）；4—高压接插件（整车快充接插件）；5—高压接插件（车载充电接插件）；6—冷却水管出口

3.2.2　维修操作

（1）动力电池维护　即使停放不使用车辆，动力电池也会缓慢自放电。动力电池电量低会缩短动力电池的使用寿命和性能，影响车辆的续航里程。因此当车辆长期停放时，动力电池的电量应保持在30%～50%。当连续停放超过1个月时，建议每月对动力电池进行一次充放电，否则会因缺电而降低动力电池的性能。

动力电池使用寿命也会受到环境温度的影响。当环境温度较低时，车辆的续航里程会减少或需要更长的充电时间。

> **维修提示**
>
> 进行充电时，建议充电工作环境温度：0～45℃。工作环境温度低于0℃时，充电时间将会延长。
>
> 长期停车在高温或严寒的环境中，会加速动力电池损耗。

（2）维修开关拆卸

① 打开前机舱盖。

② 断开蓄电池负极电缆。

③ 拆卸维修开关：

a. 打开副仪表储物盒盖板。

b. 拆卸副仪表板储物盒。

图解

c. 见图 3-2-8，拇指按住维修开关把手卡扣，其余手指按住把手，垂直拔出维修开关插头。

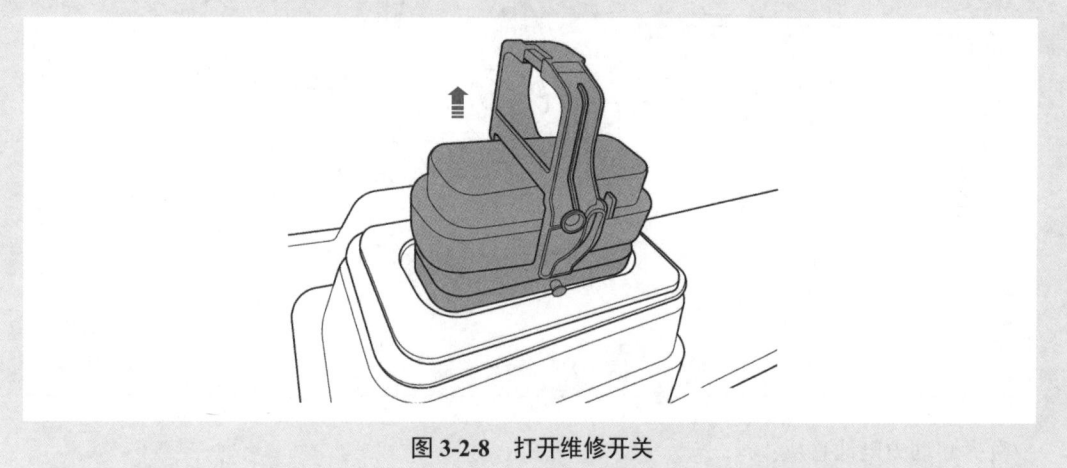

图 3-2-8　打开维修开关

d. 关闭副仪表储物盒盖板。

维修提示

注意：防止异物落入维修开关插座造成维修开关短路。

（3）维修开关安装

① 安装维修开关：

a. 打开副仪表储物盒盖板。

b. 连接维修开关。

c. 安装副仪表板储物盒。

d. 关闭副仪表储物盒盖板。

② 连接蓄电池负极。

③ 关闭前机舱盖。

（4）动力电池总成更换

1）拆卸程序：

① 打开前机舱盖。

② 断开蓄电池负极电缆。

③ 拆卸维修开关。

④ 支撑动力电池总成：

图解

将车辆用举升机升起,见图 3-2-9。
置入平台车,使用平台车支撑动力电池总成。

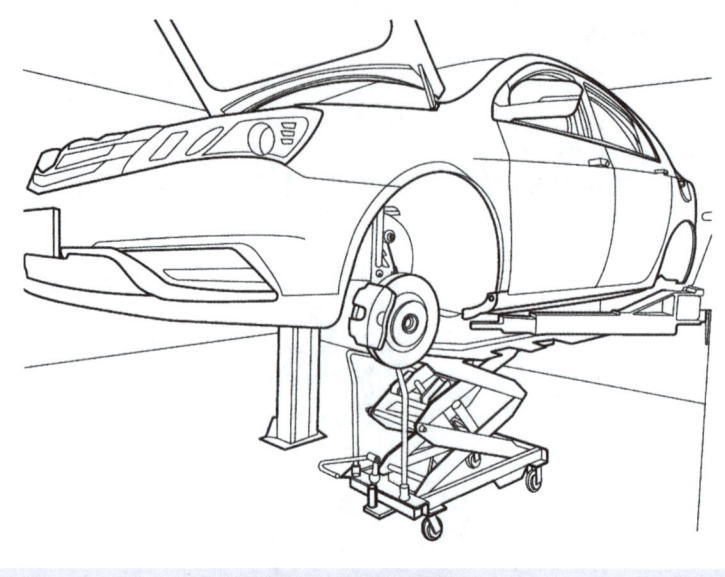

图 3-2-9 举起车辆

⑤拆卸动力电池总成:

图解

见图 3-2-10,断开动力电池的 2 个高压线束连接器 3;
断开动力电池与前机舱线束的 2 个线束连接器 2;
拆卸动力电池搭铁线固定螺母,断开动力电池搭铁线 1。

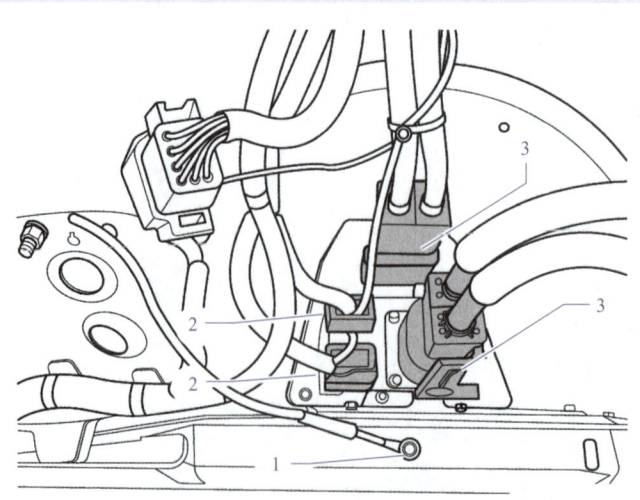

图 3-2-10 拆卸动力电池总成(一)

图解

见图 3-2-11，拆卸动力电池总成后部固定螺栓。

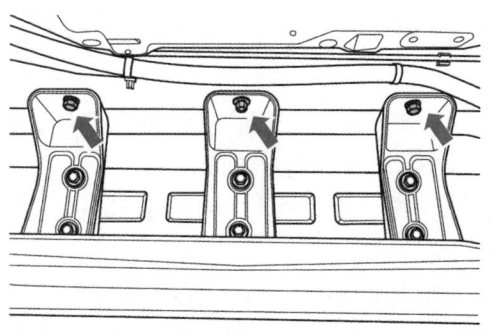

图 3-2-11　拆卸动力电池总成（二）

图解

见图 3-2-12，拆卸动力电池总成前部 2 个固定螺栓 1；

拆卸动力电池总成左右各 7 个固定螺栓 2；

缓慢下降平台车，取出动力电池总成。

注意：动力电池下降过程中平台车缓慢向前移动，可以避免动力电池与后悬架的干涉。

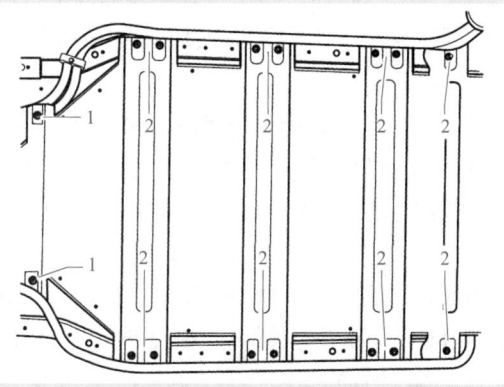

图 3-2-12　拆卸动力电池总成（三）

2）安装程序：

① 安装动力电池总成：

缓慢举升平台车，调整平台车位置，使动力电池总成上的安装孔与车身对齐。

维修提示

注意，动力电池上升过程中降举升平台缓慢向后移动，可以避免动力电池与车身的干涉。

安装并紧固动力电池总成后部固定螺栓。
安装并紧固动力电池总成前部固定螺栓。
安装并紧固动力电池总成左右固定螺栓。
安装动力电池搭铁线，紧固动力电池搭铁线固定螺母。
连接动力电池与前机舱线束连接器。
连接动力电池的高压线束连接器。

维修提示

注意，插接时注意"一插、二响、三确认"。

② 安装动力电池维修开关。

③ 连接蓄电池负极。

④ 关闭前机舱盖。

(5) 动力蓄电池特性导致的车辆性能差异　由于电池自身化学特性，车辆的性能在不同情况下存在一定差异：

① 动力电池在高电量下，整车回馈性能会减弱，当电量降低后就会增强。

② 动力电池在低电量下，整车加速性能会减弱。

③ 动力电池在高温或者低温下，充放电能力都会有所减弱。极端温度和低电量下，可能会出现加速无力、动力不足的情况。

④ 动力电池在低温下，可用电量会有所减少，且可用电量会随着温度的降低而减少。

因此，建议在电池温度 -10 ~ 40℃之间使用车辆；当电量低时，为保证足够的续驶里程和良好的加速性能，应及时充电。

(6) 动力电池续航影响　在动力电池正常情况下，车辆的续驶里程受如下因素影响：

① 驾驶习惯。例如，频繁加减速的续驶里程比匀速行驶的短，高速行驶的续驶里程比低速行驶的短。

② 路况。例如，路况颠簸或上大长坡的续驶里程会比平坦干燥路面的短。

③ 气温。低温环境下续驶里程会比常温环境短。

④ 用电设备的使用情况。例如，车辆使用过程中空调开启时的续驶里程会比空调关闭时的短。

因此，建议使用车辆时避免频繁急加/急减速，选择平坦干燥路面行驶，必要时，关闭空调等大功率用电设备或者调整制冷/制热的温度，以减小大功率用电设备消耗的电量，增加续驶里程。

(7) 动力电池使用

① 动力电池在高温或低温下充电功率会有所降低，充电时间变长，这属于正常现象，此时建议采用大功率充电桩或专业充电柜以便快速充电。

② 车辆在高电量下停放在低温环境中充电，由于电池化学特性，可能出现 SOC 跳变到 100% 的现象。

③ 动力电池在充电至高电量时会切换至涓流充电模式，末端充电时间加长，仪表显示的预估充电时间会有偏差。

④ 在行车过程中若动力电池温度过高，动力电池的充放电能力会逐步降低，以便电池降温，这属于正常现象。如果电池温度持续上升，仪表会点亮电池过热灯，此时请停止车辆，直到电池过热灯熄灭。如果电池过热灯长时间不熄灭或经常性点亮，需进行检修。

⑤ 首次使用车辆或长时间停放后使用车辆，仪表显示的 SOC 可能存在偏差，建议首次使用或长时间停放后使用时先对车辆进行一次满充校准 SOC。

⑥ 为了使动力电池处于最佳状态，请定期使用充电设备为动力电池充满电（建议每周至少一次满充）。

> **维修提示**
>
> ① 为保证动力电池安全，车辆应远离易燃、易爆物品，远离火源及各种危化品。
>
> ② 电池的可用电量会随着车辆使用时间的增加而有所减少。

③ 车辆充电及停放时应远离热源，避免阳光长时间暴晒，否则会降低动力电池的使用寿命。

④ 为了保证长期的性能，应避免把车辆持续暴露在温度大于60℃或小于-30℃的环境中超过24小时。

⑤ 车辆长时间不使用时，应保持电池电量在40%～60%，否则会降低动力电池的使用寿命。超过3个月不使用的，必须每隔3个月对动力电池进行满充后再进行放电至40%～60%，否则可能引起动力电池过放，降低电池性能，甚至损坏电池，由此导致的车辆故障及损坏，将无法进行质保。

⑥ 大电流充放电会降低动力电池的使用寿命，建议使用小功率充电装置进行充电，尽量避免对车辆进行急加速、急减速操作。

3.2.3 故障点

（1）动力电池本身故障　当故障指向动力电池时，必须排查动力电池自身（电池包）有无故障。如果判断是动力电池本身故障，则需要联系厂家更换。动力电池系统故障检修一般故障判断流程如图3-2-13所示。

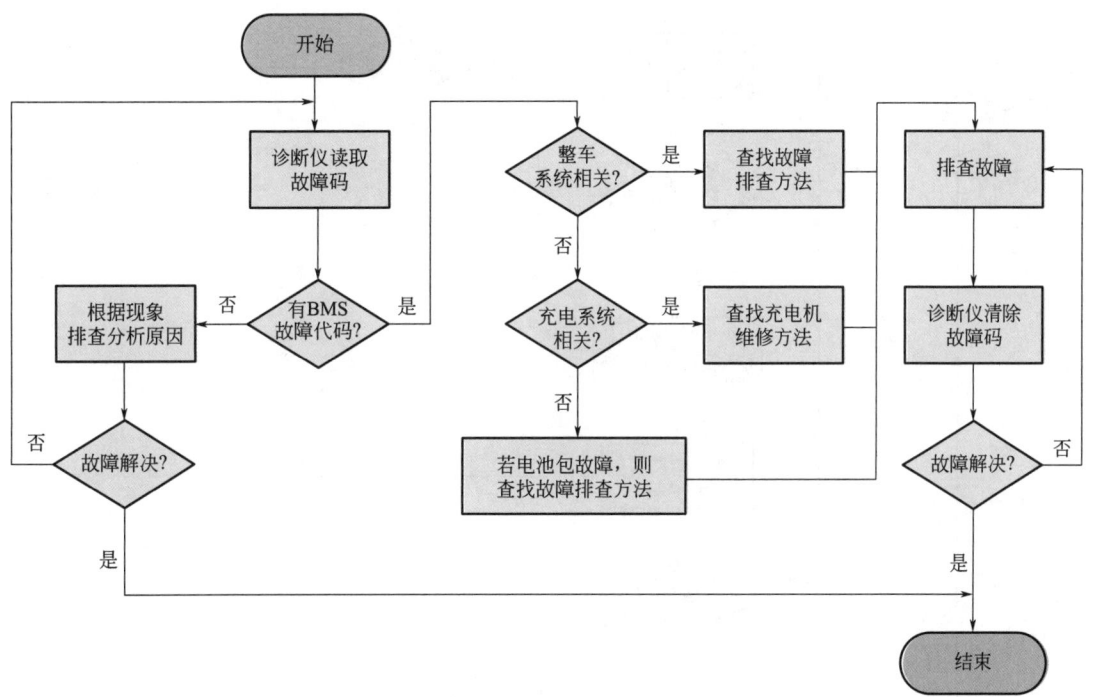

图 3-2-13　动力电池故障检修框图

维修提示

注意，在排查故障时，如需更换BMS，请在更换完电池后将车辆充至满电，以保证初始动力电池剩余电量SOC的准确性。

（2）整车充放电环路互锁异常

① 高压互锁。车载充电机被动地接入到高压互锁回路中，高压直流输出接插件提供高压互锁信号，由信号接插件引出到整车端进行检测。如果高压互锁回路被中断或者高压连接器被移走，高压保护将消失。高压互锁信号由整车控制系统产生和计算。

② 故障分析。整车放电环路互锁故障将导致车辆不能启动（READY），或行车过程中高压断开。由于高压互锁信号由整车控制输出，应先确定整车控制器 VMS 有没有禁止该信号的故障。检修框图见图 3-2-14。

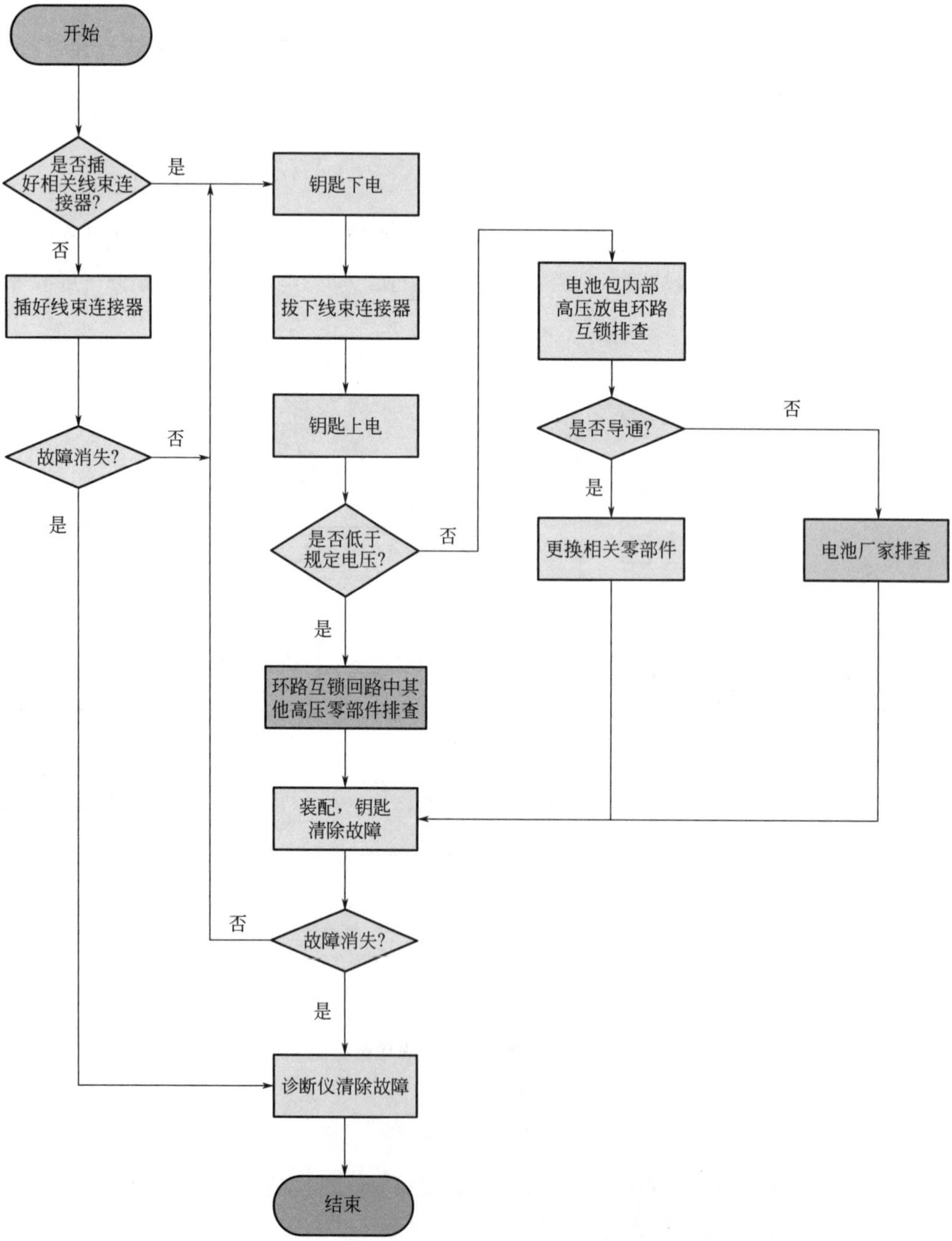

图 3-2-14　整车放电环路互锁异常检修框图

整车充电环路互锁异常时，如果显示故障码 P1B88，那么该故障将导致车辆不能充电。诊断流程见图 3-2-15。

动力电池控制模块通过监测高压回路之间，以及与车身、低压系统之间的电阻来判断是否存在高压绝缘失效。一旦高压绝缘监测失败将切断高压，并设置故障码，防止人员触电。

高压互锁回路是由电池包控制模块监测的一个低压封闭回路，用于防止人员意外接触高压电。高压互锁部件主要包括电池包模块、14V 辅助电池模块、电机控制模块、驱动电机、高压加热器模块、高压空调压缩机、高压配电盒、手动维修开关（MSD）。在一些高压部件上，安装了与车身搭铁相连的等电位线，当高压部件壳体发生漏电时能够使高压电相对车身搭铁在同一电位而不形成电位差，从而起到防止触电的作用。

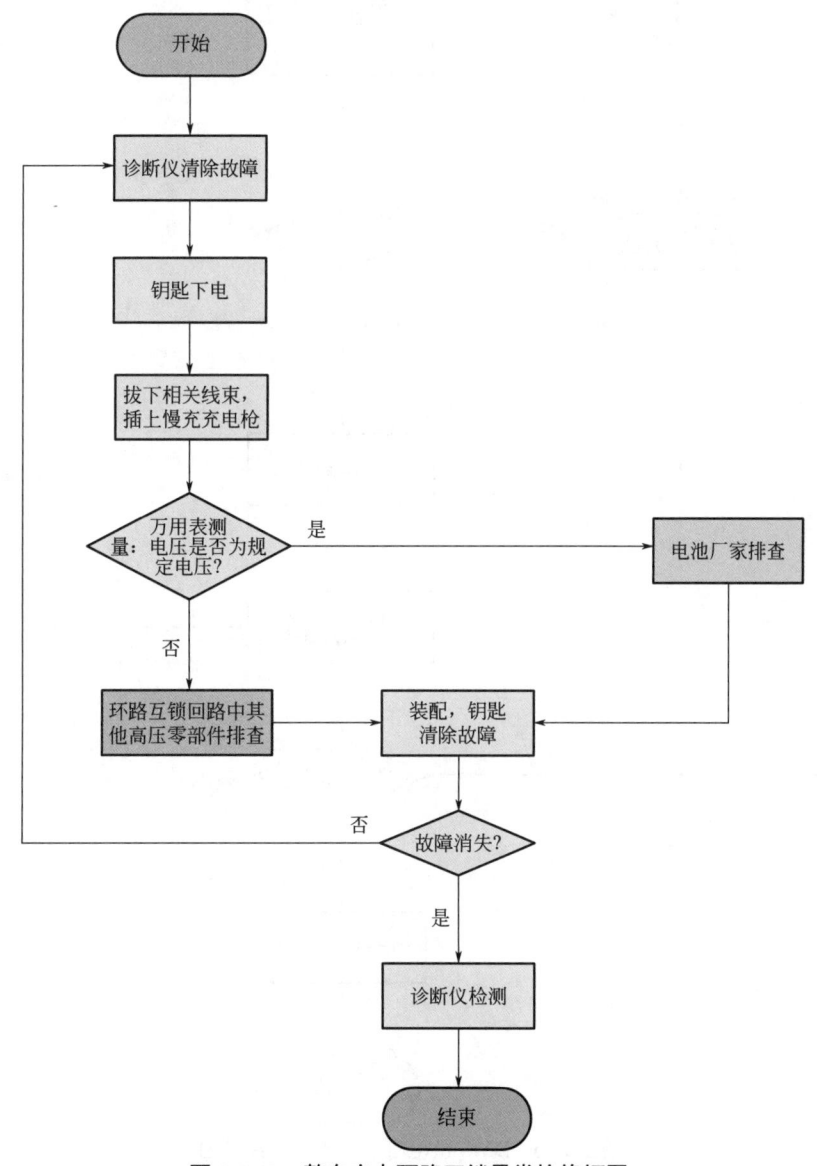

图 3-2-15　整车充电环路互锁异常检修框图

（3）BMS 供电电源电压高　BMS 供电电源电压高的检修流程见图 3-2-16。

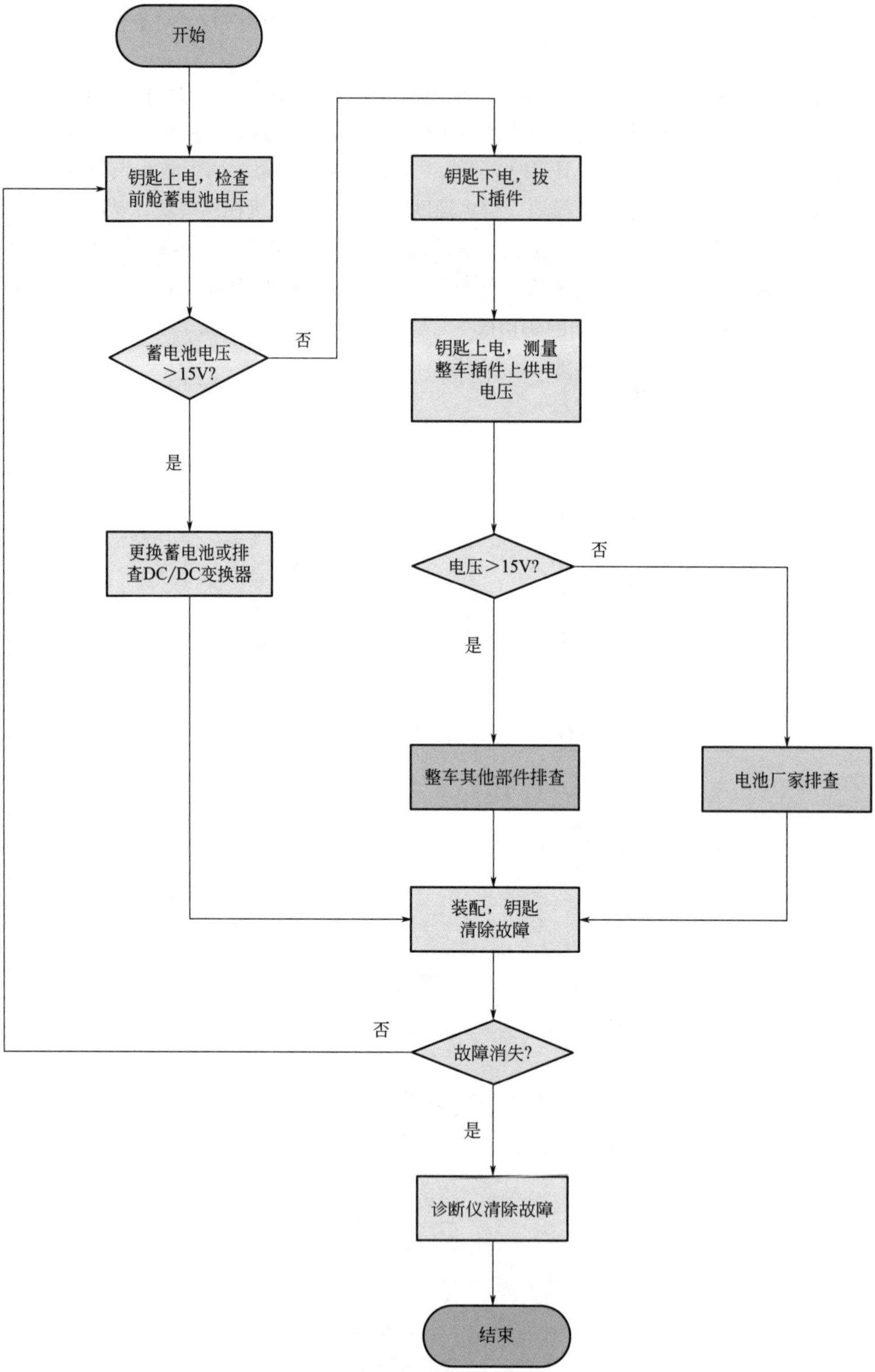

图 3-2-16　BMS 供电电源电压高检修框图

（4）BMS 供电电源电压低　BMS 供电电源电压低的检修流程见图 3-2-17。

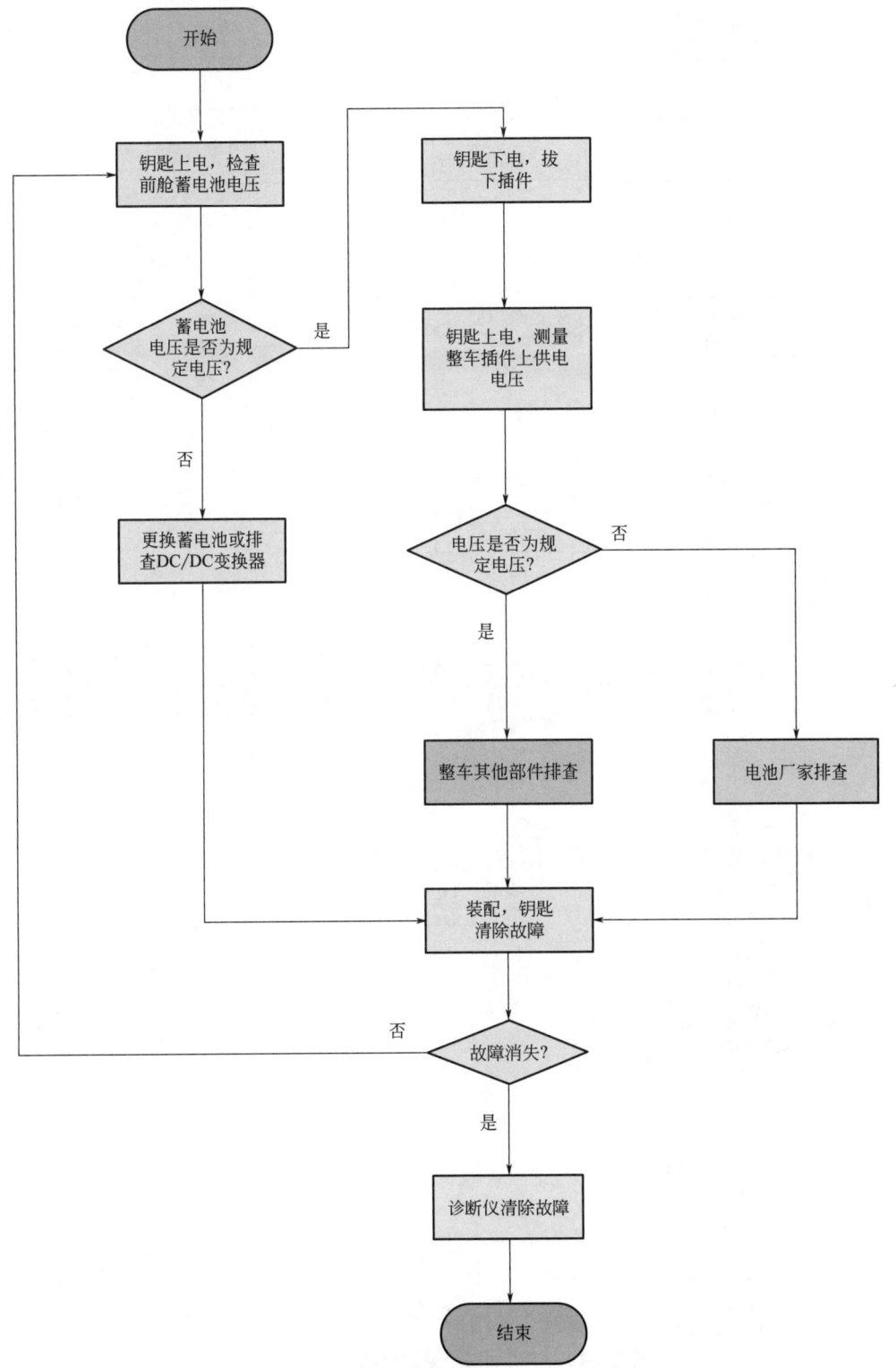

图 3-2-17　BMS 供电电源电压低检修框图

（5）放电回路严重漏电　放电回路严重漏电故障检修流程见图 3-2-18。

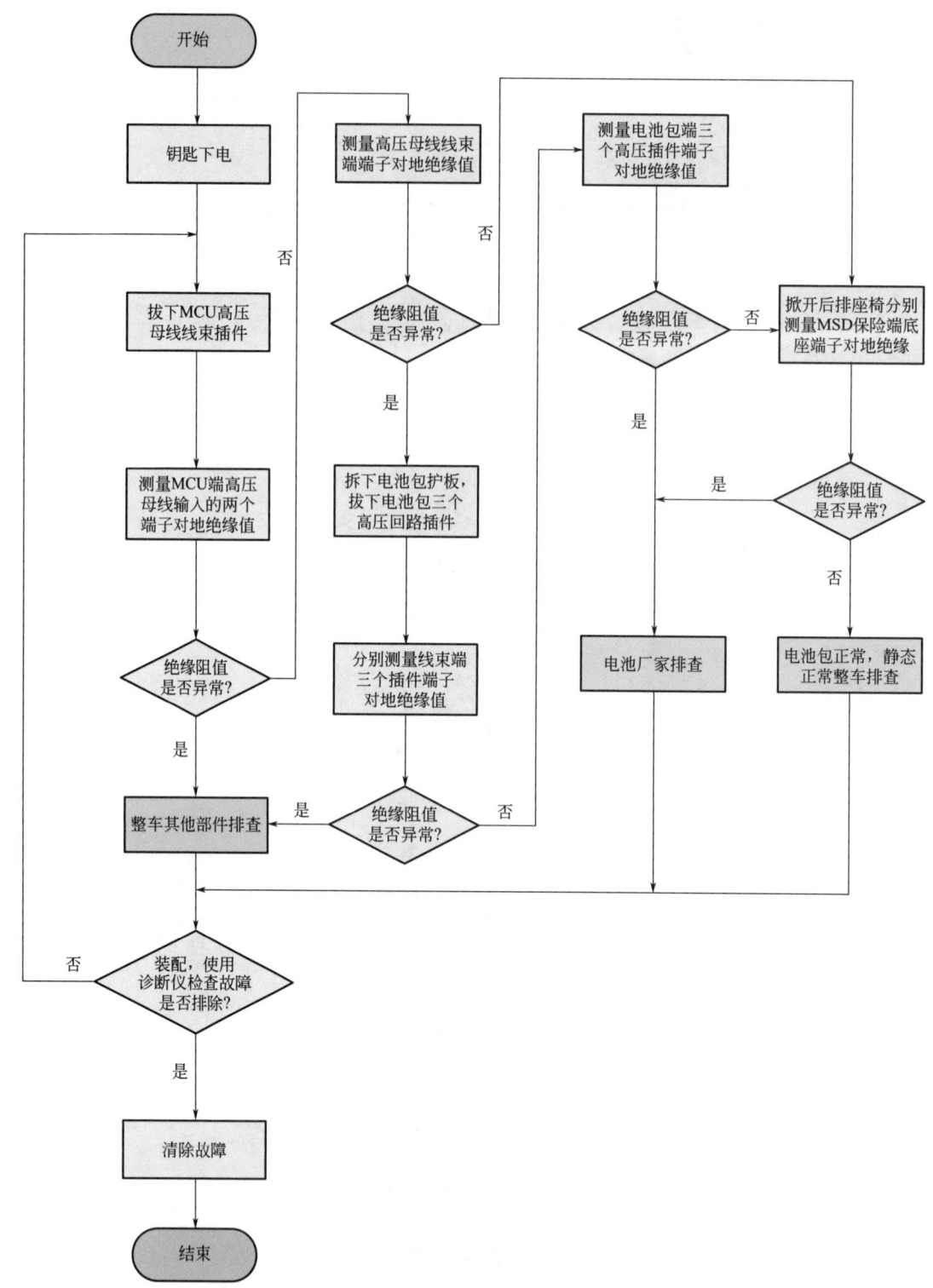

图 3-2-18 放电回路严重漏电故障检修框图

（6）BMS 与 VMS 通信异常　BMS 和 VMS 通信异常的原因一般有 VMS 到 BMS CAN 线束故障、VMS 故障和 BMS 故障。BMS 与 VMS 通信异常检修流程见图 3-2-19。

（7）BMS 与 CM 通信异常　BMS 和 CM 通信异常的原因一般有 CM 到 BMS CAN 线束故障、CM 故障和 BMS 故障。BMS 与 CM 通信异常检修流程见图 3-2-20。

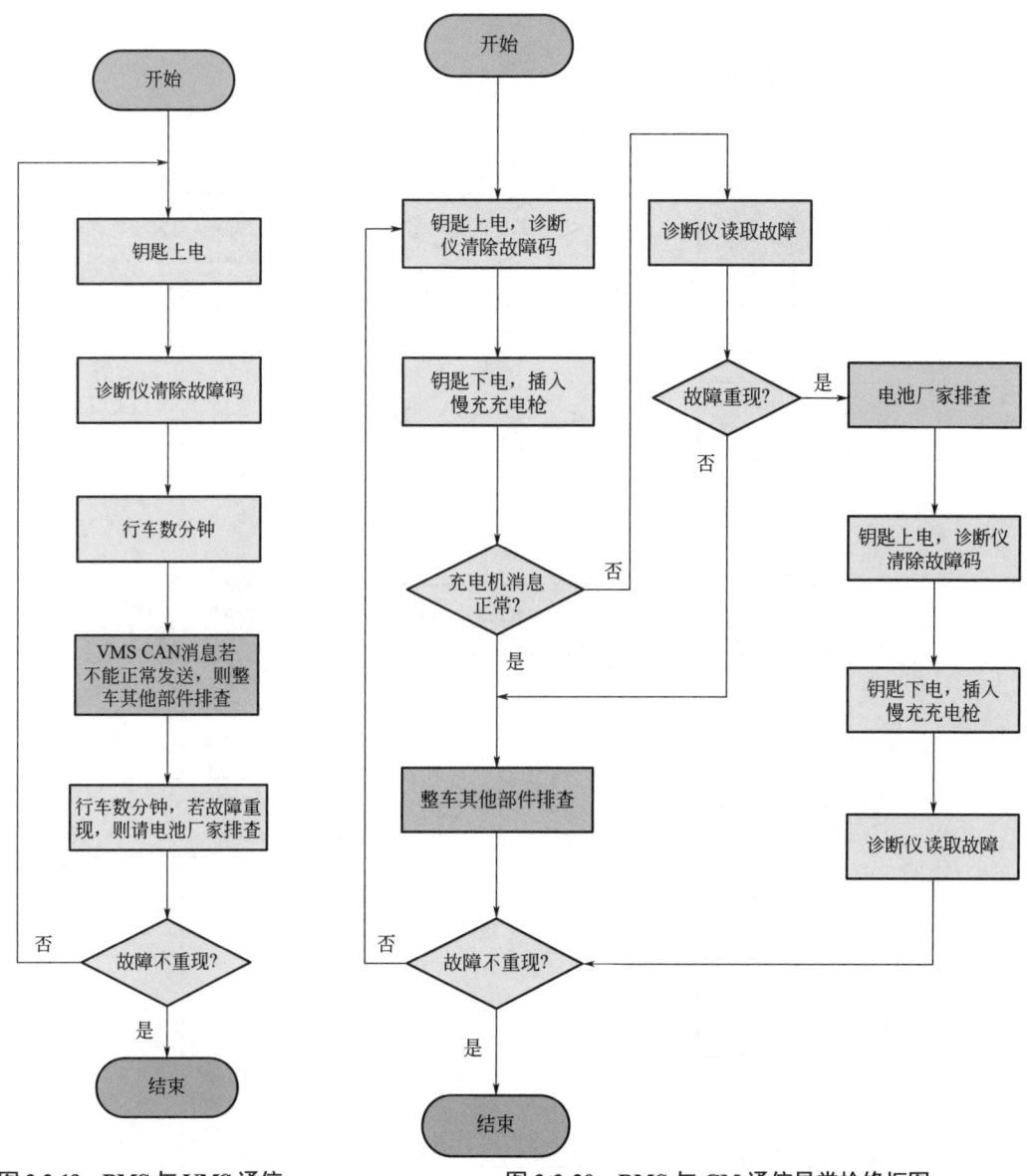

图 3-2-19　BMS 与 VMS 通信异常检修框图

图 3-2-20　BMS 与 CM 通信异常检修框图

（8）BMS 与快充设备通信异常　BMS 和快充设备通信异常的原因一般有 FCM 到 BMS CAN 线束故障、FCM 故障、BMS 故障，以及 FCM 与 BMS 快充协议不兼容。BMS 与快充设备通信异常检修流程见图 3-2-21。

（9）车载充电 CP 信号异常　车载充电 CP 信号异常一般有以下原因：

① 缆上控制盒故障；

② 整车线束故障；

③ 电池系统内部线束故障；
④ BMS 故障。

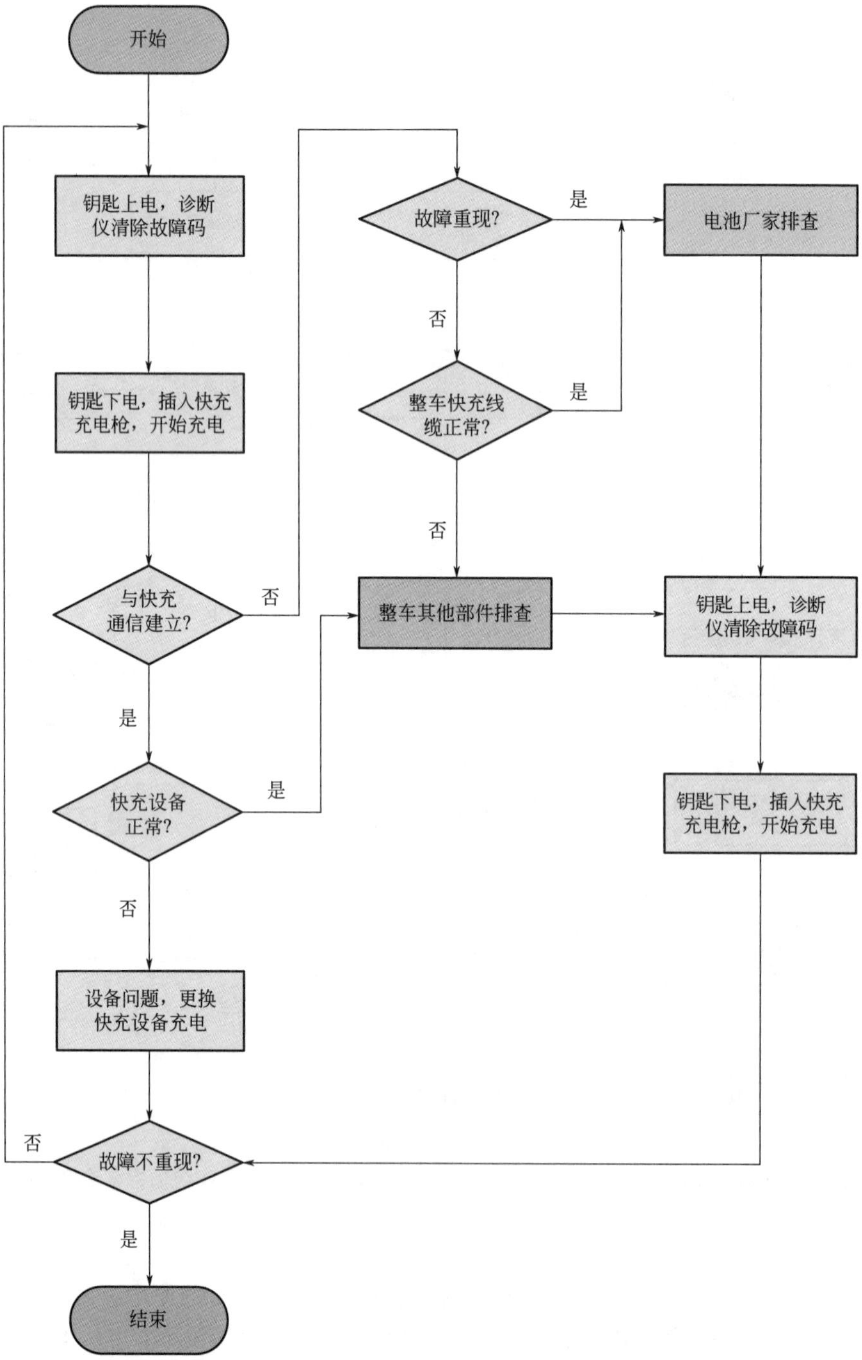

图 3-2-21　BMS 与快充设备通信异常检修框图

确定缆上控制盒及整车线束正常后，应由电池供应商排查是否存在 BMS 故障或电池系统内部线束故障。车载充电 CP 信号异常检修流程见图 3-2-22。

（10）总线过流故障　高压母线电流超过一定阈值，出现总线过流故障时，电池故障灯点亮，电池输出功率下降或充电功率下降。这种故障分三种情况：

① 整车真实过流；

② BMS 采样故障；

③ 电池包内部短路。

当在快充过程中出现过流，排除快充设备无故障时，如果快充显示的电流也为 125A 左右，可能是电池内部短路。

如果是在行车过程中真实过流，则故障属于整车控制软件失效，无法维修。如果是 BMS 采样故障或内部短路，则需要更换 BMS 或电流传感器。检修流程见图 3-2-23。

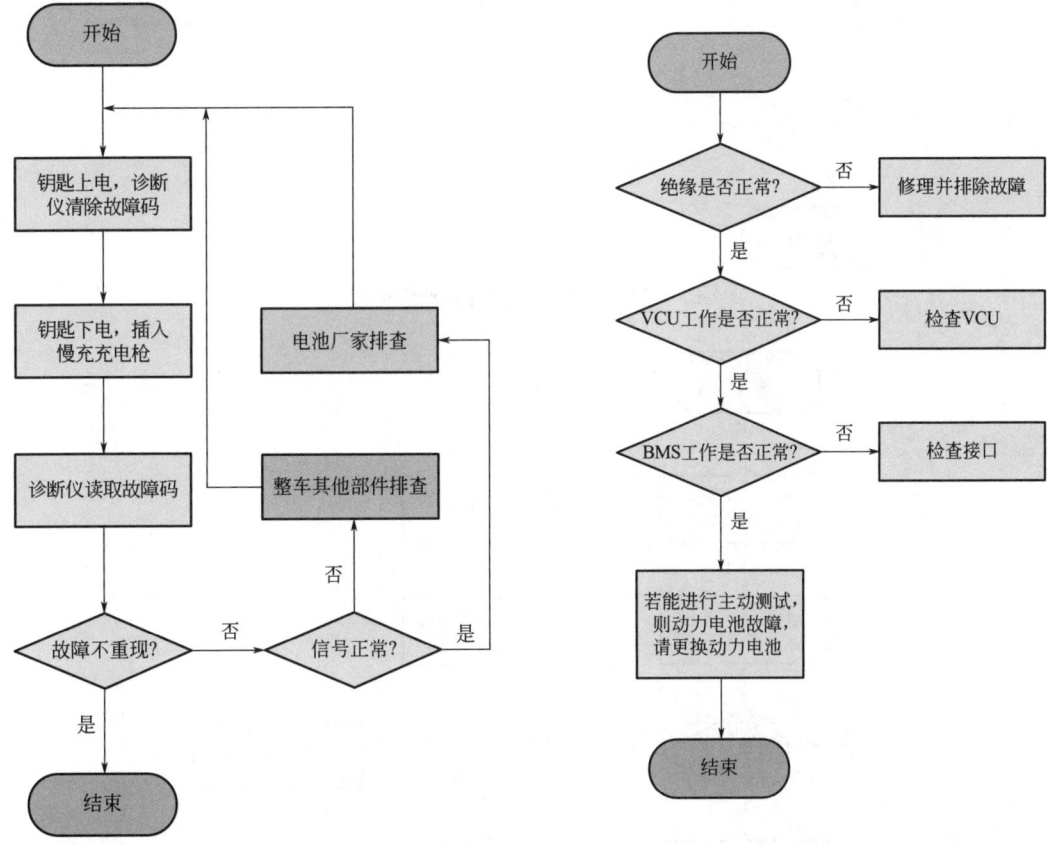

图 3-2-22　车载充电 CP 信号异常检修框图　　　图 3-2-23　总线过流故障检修框图

（11）动力电池风扇故障　动力电池风扇故障由风扇本体的原因、风扇继电器故障，或者 BMS 故障导致。动力电池风扇故障检修流程见图 3-2-24。

（12）电池加热故障　电池单次加热时间过长和加热器操作电压故障的原因是动力电池内部故障或充电机故障。

只有在温度低时充电，才有可能发生此故障。如果排查时温度高于 0℃，则可以先清除故障码，看是否有低温情况。如果温度低，可按照图 3-2-25 所示检修流程进行故障确定。

（13）剩余电量 SOC 过低　剩余电量 SOC 过低时，如果 BMS 正常报警，给电动车进行充电即可解决。

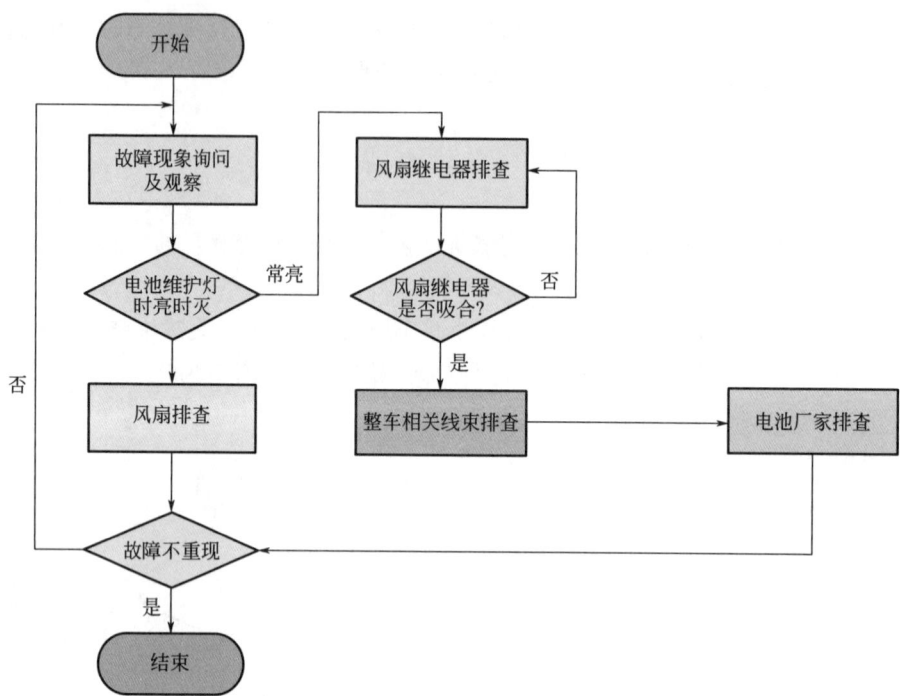

图 3-2-24　电池包风扇异常检修框图

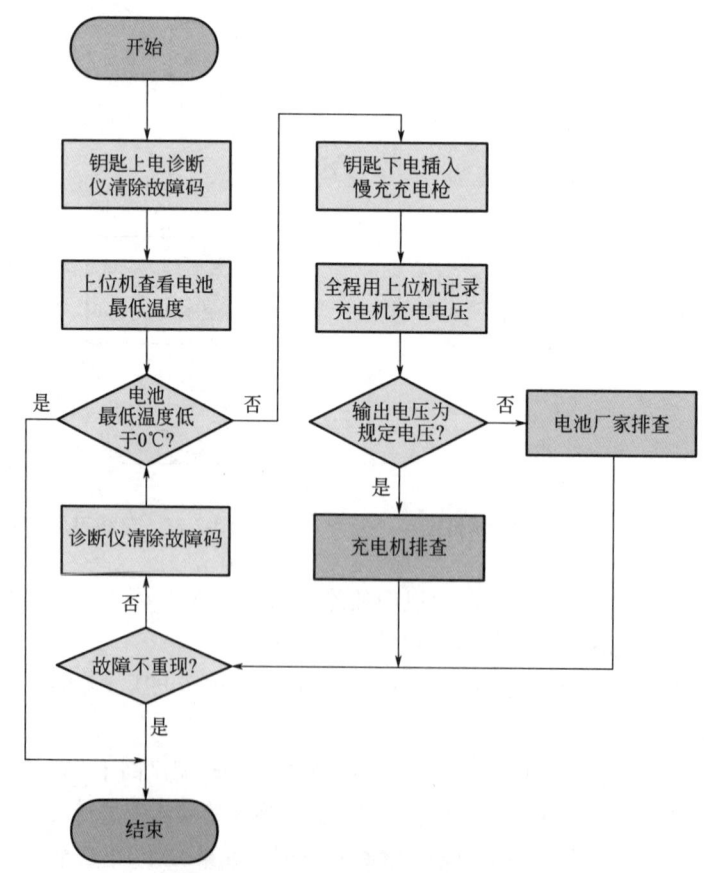

图 3-2-25　电池加热故障检修框图

（14）充电机未检测到动力电池或电池电压过低 充电机未检测到动力电池或电池电压过低的原因有以下几点。检修流程见图 3-2-26。

① 充电机内部到充电机高压输出插件通路断开；
② 充电机内部问题；
③ 慢充保险丝烧断；
④ 动力电池包内部问题。

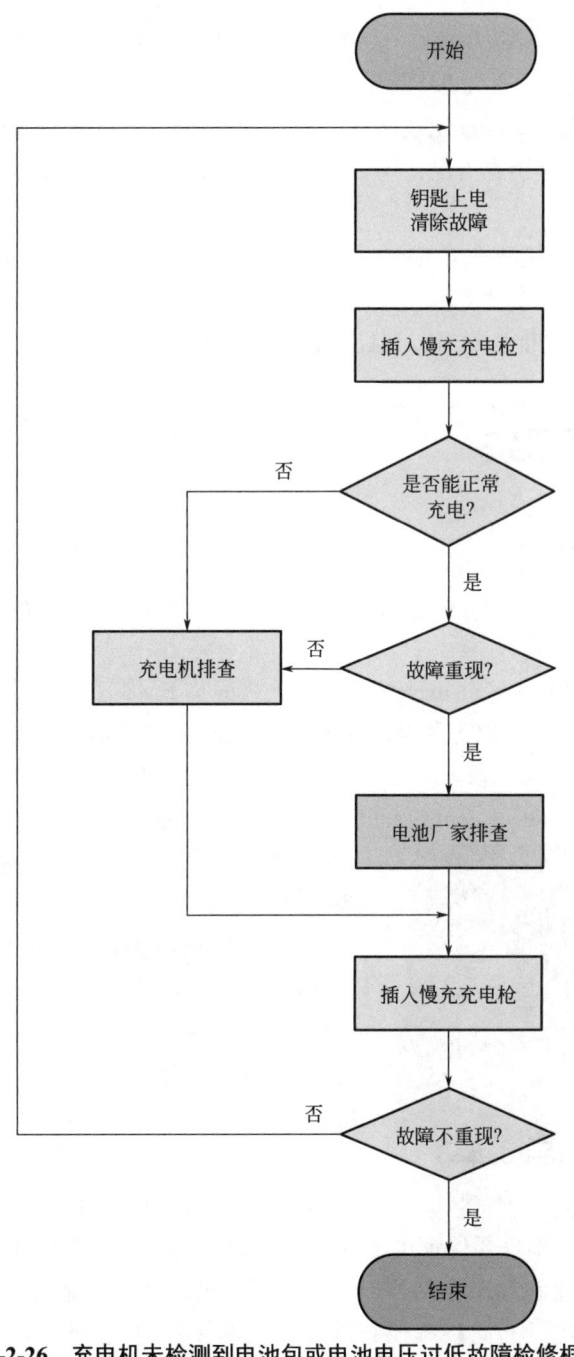

图 3-2-26 充电机未检测到电池包或电池电压过低故障检修框图

(15) 电池单体温度异常

① 非充电状态电池单体低温故障。这种情况是外界温度过低，从而导致电池单体最低温度低于-25℃，通常不需要进行维修。

② 非充电状态电池单体高温故障。外界温度过高或车辆持续大功率充放电，导致整车放电限制功率，通常无需维修。可以查看所有温度传感器温度值。

③ 车载充电状态电池单体低温故障。这种情况也是外界温度过低，导致电池单体最低温度低于0℃，BMS会自动进入加热模式，通常也不需要进行维修。

④ 充电状态电池单体高温故障。这种情况也是外界温度过高或车辆持续大功率充放电后再充电，导致整车不能充电，通常也不需要进行维修。

(16) 高压保险丝故障　首先判断和确定是MSD保险丝烧断还是慢充保险丝烧断，如果BMS电池包电压＜10V（钥匙上电，仪表上有显示电压），则为主保险丝烧断。如果主保险丝烧断则进行以下检修：

① 先排查MSD，判断两个端子之间是否导通，如不导通，保险丝已烧断，更换保险丝。

② 如MSD完好，再排查MSD与电池包MSD插座是否正常。

3.3　电池管理系统

3.3.1　基础知识

标准（GB/T 19596—2017《电动汽车术语》）的定义中，蓄电池管理系统和蓄电池控制单元是两个不同的内容。

蓄电池管理系统（battery management system，简称BMS），是用来监视蓄电池的状态（温度、电压、荷电状态等），可以为蓄电池提供通信、安全、电芯均衡及管理控制，并提供与应用设备通信接口的系统。

蓄电池控制单元（battery control unit，简称BCU），是用来控制、管理、检测或计算蓄电池系统的电和热相关的参数，并提供蓄电池系统和其它车辆控制器通信的电子装置。

在通常维修中或不同车型的厂家资料中，电池管理系统、蓄电池控制单元、蓄电池控制模块或蓄电池控制器，简称BMU、BMS，或BCU，一般情况下与蓄电池控制系统表达的是同一内容。电池管理系统（模块）见图3-3-1。

(1) BMS作用　电池管理系统BMS是电池保护和管理的核心部件，在动力电池系统中，它的作用

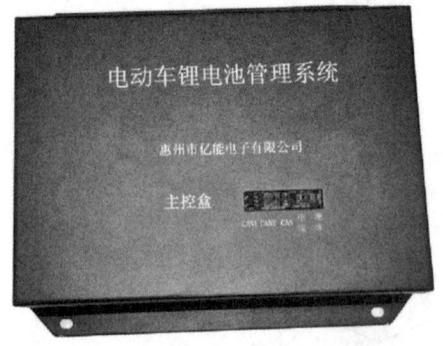

图3-3-1　电池管理系统（模块）

就相当于人的大脑。它不仅要保证电池安全可靠的使用，而且要充分发挥电池的能力和延长使用寿命。它作为电池和整车控制器以及驾驶者沟通的桥梁，通过与VCU的通信，来控制动力电池系统的充放电，并向整车控制器VCU（图3-3-2）上报动力电池系统的基本参数及故障信息。

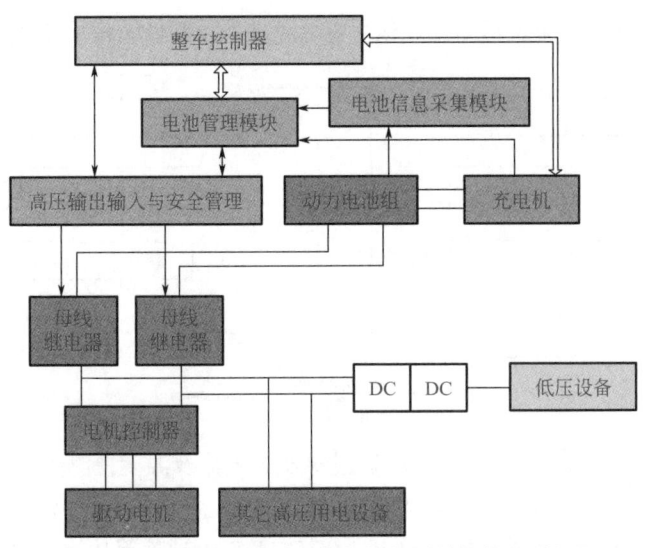

图 3-3-2　电池管理系统与整车控制系统拓扑关系框图

（2）BMS 组成　BMS 由主控板（BMU）、采集板（BIC）、高压板（HVM）组成。

① 主控板：

图解

见图 3-3-3，主控板根据 BIC 和 HVM 发送的信号，判断电池系统状态，根据不同状态发送不同的策略指令，保证电池系统安全运行。

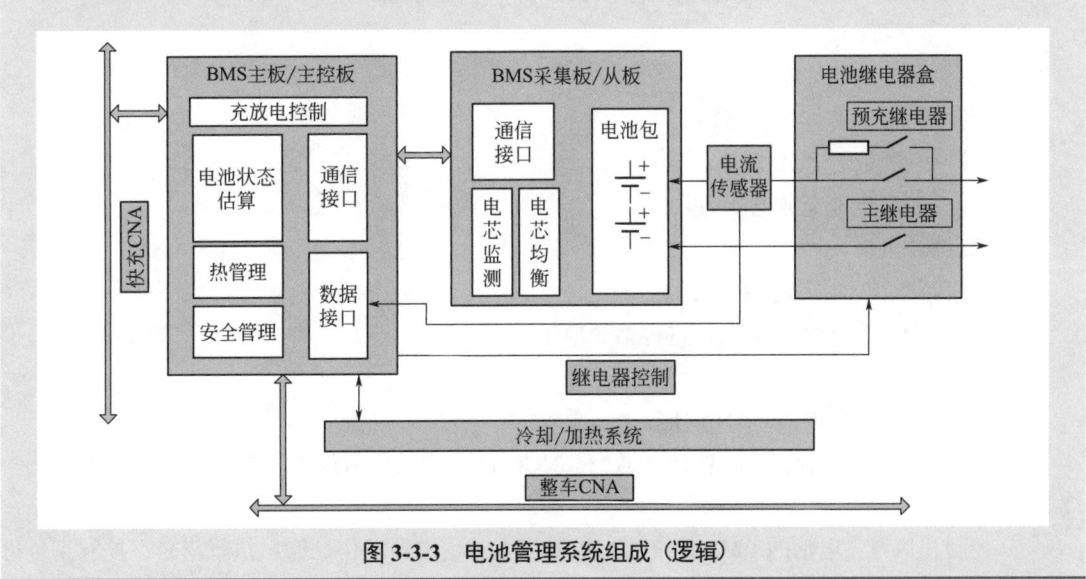

图 3-3-3　电池管理系统组成（逻辑）

② 采集板。采集板与温度、电压传感器连接，将采集来的信号通过低压通信线束传递给主控板。

温度电池热平衡管理系统是电池管理系统的有机组成部分，其功能是通过风扇等冷却系统和热电阻加热装置使电池温度处于正常工作温度范围内。

③ 高压板。高压板采集各继电器、预充电阻、电力传感器、高压系统绝缘性能、高压回路

的电压的信号，通过通信线束发送给主控板。电池管理系统软件结构见图 3-3-4。

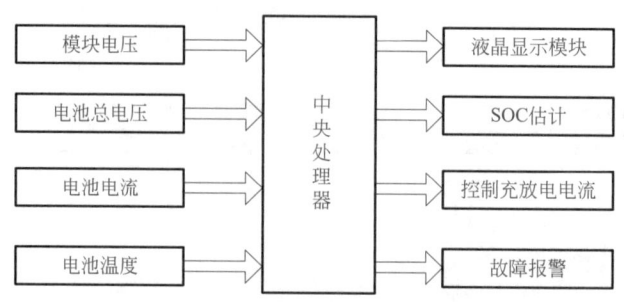

图 3-3-4 电池管理系统软件结构

（3）BMS 功能　电池管理系统 BMS 通过电压、电流及温度检测等功能实现对动力电池系统的过压、欠压、过流、过高温和过低温保护，以及继电器控制、SOC 估算、充放电管理、均衡控制、故障报警及处理、安全紧急救援 SOS、与其它控制器通信等功能；此外电池管理系统还具有高压回路绝缘检测功能。

① 检测和确定：

a. 检测每一个串联的电池模块的电压信息，从中确定出最低电压电芯和最高电压电芯。

b. 检测电池模组的温度。

c. 检测正负母线对地绝缘电阻。

d. 检测母线电流信息。

e. 检测正负母线继电器和预充电继电器吸合状态检测信息。

② 运算和判断：

a. 运算、判断电池绝缘安全。

b. 运算、判断电芯均衡状态。

c. 运算、判断电芯 SOC 状态。

d. 运算、判断电池充放电能力。

e. 计算续驶里程。

f. 计算和判断电池温度是否达标。

③ 处理：运算后做出后续操作进程指令给执行部分。

④ 通信：

a. 从控盒与主控盒内部 CAN 通信。

b. 主控盒与整车控制器 VCU CAN 通信。VCU 进一步与显示仪表、电机控制器、数据采集终端通信。

⑤ 控制和执行：电池的 BMS 最终通过控制板上的继电器动作，输出执行指令，控制正负母线继电器以及预充电继电器有序动作，达到总体控制要求。

3.3.2　维修操作

（1）集中式电池控制系统

① 拆卸：

a. 关闭点火开关，并取下钥匙。
b. 断开蓄电池负极和正极。
c. 拆卸手动维修开关。
d. 拆卸动力电池。
e. 拆卸电池包上壳体分总成。
f. 拆卸电池管理系统（控制盒）：
断开接插件；
拆下螺母；
拆下电池管理系统从控板。
② 安装：
a. 安装以与拆卸相反的顺序进行。
b. 安装电池包上壳体分总成前应对动力电池包做绝缘耐压测试。
c. 安装完成后应对动力电池包做气密性检测。
（2）分布式电池管理系统　分布式电池管理系统的电池信息采集器和BMS控制模块（盒）分布布局如下。

图解

比亚迪某款车BMS控制模块位于后备厢车身右C柱内板后段（图3-3-5），电池信息采集器分别位于动力电池包内部每个动力电池模组的前端。

动力电池采用分布式管理器，与集中式电池管理器相比，有很大的优势：结构更加优化，更具智能，线路简化布局更合理，等等。所以拆卸这样的BMS控制模块（盒）更加容易，但对于维修规则一定要注意，按照高压防护拆卸和安装。

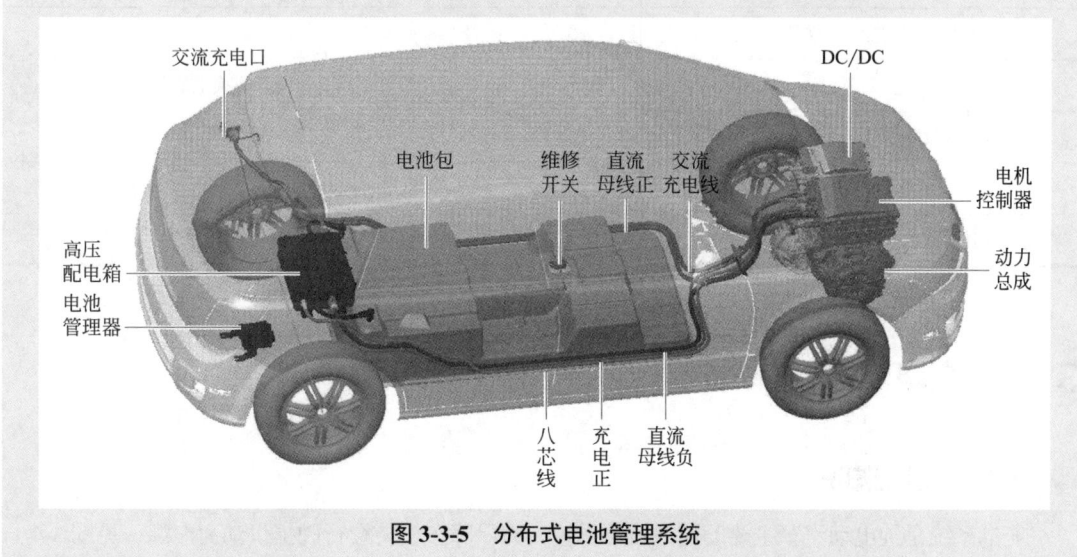

图 3-3-5　分布式电池管理系统

3.3.3 故障点

故障点见表3-3-1。

表 3-3-1 故障点

故障描述	故障部位（措施）
CSU 采样异常	电池包内部（重新上下电，若不恢复，则更换 CSU）
高压互锁断路故障	电池包内部（检查电池包内部高压线路哪里短接到电源）
高压互锁短路到电源故障	电池包内部（检查电池包内部高压线路哪里短接到地）
高压互锁短路到地故障	检查外部快充、主回路、MSD 高压回路断路压连接器插件和内外部高压线路
高压回路断路	
CSC 的 CAN 报文丢失	电池包内部（电池包内部通信异常，检测 CAN 通信）
CSC 采样线掉线或松动	电池包内部（检测 CSC 采样线松动或掉线）
SOC 不合理	电池包内部（根据详细 DTC 故障码结果处理，包括 CSC Wakeup 电流短路、CSC PCB 板载温度过高、均衡回路故障）
电池温度高于可操作温度的上限值	电池包内部（重新上下电）
电池温度低于可操作温度的下限值	
电池温度高于质保温度的上限值	
电池温度高于安全温度的上限值	
电池温度低于质保温度的下限值	
电池温度不合理（安全级别）	电池包内部（更换电池包）
电池老化：电池健康状态过低（告警级别）	电池包内部（电芯有老化，建议更换电池包）
电池老化：电池健康状态过低（故障级别）	
电芯电压严重不均衡（最严重）	电池包内部（电芯已严重不均衡，建议更换电池包）
电芯极限过压	
电压传感器故障	
温度传感器故障（严重）	电池包内部（更换 CSC 采样线或模组线或 CSC）
电机与 BMS 功率不匹配故障（无法充电）	检查充电机和 BMS，更换合适的充电机或 BMS

3.4 充电系统

3.4.1 基础知识

充电系统是纯电动汽车主要的能源补给系统，为保障车辆持续行驶提供动力能源，见图 3-4-1、图 3-4-2。根据动力电池的实时状态进行控制启动充电和停止充电，并根据动力电池的电量、温度控制充电电流的调节和动力电池加热。

充电系统充电方式分为快充和慢充两种。使用快充方式给电动汽车充电时，必须使用直流充电插座；使用慢充方式给电动汽车充电时，必须使用交流充电插座。

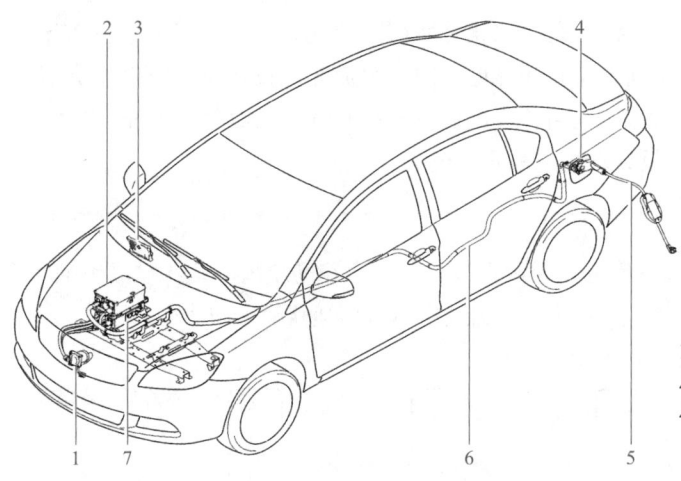

图 3-4-1 充电系统布局和零部件

1—直流充电插座总成；2—车载充电机总成；3—整车控制器；4—交流充电插座总成；5—充电电缆；6—慢充线束总成；7—高压配电盒

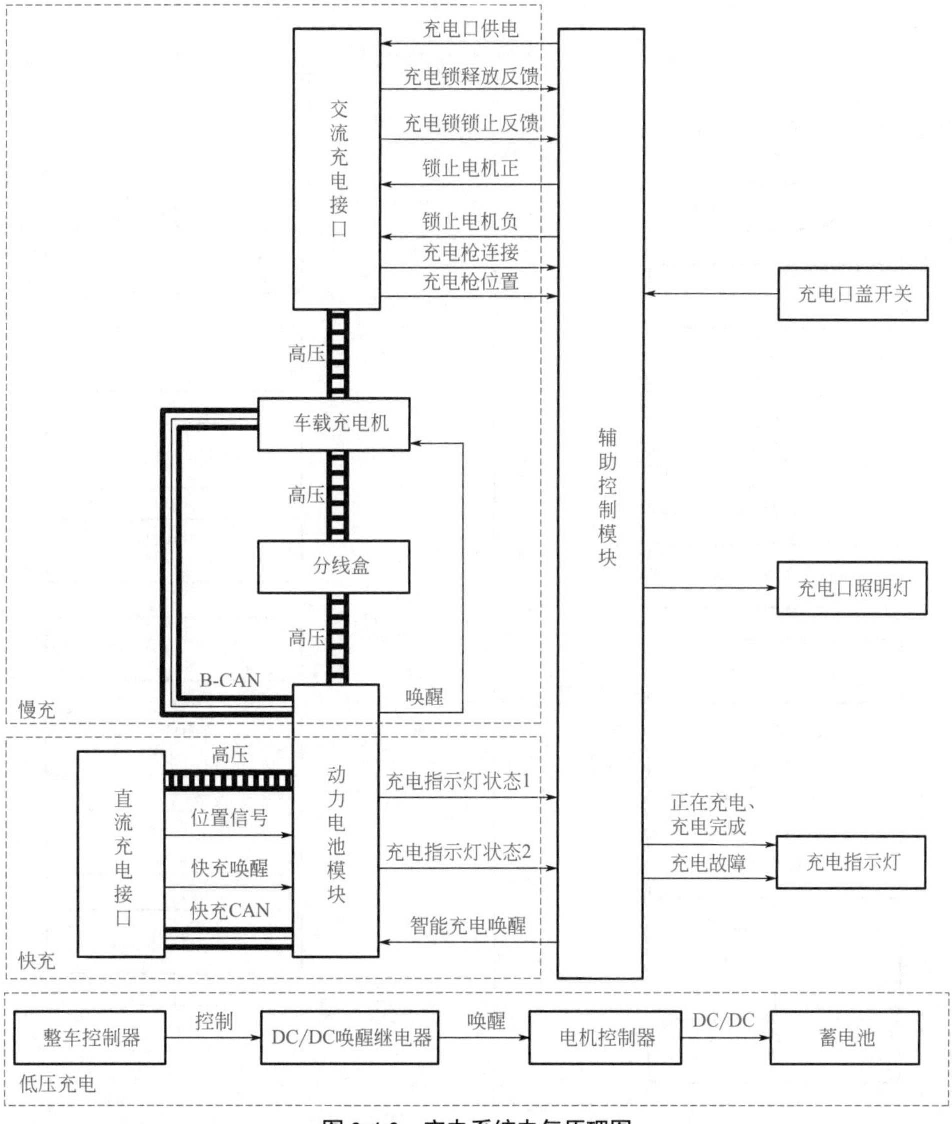

图 3-4-2 充电系统电气原理图

（1）直流高压充电（快充）　直流高压充电也就是所谓的快充，使用快充大概在 30min 可充电 80%。当直流充电设备接口连接到整车直流充电口时，直流充电设备发送充电唤醒信号给 BMS，BMS 根据动力电池的可充电功率，向直流充电设备发送充电电流指令。同时，BMS 吸合系统高压正极继电器和高压负极继电器，动力电池开始充电。

图解　电网中的电能被充电桩转换成直流电，经过直流充电插座和高压配电盒给动力电池包充电。快充具有充电时间短、充电电流大等特点。直流充电电能传递路径见图 3-4-3。

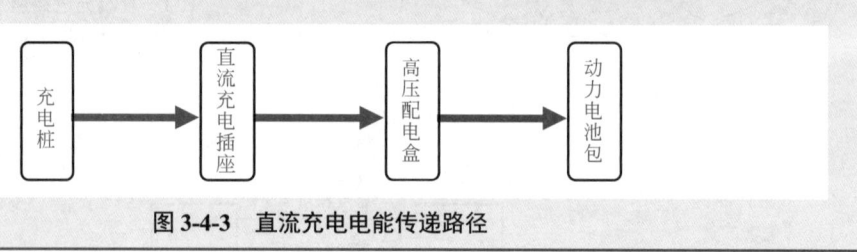

图 3-4-3　直流充电电能传递路径

快充充电流程见图 3-4-4。

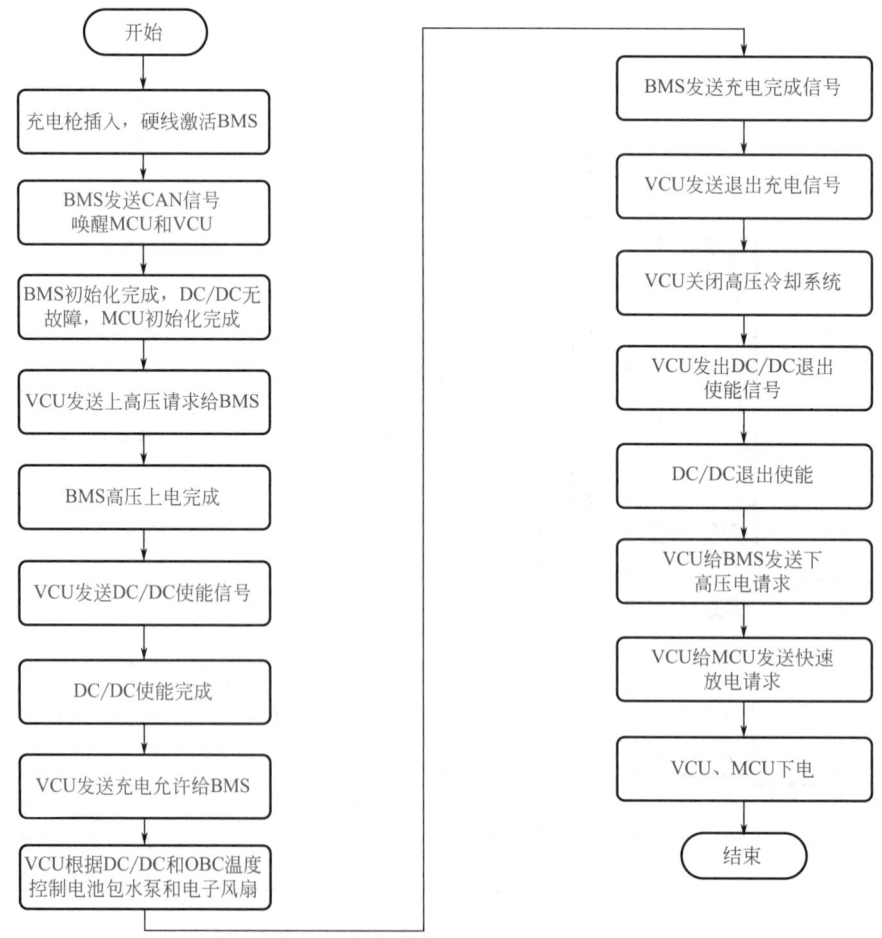

图 3-4-4　快充充电流程

（2）交流高压充电（慢充） 交流高压充电，也就是所谓的慢充。当车辆处于交流充电模式下时，ACM 检测交流充电接口的 CC、CP 信号（充电枪插入、导通信号）并唤醒 BMS，BMS 唤醒车载充电机并发送指令充电，同时闭合主继电器，动力电池开始充电。慢充的充电时间在 12 小时左右。

> **图解**
>
> 电网中的交流电，经过充电电缆传送到车载充电机，由车载充电机将交流电转换成直流电，最后经过高压配电盒给动力电池包充电。慢充具有充电时间较长、充电电流较小等特点。交流充电电能传递路径见图 3-4-5。

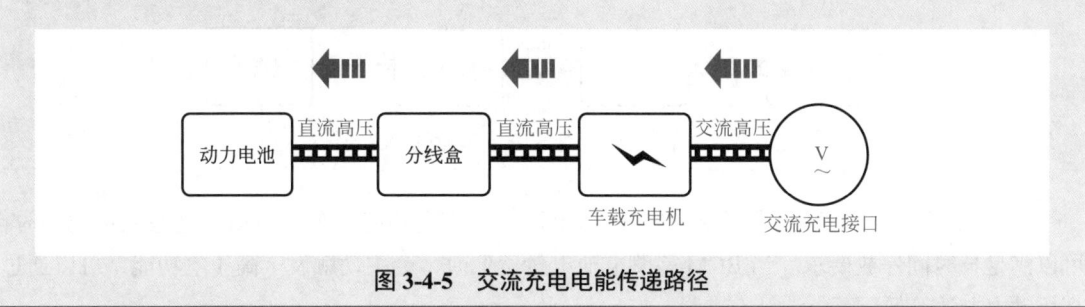

图 3-4-5　交流充电电能传递路径

慢充充电流程见图 3-4-6。

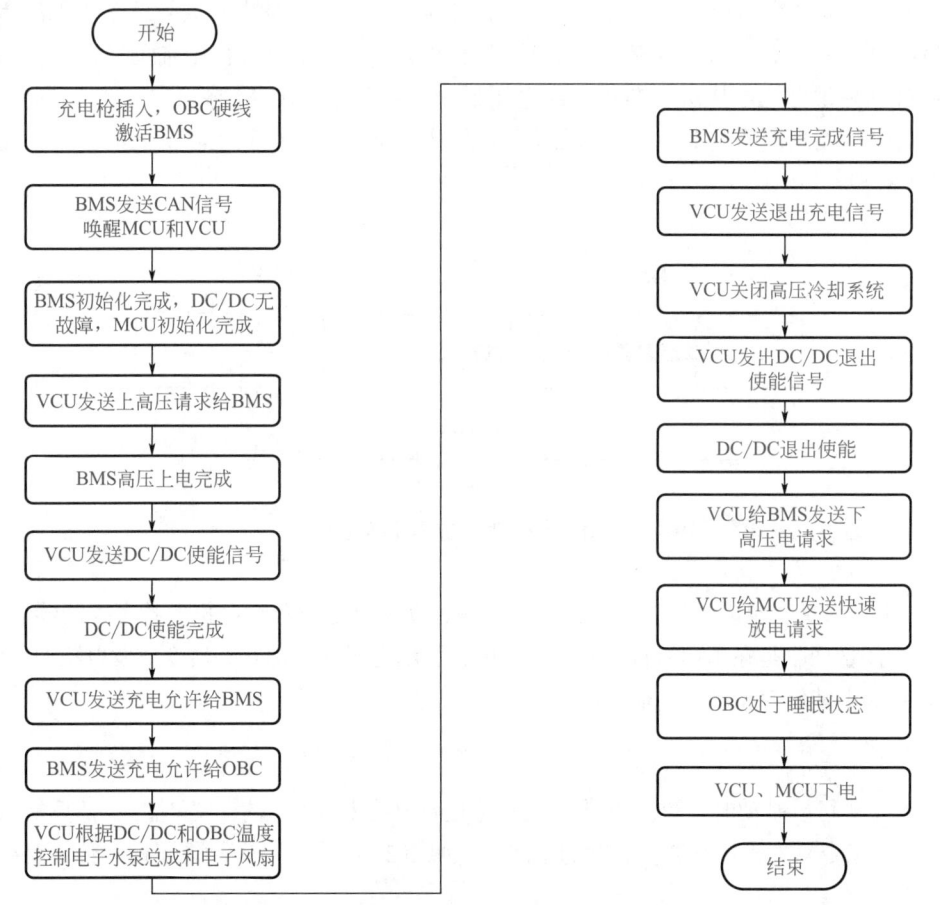

图 3-4-6　慢充充电流程

（3）低压充电

图解

低压充电系统部件包括 12V 铅酸蓄电池、电机控制器、分线盒和动力电池。高压上电前，低压电路系统依赖 12V 铅酸蓄电池供电；当高压上电后，电机控制器将动力电池的高压直流电转换成低压直流电为 12V 铅酸蓄电池充电（图 3-4-7）。

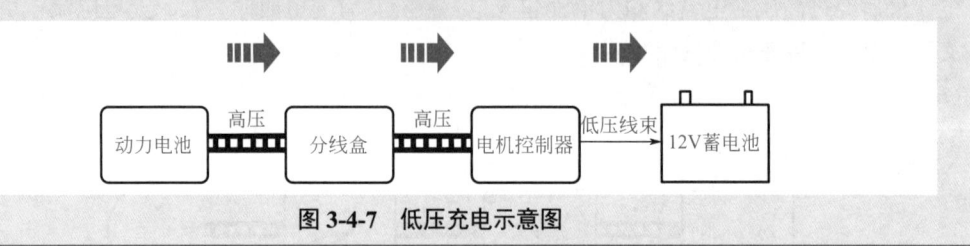

图 3-4-7　低压充电示意图

（4）智能充电　相关车辆具有给低压蓄电池智能充电功能。车辆在动力电池电量充足时，可以满足长时间停放要求。当 BCM 检测电池电量偏低时，会主动触发上高压电功能，可以通过高压动力电池给低压蓄电池补充电量。

图解

长期停放车辆容易造成低压蓄电池馈电，低压蓄电池严重馈电将会导致车辆无法启动上电。为避免这一问题，有些车辆具有智能充电功能。车辆停放过程中辅助控制器（ACM）将持续对电源蓄电池电压进行监控，当电压低于设定值时，ACM 将唤醒 BMS，同时 VCU 也将控制电机控制器通过 DC/DC 对低压蓄电池进行充电，防止低压蓄电池馈电。智能充电见图 3-4-8。

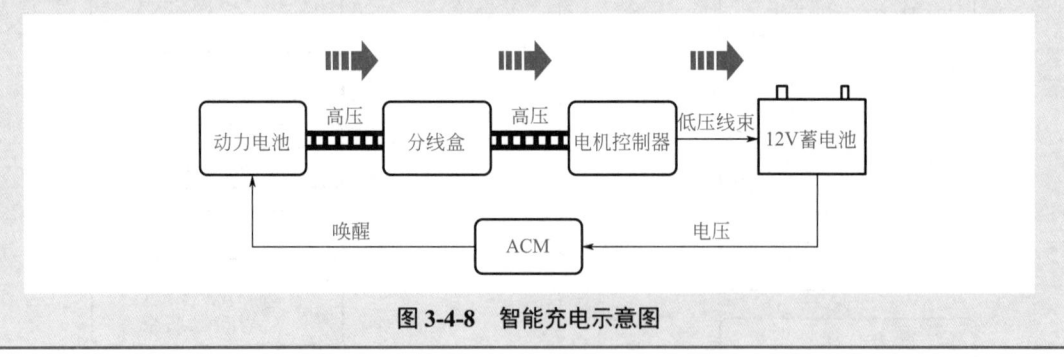

图 3-4-8　智能充电示意图

（5）能量回收　能量回收系统包括制动开关、动力电池、驱动电机、整车控制器、高压线束等部件。能量回收是在车辆滑行或制动过程中，驱动电机从驱动状态转变成发电状态，将车辆的动能转换为电能储存在动力电池中。

图解

车辆在滑行或制动时，VCU 根据当前动力电池状态和制动踏板位置信号，计算能量回收转矩并发送指令给电机控制器，启动能量回收。如图 3-4-9 所示，制动能量回收传递路线与能量消耗相反。

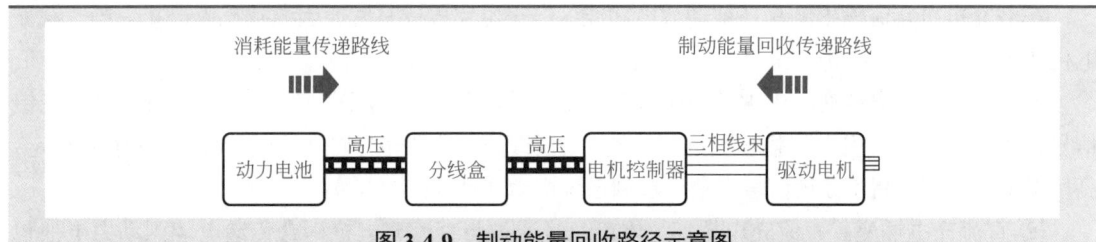

图 3-4-9　制动能量回收路径示意图

制动能量回收过程中电机消耗车轮旋转的动能发出交流电，再输出给电机控制器，电机控制器将交流电转换成直流电给动力电池充电。

（6）充电系统主要部件

① 车载充电机。车载充电机总成是固定在电动汽车上，将公共电网的电能转换为动力电池包要求的直流电，并给动力电池包充电的设备。车载充电机在工作过程中根据动力电池包的需求输出适当的电流和电压，防止对动力电池包进行过度充电或使充电时间过长。

> **图解**
>
> 车载充电机（图 3-4-10）将 220V 交流电转换为动力电池的直流电，实现电池电量的补给。
>
>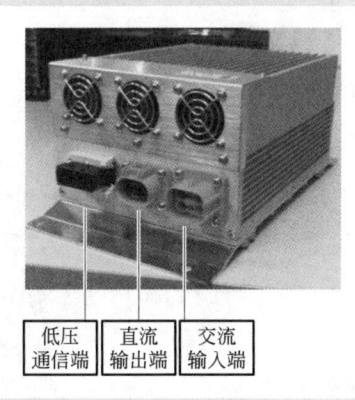
>
> 图 3-4-10　车载充电机

a. 充电：

唤醒上电：车载充电机检测到充电连接信号 CC、充电引导信号 CP 后，将在 300ms 内进行初始化，初始化后车载充电机能够通过 12V 硬线输出唤醒电池管理系统并进入到待机模式。

开始充电：车载充电机根据电池管理系统通过 CAN 发送的充电命令开始充电，并根据电池管理系统发送的电压和电流值的需求进行输出，当需求值超出车载充电机自身能力时，按照最大能力输出。

充电完成：当车载充电机接收到电池管理系统通过 CAN 发送的充电结束命令时，车载充电机会切断高压直流输出，12V 硬线停止输出，保存故障码。

b. 被动放电：

车载充电机交流输入侧具备被动放电功能，若充电完成或其它原因导致充电停止，则车载充电机在 1s 内将交流电电压泄放至 60V 以下。

车载充电机直流输出侧具备被动放电功能，若充电完成或其它原因导致充电停止，则车载充电机在 5s 内将直流电电压泄放至 60V 以下。

c. 高压互锁。车载充电机被动地接入到高压互锁回路中，高压直流输出接插件提供高压互锁信号，由信号接插件引出到整车端进行检测。如果高压互锁回路被中断或者高压连接器被移走，高压保护将消失。高压互锁信号由整车控制系统产生和计算。

② 直流充电插座。直流充电插座（接口）是通过与直流充电枪耦合传递电能到动力电池包的部件，表 3-4-1 所示。其具有机械锁止结构，防止在充电过程中直流充电插头意外断开。

车辆插头和车辆插座在连接过程中触头耦合的顺序为：保护接地，充电连接确认（CC2），直流电源正与直流电源负，低压辅助电源正与低压辅助电源负，充电通信，充电连接确认（CC1）。在脱开的过程中顺序则相反。

表 3-4-1　直流充电插座（瑞虎 3xe）

编号	触头标识	额定参数	功能	插座
BFCH+	DC+	750V 125A	直流电源正，连接直流电源正与电池正极	
BFCH−	DC−	750V 125A	直流电源负，连接直流电源正与电池负极	
FG01	接地		保护接地（PE），连接供电设备地线	
FC03	S+	0～30V 2A	充电通信 CAN-H，连接非车载充电机与电动汽车的通信线	
FC02	S−	0～30V 2A	充电通信 CAN-L，连接非车载充电机与电动汽车的通信线	
FC04	CC1		充电连接确认	
FC05	CC2	0～30V 2A	充电连接确认	
FC01	A+	0～30V 2A	低压辅助电源正，连接非车载充电机为电动汽车提供的低压辅助电源	
FC06	A−	0～30V 2A	低压辅助电源负，连接非车载充电机为电动汽车提供的低压辅助电源	

③ 交流充电插座。交流充电插座（接口）是通过与交流充电枪耦合传递电能到动力电池包的部件。其具有机械锁止结构，防止充电过程中交流充电枪意外断开。

④ 充电电缆。充电电缆是连接交流充电插座和电网的部件，其主要由线上控制盒、交流充电接口、插头组成。充电电缆具有过流保护、过/欠压保护、漏电保护、PWM 输出等功能，主输出采用双路继电器控制。

3.4.2 维修操作

（1）直流充电插座拆装

1）拆卸程序如下。

① 打开前机舱盖；

② 断开蓄电池负极电缆；

③ 拆卸维修开关；

④ 拆卸左后轮；

⑤ 拆卸左后轮罩衬板；

⑥ 拆卸直流充电插座：

图解

a. 断开动力电池上的直流充电高压线束连接器，见图 3-4-11。

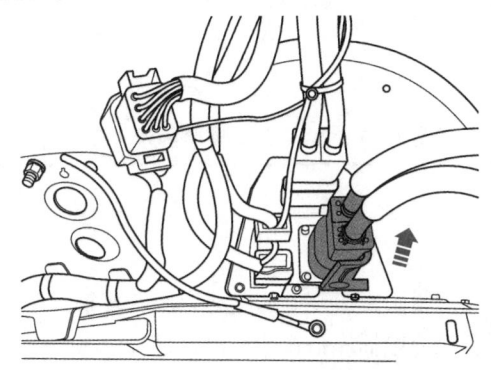

图 3-4-11　直流充电插座拆卸（一）

b. 拆卸直流充电高压线束支架固定螺母，脱开直流充电高压线束。

c. 脱开直流充电高压线束固定线卡。

图解

d. 拆卸直流充电插座 4 个固定螺栓，见图 3-4-12。

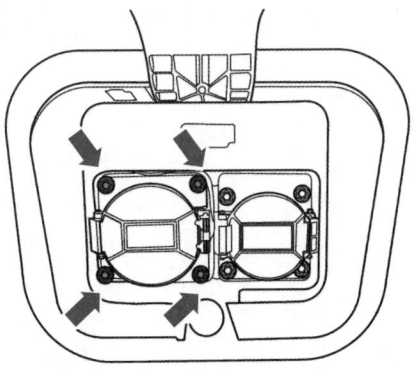

图 3-4-12　直流充电插座拆卸（二）

图解（见图3-4-13）

e. 拆卸直流充电插座搭铁线束固定螺栓1，脱开搭铁线束。

f. 拆卸直流充电插座线束胶套环箍2。

g. 断开直流充电插座线束连接器3。

h. 脱开直流充电插座高压线束固定支架4，取出直流充电插座总成。

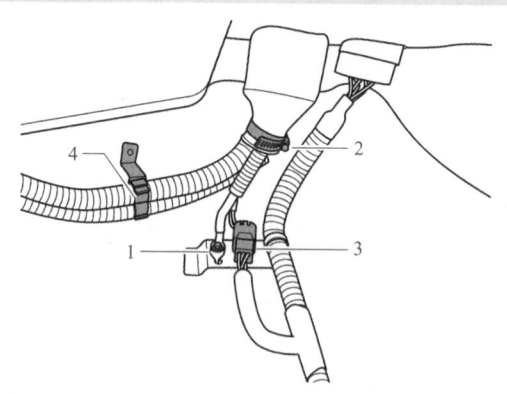

图3-4-13 直流充电插座拆卸（三）

2）安装程序如下。

① 安装直流充电插座：

a. 放置直流充电插座总成，紧固直流充电插座线束胶套环箍。

b. 连接搭铁线束，紧固直流充电插座搭铁线束固定螺栓。

c. 连接直流充电插座线束连接器。

d. 固定直流充电插座高压线束固定支架。

e. 紧固直流充电插座4个固定螺栓。

f. 连接动力电池上的直流充电高压线束连接器。

g. 放置直流充电高压线束，紧固直流充电高压线束支架固定螺母/螺栓。

h. 固定直流充电高压线束固定线卡。

② 安装左后轮罩衬板。

③ 安装左后轮。

④ 安装维修开关。

⑤ 连接蓄电池负极电缆。

⑥ 关闭前机舱盖。

（2）交流充电插座拆装

1）拆卸程序如下。

① 打开前机舱盖。

② 断开蓄电池负极电缆。

③ 拆卸维修开关。

④ 拆卸左后轮。

⑤ 拆卸左后轮罩衬板。

⑥ 拆卸交流充电插座：

图解

a. 断开车载充电机上的 2 个交流充电高压线束连接器，见图 3-4-14。

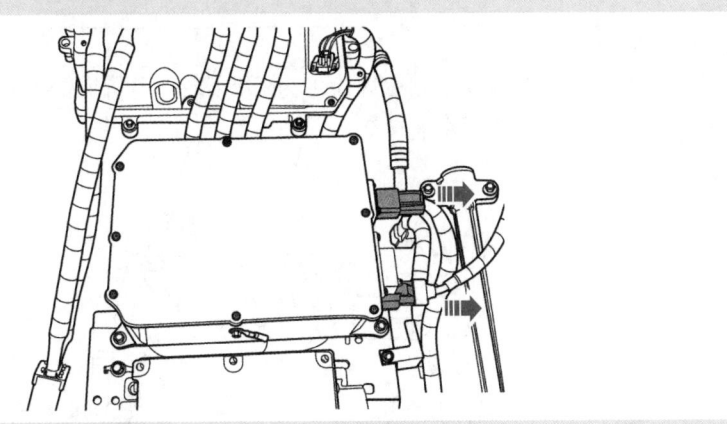

图 3-4-14　交流充电插座拆卸

b. 断开交流充电低压线束连接器。

c. 脱开车辆右侧交流充电高压线束固定线卡。

d. 脱开车辆后部交流充电高压线束固定线卡。

e. 拆卸交流充电插座固定螺栓。

f. 断开交流充电插座线束连接器。

g. 脱开交流充电插座高压线束固定线卡，取出交流充电插座总成。

2）安装程序如下。

① 安装交流充电插座：

a. 放置交流充电插座总成，固定交流充电插座线束线卡。

b. 连接交流充电插座线束连接器。

c. 紧固交流充电插座固定螺栓。

d. 连接车载充电机上的交流充电高压线束连接器。

e. 连接交流充电低压线束连接器。

f. 固定车辆后部交流充电高压线束线卡。

g. 固定车辆右侧交流充电高压线束线卡。

② 安装左后轮罩衬板。

③ 安装左后轮。

④ 安装维修开关。

⑤ 连接蓄电池负极电缆。

⑥ 关闭前机舱盖。

（3）车载充电机的拆装

1）拆卸程序如下。

① 打开前机舱盖。

② 断开蓄电池负极电缆。

③ 拆卸维修开关。

④ 拆卸车载充电机及水管：

a. 断开车载充电机 2 个高压线束连接器。

图解（见图 3-4-15）

b. 拆卸车载充电机搭铁线束固定螺栓 1，脱开车载充电机搭铁线束。

c. 拆卸车载充电机 4 个固定螺栓 2。

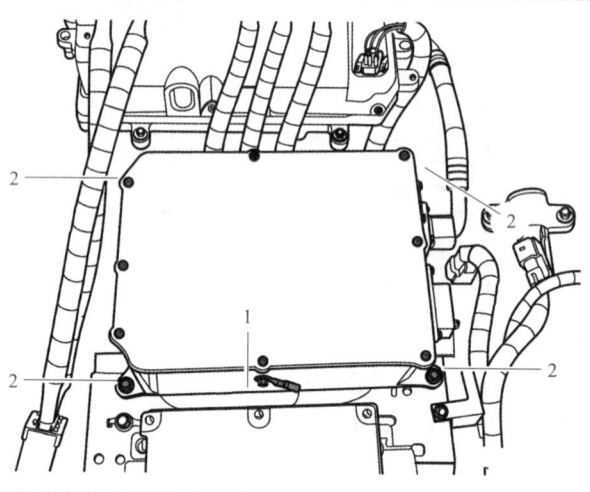

图 3-4-15 车载充电机的拆卸（一）

d. 拆卸车载充电机出水管环箍（电机侧），脱开车载充电机出水管。

图解

e. 拆卸车载充电机进水管接头（电机控制器侧），脱开车载充电机进水管，取出车载充电机及水管，见图 3-4-16。

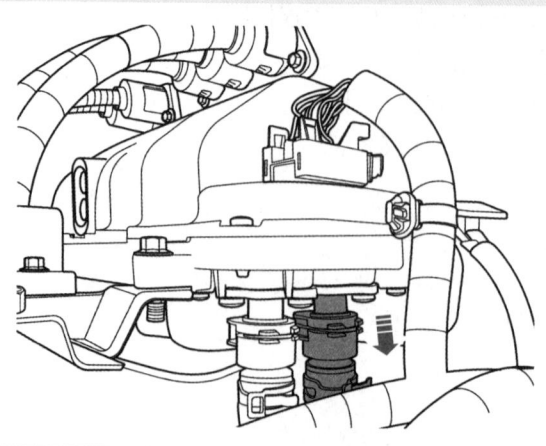

图 3-4-16 车载充电机的拆卸（二）

图解（见图3-4-17）

⑤ 拆卸车载充电机出水管：拆卸车载充电机出水管环箍（充电机侧），取下车载充电机出水管1。

⑥ 拆卸车载充电机进水管：拆卸车载充电机进水管环箍（充电机侧），取下车载充电机进水管2。

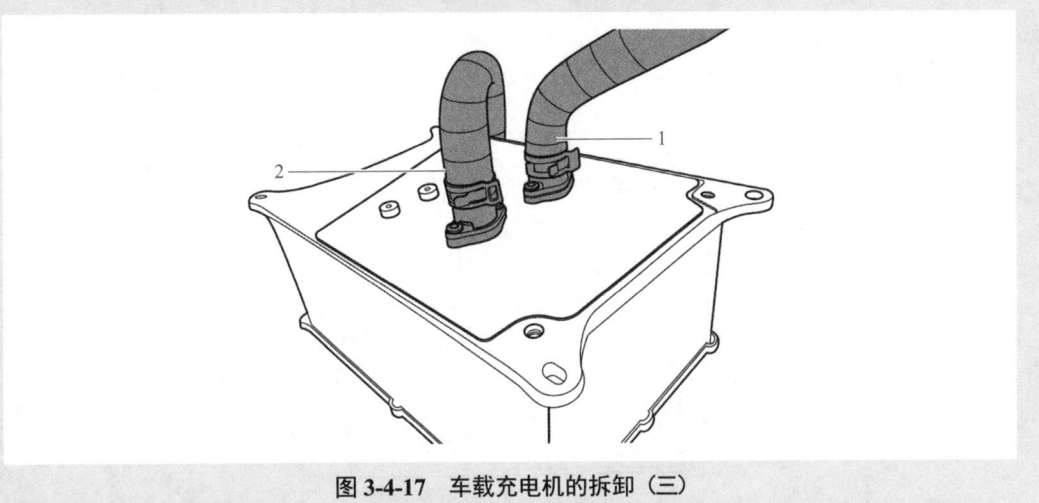

图3-4-17 车载充电机的拆卸（三）

2）安装程序如下。

维修提示

注意：安装水管时，根据水管上的箭头指示正确区分进水管、出水管。水管连接后将水管旋转至图3-4-17所示方向确保管口的缺口与充电机上的螺栓吻合。

① 安装车载充电机出水管：连接车载充电机出水管（充电机侧），安装车载充电机出水管环箍。

② 安装车载充电机进水管：连接车载充电机进水管（充电机侧），安装车载充电机进水管环箍。

③ 安装车载充电机及水管：

a. 放置车载充电机，紧固固定螺栓。

b. 连接车载充电机搭铁线束，紧固搭铁线束固定螺栓。

c. 连接车载充电机2个高压线束连接器。

d. 连接车载充电机出水管（电机侧），安装车载充电机出水管环箍。

e. 连接车载充电机进水管接头（电机控制器侧）。

④ 加注冷却液。

⑤ 安装维修开关。

⑥ 连接蓄电池负极电缆。

⑦ 关闭前机舱盖。

（4）充电口照明灯拆装

1）拆卸程序如下。

① 打开前机舱盖。
② 断开蓄电池负极电缆。
③ 拆卸左后轮。
④ 拆卸左后轮罩衬板。
⑤ 拆卸充电口照明灯:

图解

a. 打开充电口盖，拆下充电口照明灯，见图3-4-18。

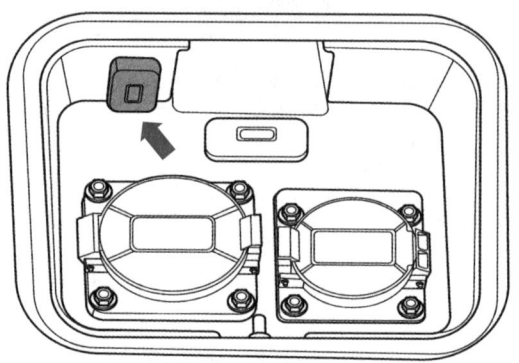

图3-4-18 充电口照明灯拆卸（一）

图解

b. 断开充电口照明灯线束连接器，取下充电口照明灯，见图3-4-19。

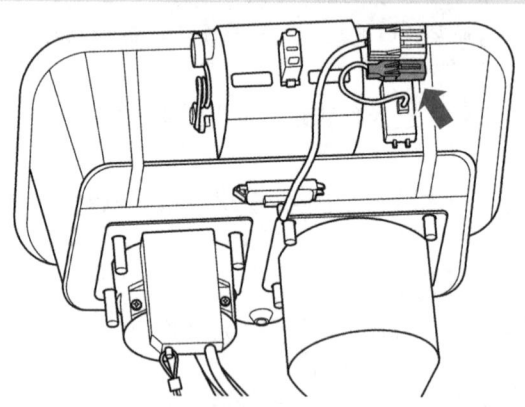

图3-4-19 充电口照明灯拆卸（二）

2）安装程序如下。
① 安装充电口照明灯:
a. 放置充电口照明灯，连接充电口照明灯线束连接器。
b. 固定充电口照明灯，关闭充电口盖。
② 安装左后轮。
③ 安装左后轮罩衬板。

④ 连接蓄电池负极电缆。
⑤ 关闭前机舱盖。
（5）充电操作安全事项
① 充电设备为高压用电器件，禁止未成年人进行充电作业或触摸使用充电设备，在充电时请勿让未成年人靠近。
② 充电时可能影响医疗或植入式电子设备，充电前请咨询电子设备制造商。
③ 请选择在相对较安全的环境下充电（如避免有液体、火源、热源等环境）。
下雨充电时，注意对充电装置进行保护，避免进水。
④ 充电前设备检查与操作：
a. 确保供电设备、充电枪、充电口、充电连接装置等没有电缆磨损、端口生锈、壳体破裂或端口内有异物等异常情况；
b. 当供电插头/供电插座或充电枪/充电口的金属端子因生锈或腐蚀而损坏或连接松动时，请勿充电；
c. 当充电枪/充电口和供电插头/供电插座有明显污渍或潮湿时，请用干燥清洁的布擦拭，确保连接处干燥、洁净。
⑤ 使用满足国家相关标准的电动汽车专用充电设备：
a. 请勿对充电设备及相关端口进行改装、拆卸或维修，以免导致充电故障，引起火灾；
b. 严禁使用不合格产品。
⑥ 严禁湿手操作，否则可能引起电击，造成人身伤害。
⑦ 充电时，如果发现车辆或充电设备异常，请立即停止充电。
⑧ 充电时，为避免损坏车辆，应具有以下预防意识：
a. 请勿晃动充电枪，否则可能会损坏车辆充电口；
b. 当有雷雨天气时，建议不要给车辆充电，闪电击中可能导致车辆损坏。
⑨ 充电时，请不要开启前舱进行维修。
⑩ 充电结束后，请勿以湿手或站在水里断开充电设备，否则可能引起电击，造成人身伤害。
车辆行驶前，请确保充电设备从充电口断开。
（6）充电注意事项
① 组合仪表 SOC 指示条颜色变为红色，表明动力电池电量即将耗尽，请及时充电，否则会影响动力电池的使用寿命。
② 家用便携式交流充电，是指使用车辆配备的交流充电连接装置（简称三转七）进行充电。推荐使用"220V 50Hz 10A"的专用交流线路和电源插座，避免因大功率充电导致线路破坏和保护跳闸，影响其它设备的正常使用。
③ 充电设备注意事项：
a. 请勿撞击充电设备，请注意防止跌落、外力冲撞等机械损伤；
b. 请勿把充电设备放在靠近加热器或其它热源的地方。
④ 充电前插枪操作：
a. 先确保充电枪和充电口无异物，且充电枪端子的防触帽没有松动或变形；
b. 手握充电枪，将充电枪对准充电口并推入，确保充电枪插入到位。

⑤ 充电结束拔枪操作：

a. 先停止充电，并确保充电接口已经解锁；

b. 手握充电枪，并按住充电枪上的按钮，拔出充电枪；

c. 请勿在充电接口锁止状态下强行拔出充电枪，否则会损坏充电接口。

> **图解**
>
> 为防止车辆充电过程中充电枪丢失，车辆具有充电枪锁功能。充电枪插入充电接口后，只要驾驶员按下智能钥匙闭锁按钮，充电枪防盗功能将开启；PEPS 收到智能钥匙的闭锁信号后通过 CAN 总线将该信号传递到辅助控制模块（ACM），ACM 将控制充电枪锁止电机锁止充电枪，此时充电枪无法拔出。如要拔出充电枪，需先按下智能钥匙解锁按钮，解锁充电枪。充电锁功能示意图见图 3-4-20。
>
> 如果电动解锁失效，一般车辆都可通过后备厢机械解锁拉索解锁。

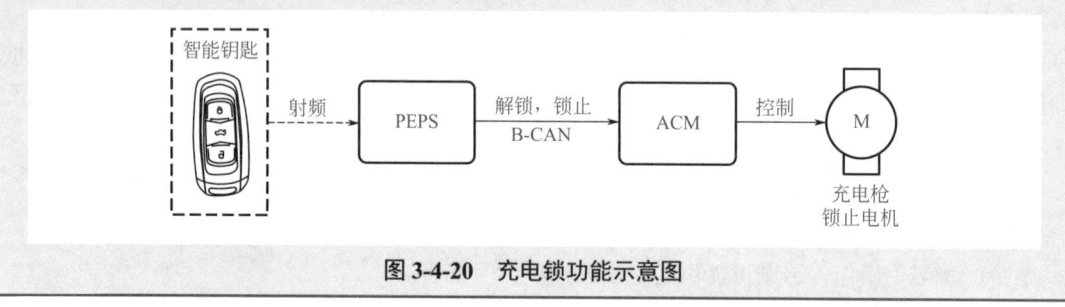

图 3-4-20　充电锁功能示意图

⑥ 充电前，电源挡位需处于"OFF"挡。

⑦ 充电时注意事项：

a. 充电时，可以正常使用空调。为保证充电功率，不建议开启空调。

b. 充电时，建议将车辆停放在通风处，建议人员不要停留在车辆内。

c. 充电时，组合仪表上会提示预计剩余充满电时间。不同温度、电量、充电设施等情况下，剩余充满电时间可能有一定偏差，属于正常现象。

d. 充电结束前，仪表显示"计算中""均衡中"属于正常现象。

⑧ 当动力电池电量充满后，充电系统会自动停止充电。

⑨ 停止直流充电时，应先将充电桩关闭，再断开充电连接器；停止家用便携式交流充电时，应先断开车辆端充电枪，再断开电源端供电插头。

⑩ 充电结束并拔下充电枪后，请确保充电口保护盖和充电口盖处于关闭状态，因为水或异物可能会进入充电口端口，影响正常使用。

⑪ 启动车辆前，请确保充电设备已经断开，因为在充电设备锁止机构没有完全锁止状态下，车辆可能能够挂挡行驶，导致充电设备及车辆损坏。

⑫ 如果车辆长时间不使用，为了延长动力电池的使用寿命，建议每 3 个月充电一次。

⑬ 如果充电口盖因天气等原因冻住，建议使用热水将冰融化，再开启充电口盖，请勿强行打开。

⑭ 当电池温度过高或过低时，车辆将不能正常充电。

a. 低温充电时，温控系统可改善电池低温充电能力，提升车辆的充电性能。

b. 在低温高电量状态下直流充电时，基于电池低温特性，充电电流较小，因此为了提高充电速度，建议在低温环境下在低电量状态为车辆充电。

c. 低温交流充电时，为提升充电电量，温控系统会启动工作，加热能耗与直流充电相比会增加，同时充电时间增加，这是低温环境下充电的正常表现。

d. 为提升用车体验，建议在用车结束后立刻充电，此时电池温度相对较高，可提升充电性能。

e. 低温充电开空调时，电池温控系统性能会受到影响，也会影响到车辆的充电性能。

⑮ 当充电开启加热或冷却时，充电时间存在一定延迟，充电电量也会稍有增加，属于正常现象。

⑯ 充电过程中，电池冷却可能会启动，压缩机、风扇等零部件按需工作，前舱会有一定的声音，属于正常现象。

⑰ 充电过程中，当电池冷却或电池加热开启后，仪表显示充电功率可能有下降和短时波动，属于正常现象。

⑱ 充电完成前，为提高电池使用寿命，会开启电池均衡，可能会存在充电时间延迟的现象。

（7）充电方式　纯电动汽车依靠动力电池提供的电能进行行驶。为了避免动力电池亏电而影响用车体验，及时充电和行驶前预估电量需求是非常重要的。

车辆有三种充电方式：

① 家用便携式交流充电；

② 充电桩交流充电；

③ 充电桩直流充电。

动力电池充电完成所需时间，因充电方式、剩余电量、实时温度、使用时间、环境温度等条件不同而变化。充电要求符合 GB/T 18487.1—2015，即《电动汽车传导充电系统　第1部分：通用要求》。

（8）充电模式

① 预约充电：按照设置的充电时间对车辆定时充电。

② 即时充电：充电接口插合后或通过操作后即开始进行充电。

（9）充电方法

① 充电前检查：

a. 确保充电装置没有壳体破裂、电缆磨损、插头生锈或有异物等异常情况。

b. 充电连接装置连接松动时，请勿充电。

c. 确保充电口内没有水或异物，金属端子没有生锈或者腐蚀。

② 如果出现以上情况，禁止充电，否则可能导致短路或电击，引起人身伤害。

（10）家用便携式交流充电

1）设备说明如下。

① 交流充电连接装置是随车配送的充电装置，将车辆与家用标准 220V 50Hz 10A 单相两极带接地插座相连，为车辆充电。

② 供电插座应选用符合国家标准的家用插座，避免因大功率充电导致线路破坏和保护跳闸，影响其它设备的正常使用。充电时间：按照组合仪表上的充电时间提醒。

图解

2020 款比亚迪·宋 Pro EV、比亚迪·全新秦 EV 家用便携式交流充电器见图 3-4-21。

该装置由符合国家标准的供电插头、充电枪、充电枪保护盖、充电线缆组成。供电插头连接家用标准供电插座,充电枪连接车辆充电口。

设备规格:220V AC 50Hz 8A。

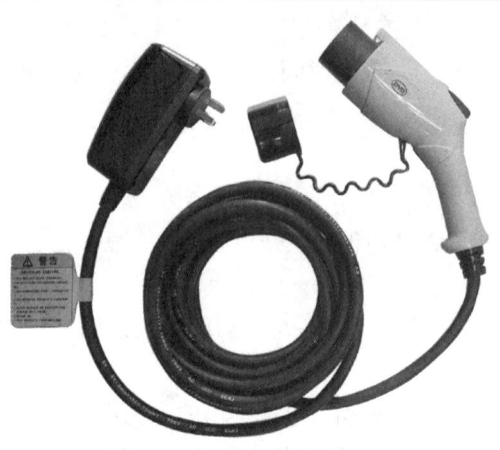

图 3-4-21　家用便携式交流充电器

维修提示

①设备必须接地良好,当充电设备出现故障或者损坏时,接地线可提供最小阻抗电路放电从而减少触电的危险。设备装有设备接地点与供电插头接地点相连的接地线,供电插头必须与安装正确且接地良好的供电插座互配。

②充电时,充电连接线不能盘放,否则会影响散热。

安全警告

①具体充电安全警告见充电说明中充电安全警告。

②最高使用环境温度:50℃。不使用时请将该产品存放于阴凉干燥处。

③充电时,禁止将设备放置于后备厢、车头下以及轮胎附近。

④使用时避免车辆碾压、掉落及人为踩踏。

⑤禁止跌落,严禁直接拉扯线缆移动此设备,移动时需轻拿轻放。

⑥严禁对充电设备及相关端口进行改装、拆卸或维修。

⑦不建议使用外加的电线或者适配器/转接器。如果一定要外加转接,请选择合适的线径($\geqslant 1.5mm^2$ 的电线),且适配器/转接器参数需满足要求。

⑧严禁在家用供电插排线变软以及充电枪电缆磨损、绝缘层破裂或者存在其它任何损坏的情况下,使用该充电设备。

⑨严禁在充电枪、供电插头或供电插排断开、破裂或者表面有任何损坏的情况下,使用该设备。

2)充电操作如下。

① 解锁充电口盖,打开充电口盖、充电口保护盖:

a. 解锁充电口盖:整车解锁,按下充电口盖即可打开充电口盖(图 3-4-22)。

b. 将充电口保护盖打开(图 3-4-23)。

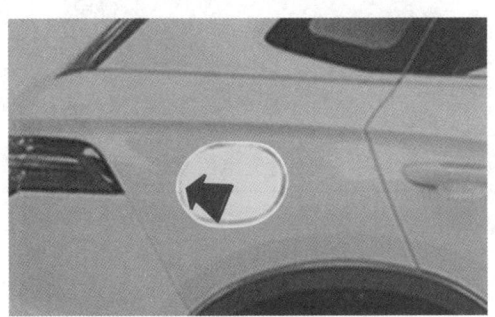

图 3-4-22　充电口盖示意图

图 3-4-23　打开充电口保护盖示意图

② 连接供电口端:将三转七的供电插头插入家用插座中,三转七电源指示灯长亮(红色灯);如果车辆检测到充电连接完成,则绿色灯长亮。

③ 连接车辆接口:

图解(见图3-4-24)

a. 将三转七的充电枪连接至充电口,并可靠锁止。

b. 插好充电枪,组合仪表充电连接指示灯点亮。三转七充电指示灯会闪烁(绿色灯)。

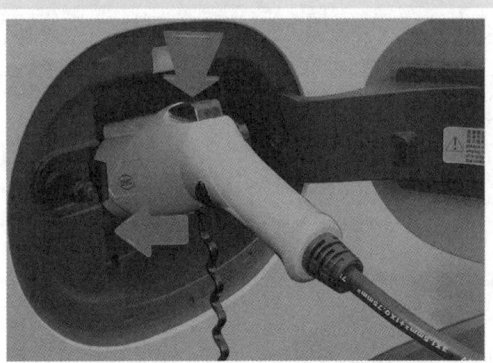

图 3-4-24　连接三转七充电枪

④ 充电过程中,仪表显示相关充电参数,同时显示充电画面。此时可以通过仪表设置预约充电,设置流程详见组合仪表预约充电功能设置。

3)停止充电操作指南如下。

① 结束充电:

a. 车辆电量充满会自动结束充电;

b. 如需提前结束充电,直接进入下一步。

② 断开充电口连接:

图解（见图 3-4-25）

　　a. 如果电锁工作模式为停用防盗，则直接按下充电枪的机械按钮，拔出充电枪；

　　b. 如果电锁工作模式为启用防盗，需要按钥匙解锁按钮或按下门把手上微动开关（钥匙在附近时），再按下充电枪的机械按钮，拔出充电枪。

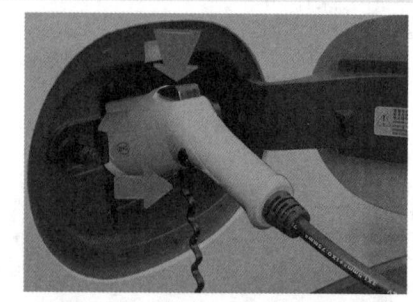

图 3-4-25　断开充电口连接示意图

③ 断开供电插头。

④ 关闭充电口保护盖和车辆充电口盖。

⑤ 将"三转七"放入后备厢储物盒内。

维修提示

① 整车解锁，按钥匙解锁按钮（OFF 挡充电时）或按下门把手上微动开关（钥匙在附近时）。

② 拔出充电枪前，请操作整车解锁以解除充电口的电锁，并在 30s 内拔出充电枪头，否则充电口的电锁会重新锁止。

③ 电锁工作模式可通过多媒体设置，设置步骤详见多媒体电锁工作模式设置。

④ 若解锁操作后无法拔下充电枪，可多次尝试解锁；仍无法拔枪时，可尝试应急解锁，操作步骤参照充电口电锁控制中充电口应急解锁。

⑤ 充电时，组合仪表上会提示预计剩余充满电时间。不同温度、电量、充电设施等情况下，剩余充满电时间可能有一定偏差，属于正常现象。

⑥ 电量较低时，不能使用预约充电功能。

⑦ 车辆配置有直流充电升压模块时，在低电压平台充电桩上消耗电量相比于在高电压平台充电桩上消耗电量会增加，相比于未配置直流充电升压模块的车辆，充电效率会低 1%～2%。

（11）充电桩单相交流充电

1）设备说明如下。

① 单相交流充电盒（见图 3-4-26）：

a. 使用随车配送的充电盒为车辆充电。

b. 设备规格：220V AC 50Hz 32A。

c. 单相交流充电盒由充电盒、充电枪和连接线缆组成，断路器、急停开关等信息参见充电盒说明书。

② 单相交流充电桩：

a. 使用公共场所的单相交流充电桩为车辆充电。部分充电桩未配备充电枪，需准备交流充电连接器。

b. 设备规格：220V AC 50Hz 32A 或 220V AC 50Hz 16A。

c. 交流连接装置（装有时）：该装置由符合国家标准要求的供电插头、充电枪、插头 / 充电枪保护盖和连接线缆组成，简称七转七，如图 3-4-27 所示。供电插头连接充电桩供电插座，充电枪连接车辆充电口。

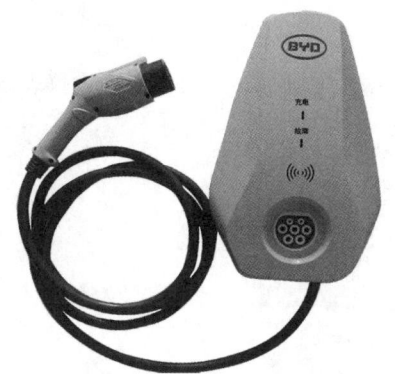

图 3-4-26　单相交流充电盒

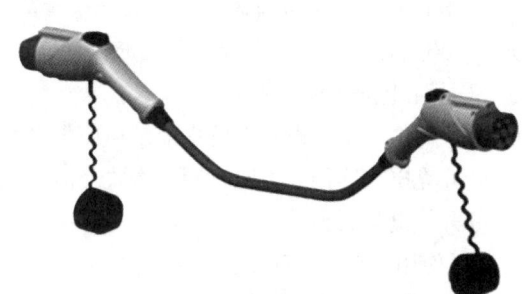

图 3-4-27　交流连接装置

维修提示

① 在使用七转七过程中，为避免接反，注意供电插头与充电枪的标识。

② 当外部电网短时间断电并再次供电时，比亚迪充电设备会自动重新启动充电，不用重新连接充电设备。

③ 设备必须接地良好，如果充电设备出现故障或者损坏，接地线可提供最小阻抗电路放电从而减少触电的危险。

维修提示

① 充电前注意车辆停放位置，充电时充电连接线不要拉直。

② 在未充满电的情况下，若需要提前结束充电，请通过充电设备设置提前结束充电，尽量不要带载断电。

③ 具体充电注意事项见充电说明。

2）充电操作如下。

通过七转七将车辆与交流充电桩相连，或者通过交流充电桩 / 盒的充电枪将车辆与交流充电桩 / 盒相连，实现交流充电。

即时充电方法：

① 解锁充电口盖，打开充电口盖、充电口保护盖：参照家用便携式交流充电的解锁充电口盖方法，打开充电口盖、充电口保护盖。

② 连接供电口端：

a. 若使用随车配送的充电盒为车辆充电，则无需此步操作；

b. 若使用交流充电桩且充电桩配备充电枪，则无需此步操作；

c. 若使用单相交流充电桩且充电桩未配备充电枪，则需使用七转七，使用时需将供电插头连接至充电桩上的供电插座。

③ 连接车辆接口：将充电装置的充电枪连接至车辆充电口，并可靠锁止。

④ 充电设置：

a. 对于随车配送的单相交流充电盒或公共场所没有设置选项的交流充电桩,可跳过此步骤;

b. 对于公共场所有设置选项的交流充电桩/盒,需要刷卡或扫二维码等操作,具体操作见充电桩/盒使用说明。

⑤ 组合仪表充电连接指示灯 点亮。

⑥ 充电过程中,组合仪表显示相关充电参数,同时显示充电画面。此时可以通过仪表设置预约充电,设置流程详见组合仪表预约充电功能设置。

3)停止充电操作指南如下。

① 结束充电:充电设备设置提前结束或电量充满车辆自动结束充电。

② 断开充电口连接:参照家用便携式交流充电断开充电口连接方法。

③ 断开供电插头:

a. 如果使用七转七,建议先拔出充电枪,后拔出供电插头;

b. 如果使用随车配送的充电盒为车辆充电,则无需此步操作;

c. 如果使用交流充电桩且充电桩配备充电枪,则无需此步操作。

④ 关闭交流充电口保护盖和车辆充电口盖(参照家用便携式交流充电)。

⑤ 整理充电设备,并妥善放置:

a. 如果使用交流充电桩/盒,将充电枪放到充电桩/盒的指定位置;

b. 如果使用七转七,将其整理好,并妥善放置。

维修提示

七转七禁止跌落,严禁直接拉扯线缆移动此设备,移动时需轻拿轻放,使用后请将设备存放在阴凉处。

(12)充电桩直流充电

1)设备说明如下。

① 使用公共场所的直流充电桩为车辆充电,充电桩一般安装在特定的充电站。

② 设备规格:请查看充电桩相关说明。

③ 充电时间:参考组合仪表上的充电时间提醒。

2)充电操作如下。

图解

通过直流充电桩的充电枪将车辆与直流充电桩相连,实现直流充电,见图3-4-28。

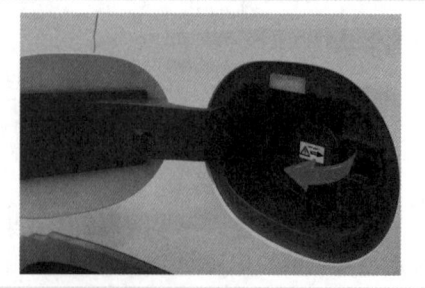

图3-4-28 直流充电桩

即时充电方法:

① 充电前,电源挡位处于"OFF"挡。

② 解锁整车，打开充电口盖、充电口保护盖：参照家用便携式交流充电的解锁充电口盖方法，打开充电口盖、充电口保护盖。

③ 连接车辆接口：将充电桩的充电枪连接至车辆充电口，并可靠锁止。

④ 按充电设备指导步骤操作，启动充电。

⑤ 组合仪表充电连接指示灯 点亮。

⑥ 充电过程中，组合仪表显示相关充电参数，同时显示充电画面。

3）停止充电操作如下。

① 结束充电：若充电桩设置提前结束或充电已完成，充电桩会自动结束充电。

② 断开充电口连接：按下直流充电枪上的机械锁止按钮，拔出充电枪。

③ 充电桩直流充电结束，整理充电设备，并妥善放置，将充电枪放到充电桩的指定位置。

④ 关闭直流充电口保护盖与车辆充电口盖。

（13）**充电口电锁功能** 为防止充电枪被盗，2020 款比亚迪·宋 Pro EV 充放电过程中充电口具备防盗功能，该功能为默认停用。如果需取消该功能，可按以下步骤进行操作：

打开多媒体"行驶设置"，进入"充电口防盗设置"，选择电锁工作模式为"停用防盗"。

维修提示

在"启用防盗"和"停用防盗"模式下，充电过程中充电枪均会处于闭锁状态，此时，充电枪会被锁止，用户可以通过以下几种方式进行解锁：

① 按智能钥匙解锁按钮进行解锁（OFF 挡充电时）。

② 按主驾门外门把手旁边的微动开关进行解锁（钥匙在附近时）。

③ 按主驾或副驾门内车窗下的窗控开关进行解锁。

维修提示

解锁充电枪后，30s 内可拔枪，30s 后电锁会重新闭合。

当电锁出现故障，不能拔出车辆插头时，可通过操作拉绳开启应急解锁，尝试拔出车辆插头。

图解

打开后备厢，右后侧上面有个黑色卡扣（应急拉锁），将卡扣拉出即可解锁，见图 3-4-29。

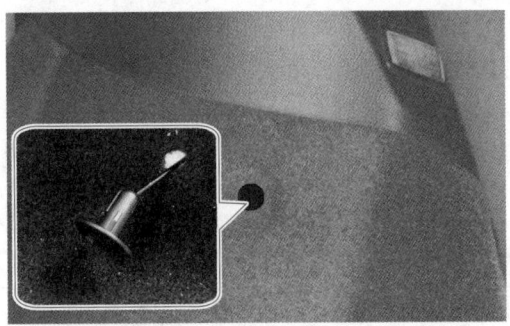

图 3-4-29　解锁交流充电口示意图

维修提示

① 应急拉锁只在应急情况下才能使用。

② 应急拉锁扣在侧位护板上时较紧,需要用钥匙或其它较薄的金属片挑出;用手指甲抠时可能对手指甲造成一定损坏。

③ 使用应急拉锁时,拉线方向尽量垂直于侧位护板。打开充电口盖后需要将应急拉锁重新塞回去,以免出现拉锁卡滞导致充电口盖锁头不回位而影响充电口盖的关闭。

④ 使用充电口盖应急拉锁时,切勿瞬间大力拉扯。正常拉动即可。拉动后拉动阻力较大,说明已经完全解锁到位,此时充电口盖应该已经开启。

(14) 续驶里程显示模式设置 具备"续驶里程显示模式设置"功能的车辆中,该功能默认为标准模式,如果想启用动态模式,可按如下步骤进行操作:

① 打开多媒体"行车辅助"。

② 进入"纯电续驶里程",选择"动态"。

a. 标准模式:基于综合工况测试结果的里程显示。

b. 动态模式:基于电池可用电量与当前平均能耗的里程显示。

维修提示

① 每次充满电显示的续驶里程会基于上一行驶的能耗进行计算而有所不同。

② 根据空调或加热器的开关、驾驶模式的切换(SPORT 和 ECO)与其它配件的开关,续驶里程会出现增减。

(15) 智能充电功能 当启动型铁电池电量过低时,可以通过动力电池给启动型铁电池充电。

维修提示

① 车辆在长时间放置过程中,可能会启动智能充电功能,前舱风扇可能会启动,这属于正常现象,并非车辆故障。

② 智能充电的电能来自动力电池包,车辆进入智能充电会使 SOC 降低,这属于正常现象,并非车辆故障。

(16) 放电装置 说明如下。

装备有车辆对外放电功能的车辆,车外放电为车辆对负载放电(VTOL)。

① 放电车辆尽量在 SOC 较高时使用该功能。

② 整车在使用车辆对外放电时,在整车电量较低时限制此功能。

③ "OFF"挡长期连接 VTOL 连接装置而不输出时,整车静态功耗增加,建议用户在不用设备时拔下放电枪/充电枪。

维修提示

① 放电前请确认整车电量,预估剩余续驶里程。

② VTOL 放电前,请确保负载处于关闭状态。

VTOL 车外放电方法如下。

1）设备说明：

① 车辆对负载放电连接装置（VTOL，见图 3-4-30）：该装置由放电枪、排插、电缆及放电枪保护盖组成。

② 设备规格：额定"220V 50Hz 16A"车外放电即通过 VTOL 连接实现车外放电，最大放电功率为 3.3kW。

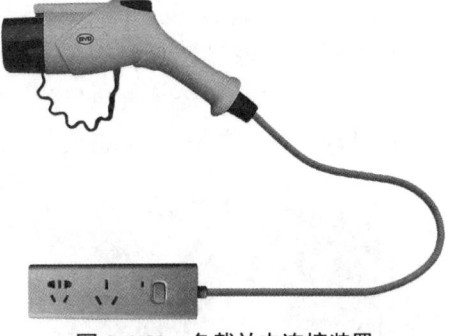

图 3-4-30　负载放电连接装置

2）放电操作：

① 放电前，电源挡位处于"OFF"挡。

② 解锁充电口盖开关，打开充电口盖、充电口保护盖：参照家用便携式交流充电的解锁充电口盖方法，打开充电口盖、充电口保护盖。

③ 放电前检查：

a. 确保放电车辆的整车电量不低于 15%；

b. 确保 VTOL 连接装置没有壳体破裂、电缆磨损、插头生锈或有异物等异常情况；

c. 确保充电口端口内没有水或外来物，金属端子没有生锈或者腐蚀造成的破坏或者影响；

d. 若出现以上情况，禁止充电，否则可能导致短路或电击，引起人身伤害。

④ 仪表设置：

> **图解**
> 按下灯光开关组上的放电开关（见图 3-4-31），在仪表上选择 VTOL 放电模式。
>
>
>
> 图 3-4-31　放电开关

⑤ 连接放电连接装置：

a. 10min 内将 VTOL 放电连接装置的放电枪连接至充电口（见图 3-4-32），并可靠锁止。

b. 按下放电插座上开关等待几秒后，插座指示灯（见图 3-4-33）常亮（红色），表示插座可以使用。

⑥ 放电开始：放电装置连接好后，车辆开始放电，车辆仪表显示放电信息。

3）停止放电操作指南：

① 结束放电：

a. 断开负载，按下【放电】开关或长按【确认】按键 3s，插座指示灯熄灭；

b. 紧急情况下可直接进行下一步（不推荐使用）。

② 断开放电连接装置：按下放电枪机械按钮，将放电枪从充电口中拔出。

③ 关闭充电口保护盖和充电口盖（参照家用便携式交流充电）。

④ 整理设备：放电完成后将放电设备放入后备厢储物盒内。

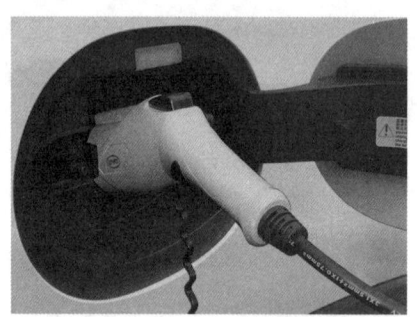

图 3-4-32　连接放电连接装置

图 3-4-33　插座指示灯示意图

图解

红旗 E-HS9 交流放电枪及操作：

(1) 开始放电

① 将车辆停在可交流放电区域，踩下制动踏板，将挡位置于 P 挡，施加驻车制动。

② 打开交流充电口盖，交流充电口充电指示灯（白色）常亮。

③ 取出交流放电枪，检查并确认放电插头及充电插座干净无污物。

④ 按压释放按键，将放电插头连接至交流充电插座上，直到听到"咔嗒"声，表明放电插头锁定。此时交流充电口及 C 柱充电指示灯（蓝色）常亮。交流放电枪见图 3-4-34。

⑤ 交流充电口及 C 柱充电指示灯（紫色）常亮代表车辆正在放电中。

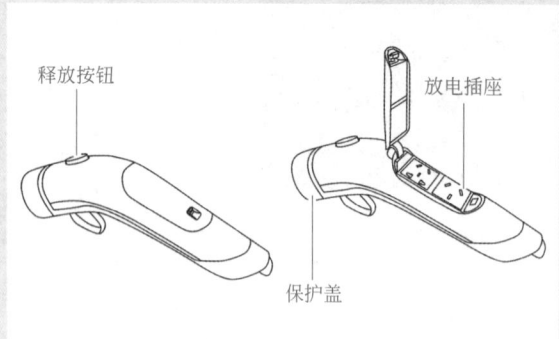

图 3-4-34　放电枪

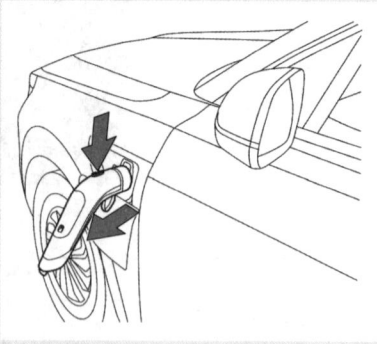

图 3-4-35　放电结束操作

(2) 停止放电

① 确保交流充电电子锁处于解锁状态。

② 关闭家用电器电源，从放电插座上拔出家用电器插头。

③ 按压释放按键，拔下放电插头，如图 3-4-35 所示。

> **图解**
>
> 蔚来 EC6 慢充充电口：
>
> 使用蔚来家充桩充电时，充电口饰板将在充电枪从桩上拔下时自动打开，在充电枪从车辆拔下后自动关闭。如果充电口饰板在自动旋转关闭过程中卡滞在充电枪上，可长按 5s 充电口关闭按钮，此时充电口饰板将自动打开慢充充电口，如图 3-4-36 所示。

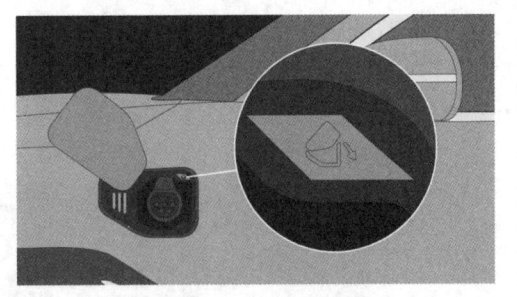

图 3-4-36 慢充充电口

> **图解**
>
> 欧拉 iQ 充电口：
>
> 充电类型有交流充电和直流充电两种，充电口均在车前格栅处，见图 3-4-37。
>
> 拉动位于仪表板下方的充电口开启扣手（图 3-4-38），充电口盖将轻轻弹起。向上翻起打开充电口盖。

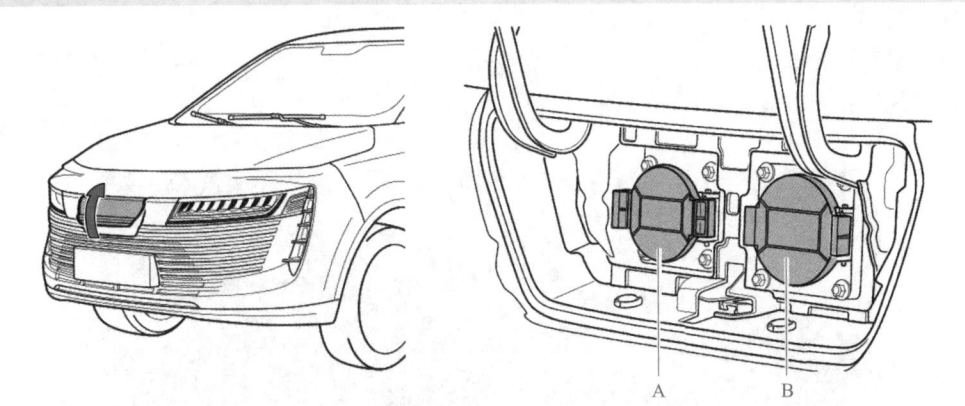

图 3-4-37 充电口
A—普通充电口；B—快速充电口

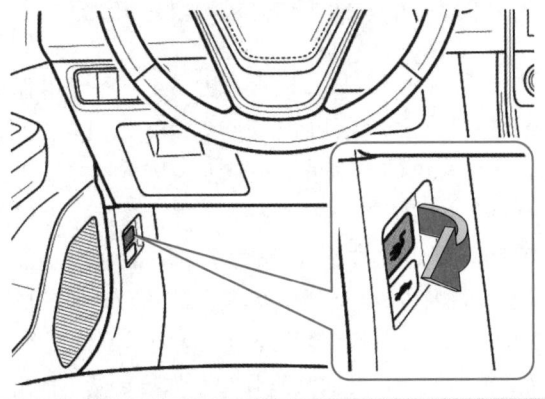

图 3-4-38 充电口扣手

图解

小鹏 P7 充电事项：

（1）充电显示　充电时可以通过该页面监控充电状态，包括剩余时间、续航里程等信息。在小鹏 App 上也可以方便查看当前充电情况。充电状态显示如图 3-4-39 所示。

图 3-4-39　充电状态显示

（2）外后视镜上的充电指示灯（见图 3-4-40）

蓝灯常亮：充电准备。

绿灯闪烁：正在充电。

绿灯常亮：充电完成。

红灯闪烁：充电故障。

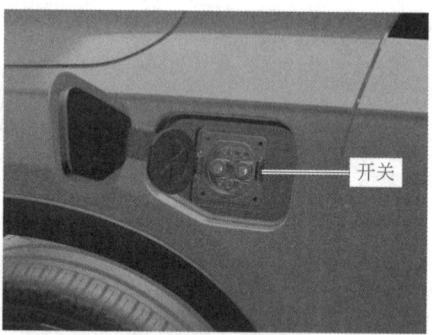

图 3-4-40　充电指示灯和充电口（开关）

（3）充电故障　充电过程当中遇到故障提示，更多是一种充电保护机制。遇到这种情况时，请根据提示，先拔插充电枪，尝试重新启动充电桩，一般可以恢复充电。

（4）急停按钮恢复　无法充电的原因是设备被人为按下急停按钮，请按图 3-4-41 的指引进行恢复。先找到充电枪栓下方的红色按钮，然后逆时针旋转，直到按钮弹起。如果解锁成功，桩指示灯颜色会由红转蓝/绿，此时重新拔枪、插枪，就可以正常充电了。

（5）充电枪被锁处理　车辆在充电过程中有可能触发安全保护机制导致锁枪，此时不要强行拔出充电枪，可以先尝试用 App 远程停止充电（见图 3-4-42）。如果无效，找到桩上的红色急停按钮并按下，成功解锁后记得将按钮恢复弹起。如果依然不能解锁，请联系场站工作人员用物理钥匙解锁。

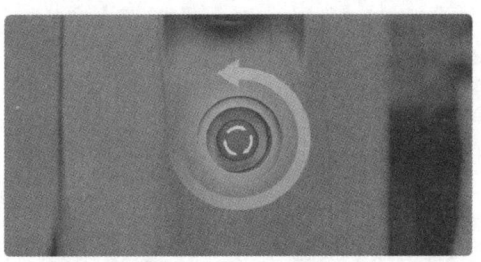

图 3-4-41

 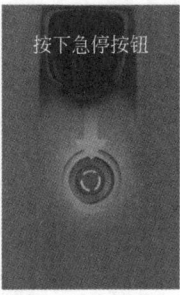 

图 3-4-42 充电枪被锁处理

图解

沃尔沃 XC40 充电电缆：

沃尔沃 XC40 带控制单元的充电电缆用于为车辆的高压蓄电池充电。充电电缆控制单元上的指示灯显示充电正在进行状态、充电完成状态。充电电缆如图 3-4-43 所示。

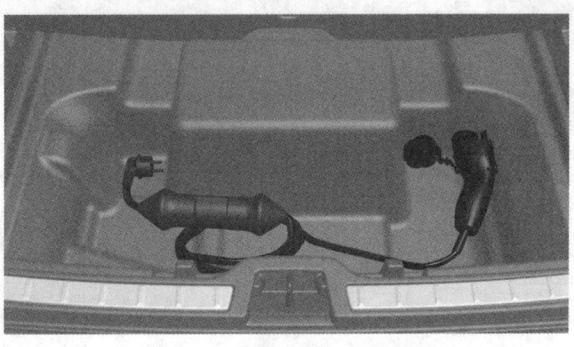 

图 3-4-43 充电电缆
1—LED 指示灯

（1）LED 指示灯为白色　充电电缆准备就绪，可以插入汽车，可以充电。如果 LED 灯为白色，但不能充电，则：

① 将充电电缆从充电输入插座上拔下。

② 重新将充电电缆插入充电输入插座。

③ 如果指示灯在约 10s 内未闪烁白色，先后从充电输入插座和电源插座上拔下充电电缆。重新将充电电缆插入充电输入插座和电源插座。

（2）LED 指示灯为闪烁白色　充电中。车辆的电子系统已开始充电。等待蓄电池完全充满电。

（3）LED 指示灯为亮起红色　临时故障。无法充电。应对措施：

① 将充电电缆从充电输入插座上拔下。

② 等待片刻。

③ 重新将充电电缆插入充电输入插座。

（4）LED 指示灯为闪烁红色　重大故障。无法充电。先从充电输入插座上拔下充电电缆，然后再从电源插座上拔下充电电缆。

（5）LED 指示灯为熄灭状态　充电电缆无电源。无法充电。应对措施：

① 将充电电缆从电源插座上拔下。

② 重新将充电电缆插入电源插座或使用另一个电源插座。

图解

① e-Lavida 朗逸电动充电插座：e-Lavida 使用交流电和直流电充电，其插座均在同一侧区域，见图 3-4-44。

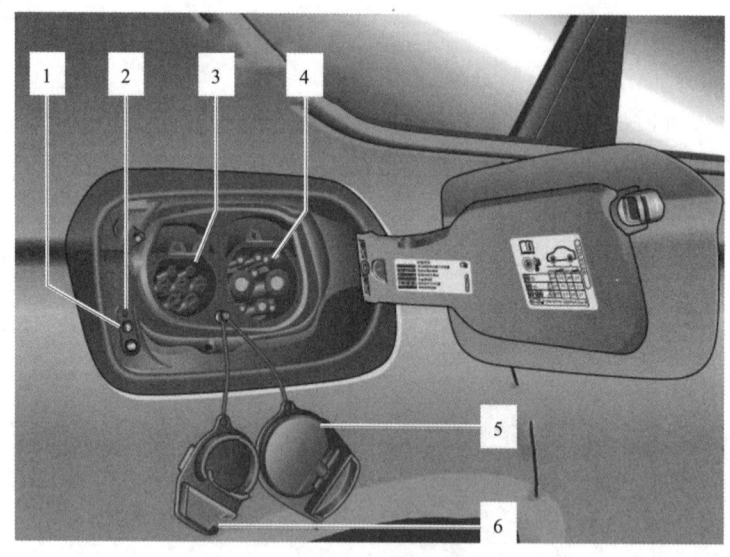

图 3-4-44　充电插座

1—充电按钮；2—充电状态指示灯；3—交流电充电端口；
4—直流电充电端口；5—直流充电口保护盖；6—交流充电口保护盖

② e-Lavida 电量显示：在组合仪表上显示高压蓄电池的电量表和备用电量区域，见图 3-4-45。当高压蓄电池的电量达到红色标记的"备用电量区域"时，指示灯亮起黄色。

③ e-Lavida 交流充电插头应急解锁拉索：如遇特殊情况，无法解锁交流充电插头时，可打开后备厢，缓慢拉动位于内部右侧的应急解锁拉索（图 3-4-46），解锁充电插头。

图 3-4-45　电量表

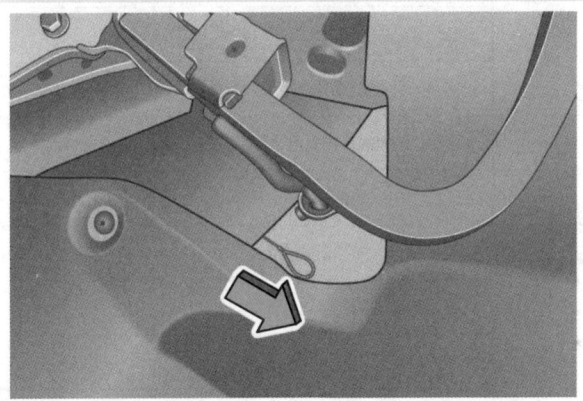

图 3-4-46　后备厢内的交流充电插头应急解锁拉索

3.4.3　故障点

（1）充电故障点　见表 3-4-2。

表 3-4-2　充电系统故障

故障	可能的原因
充电感应信号（CC 信号）故障	1. 充电枪、充电口端子故障
	2.CC 信号线路故障
	3. 辅助控制模块线路故障
	4. 辅助控制模块故障
CP 信号故障	1. 充电枪、充电口端子故障
	2.CP 信号线路故障
	3. 辅助控制模块线路故障
	4. 辅助控制模块故障

续表

故障	可能的原因
高压系统漏电故障	1. 分线盒正负极端子对地绝缘电阻过低
	2. 其余各高压零部件正负极端子对地绝缘电阻过低
	3. 动力电池漏电
高压互锁故障	1. BMS 正负极接插件故障
	2. VCU 正负极接插件故障
	3. OBC 正负极接插件故障
	4. 互锁开关故障
预充故障	1. 铅酸蓄电池电压不足
	2. 预充回路故障
	3. 电机控制器故障
接触器烧结故障	动力电池故障
DC/DC 故障	动力电池故障
通信超时故障	1. CAN 通信线路故障
	2. 终端电阻故障
	3. 车载充电机故障
自检故障	1. 线路故障
	2. 车载充电机故障

（2）一般充 / 放电故障　见表 3-4-3。

表 3-4-3　充 / 放电故障

故障现象	可能原因	解决措施
不能启动充电	电池温度过高、过低，温差过大	通过组合仪表提示文字判断电池是否温度过高、过低或温差过大。若组合仪表出现相应提示文字，充电不可启动。待电池温度正常后方可启动充电
	动力电池电量充足或电池当前电量高于充电限值电量	动力电池电量充足时充电不可启动。电池当前电量高于充电限值电量时充电不可启动。检查电池管理系统；标定或更换动力电池
	12V 蓄电池电量不足	12V 蓄电池电量不足时，车辆控制系统不能启动。更换 12V 蓄电池
	车辆故障	车辆发生故障时，充电不可启动。检查组合仪表上的故障报警灯是否点亮，如果有故障，报警灯点亮

续表

故障现象	可能原因	解决措施
不能启动交流充电	车辆插头未可靠连接	确保充电插头与车辆插座可靠连接。确保组合仪表上的充电连接指示灯点亮
	交流充电设备未供电	确保交流充电设备处于供电状态。确保按照交流充电设备说明书启动充电
	电源插座未供电	确保电源插座处于供电状态。确认控制盒电源指示灯状态
	充电插头与电源插座未可靠连接	确保充电插头与电源插座可靠连接
	充电模式为定时模式	确保充电模式为立即充电模式
不能启动直流充电	车辆插头未可靠连接	确保充电插头与车辆插座可靠连接。确保组合仪表上的充电连接指示灯点亮
	直流充电设备与车辆充电参数不匹配	若组合仪表提示直流充电设备与车辆不匹配,请更换其它直流充电桩进行充电
	直流充电设备未供电	确保直流充电设备处于供电状态
交流充电过程中充电停止	交流供电设备停止电力输出	若供电设备供电中断,充电将停止。当供电设备恢复供电时,需重新启动充电
	电源插座停止电力输出	若电源插座供电中断,充电将停止。当供电插座重新供电时,车辆可自动恢复交流充电
	充电连接线断开	确保充电连接线可靠连接
	达到充电终止时间	处于定时充电模式时,若达到充电终止时间,充电将停止
	车辆故障	车辆发生故障时,充电将中断。检查组合仪表上的故障报警灯是否点亮,如果有故障,报警灯点亮
直流充电过程中充电停止	直流充电设备与车辆通信故障	若组合仪表提示直流充电设备与车辆通信故障,请重新拔插充电插头,再次启动充电。若多次出现该通信故障,请更换其它充电桩进行充电
	交流充电连接装置与直流充电连接装置同时连接	交流充电连接装置与直流充电连接装置同时连接时,充电可能会停止
	车辆故障	车辆发生故障时,充电将中断。检查组合仪表上的故障报警灯是否点亮,如果有故障,报警灯点亮

(3) 高压互锁故障 检查和诊断程序:

1) 检查 BMS 高压互锁故障:

① 操作启动开关,使电源模式至 OFF 状态。

② 检查动力电池维修开关是否松动。

③ 断开维修开关。

④ 检查动力电池快充接插件是否松动。

⑤ 检查动力电池正负极接插件是否松动:

如果动力电池正负极接插件已经松动，请修理或更换线束。

如果动力电池正负极接插件没有松动，请执行下一步。

2）检查 VCU 高压互锁故障：

① 操作启动开关，使电源模式至 OFF 状态。

② 断开维修开关。

③ 检查电机控制器正负极接插件是否松动。

④ 检查分线盒正负极接插件是否松动：

如果动力电池正负极接插件已经松动，则需要维修或更换线束。

如果动力电池正负极接插件没有松动，请执行下一步。

3）检查车载充电机高压互锁故障：

① 操作启动开关，使电源模式至 OFF 状态。

② 断开维修开关。

③ 检查车载充电机正负极接插件是否存在松动或互锁线路断路：

如果车载充电机正负极接插件已经松动或互锁线路断路，请修理或更换线束。

如果车载充电机正负极接插件没有松动且互锁线路没有断路，请执行下一步。

4）更换互锁开关：

① 操作启动开关，使电源模式至 OFF 状态。

② 断开蓄电池负极电缆。

③ 更换互锁开关。

④ 确认故障排除。

（4）启动型铁电池　启动型铁电池位于前舱内部，见图 3-4-47。

图 3-4-47　启动型铁电池

① 工作模式分"正常""休眠""超低功耗""低电压保护"等，目的是保护电池电芯免受损害。若整车系统完好，以上模式切换自主完成，不会对用户使用车辆造成影响。

② 为避免启动型铁电池馈电，当条件（前舱盖关闭、"OFF"挡电、动力电池允许放电、启动型铁电池电量低于设计值）满足时会主动触发"智能充电"功能。

③ 智能充电功能被触发时，通过动力电池给启动型铁电池充电。因此放置后再次启动时，仪表显示的 SOC 或者纯电续驶里程会减少，这属于正常现象。

④ 如果"智能充电"失效，启动型铁电池有可能切断整车电源。如果行车前发现车辆无电，

可尝试持续按下左前门微动开关以激活启动型铁电池,并立即启动车辆至"OK"挡电,给启动型铁电池充电,建议充电 1h 以上。

3.5 驱动电机

3.5.1 基础知识

驱动电机系统由驱动电机、驱动电机控制器构成,通过高低压线束、冷却管路,与整车其它系统做电气和散热连接。

图解

整车控制器根据驾驶员意图发出各种指令,电机控制器响应并反馈,实时调整驱动电机输出,以实现整车的怠速、前行、倒车、停车、能量回收以及驻坡等功能,见图3-5-1。电机控制器另一个重要功能是通信和保护,实时进行状态和故障检测,保护驱动电机系统和整车安全可靠运行。

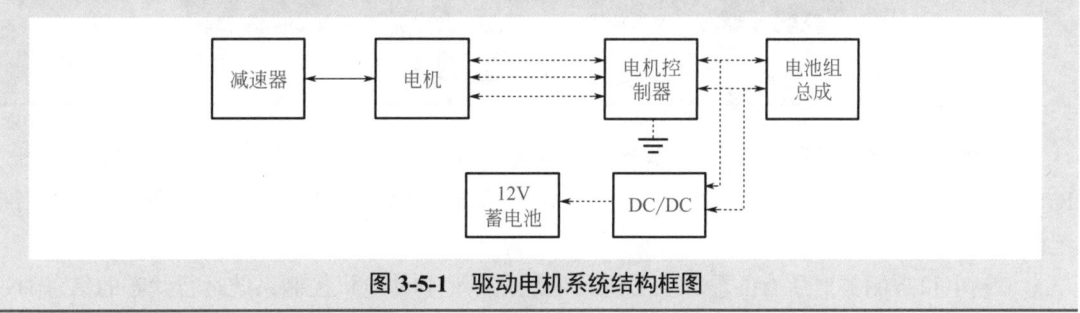

图 3-5-1 驱动电机系统结构框图

(1) 电机 电机自身的运行状态等信息可以被采集到驱动电机控制器,依靠内置传感器(见图 3-5-2)来提供电机的工作信息。以某车型装配的 C33DB 驱动电机为例,这些传感器包括:

① 旋变传感器。旋变传感器用以检测电机转子位置和转速,是一种输出电压随转子转角变化的信号元件。当励磁绕组以一定频率的交流电压励磁时,输出绕组的电压幅值与转子转角成正(余)弦函数关系,由控制器编码后可以获知电机转速。传感器线圈固定在壳体上,信号齿圈固定在转子上。

旋变传感器线圈由励磁、正弦、余弦三个线圈组成。

② 温度传感器。温度传感器用以检测电机的绕组温度,控制器可以保护电机避免过热。

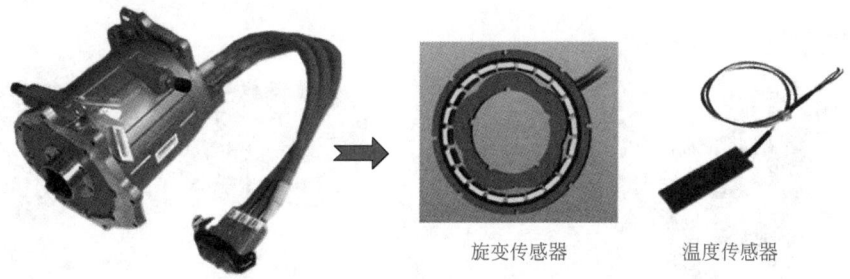

图 3-5-2 驱动电机内置传感器

（2）驱动电机控制器

图解

电机控制器（MCU，见图 3-5-3）将高压直流电转为交流电，并与整车上其它模块进行信号交互，实现对驱动电机的有效控制。

图 3-5-3　电机控制器布局

驱动电机控制器（见图 3-5-4）是驱动电机系统的控制中心，上述 C33DB 电机的控制器以 IGBT（绝缘栅双极型晶体管）模块为核心，辅以驱动集成电路、主控集成电路。驱动电机控制系统框图见图 3-5-5。

驱动电机控制器对所有的输入信号进行处理，并将驱动电机控制系统运行状态的信息通过 CAN 网络发送给整车控制器。

驱动电机控制器内含故障诊断电路，当诊断出异常时，它将会激活一个错误代码，发送给整车控制器，同时也会存储该故障码和数据。

驱动电机控制器使用以下传感器来提供驱动电机系统的工作信息，包括：

① 电流传感器：用以检测电机工作的实际电流（包括母线电流、三相交流电流）。

② 电压传感器：用以检测供给电机控制器工作的实际电压（包括动力电池电压、12V 蓄电池电压）。

③ 温度传感器：用以检测电机控制系统的工作温度（包括 IGBT 模块温度、电机控制器板载温度）。

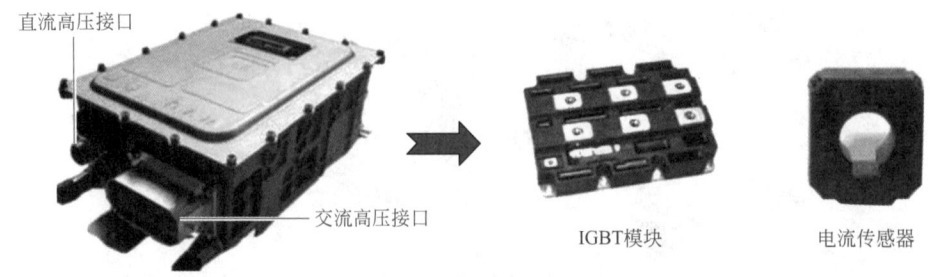

图 3-5-4　驱动电机控制器

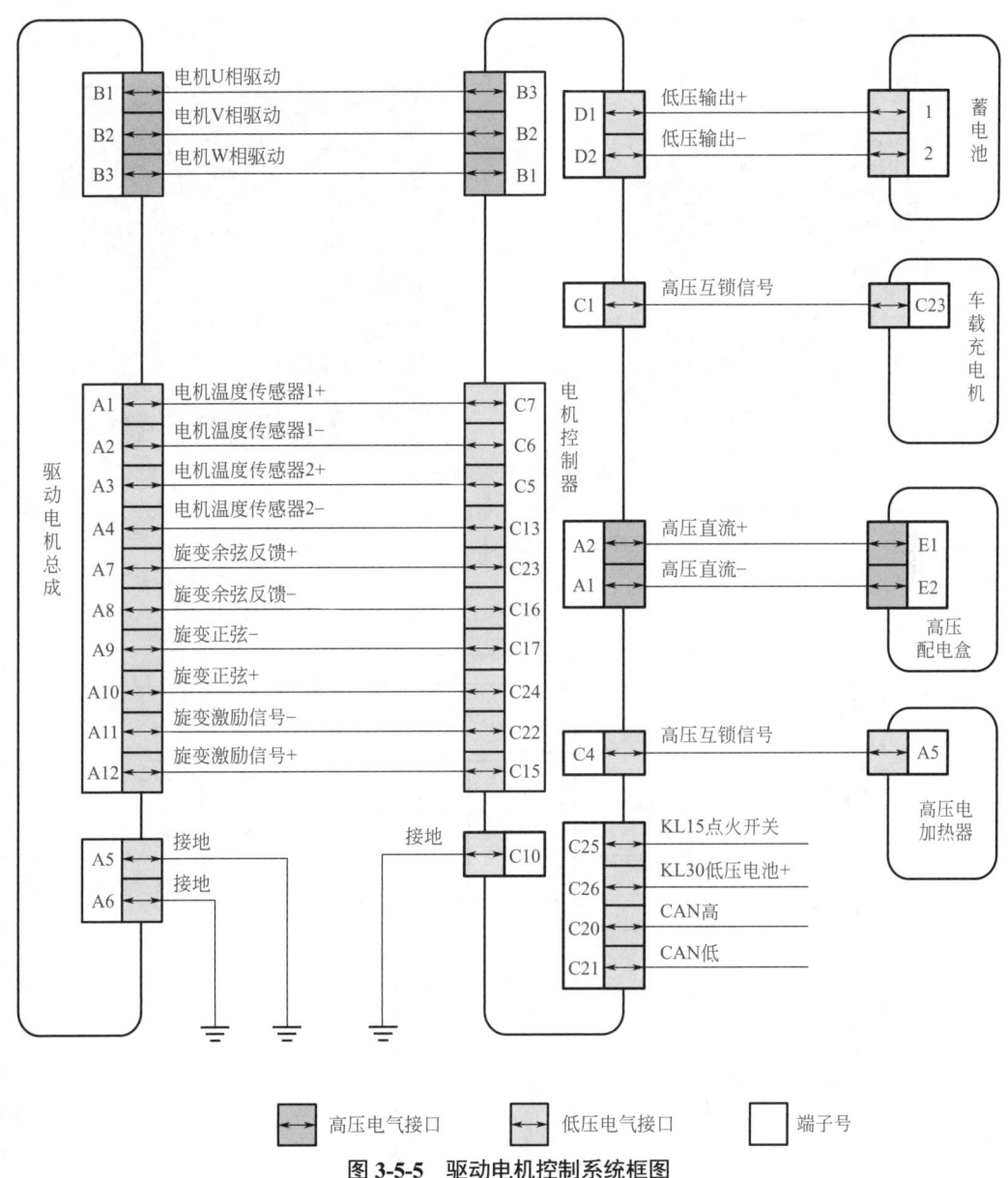

图 3-5-5 驱动电机控制系统框图

> **图 解**
>
> 帝豪电机控制器：
> 电机控制器内部包含 1 个 DC/AC 逆变器和 1 个 DC/DC 直流转换器。逆变器由 IGBT、直流母线电容、驱动和控制电路板等组成，实现直流（可变的电压、电流）与交流（可变的电压、电流、频率）之间的转变。直流转换器由高低压功率器件、变压器、电感、驱动和控制电路板等组成，实现直流高压向直流低压的能量传递。电机控制器还包含冷却器（通冷却液），用来给电子功率器件散热。电机控制器结构见图3-5-6。电机控制器结构原理示意图见图3-5-7。

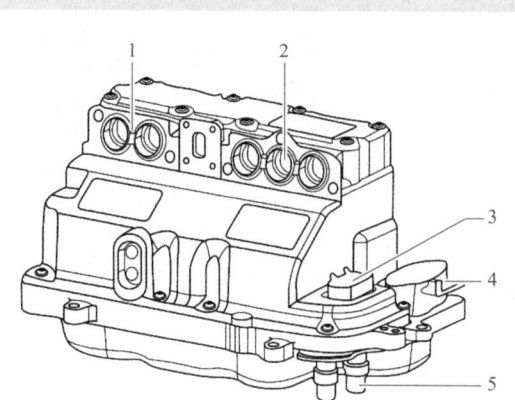

图 3-5-6 电机控制器结构

1—高压线束接口；2—驱动电机三相线束接口；3—低压信号接口；
4—低压充电（DC/DC）接口；5—冷却管口

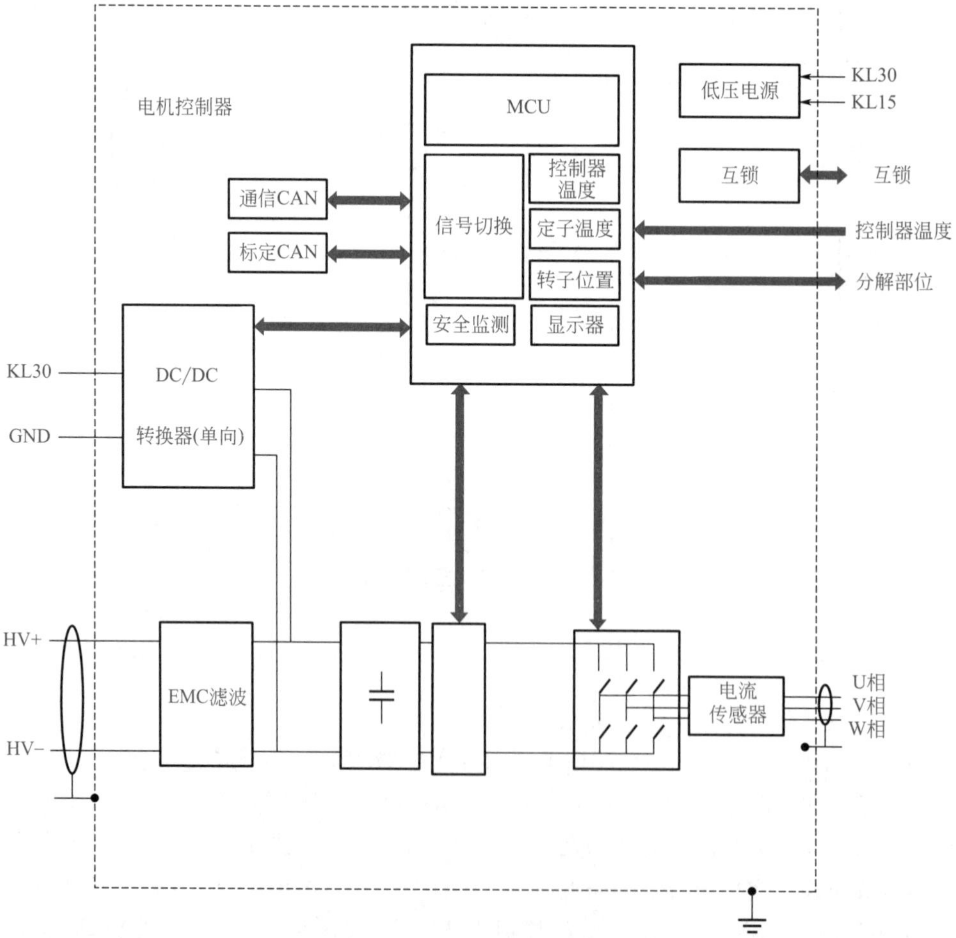

图 3-5-7 电机控制器结构原理示意图

图解

别克 VELITE6 高压电驱单元：

高压电驱单元（见图 3-5-8）是别克 VELITE6 的核心动力部件，位于车辆的前机舱内。高压电驱单元主要包括电机控制器、驱动电机和减速器三个部件。驱动电机为三相交流永磁同步电动机，受电机控制器的控制，为车辆提供动力。

电机控制器由高压部件冷却系统的冷却液进行冷却，是动力总成运行的主控制器，可决定工作模式，如驱动电机或再生制动。VELITE6 采用针对纯电动车开发的单级减速器，恰到好处的减速比不仅起到了减速、增大转矩的作用，降低了电机功率需求，同时也带来了完全不同于传统燃油车的驾驶平顺性。减速器通过减速机构将动力传递给车轮，带有机械式的 P 挡锁止机构，可实现 P、R、N、D 共 4 个挡位。减速器内部的主要部件包括输入轴、输出轴和差速器。电机控制模块与驱动电机作为总成一起进行维修，减速器内部和油封可以单独进行维修。

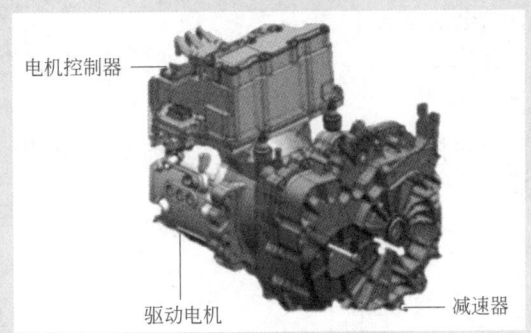

图 3-5-8　高压电驱单元

（3）DC/DC 变换器　DC/DC 变换器根据整车控制器的指令将动力电池包的高压直流电转换成低压直流电，为低压电路提供电源，满足整车低压用电设备的需求，必要时为铅酸蓄电池充电，从而实现整车低压电路充、放电的动态平衡。

（4）电机驱动系统控制

① 电机控制器。电机控制器采用 CAN 通信控制，控制着动力电池组到电机之间能量的传输，同时采集电机位置信号和三相电流检测信号，精确地控制驱动电机运行。电机控制系统电气原理示意图见图 3-5-9。

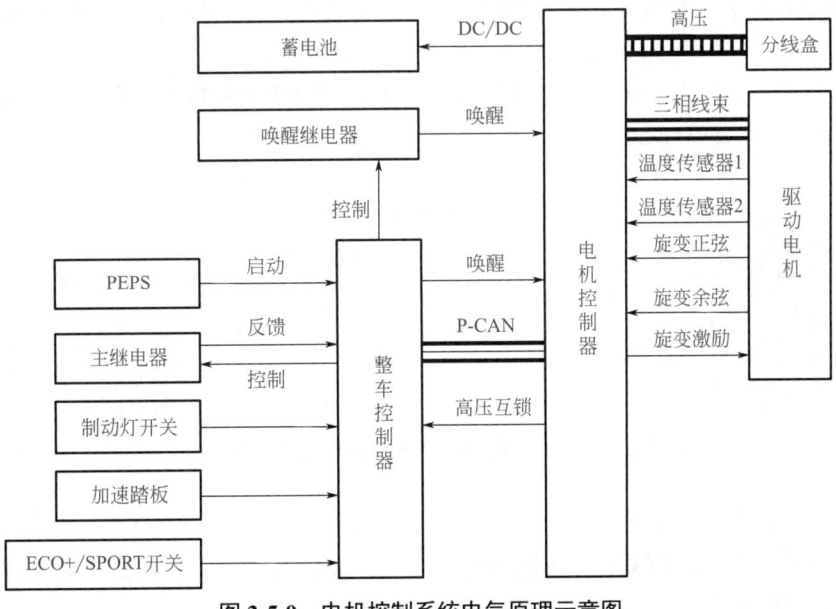

图 3-5-9　电机控制系统电气原理示意图

图解

电机控制器是一个既能将动力电池中的直流电转换为交流电以驱动电机,又具备将车轮旋转的动能转换为电能(交流电转换为直流电)给动力电池充电的设备。

在车辆制动或滑行阶段,电机作为发电机应用。它可以完成车轮旋转的动能到电能的转换,给电池充电。

DC/DC 集成在电机控制器内部,其功能是将电池的高压电转换成低压电,为整车低压系统供电。

电机控制器控制路径原理示意图见图 3-5-10。

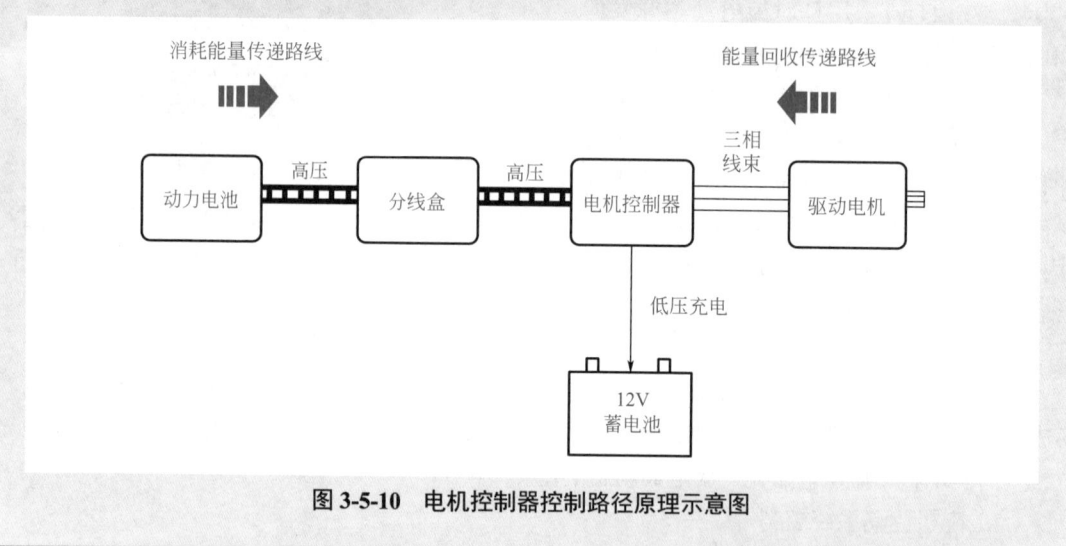

图 3-5-10　电机控制器控制路径原理示意图

② 加速踏板位置传感器。加速踏板位置传感器设计成双输出传感器。两个传感器的输出电压信号都随加速踏板的位置变化而变化。

③ 制动踏板开关。当驾驶员踩下制动踏板,表现出制动或减速意图时,制动踏板开关将踏板位置信号转换成电压信号,通过硬线传递给 VCU。制动踏板开关内部有两组开关,一组为常闭开关,一组为常开开关。VCU 通过两组开关输出电压的变化判断驾驶员的制动或减速意图。制动踏板开关信号传递路线如图 3-5-11 所示。

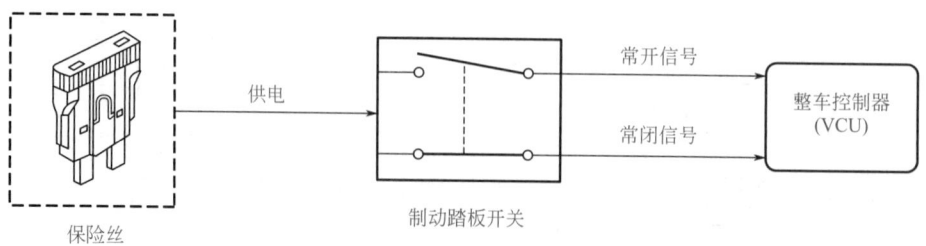

图 3-5-11　制动踏板开关信号传递路线

(5)电机驱动系统功能模式

① 驱动模式。整车控制器根据车辆运行的不同情况(包括车速、挡位、电池 SOC 值)来决定电机输出转矩和功率。

图解

当电机控制器从整车控制器处得到转矩输出命令时,其将动力电池提供的直流电转化成三相正弦交流电,驱动电机输出转矩,通过机械传输来驱动车辆,见图3-5-12。

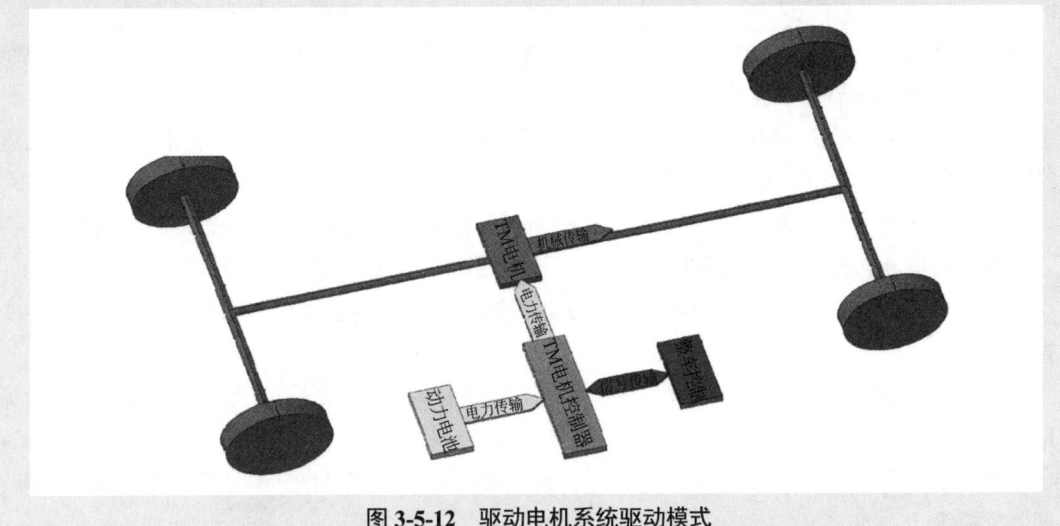

图 3-5-12 驱动电机系统驱动模式

② 电机制动模式:

图解

当车辆在溜车或制动的时候,电机控制器从整车控制器得到发电命令后,电机将处于发电状态,见图3-5-13。此时电机会将车辆动能转化成交流电能。然后,交流电能通过电机控制器转化为直流电能,存储到蓄电池中。

图 3-5-13 驱动电机系统制动模式

③ 转矩控制模式。电机控制系统控制电机轴向四象限的转矩。由于没有转矩传感器,转矩

指令（由整车控制器发送）被转换成为电流指令，并进行闭环控制。转矩控制模式只有在获得正确的初始偏移角度时才能运行。

④ 静态模式。静态模式在电机控制器（MC）处于被动状态（待机状态）或故障状态时被激活。

⑤ 主动放电模式。主动放电用于高压直流端电容的快速放电。主动放电指令来自整车控制器的指令或由 MC 内部故障触发。

⑥ DC/DC 直流转换。MC 中的 DC/DC 转换器将高压直流端的高压转换成指定的直流低压（12V 低压系统），低压设定值来自整车控制器指令。

⑦ 系统诊断功能。当故障发生时，软件根据故障级别使 MC 进入安全状态或限制状态。

a. 传感器诊断，包括电流传感器、电压传感器、温度传感器、位置传感器等故障诊断。

b. 电机诊断，包括电流调节故障、主动短路或空转条件不满足、转子偏移角诊断及电机性能检查等。

c. CAN 通信诊断，包括 CAN 内存检测、总线超时、报文长度及收发计数器异常等诊断。

d. 硬件安全诊断，包括相电流过流诊断、直流母线电压过压诊断、高/低压供电故障诊断、处理器监控等。

3.5.2 维修操作

（1）电机控制器的拆卸　拆卸程序如下。

① 打开前机舱盖。

② 断开蓄电池负极电缆。

③ 拆卸维修开关。

④ 拆卸电机控制器上盖：

图解

拆卸电机控制器上盖螺栓，取下电机控制器上盖，见图 3-5-14。

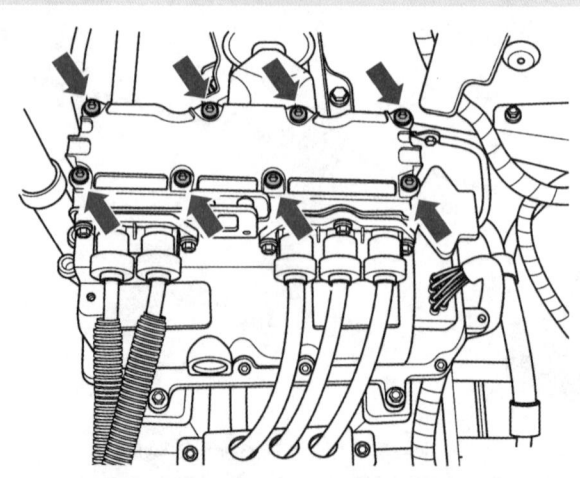

图 3-5-14　电机控制器的拆卸（一）

⑤ 拆卸电机控制器：

图解（见图3-5-15）

a. 拆卸驱动电机三相线束连接器（电机控制器侧）3个固定螺栓1。

b. 拆卸驱动电机三相线束端子（电机控制器侧）3个固定螺栓2，脱开三相线束。

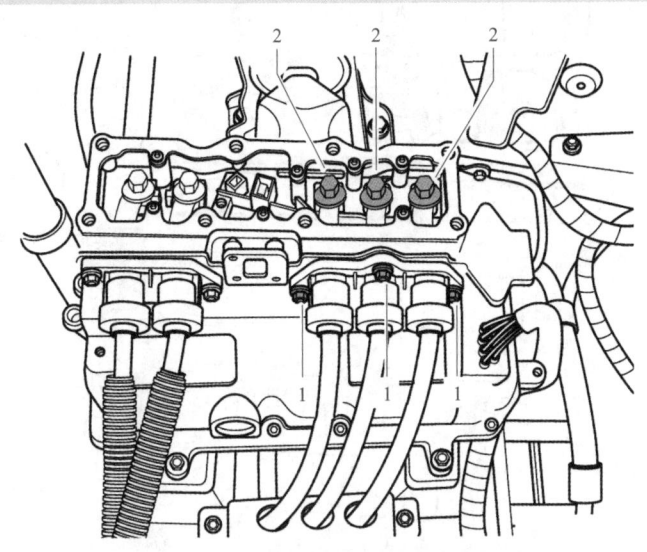

图 3-5-15 电机控制器的拆卸（二）

图解（见图3-5-16）

c. 拆卸分线盒电机控制器高压线线束连接器（电机控制器侧）2个固定螺栓2。

d. 拆卸分线盒电机控制器高压线线束端子（电机控制器侧）2个固定螺栓1，脱开线束。

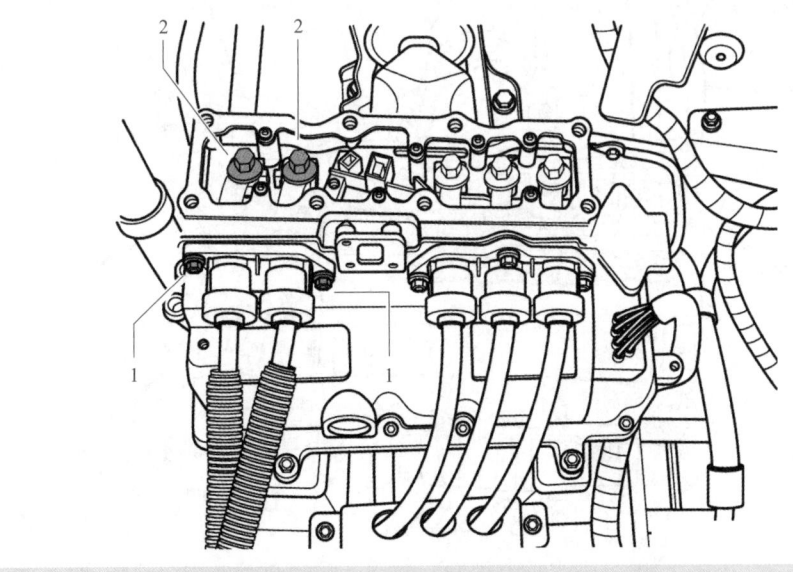

图 3-5-16 电机控制器的拆卸（三）

图解（见图 3-5-17）

e. 断开电机控制器线束连接器 1。
f. 拆卸电机控制器 4 个固定螺栓 2。

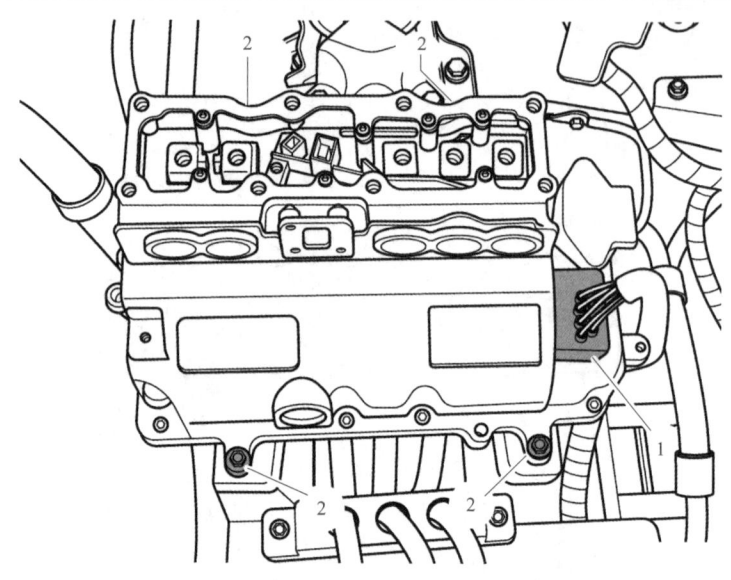

图 3-5-17 电机控制器的拆卸（四）

图解

g. 取下防尘盖，拆卸电机控制器 2 根搭铁线束固定螺母，脱开搭铁线束，见图 3-5-18。

图 3-5-18 电机控制器的拆卸（五）

图解（见图3-5-19）

　　h. 脱开电机控制器进水管2。

　　i. 脱开电机控制器出水管1，取下电机控制器总成。

　　注意：水管脱开前请在车辆底部放置容器，接住防冻液，以免污染地面。

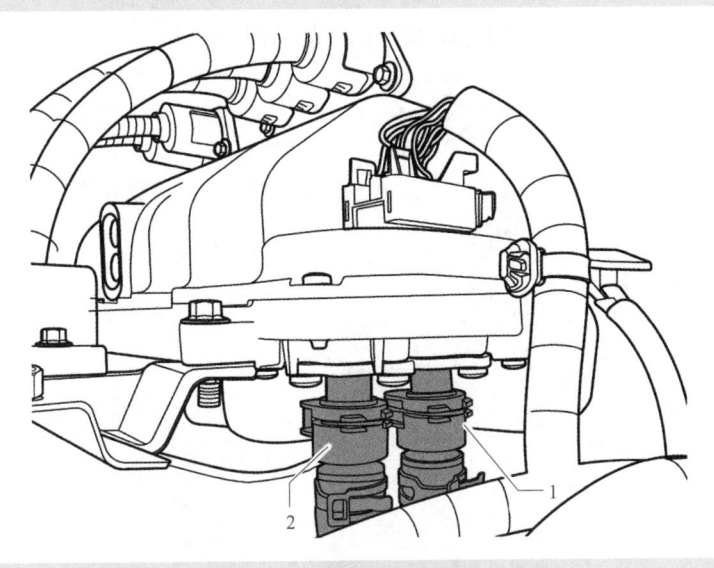

图 3-5-19　电机控制器的拆卸（六）

（2）电机控制器的安装

① 安装电机控制器总成。

② 连接电机控制器进水管。

③ 连接电机控制器出水管。

④ 连接2根搭铁线，紧固螺母，盖上防尘盖。

⑤ 连接电机控制器线束连接器。

⑥ 紧固电机控制器4个固定螺栓。

⑦ 连接三相线束，紧固驱动电机三相线束连接器（电机控制器侧）3个固定螺栓。

⑧ 紧固驱动电机三相线束端子（电机控制器侧）3个固定螺栓。

⑨ 连接线束，紧固分线盒电机控制器高压线线束连接器（电机控制器侧）2个固定螺栓。

⑩ 紧固分线盒电机控制器高压线端子（电机控制器侧）2个固定螺栓。

⑪ 安装电机控制器上盖。放置电机控制器上盖，紧固电机控制器上盖8个螺栓。

维修提示

注意：电机控制器端盖合盖时采取对角法则拧紧。

⑫ 安装维修开关。

⑬ 连接蓄电池负极电缆。

⑭ 加注冷却液：

a. 拧开膨胀罐盖，加入指定型号的冷却液；

b. 持续加注冷却液，直至膨胀罐内冷却液容量达到80%左右，且液位不再下降，膨胀罐保持开口状态；

c. 拔出电机控制器出水管，待电机控制器出水口有成股水流出，装上电机控制器出水管；

d. 除气完成，补充冷却液，恢复车辆。

（3）驱动电机的拆装　驱动电机在机舱中的布局见图3-5-20。

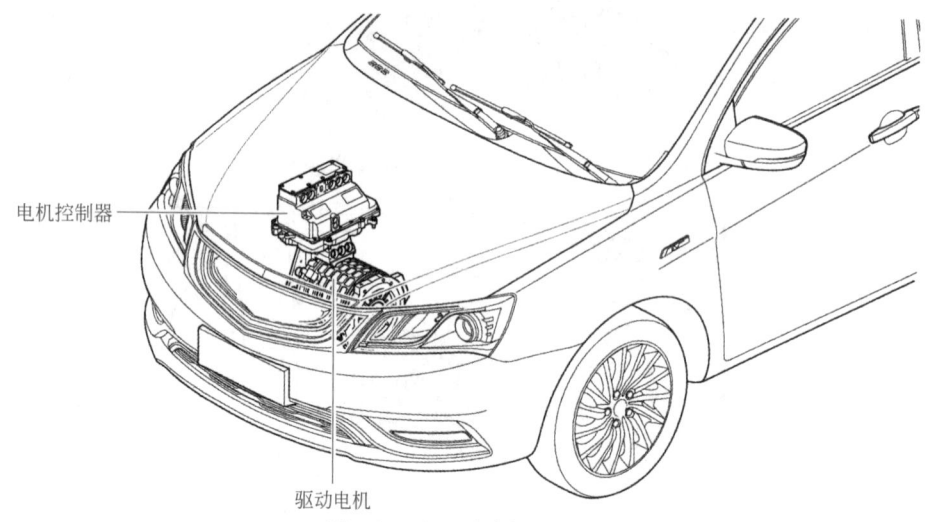

图3-5-20　驱动电机的位置

1）驱动电机的拆卸（从机舱向上吊出）：

① 打开前机舱盖。

② 操作空调制冷剂的回收程序。

③ 断开蓄电池负极电缆。

④ 拆卸维修开关。

⑤ 拆卸左、右前轮轮胎。

⑥ 拆卸驱动轴。

⑦ 拆卸分线盒。

⑧ 拆卸充电机。

⑨ 拆卸电机控制器上盖。

⑩ 拆卸电机控制器。

⑪ 拆卸三相线束。

⑫ 拆卸冷却液储液罐。

⑬ 拆卸机舱底部护板。

⑭ 拆卸压缩机。

⑮ 拆卸制冷空调管。

⑯ 拆卸制动真空泵。

⑰ 拆卸冷却水泵。

⑱ 固定驱动电机。使用吊装工具从上端固定驱动电机。

⑲ 拆卸前悬置。
⑳ 拆卸后悬置。
㉑ 拆卸左悬置。
㉒ 拆卸右悬置。
㉓ 拆卸驱动电机及减速器总成：

图解

a. 拆卸电机进、出水管环箍（见图 3-5-21），脱开电机冷却水管。

注意：水管脱开前请在车辆底部放置容器，接住防冻液，以免污染地面。拆卸或安装水管环箍时都应使用专用的环箍钳。

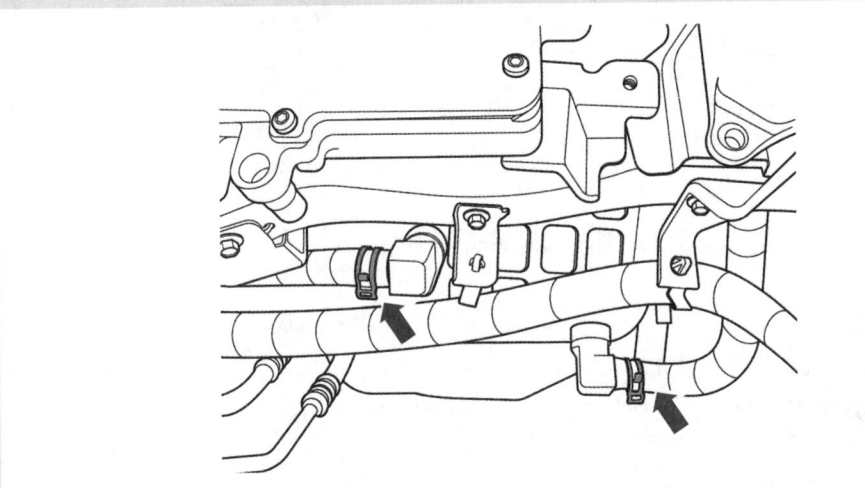

图 3-5-21　拆卸电机进、出水管环箍

图解

b. 断开驻车电机线束连接器（见图 3-5-22），脱开线束固定卡扣。

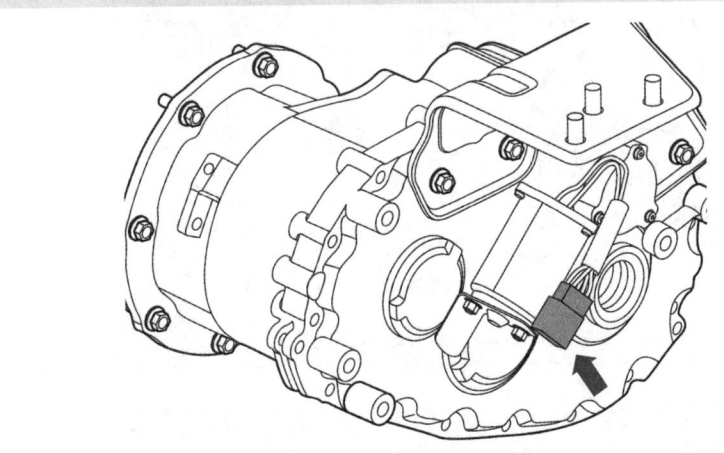

图 3-5-22　断开线束连接器

图解（见图 3-5-23）

c. 拆卸动力总成托架搭铁线束固定螺栓，脱开动力总成托架搭铁线束 1。

d. 拆卸动力线束搭铁螺栓 2。

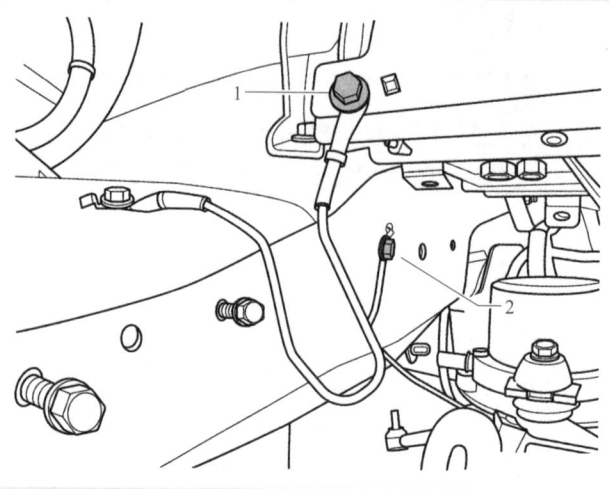

图 3-5-23　断开搭铁线

图解（见图 3-5-24）

e. 断开驱动电机线束连接器 1。

f. 拆卸驱动电机搭铁线束固定螺栓 2，脱开驱动电机搭铁线束。

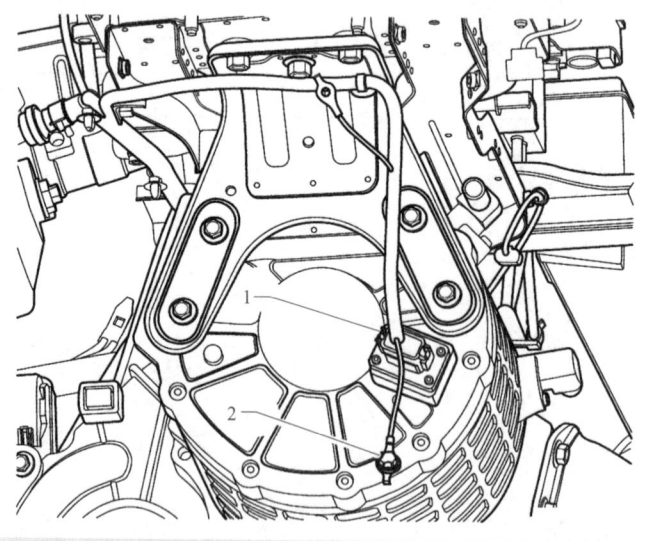

图 3-5-24　断开线束固定螺栓

g. 脱开动力总成托架上的动力线束卡扣，从动力总成托架抽出动力线束。

h. 举升吊装工具，移出驱动电机及减速器总成。

㉔ 拆卸减速器总成。

㉕ 拆卸动力总成托架。

2）驱动电机的安装程序：

基本按照与拆卸相反的顺序进行安装。

① 安装动力总成托架。

② 安装减速器总成。

③ 安装驱动电机及减速器总成：

a. 举升吊装工具，放置驱动电机及减速器总成。

b. 将动力线束布置到动力总成托架上，固定动力线束卡扣。

c. 连接驱动电机线束连接器。连接驱动电机搭铁线束，紧固驱动电机搭铁线束固定螺栓。

d. 连接动力总成托架搭铁线束，紧固固定螺栓。

e. 紧固动力线束搭铁螺栓。

f. 连接驻车电机线束连接器，固定线束卡扣。

g. 连接电机冷却水管，安装水管环箍。

④ 安装前悬置。

⑤ 安装后悬置。

⑥ 安装左悬置。

⑦ 安装右悬置。

⑧ 安装压缩机。

⑨ 安装冷却水泵。

⑩ 安装制动真空泵。

⑪ 安装制冷空调管。

⑫ 安装冷却液储液罐。

⑬ 安装三相线束。

⑭ 安装电机控制器。

⑮ 安装电机控制器上盖。

⑯ 安装分线盒。

⑰ 安装充电机。

⑱ 安装驱动轴。

⑲ 加注减速器油。

⑳ 安装机舱底部护板。

㉑ 安装左、右前轮轮胎。

㉒ 安装维修开关。

㉓ 加注冷却液。

㉔ 连接蓄电池负极电缆。

㉕ 操作空调制冷剂的加注程序。

㉖ 关闭前机舱盖。

3）驱动电机的拆卸（从机舱底向下落）与安装：

① 从机舱底向下落驱动电机时，进行以下操作。

图解

a. 使用托顶从下方托住电机，见图 3-5-25。

注意：在支撑前，在托顶与电机之间放置木块，以免减速器滑动。

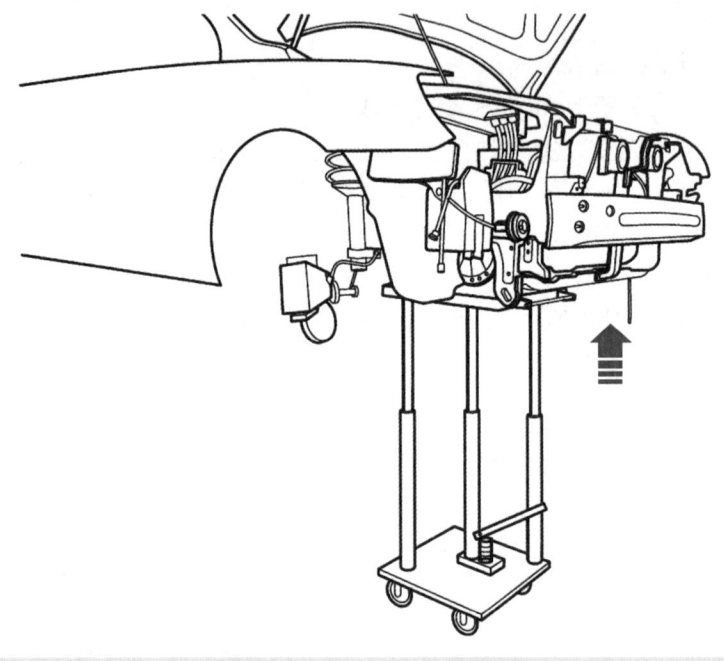

图 3-5-25　使用托顶从下方托住电机

图解

b. 拆卸前悬置支架电机侧 4 个固定螺栓，见图 3-5-26。

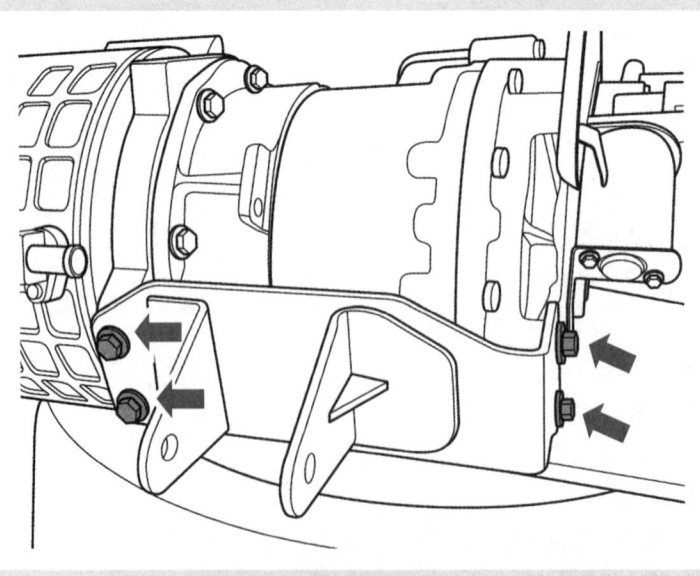

图 3-5-26　拆卸支架螺栓

图 解

c. 拆卸减速器前部 4 个固定螺栓，见图 3-5-27。

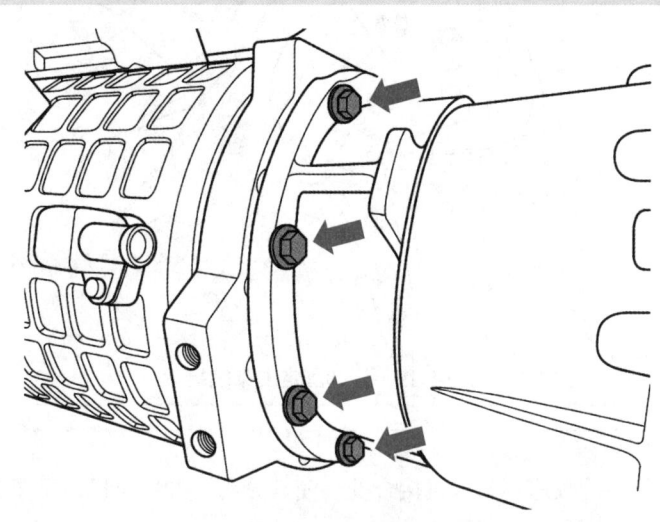

图 3-5-27　拆卸减速器前部螺栓

图 解

d. 拆卸减速器后部 3 个固定螺栓，见图 3-5-28。

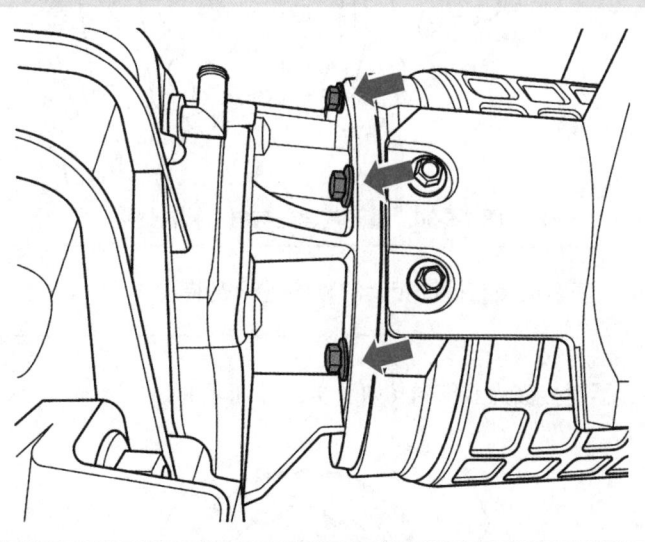

图 3-5-28　拆卸减速器后部螺栓

图 解（见图 3-5-29）

e. 拆卸电机右固定支架上部 3 个固定螺栓 1。
f. 拆卸电机右固定支架下部 4 个固定螺栓 2，取下电机右固定支架。

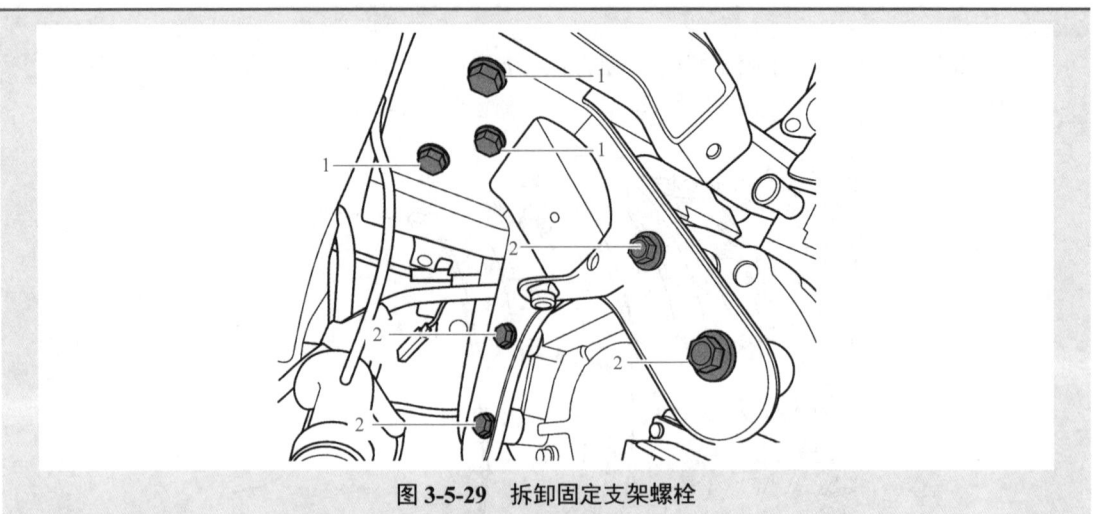

图 3-5-29　拆卸固定支架螺栓

图解

g. 用合适的工具轻撬减速器与电机接合处，使其分离，抽出电机，见图 3-5-30。

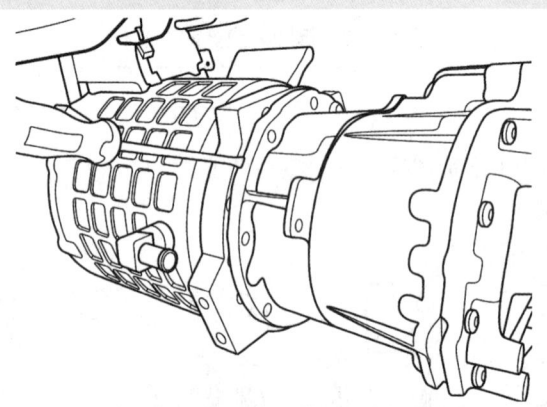

图 3-5-30　撬开减速器与电机接合处

② 安装驱动电机：基本按照与拆卸相反的顺序进行安装。

图解

a. 在电机与减速器对接面涂胶密封（如图 3-5-31 所示）。

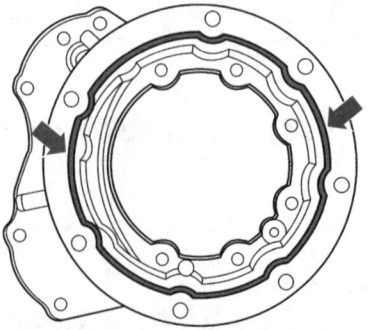

图 3-5-31　涂抹胶密封

图解

b. 装配电机,使电机输出轴花键插入减速器输入轴,见图 3-5-32。

注意:减速器法兰端面的定位销应落入电机前端面的安装孔。

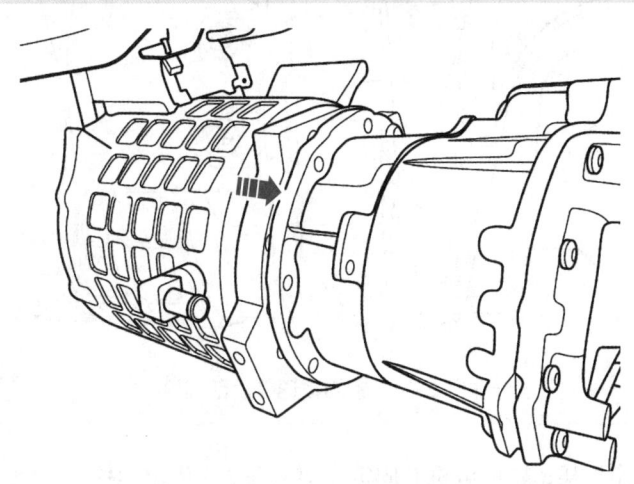

图 3-5-32 装配电机

图解

c. 紧固减速器前部 4 个固定螺栓,见图 3-5-33。

注意:紧固连接螺栓时,需采用对角法则拧紧。

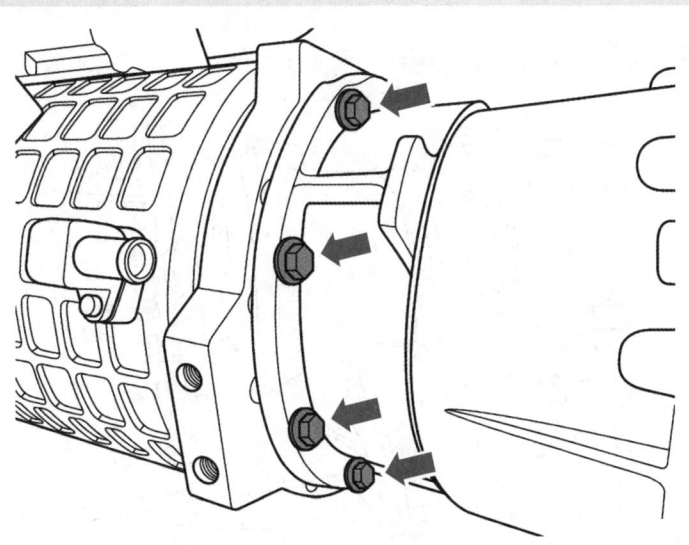

图 3-5-33 拧紧螺栓

图解

d. 紧固减速器后部 3 个固定螺栓,见图 3-5-34。

注意:紧固连接螺栓时,需采用对角法则拧紧。

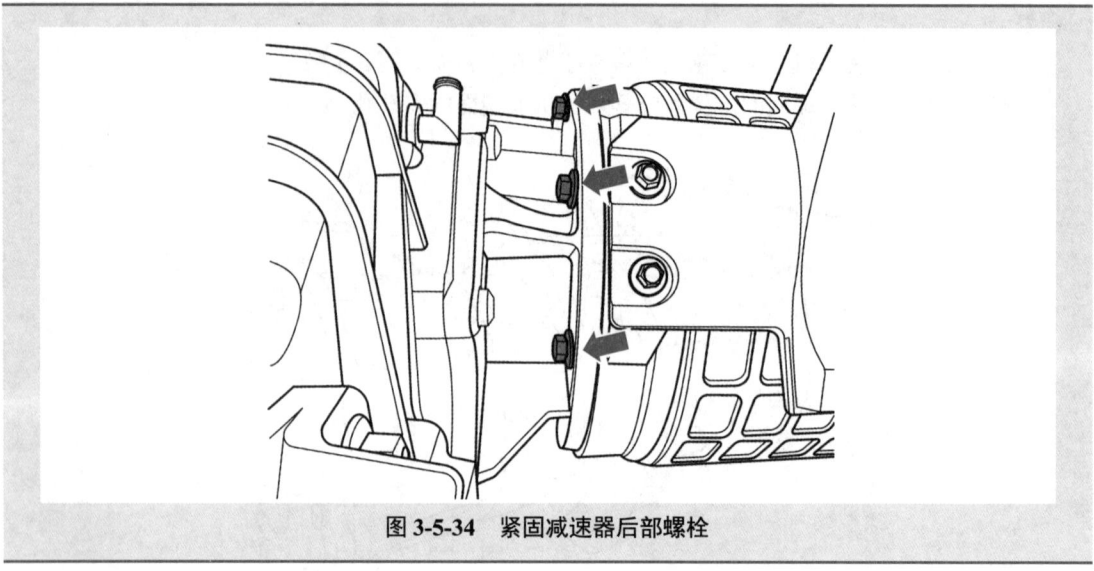

图 3-5-34　紧固减速器后部螺栓

e. 放置电机右固定支架，紧固电机右固定支架上部 3 个固定螺栓。

f. 紧固电机右固定支架下部 4 个固定螺栓。

维修提示

注意：紧固连接螺栓时，需采用对角法则拧紧。

图解

g. 紧固前悬置支架电机侧 4 个固定螺栓，见图 3-5-35。

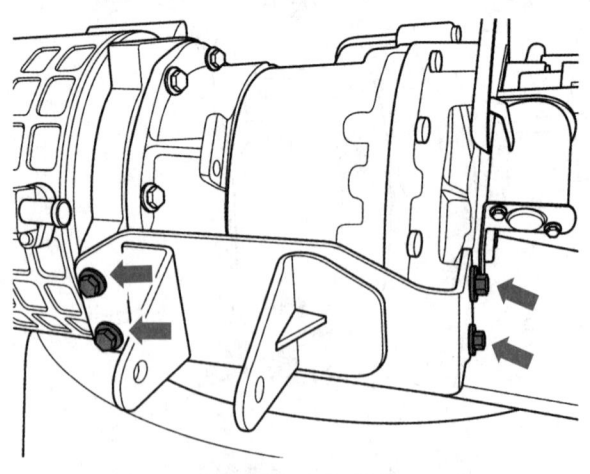

图 3-5-35　紧固连接螺栓

h. 连接电机 2 根冷却水管，安装水管环箍。

注意：环箍装配位置应该与管路标示线对齐。

i. 连接电机线束连接器。

j. 连接电机搭铁线束，安装电机搭铁线束固定螺栓。

③ 安装制动真空泵。

④ 安装右前驱动轴。

⑤ 加注减速器油。

⑥ 安装右前轮轮胎。

⑦ 安装纵梁。

⑧ 安装压缩机。

⑨ 安装机舱底部护板。

⑩ 安装电机控制器。

⑪ 安装充电机。

⑫ 安装电机控制器上盖。

⑬ 安装三相线束。

⑭ 加装冷却液。

⑮ 安装维修开关。

⑯ 连接蓄电池负极电缆。

⑰ 操作空调制冷剂加注程序。

⑱ 关闭前机舱盖。

3.5.3 故障点

（1）电机缺相的检测　电机缺相是指电机内部发生了某一相或两相不通电。其主要原因可能有：电机内某相烧毁、电缆与电机内部绕线断开连接或电缆接头由于未拧紧而发生烧蚀。

① 打开电机控制器小盖板（见图 3-5-36），检查电缆接头有无烧蚀现象。

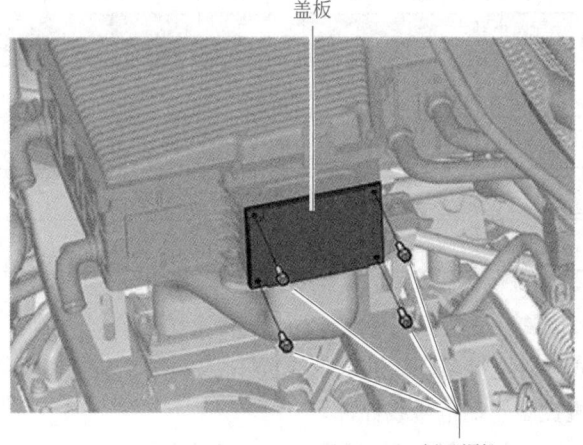

图 3-5-36　打开控制器小盖板

② 检查缺相。通过利用万用表分别检测电机的 A 相与 B 相之间、B 相与 C 相之间、A 相与 C 相之间电阻来判断是否发生缺相，AB、BC、AC 相互之间的差值大于 0.5Ω 即判定为电机缺相，应更换电机。

图解

将维修开关拔掉，打开电机控制器小盖板，将U、V、W三相线螺栓（见图3-5-37）松开，将万用表打至最小单位刻度挡，测量相间的阻值。

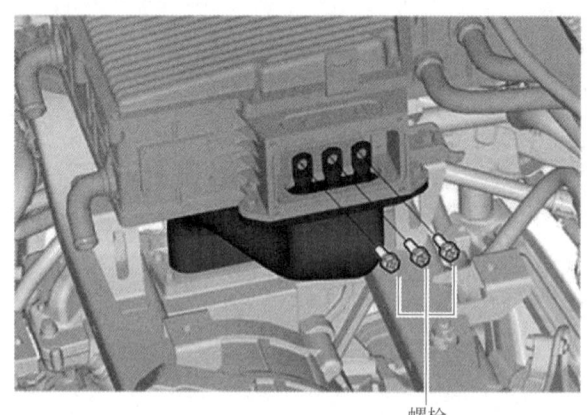

图3-5-37 U、V、W三相线

（2）电机位置传感器信号 电机位置传感器（旋转传感器）负责监控电机转子位置，为电机控制提供位置信号。电机位置传感器采用旋转变压器结构。可能出现的故障模式为内部发生短路或者断路。

以瑞虎3xe驱动电机（型号为J60-2142010）为例，电机尾端信号线插件PIN定义和测量参考参数如表3-5-1所示。PA～PF pin为旋变信号，PG、PH pin为温度信号，测量电阻值时应：PA～PB一组，PC～PD一组，PE～PF一组，PG～PH一组。

表3-5-1 电机尾端信号线插件PIN定义和参数

名称	针脚	标准
R1R2 激励回路	PA、PB	17(1±10%)Ω
S1S3 余弦回路	PC、PD	46(1±10%)Ω
S2S4 正弦回路	PE、PF	50(1±10%)Ω
温度传感器	PG、PH	随环境温度变化

（3）电驱系统绝缘故障的检测

① 测试说明。测试时，先将整车钥匙取下或置于OFF挡，拔掉高压维修开关，确认母线电压低于5V后，拔掉电机控制器端信号线插件。

② 绝缘检测。驱动电机绝缘故障原因常为电机内部进水，或者是电机的绝缘层受热失效，或绕组某处烧蚀对地短接；电机控制器绝缘故障原因常为控制器内部进水，或者是爬电距离变小。检测方法如下。

a. 调整好绝缘检测表，选择测试电压为1000V挡。

b. 当电驱系统发生绝缘故障时，常会引起控制器报"模块故障"，或者整车绝缘故障。检查电驱系统绝缘故障时应将电机系统从整车上脱离（将高压配电盒到MCU的动力电缆插件拔出，确保电驱系统从整车上分离），分别对电机系统的正负对地用绝缘表进行测试，绝缘表测试电压为1000V，要求测试时电机温度接近常温，测试结果阻值应大于20MΩ。若低于此值，则需进一步判定是电机的问题还是控制器的问题。

c. 打开控制器小盖板，将三相线螺栓拆掉，将线与安装底座脱开，单独对电机控制器进行绝缘测试。如果测试结果阻值低于20MΩ，判定为控制器损坏，请更换控制器。

d. 如果控制器绝缘阻值大于20MΩ，则需对电机单体进行绝缘测试，红笔连接电机三相端子，黑笔连接电机壳体。如果测试结果小于20MΩ，则更换电机；否则，认为电机绝缘正常。

> **维修提示**
> ① 保证无液体流入或溅入高压插件或者低压插件内部。
> ② 强调：低压插件必须拔出。
> ③ 测量时应注意一端与端子连接，另一端与外壳连接。
> ④ 测试电压应选择1000V挡位。
> ⑤ 使用高压绝缘表测试时，禁止直接以高压笔头接触人体，以防止电击。

③ 绝缘正常判别标准为绝缘阻值大于20MΩ。

（4）电机控制器低压供电故障　电机控制器低压供电故障一般表现为蓄电池电压过压故障、蓄电池电压欠压故障和低压端输出与蓄电池连接断开故障信息。

电机控制器低压供电电路见图3-5-38。

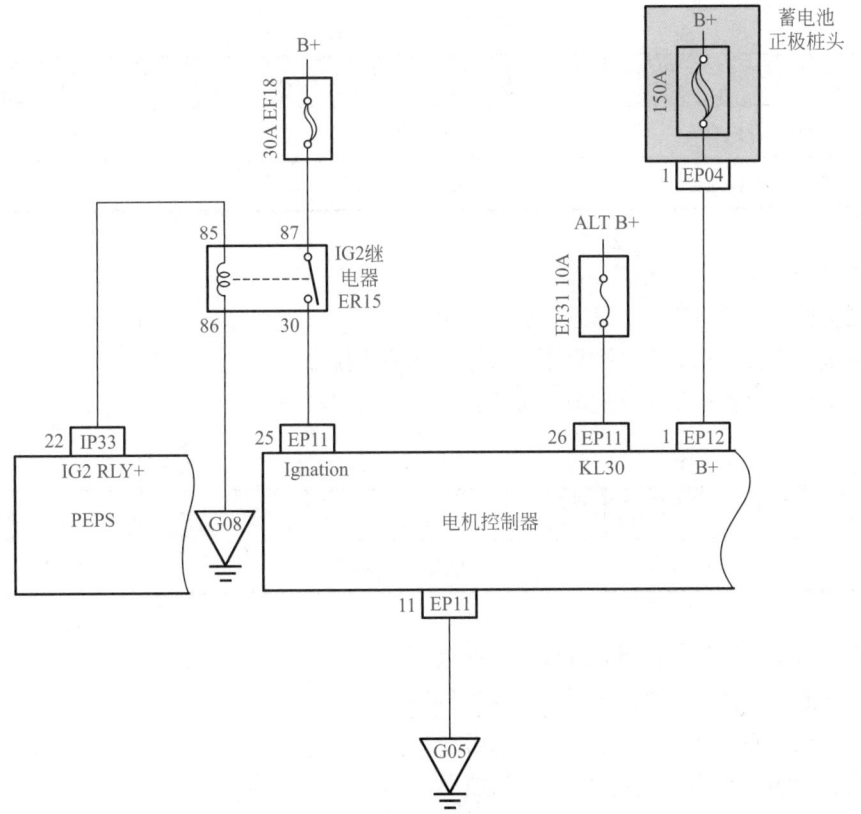

图3-5-38　电机控制器低压供电电路图

检测和确定故障点，步骤如下。

第一步：检查蓄电池电压。

① 操作启动开关，使电源模式至 OFF 状态。

② 检测并判断测量值是否符合标准（见表 3-5-2）。

如果测量值不符合标准值，请更换蓄电池或为蓄电池充电。

如果测量值符合标准值，则需要接着进行下一步检查。

表 3-5-2 测量端子及标准电压

万用表连接插件端子	条件/状态	应测得结果
蓄电池正极—蓄电池负极	启动开关 OFF 状态	11～14V

第二步：检查电机控制器保险丝和蓄电池正极柱头保险丝是否熔断。

如果保险丝已经熔断，则需要检修保险丝线路，更换额定容量保险丝。

如果保险丝没有熔断，则需要接着进行下一步检查。

第三步：检查电机控制器电源电压。

① 操作启动开关，使电源模式至 OFF 状态。

② 断开电机控制器线束连接器。

③ 操作启动开关，使电源模式至 ON 状态。

④ 用万用表测量电机控制器线束（见表 3-5-3、图 3-5-38）。

表 3-5-3 检测端子及标准电压（电机控制器电源）

万用表连接插件端子	条件/状态	应测得结果
EP11/25—车身接地	启动开关 ON 状态	11～14V
EP11/26—车身接地	启动开关 ON 状态	11～14V

⑤ 判断测量值是否符合标准。

如果测量值符合标准值，请修理或更换线束。

如果测量值不符合标准值，则需要接着进行下一步检查。

第四步：检查电机控制器接地电阻（见表 3-5-4、图 3-5-38）。

表 3-5-4 检测端子及标准电阻（电机控制器接地电阻）

万用表连接插件端子	条件/状态	应测得结果
EP11/11—车身接地	启动开关 OFF 状态	＜1Ω

如果测量值符合标准值，请修理或更换线束。

如果测量值不符合标准值，则需要接着进行下一步检查。

第五步：检查 DC/DC 与蓄电池之间的线路。

① 操作启动开关使电源模式至 OFF 状态。

② 断开蓄电池负极电缆。

③断开电机控制器线束连接器 EP12（见表 3-5-5、图 3-5-38）。

表 3-5-5　检测端子及标准电压（DC/DC 与蓄电池之间线路）

万用表连接插件端子	条件/状态	应测得结果
EP12/1—蓄电池 +	启动开关 OFF 状态，断开蓄电池 +	＜1Ω

④检测并判断测量值是否符合标准。

如果测量值符合标准值，请修理或更换线束。

如果测量值不符合标准，则需要更换电机控制器。

（5）电机控制器高压供电故障　通过数据流读出数值，对比电池管理系统（BMS）上报的母线电压与电机控制器上报的母线电压，判断两者的电压相差是否过大。

如果两者的电压相差不大，则系统正常。

如果相差过大，则更换电机控制器。

（6）电机控制器通信故障　电机控制器通信电路见图 3-5-39。

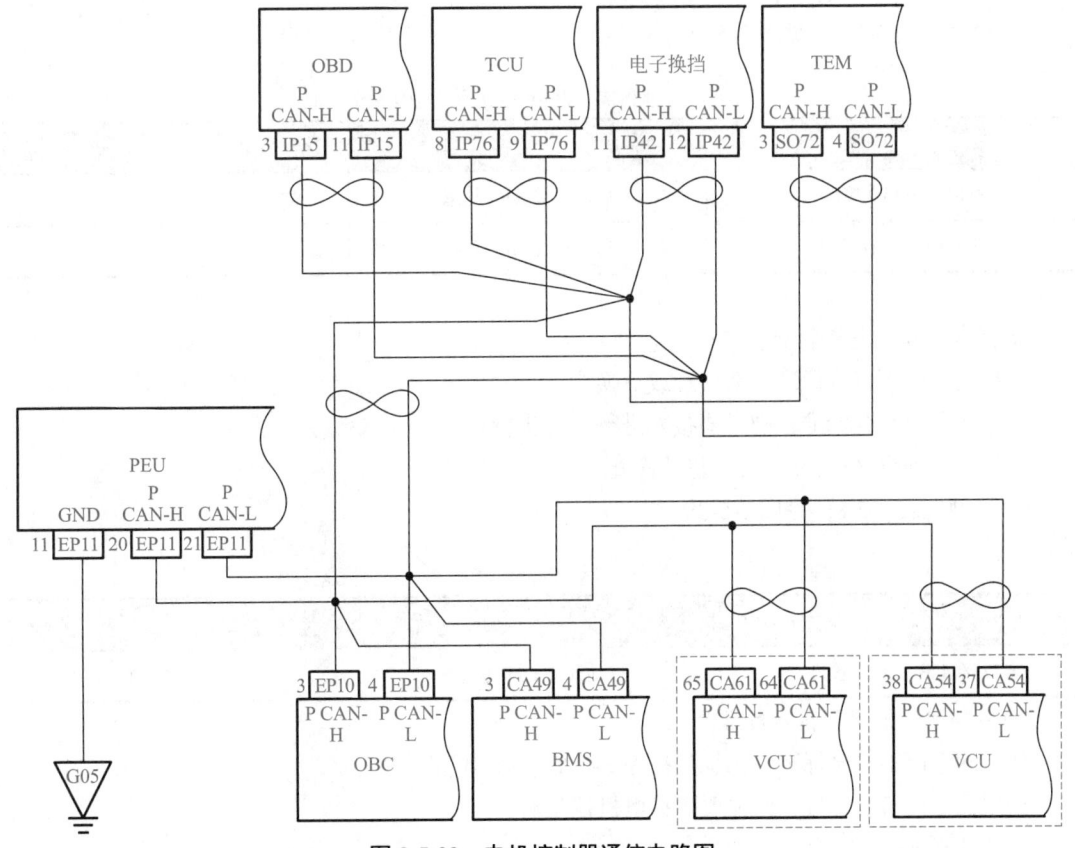

图 3-5-39　电机控制器通信电路图

检测和确定故障点，步骤如下。

第一步：使用故障诊断仪读取故障代码。

①操作启动开关，使电源模式至 ON 状态。

② 连接故障诊断仪，读取系统故障代码。

③ 检查系统是否存在其它故障代码。

如果系统存在其它故障代码，则优先排除其它故障代码指示故障。

如果系统不存在其它故障代码，则需要接着进行下一步检查。

第二步：检查电机控制器的通信屏蔽线路。

① 断开电机控制器线束连接器 EP11（见图 3-5-39）。

② 检测并判断测量值是否符合标准（表 3-5-6）。

如果测量值不符合标准，请修理或更换线束。

如果测量值符合标准，则需要接着进行下一步检查。

表 3-5-6　检测端子及标准电阻（通信屏蔽线路）

万用表连接插件端子	条件/状态	应测得结果
EP11/10—车身接地	启动开关 OFF 状态	< 1Ω

第三步：检查电机控制器的通信线路。

① 检测见表 3-5-7，见图 3-5-39。

表 3-5-7　检测端子及标准电阻（通信线路）

万用表连接插件端子	条件/状态	应测得结果
EP11/21—OBD 接口 /11	启动开关 OFF 状态	< 1Ω
EP11/20—OBD 接口 /3	启动开关 OFF 状态	< 1Ω

② 判断测量值是否符合标准。

如果测量值不符合标准，请修理或更换线束。

如果测量值符合标准，则需要接着进行下一步检查。

第四步：进行 P-CAN 网络完整性检查。

① 检测见表 3-5-8，见图 3-5-39。

表 3-5-8　检测端子及标准电阻（P-CAN 网络完整性）

万用表连接插件端子	条件/状态	应测得结果
OBD 接口 /3—OBD 接口 /11	启动开关 OFF 状态	55～67.5Ω

② 判断测量值是否符合标准。

如果测量值不符合标准，则优先排除 P-CAN 网络不完整故障。

如果测量值符合标准，则需要更换电机控制器：

a. 断开蓄电池负极电缆。

b. 拆卸维修开关。

c. 更换电机控制器，故障排除。

这样，一个比较完整的诊断程序结束。

（7）驱动电机旋变信号故障　驱动电机旋变信号电路见图 3-5-40。

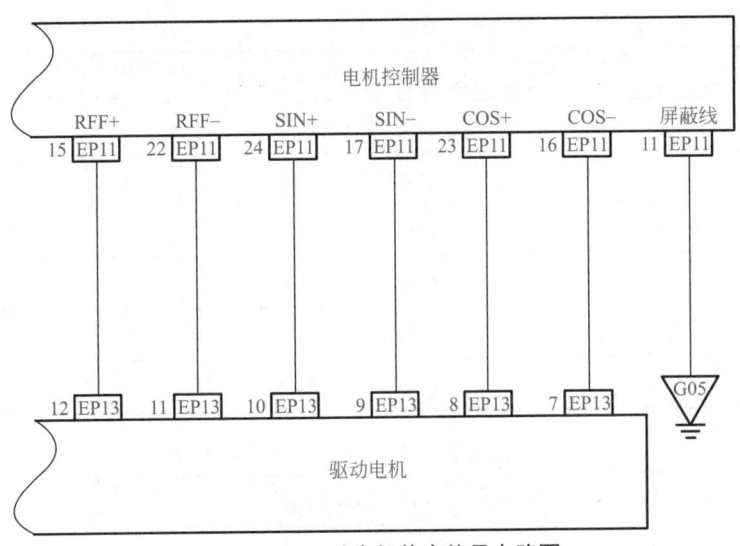

图 3-5-40 驱动电机旋变信号电路图

检测和确定故障点,步骤如下。

第一步:检测电机旋变的正弦、余弦、励磁电阻值。

电机旋变的正弦、余弦、励磁电阻正常值见表 3-5-9。

表 3-5-9 标准电阻

余弦	正弦	励磁
$(14.5\pm1.5)\,\Omega$	$(13.5\pm1.5)\,\Omega$	$(9.5\pm1.5)\,\Omega$

第二步:检测驱动电机旋变信号屏蔽线路。

① 操作启动开关,使电源模式至 OFF 状态,拆卸维修开关。

② 检测见表 3-5-10,见图 3-5-40。

表 3-5-10 检测端子及标准电阻(旋变信号屏蔽线路)

万用表连接插件端子	条件/状态	应测得结果
EP11/21—车身接地	启动开关 ON 状态	$<1\Omega$

③ 判断测量值是否符合标准。

如果测量值不符合标准,请修理或更换线束。

如果测量值符合标准,则需要接着进行下一步检查。

第三步:检测驱动电机余弦旋变信号线路。

① 操作启动开关,使电源模式至 OFF 状态。拆卸维修开关。

② 操作启动开关,使电源模式至 ON 状态。

③ 断开驱动电机线束连接器 EP13,断开电机控制器线束连接器 EP11,见图 3-5-40。

④ 检测见表 3-5-11、表 3-5-12,见图 3-5-40。

表 3-5-11　检测端子及标准电阻（余弦旋变信号线路）

万用表连接插件端子	条件/状态	应测得结果
EP13/7—EP11/16	启动开关 ON 状态	<1Ω
EP13/8—EP11/23	启动开关 ON 状态	<1Ω
EP13/8—EP13/8	启动开关 ON 状态	≥10kΩ
EP13/7—EP11/8	启动开关 ON 状态	≥10kΩ
EP13/7—车身接地	启动开关 ON 状态	≥10kΩ
EP13/8—车身接地	启动开关 ON 状态	≥10kΩ

表 3-5-12　检测端子及标准电压（余弦旋变信号线路）

万用表连接插件端子	条件/状态	应测得结果
EP13/7—车身接地	启动开关 ON 状态	0V
EP13/8—车身接地	启动开关 ON 状态	0V

⑤ 判断测量值是否符合标准。

如果测量值不符合标准，则需要接着往下一步检查，修理/更换电机或修理线束。

如果测量值符合标准，请执行下一步。

第四步：检测驱动电机正弦旋变信号线路。

① 操作启动开关，使电源模式至 OFF 状态。

② 断开蓄电池负极电缆。拆卸维修开关。

③ 检测见表 3-5-13、表 3-5-14，见图 3-5-40。

表 3-5-13　检测端子及标准电阻（正弦旋变信号线路）

万用表连接插件端子	条件/状态	应测得结果
EP13/9—EP11/17	启动开关 ON 状态	<1Ω
EP13/9—EP11/10	启动开关 ON 状态	<1Ω
EP13/9—车身接地	启动开关 ON 状态	≥10kΩ
EP13/10—车身接地	启动开关 ON 状态	≥10kΩ

表 3-5-14　检测端子及标准电压（正弦旋变信号线路）

万用表连接插件端子	条件/状态	应测得结果
EP13/9—车身接地	启动开关 ON 状态	0V
EP13/10—车身接地	启动开关 ON 状态	0V

④ 判断测量值是否符合标准。

如果测量值不符合标准，请修理或更换线束。

如果测量值符合标准，则需要接着进行下一步检查。

第五步：检测驱动电机励磁旋变信号线路。

① 操作启动开关，使电源模式至 OFF 状态。

② 断开蓄电池负极电缆；拆卸维修开关。

③ 检测见表 3-5-15、表 3-5-16，见图 3-5-40。

表 3-5-15　检测端子及标准电阻（励磁旋变信号线路）

万用表连接插件端子	条件 / 状态	应测得结果
EP13/11—EP11/22	启动开关 ON 状态	$< 1\Omega$
EP13/12—EP11/15	启动开关 ON 状态	$< 1\Omega$
EP13/11—EP11/12	启动开关 ON 状态	$\geq 10k\Omega$
EP13/11—车身接地	启动开关 ON 状态	$\geq 10k\Omega$
EP13/12—车身接地	启动开关 ON 状态	$\geq 10k\Omega$

表 3-5-16　检测端子及标准电压（励磁旋变信号线路）

万用表连接插件端子	条件 / 状态	应测得结果
EP13/11—车身接地	启动开关 ON 状态	0V
EP13/12—车身接地	启动开关 ON 状态	0V

④ 判断测量值是否符合标准。

如果测量值不符合标准，请修理或更换线束。

如果测量值符合标准，则需要更换电机控制器。

（8）电机温度过高故障　检测电机温度过高需要的电路图见图 3-5-41。

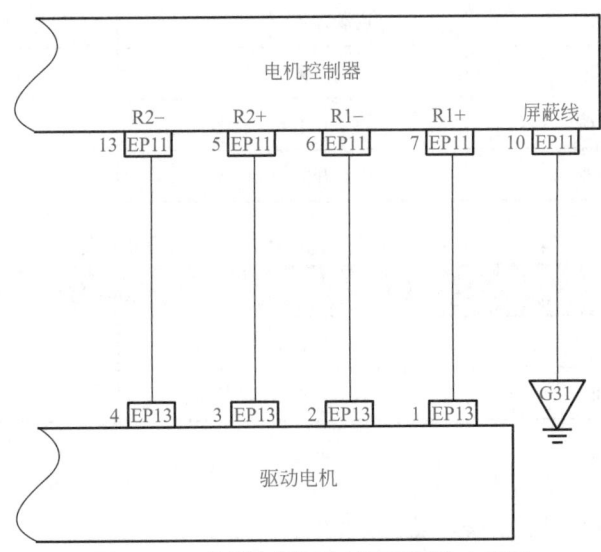

图 3-5-41　检测电机温度过高需要的电路图

检测和确定故障点，步骤如下。

第一步：使用故障诊断仪读取故障代码。

如果存在系统故障码，则优先排除故障代码指示故障。

如果不存在系统故障码，则需要接着进行下一步检查。

第二步：检查冷却液是否充足。

① 检查管路有无弯曲、折叠、漏水现象。

② 检查膨胀罐中的冷却液位是否正常。

如果冷却液位不正常，则需要添加冷却液。

如果冷却液位正常，则需要接着进行下一步检查。

第三步：检查冷却水泵是否正常。

① 操作启动开关，使电源模式至 ON 状态。

② 检查冷却水泵是否正常工作。

如果冷却水泵工作不正常，则优先排除冷却系统故障。

如果冷却水泵工作正常，则需要接着进行下一步检查。

第四步：检测驱动电机信号屏蔽线路。

① 操作启动开关使电源模式至 OFF 状态。

② 断开蓄电池负极电缆。拆卸维修开关。

③ 然后，操作启动开关使电源模式至 ON 状态。准备进行电路测量。

④ 检测见表 3-5-17、表 3-5-18，见图 3-5-41。

表 3-5-17 检测端子及标准电阻（信号屏蔽线路）

万用表连接插件端子	条件/状态	应测得结果
EP11/10—车身接地	启动开关 ON 状态	< 1Ω
EP13/1—EP11/7	启动开关 ON 状态	< 1Ω
EP13/2—EP11/6	启动开关 ON 状态	< 1Ω
EP13/1—EP13/2	启动开关 ON 状态	≥ 10kΩ
EP13/1—车身接地	启动开关 ON 状态	≥ 10kΩ
EP13/2—车身接地	启动开关 ON 状态	≥ 10kΩ

表 3-5-18 检测端子及标准电压（信号屏蔽线路）

万用表连接插件端子	条件/状态	应测得结果
EP13/1—车身接地	启动开关 ON 状态	0V
EP13/2—车身接地	启动开关 ON 状态	0V

⑤ 判断测量值是否符合标准。

如果测量值不符合标准，请修理或更换线束。

如果测量值符合标准，则需要接着进行下一步检查。

第五步：检查电机温度传感器自身的阻值。

阻值随温度升高而降低，随温度降低而升高。

第六步：检查电机温度传感器信号线路。

① 操作启动开关，使电源模式至 OFF 状态。

② 断开蓄电池负极电缆。

③ 拆卸维修开关。

④ 操作启动开关，使电源模式至 ON 状态。

⑤ 断开驱动电机线束连接器 EP13 和电机控制器线束连接器 EP11（见图 3-5-41）。

⑥ 检测见表 3-5-19、表 3-5-20，见图 3-5-41。

表 3-5-19　检测端子及标准电阻（信号线路）

万用表连接插件端子	条件/状态	应测得结果
EP13/3—EP11/5	启动开关 ON 状态	<1Ω
EP13/4—EP11/13	启动开关 ON 状态	<1Ω
EP13/3—车身接地	启动开关 ON 状态	≥10kΩ
EP13/4—车身接地	启动开关 ON 状态	≥10kΩ

表 3-5-20　检测端子及标准电压（信号线路）

万用表连接插件端子	条件/状态	应测得结果
EP13/3—车身接地	启动开关 ON 状态	0V
EP13/4—车身接地	启动开关 ON 状态	0V

⑦ 判断测量值是否符合标准。

如果测量值不符合标准，请修理或更换线束。

如果测量值符合标准，则需要更换电机控制器。

（9）驱动电机三相线束故障　检测驱动电机三相线束故障需要的电路图见图 3-5-42。

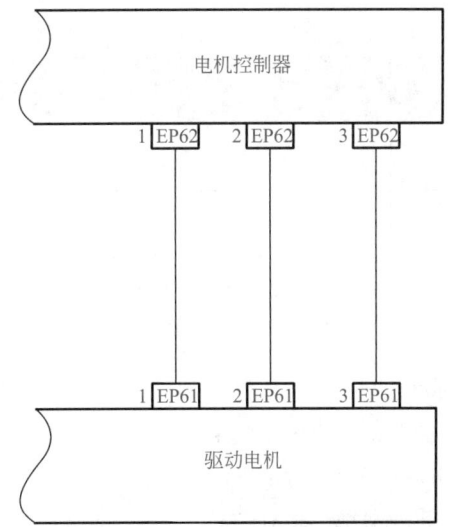

图 3-5-42　检测驱动电机三相线束故障需要的电路图

检测和确定故障点,步骤如下。

对于驱动电机三相线束这种故障,如果故障诊断仪执行检测诊断,多数会显示"电流控制不合理故障"。

第一步:检测驱动电机三相线束是否存在相互短路故障。

① 操作启动开关,使电源模式至 OFF 状态。

② 断开蓄电池负极电缆,拆卸维修开关。

③ 断开驱动电机三相线束连接器 EP61,断开电机控制器三相线束连接器 EP62。

④ 检测见表 3-5-21,见图 3-5-42。

表 3-5-21 检测端子及标准电阻(检测短路故障)

万用表连接插件端子	条件/状态	应测得结果
EP61/1—EP61/2	启动开关 OFF 状态	≥ 20kΩ
EP61/1—EP61/3	启动开关 OFF 状态	≥ 20kΩ
EP61/2—EP61/3	启动开关 OFF 状态	≥ 20kΩ

⑤ 判断测量值是否符合标准。

如果测量值不符合标准,需要修理或更换线束。

如果测量值符合标准,则需要接着进行下一步检查。

第二步:检测驱动电机三相线束断路故障。

① 操作启动开关,使电源模式至 OFF 状态;断开蓄电池负极电缆。

② 拆卸维修开关。

③ 断开驱动电机三相线束连接器 EP61。

④ 断开电机控制器三相线束连接器 EP62。

⑤ 检测见表 3-5-22,见图 3-5-42。

表 3-5-22 检测端子及标准电阻(检测断路故障)

万用表连接插件端子	条件/状态	应测得结果
EP61/1—EP62/1	启动开关 OFF 状态	< 1Ω
EP61/2—EP62/2	启动开关 OFF 状态	< 1Ω
EP61/3—EP62/3	启动开关 OFF 状态	< 1Ω

⑥ 判断测量值是否符合标准。

如果测量值不符合标准,需要修理或更换线束。

如果测量值符合标准,则需要接着进行下一步检查。

第三步:检测驱动电机三相线对地短路故障。

① 检测见表 3-5-23,见图 3-5-42。

表 3-5-23 检测端子及标准电阻（检测对地短路故障）

万用表连接插件端子	条件/状态	应测得结果
EP61/1—车身接地	启动开关 OFF 状态	≥ 20kΩ
EP61/2—车身接地	启动开关 OFF 状态	≥ 20kΩ
EP61/3—车身接地	启动开关 OFF 状态	≥ 20kΩ

② 判断测量值是否符合标准。

如果测量值不符合标准，需要修理或更换线束。

如果测量值符合标准，需要更换电机控制器。

（10）电机控制器 DC/DC 故障 检测电机控制器 DC/DC 故障需要的电路图见图 3-5-43。

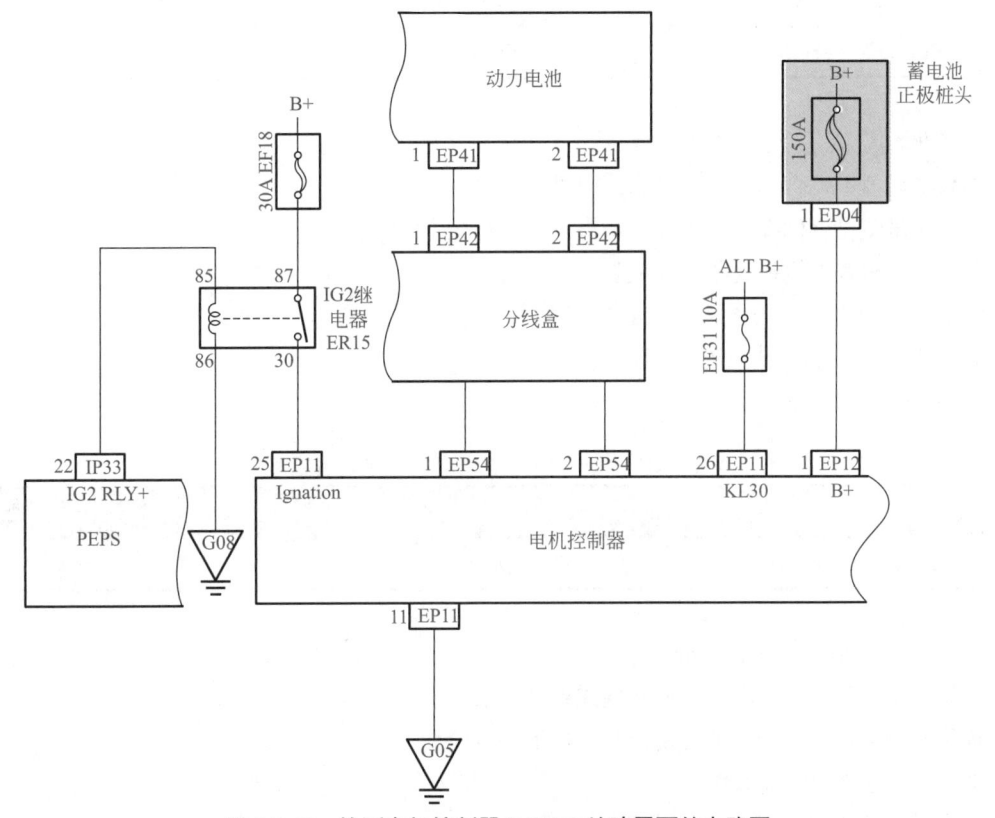

图 3-5-43 检测电机控制器 DC/DC 故障需要的电路图

检测和确定故障点，步骤如下。

第一步：检查蓄电池电压。

检测见表 3-5-24。

表 3-5-24 测量端子及标准电压（蓄电池）

万用表连接插件端子	条件/状态	应测得结果
蓄电池正极—蓄电池负极	启动开关 OFF 状态	11～14V

第二步：检查电机控制器保险丝。

如果保险丝已经熔断，则检修保险丝线路，更换额定容量保险丝。

如果保险丝没有熔断，则需要接着进行下一步检查。

第三步：检查电机控制器低压电源电压。

① 操作启动开关，使电源模式至 OFF 状态。

② 断开电机控制器线束连接器。

③ 操作启动开关，使电源模式至 ON 状态。

④ 检测见表 3-5-25，见图 3-5-43。

表 3-5-25　检测端子及标准电压（低压电源）

万用表连接插件端子	条件/状态	应测得结果
EP11/25—车身接地	启动开关 ON 状态	11～14V
EP11/26—车身接地	启动开关 ON 状态	11～14V

⑤ 判断测量值是否符合标准。

如果测量值不符合标准，需要修理或更换线束。

如果测量值符合标准，则需要接着进行下一步检查。

第四步：检查电机控制器接地电阻。

① 操作启动开关，使电源模式至 OFF 状态。

② 断开电机控制器线束连接器。

③ 检测见表 3-5-26，见图 3-5-43。

表 3-5-26　检测端子及标准电阻（接地电阻）

万用表连接插件端子	条件/状态	应测得结果
EP11/25—车身接地	启动开关 ON 状态	<1Ω

④ 判断测量值是否符合标准。

如果测量值不符合标准，需要修理或更换线束。

如果测量值符合标准，则需要接着进行下一步检查。

第五步：检查分线盒线束。

① 操作启动开关，使电源模式至 OFF 状态。

② 断开蓄电池负极电缆，拆卸维修开关。

③ 断开电机控制器高压线束连接器 EP54 和直流母线线束连接器 EP42（分线盒侧），见图 3-5-43。

④ 检测见表 3-5-27，见图 3-5-43。

表 3-5-27　检测端子及标准电阻（分线盒线束）

万用表连接插件端子	条件/状态	应测得结果
EP54/1—EP42/1	启动开关 OFF 状态	<1Ω

续表

万用表连接插件端子	条件/状态	应测得结果
EP54/2—EP42/2	启动开关 OFF 状态	<1Ω
EP61/3—EP62/3	启动开关 OFF 状态	<1Ω

⑤ 判断测量值是否符合标准。

如果测量值符合标准，需要修理或更换线束。

如果测量值不符合标准，则需要接着进行下一步检查。

第六步：检查 DC/DC 与蓄电池之间的线路。

① 操作启动开关，使电源模式至 OFF 状态。

② 断开蓄电池负极电缆。

③ 断开电机控制器线束连接器。

④ 断开蓄电池正极电缆。

⑤ 检测见表 3-5-28，见图 3-5-43。

表 3-5-28　检测端子及标准电阻（DC/DC 与蓄电池间的线路）

万用表连接插件端子	条件/状态	应测得结果
EP12/1—蓄电池 +	启动开关 OFF 状态	<1Ω

⑥ 判断测量值是否符合标准。

如果测量值符合标准，需要修理或更换线束。

如果测量值不符合标准，则需要更换电机控制器。

（11）电机转子偏移角检查　步骤如下。

第一步：使用诊断仪读取故障码。

① 操作启动开关，使电源模式至 ON 状态。

② 连接诊断仪，读取故障码。

③ 检查车辆是否有其它故障码。

如果车辆有其它故障码，请根据故障代码表优先排除其它故障。

如果车辆没有其它故障码，则需要接着进行下一步检查。

第二步：使用诊断仪读取偏移角。

① 操作启动开关，使电源模式至 ON 状态。

② 连接诊断仪，读取电机当前转子偏移角。

③ 检查所读取偏移角是否在标准范围内。

如果偏移角在标准范围内，则系统正常。

如果偏移角不在标准范围内，则需要接着进行下一步检查。

第三步：使用诊断仪标定偏移角。

① 操作启动开关，使电源模式至 ON 状态。

② 连接诊断仪，根据电机铭牌上的标准值重新标定转子偏移角。

③ 确认标定完成。

3.6 高压配电系统

3.6.1 基础知识

（1）高压配电系统部件　高压配电系统部件主要包括分线盒（高压配电单元）、直流充电接口、交流充电接口、直流母线、电机三相线线束、空调压缩机线束。所有高压线束（见图3-6-1、图3-6-2）均为橙色，车辆上电时不要触碰这些线束和部件，高压线束接插件拔出后，立即用绝缘胶带包裹。

图 3-6-1　高压线束

1—分线盒；2—直流母线；3—电机三相线束；4—交流充电接口；5—直流充电接口

①　高压配电单元（PDU）线束。高压配电单元线束位于车身底板下，连接在高压电池包和PDU之间，主要功能为将高压电池组直流电引到PDU上。

②　电动空调压缩机线束。电动空调压缩机线束位于前舱中，连接在PDU和电动空调压缩机之间，主要作用为将PDU上的高压直流电引给电动空调压缩机。

③　高压加热器线束。高压加热器线束，从乘客舱在车身前围处穿到前舱和底板下，主要作用为：连接PDU和加热器，将PDU的高压直流电引给加热器；连接慢充充电器和高压电池包，将慢充充电器的直流电传给高压电池组。

④　驱动电机线束。驱动电机线束位于前舱，连接在PEB和驱动电机之间，主要功能为将PEB上的三相交流电提供给驱动电机。

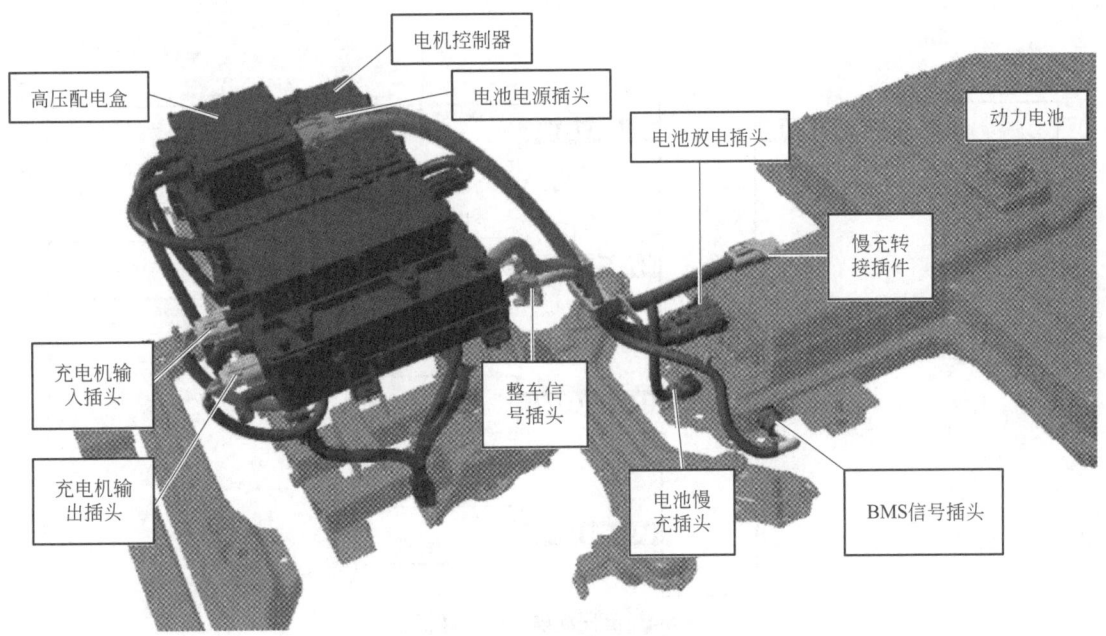

图 3-6-2　接线盒动力电缆

（2）高压配电系统功能　纯电动车有一套高压供电系统。高压供电系统由动力电池为电机控制器、驱动电机、电动压缩机、PTC 加热器等高压部件提供能量。此外，动力电池还有一套直流快充充电系统和一套交流慢充充电系统。所有这些高压部件都由高压配电系统连接输送电能。高压供电系统框图见图 3-6-3。

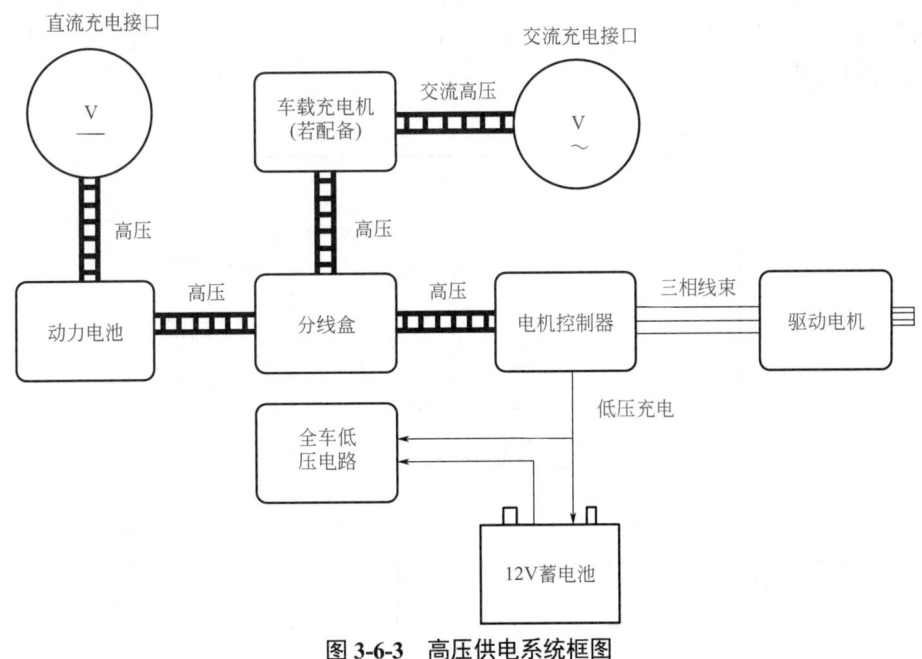

图 3-6-3　高压供电系统框图

（3）高压配电系统原理　高压配电系统原理框图见图 3-6-4。

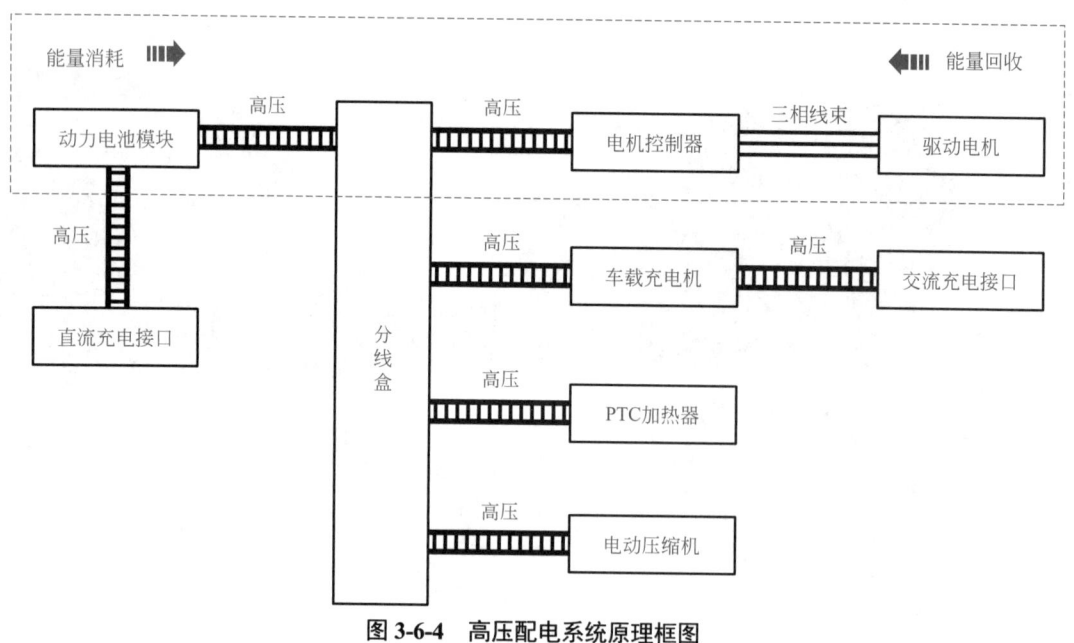

图 3-6-4　高压配电系统原理框图

① 高压配电盒：

图解

高压配电盒也叫分线盒，它将动力电池总成输送的电能分配给电机控制器、空调压缩机和加热器。此外，交流慢充时，充电电流也会经过分线盒流入动力电池为其充电。

分线盒内对电动压缩机回路、交流慢充回路各设有一个熔断器。当上述回路电流超过90A时，熔断器会在15s内熔断；当回路电流超过150A时，熔断器会在1s内熔断，保护相关回路。分线盒电气原理见图3-6-5。

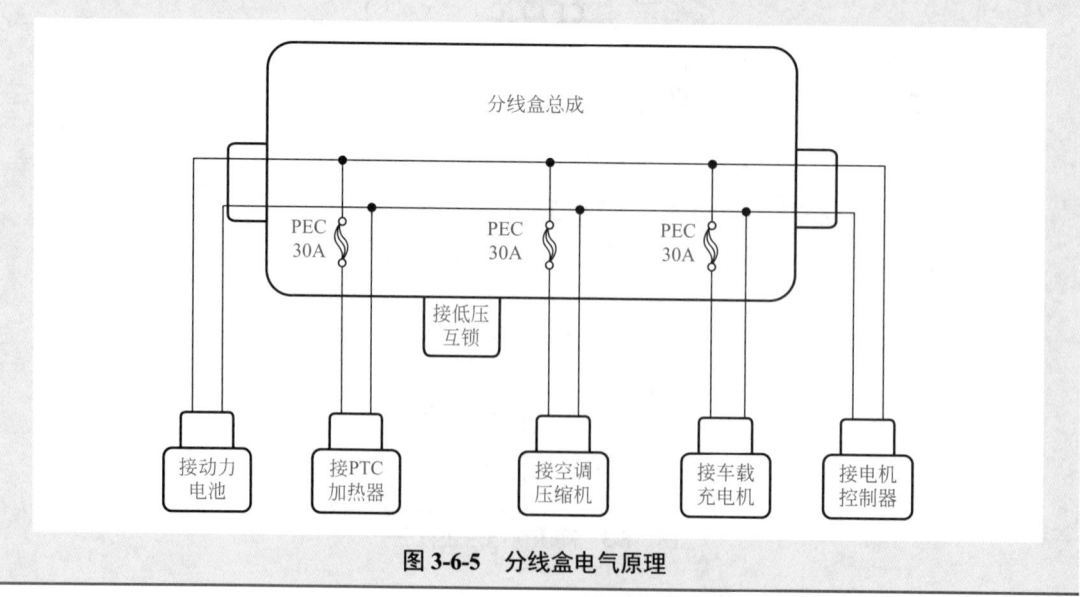

图 3-6-5　分线盒电气原理

② 电机三相线：

图解

车辆行驶时,电流从动力电池依次经过直流母线、分线盒、电机控制器高压线、电机控制器、电机三相线到达驱动电机,产生驱动力。能量传递路径(能量回收时传递路线相反)见图 3-6-6。

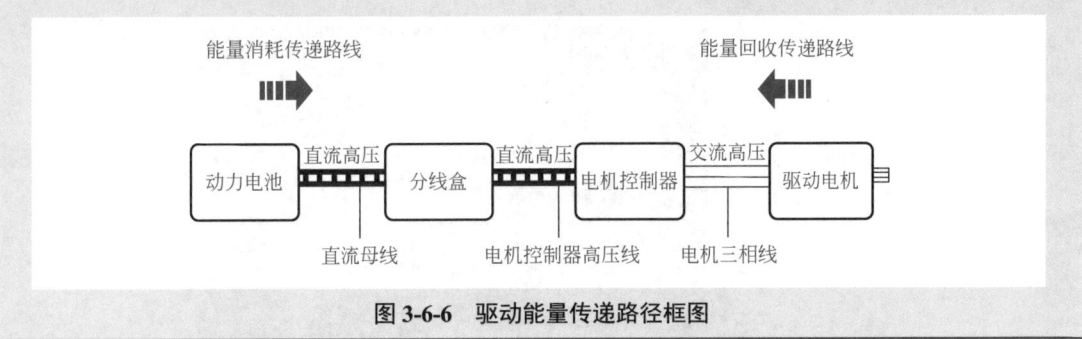

图 3-6-6　驱动能量传递路径框图

3.6.2　维修操作

(1) 高压插件

① 锁扣插件。

a. 用手或起子轻撬助力手柄锁扣,见图 3-6-7;

b. 将助力手柄脱出锁头,然后缓慢向上抬高助力手柄,接插件会慢慢退出;

c. 当助力手柄由水平位置变到垂直位置时,接插件已全部处于拔出状态。

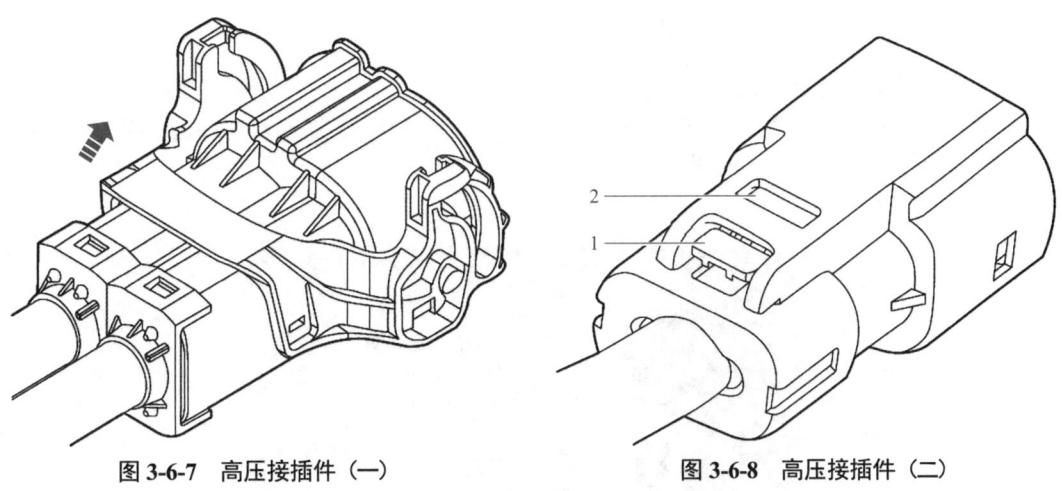

图 3-6-7　高压接插件(一)　　　图 3-6-8　高压接插件(二)

② 高压接插件,见图 3-6-8。

a. 按住 1 后,将接插件往外拔,听到"咔"响声后停止;

b. 按住 2 后,将接插件往外拔,直到拔出为止。

(2) MCU 动力电缆总成　拆卸前,必须将动力电池手动维修开关和小蓄电池正负极断开。

① 将 MCU 电源插头拔开,见图 3-6-9;

② 将 MCU 盖板拆卸掉;

③将MCU高压线铜端子螺栓拆卸;
④将MCU电源输入插件法兰盘上4个固定螺栓拆卸;
⑤MCU动力电缆拆除完毕。

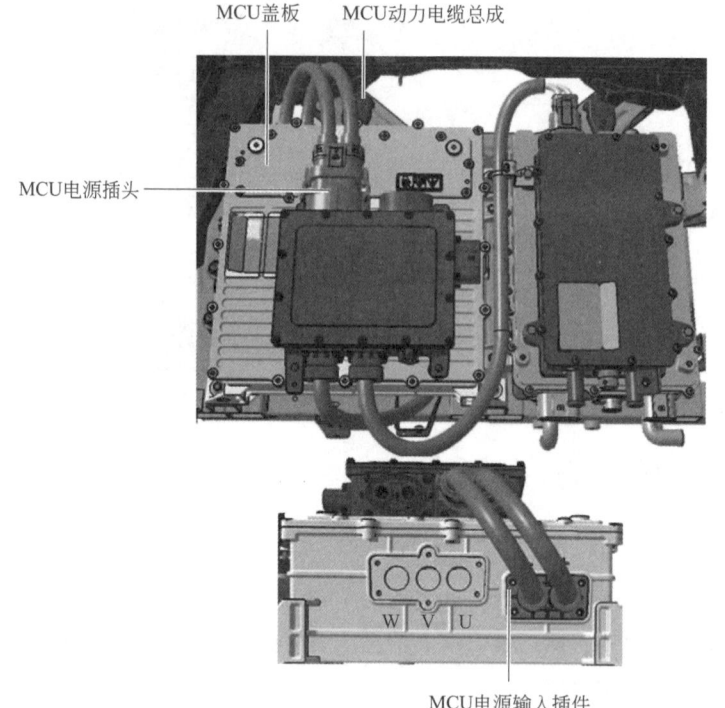

图 3-6-9　高压线束总成拆卸

（3）接线盒动力电缆总成

①将电池电源插头、充电机输入插头、充电机输出插头和整车信号插头拔开，见图3-6-10;

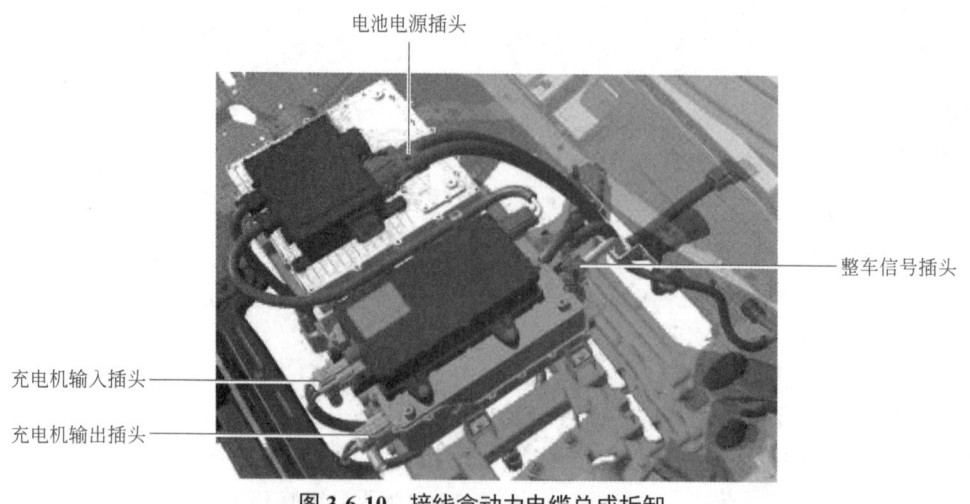

图 3-6-10　接线盒动力电缆总成拆卸

②将线束支架固定螺栓拆除，同时将线束固定扎带从驱动单元框架上卸下，见图3-6-11;

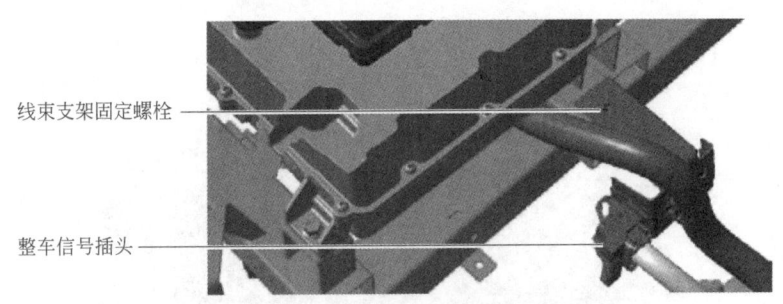

图 3-6-11 接线盒动力电缆总成拆卸

③ 将线束夹板支架从车身上卸下,见图 3-6-12;

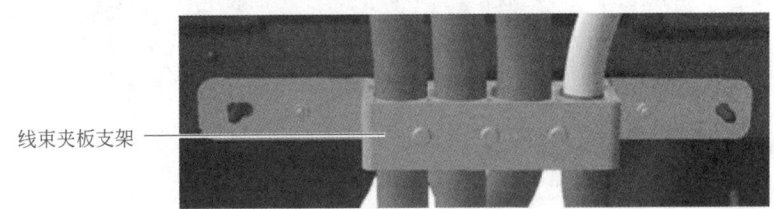

图 3-6-12 接线盒动力电缆总成拆卸分图(一)

④ 将电池信号插头、电池放电插头和电池慢充插头拔开,见图 3-6-13;
⑤ 将固定慢充转接插件支架的螺母拆除;
⑥ 接线盒动力电缆总成拆除完毕。

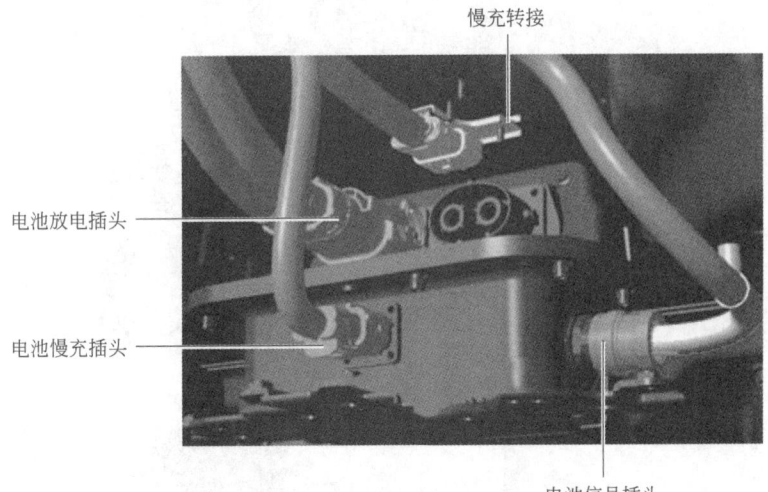

图 3-6-13 接线盒动力电缆总成拆卸分图(二)

(4)高压接线盒总成
① 将电池电源插头、MCU 电源插头和 PTC 插头从高压盒上拔开,见图 3-6-14;
② 将 DC/DC 插头、压缩机插头和高压盒低压插件拔开;
③ 将 DC/DC 插头分支上的支架固定螺栓拆除;

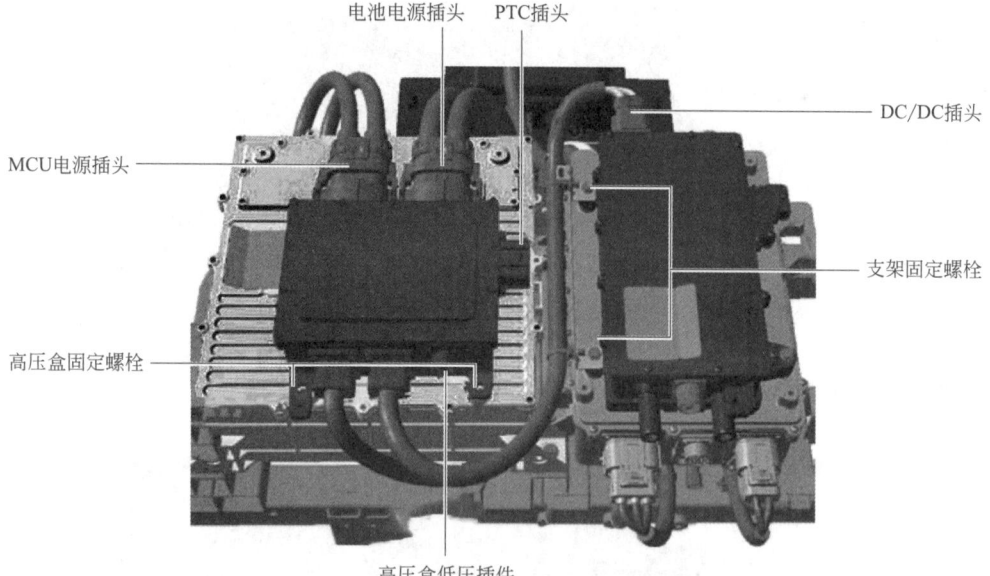

图 3-6-14 高压接线盒总成拆卸分图（一）

④ 将线束上固定扎带依次拆卸，见图 3-6-15；
⑤ 将高压盒的 4 个固定螺栓拆卸；高压接线盒总成拆除完毕。

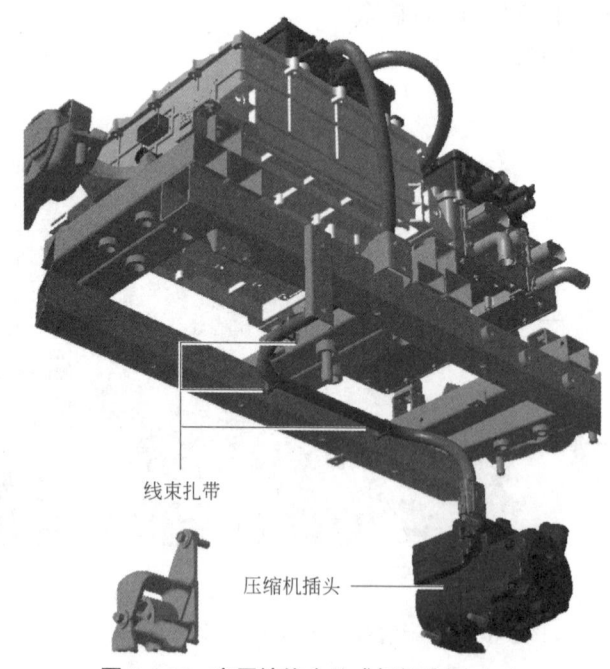

图 3-6-15 高压接线盒总成拆卸分图（二）

（5）直流充电线束总成
① 将快充高压插件从电池包上拔开，见图 3-6-16；
② 将快充信号插件拔开；

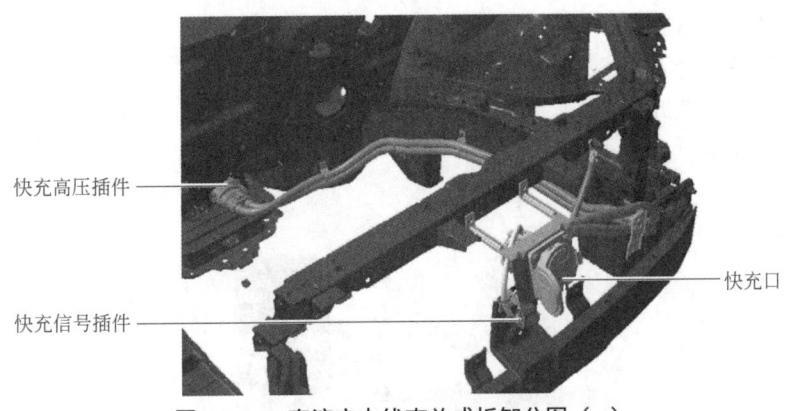

图 3-6-16 直流充电线束总成拆卸分图(一)

③将快充口支架固定螺栓、线束支架固定螺栓拆除,见图 3-6-17;
④将快充搭铁螺母拆除;

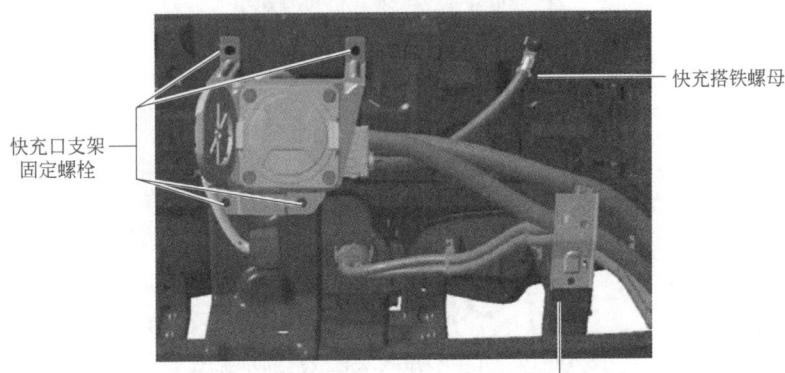

图 3-6-17 直流充电线束总成拆卸分图(二)

⑤将快充线束扎带固定螺母依次拆除,见图 3-6-18;
⑥直流充电线束总成拆除完毕。

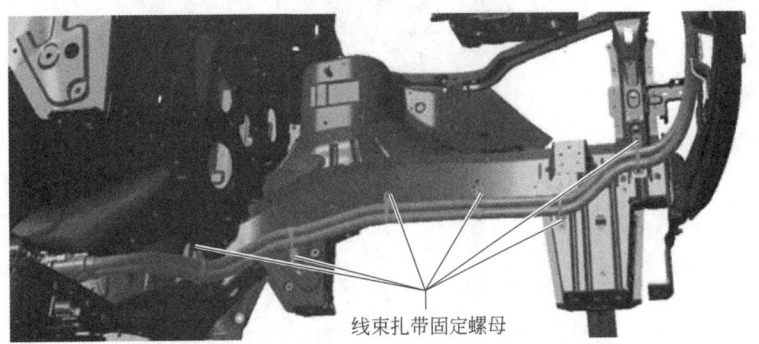

图 3-6-18 直流充电线束总成拆卸分图(三)

(6)充电转接线束总成
①将充电转接线前插件支架固定螺栓拆卸;

② 将充电转接线前插件拔开；

③ 将充电转接线后插件拔开；

④ 依次将线束扎带拆除；

⑤ 充电转接线束总成拆卸完毕。

充电转接线束总成见图 3-6-19。

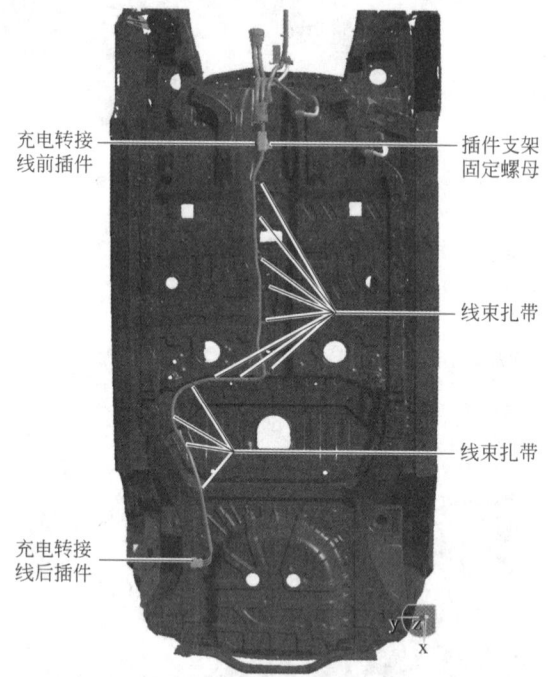

图 3-6-19　充电转接线束总成拆卸示意图

3.6.3　故障点

（1）放电环路互锁故障　本故障检测插件见图 3-6-20。

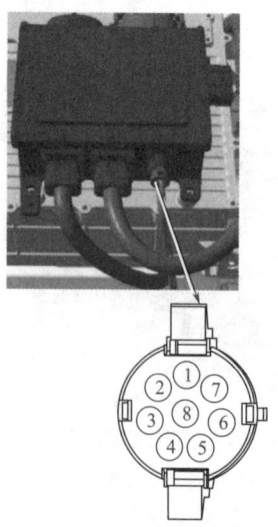

图 3-6-20　整车线束端配电盒低压插件

检测和确定故障点：
① 保持高压插件正常插合状态。
② 检测见表 3-6-1，见图 3-6-20。

表 3-6-1 检测端子及标准（一）

万用表连接插件端子	条件/状态	应测得结果
低压插件 1—低压插件 2	—	导通

③ 如果不导通，则说明相关配电盒内部回路异常。需要接着往下一步检查。
④ 拔开高压配电盒低压插件，用万用表测量整车线束端配电盒低压插件相关插孔和整车线束端 BMS 转接低压插件相关对应孔是否导通。
⑤ 再用万用表测量整车线束端配电盒低压插件相关孔和 VCU 插件相关对应孔是否导通。导通则说明低压回路正常，不导通则需检测低压相关回路。

（2）附件环路互锁故障　检测和确定故障点：
① 保持高压插件正常插合状态。
② 检测见表 3-6-2，见图 3-6-20。

表 3-6-2 检测端子及标准（二）

万用表连接插件端子	条件/状态	应测得结果
低压插件 7—低压插件 8	—	导通

③ 如果不导通，则说明相关配电盒内部回路异常。需要接着往下一步检查。
④ 拔开高压配电盒低压插件，用万用表测量整车线束端配电盒低压插件相关孔和 VCU 插件相关对应孔是否导通。
⑤ 再用万用表测量整车线束端配电盒低压插件相关孔和 VCU 插件相关对应孔是否导通。导通则说明低压回路正常，不导通则需检测低压相关回路。

（3）充电环路（CC）故障　本故障检测插件见图 3-6-21。

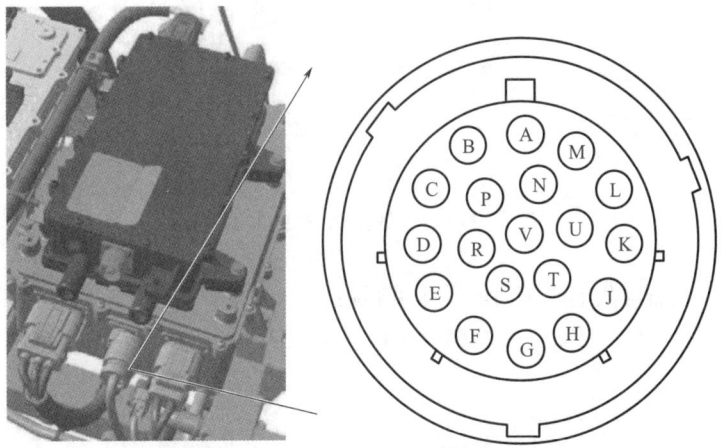

图 3-6-21　整车线束端充电机低压插件

检测和确定故障点：

① 保持高压插件正常插合状态。

② 检测见表 3-6-3，见图 3-6-21。

表 3-6-3　检测端子及标准（三）

万用表连接插件端子	条件/状态	应测得结果
线束端低压插件 A 孔—交流充电口 CC	—	导通

③ 如果不导通，则需要接着往下一步检查动力电池。

④ 拔开 BMS 插件，检测见表 3-6-4，见图 3-6-22。

表 3-6-4　检测端子及标准（四）

万用表连接插件端子	条件/状态	应测得结果
电池包端 BMS 插件 A 孔—N 孔	—	导通

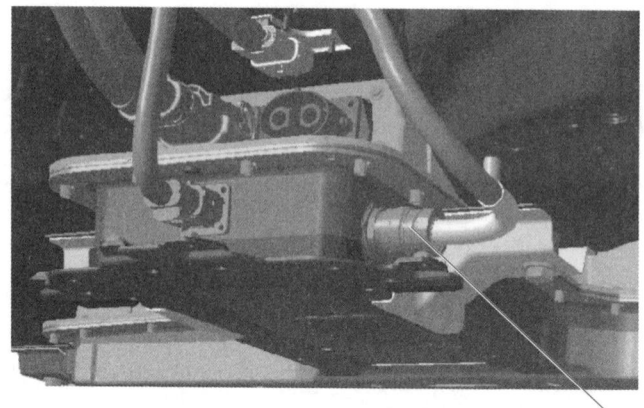

图 3-6-22　线束端 BMS 插件

如果不导通，则需检测电池包内低压相关回路。

（4）充电环路（CP）故障　本故障检测插件见图 3-6-23。

检测和确定故障点：

① 保持高压插件正常插合状态。

② 检测见表 3-6-5，见图 3-6-23、图 3-6-24。

图 3-6-23　交流充电口

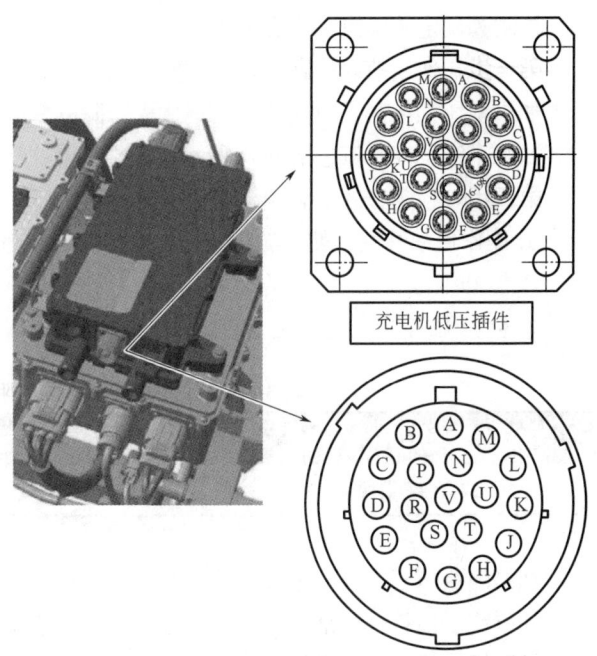

图 3-6-24　整车线束端充电机低压插件

表 3-6-5　检测端子及标准（五）

万用表连接插件端子	条件/状态	应测得结果
充电机低压插件 G 孔—交流充电口 CP 孔	—	导通

③ 如果不导通，则需考虑整车低压回路。

（5）压缩机回路故障　压缩机电路图见图 3-6-25。

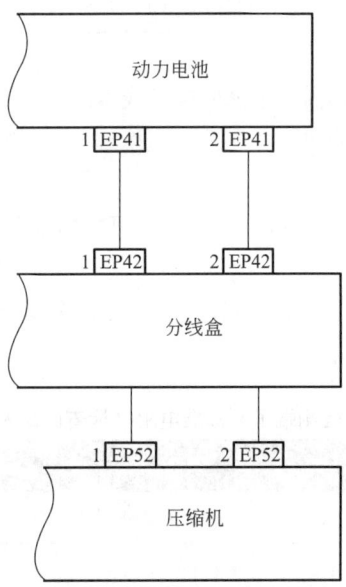

图 3-6-25　压缩机回路简图

检测和确定故障点，步骤如下。

第一步：使用故障诊断仪读取故障代码。

如果系统存在其它故障代码，请优先排除其它故障代码指示故障。

如果系统不存在其它故障代码，则需要接着往下一步检查。

第二步：检查分线盒熔断器是否熔断。

① 操作启动开关，使电源模式至 OFF 状态，断开蓄电池负极电缆。

② 拆卸维修开关。

③ 检测见表 3-6-6，见图 3-6-25。

表 3-6-6　检测端子及标准电阻（分线盒熔断器）

万用表连接插件端子	条件/状态	应测得结果
分线盒熔断器两端	启动开关 OFF 状态	<1Ω

如果测量值不符合标准值，请检修保险丝线路，更换额定容量熔断器。

如果测量值符合标准值，则需要接着往下一步检查。

第三步：检查回路绝缘故障。

① 操作启动开关，使电源模式至 OFF 状态，断开蓄电池负极电缆。

② 拆卸维修开关。

③ 断开压缩机线束连接器 EP52。

④ 检测见表 3-6-7，见图 3-6-25。

表 3-6-7　检测端子及标准电阻（检查回路绝缘故障）

万用表连接插件端子	条件/状态	应测得结果
EP52/1—分线盒壳体	启动开关 OFF 状态	≥20kΩ
EP52/2—分线盒壳体	启动开关 OFF 状态	≥20kΩ

如果测量值不符合标准值，则需要维修或更换线束。

如果测量值符合标准值，则需要接着往下一步检查。

第四步：检查回路断路故障。

① 操作启动开关，使电源模式至 OFF 状态。断开蓄电池负极电缆。

② 拆卸维修开关。

③ 断开直流母线线束连接器 EP41；断开压缩机线束连接器 EP52。

④ 检测见表 3-6-8，见图 3-6-25。

表 3-6-8　检测端子及标准电阻（检查回路断路故障）

万用表连接插件端子	条件/状态	应测得结果
EP41/1—EP52/1	启动开关 OFF 状态	<1Ω
EP41/2—EP52/2	启动开关 OFF 状态	<1Ω

如果测量值不符合标准值，则需要维修或更换线束。

如果测量值符合标准值，则需要接着往下一步检查。

第五步：检查回路相互短路故障。

① 操作启动开关，使电源模式至 OFF 状态。

② 断开蓄电池负极电缆。

③ 拆卸维修开关。

④ 断开压缩机线束连接器 EP52；断开分线盒其它所有高压线束连接器。

⑤ 检测见表 3-6-9，见图 3-6-25。

表 3-6-9　检测端子及标准电阻（检查回路相互短路故障）

万用表连接插件端子	条件 / 状态	应测得结果
EP52/2—EP52/1	启动开关 OFF 状态	≥ 20kΩ

如果测量值不符合标准值，则需要维修或更换线束。

如果测量值符合标准值，则需要接着往下一步更换分线盒。

3.7　低电压系统

3.7.1　基础知识

图解

纯电动汽车低压电源供给是将动力电池的电能通过 DC/DC 直流变换为 12V 低压电源，为车载 12V 蓄电池和车身电器部件提供工作电源。纯电动汽车以电容量大的动力电池为电源，利用 DC/DC 转换器为低压蓄电池充电（见图 3-7-1），省去传统燃油发动机的交流发电机。

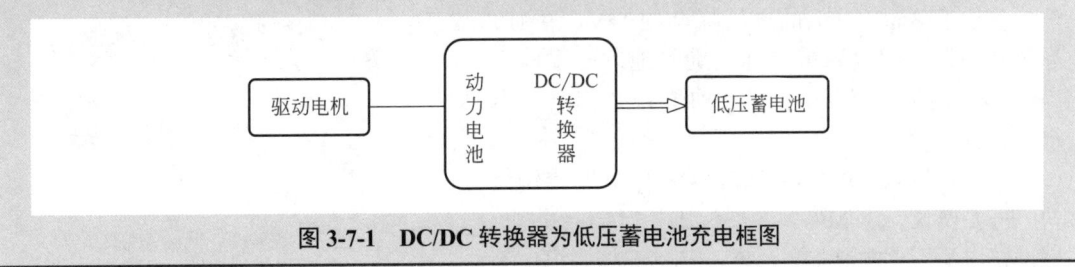

图 3-7-1　DC/DC 转换器为低压蓄电池充电框图

蓄电池管理系统（见图 3-7-2）通过传感器采集蓄电池电压、电流、温度信息，对蓄电池状态进行计算，并且获得整车的用电器工作状态和 DC/DC 工作状态，实现整车供电系统对蓄电池的动态电量平衡、节能模式、智能充电模式等功能。

（1）动态电量平衡功能　如果用电器全开（概率较小，但是存在），在这种情况下，蓄电池会不断放电，最终导致蓄电池亏电，造成下次无法启动。针对电动汽车，更加会造成电子转向系统（EPS）、电子真空泵（EVP）等瞬间大功率工作的安全性电器无法得到稳定的供电。通常情况下，只能通过增加电源（DC/DC）的输出能力来实现供电和用电的平衡（电量平衡）。

动态电量平衡是指，在上述情况下，由 PMU 发出电源风险等级信号，部分舒适性用电器收到信号后，根据等级自动降低部分功率，使供电和用电达到平衡，实现动态的电量平衡。

（2）节能模式　对于传统车而言，发电机输出的电压是固定值，一般在 14.5V 左右。对于纯电动车而言，PMU 具有的节能模式能够在蓄电池电量较足，不需要继续充电的情况下，通过将 DC/DC 的供电电压降到 13V 左右（对蓄电池而言是略高于满电状态时的电压），降低整车供电电压，从而可以降低部分用电器工作电流和功率（例如 14.5V 100A 变成 13V 95A，功率降低约 15%）；蓄电池充电电流几乎为零，对于 DC/DC 而言，供电的功率降低（例如从 14.5V 110A 降低到 13V 97A，功率降低约 21%）。

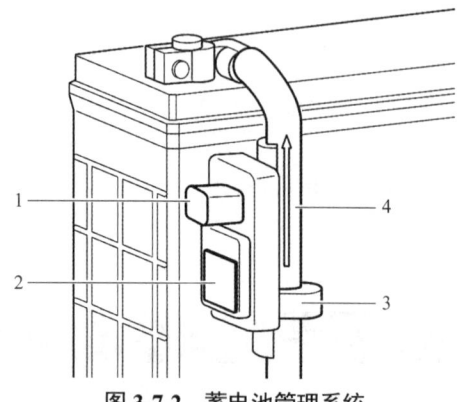

图 3-7-2　蓄电池管理系统

1—内部电压传感器；2—内部温度传感器；3—霍尔电流传感器；4—蓄电池电流（负极线缆）

（3）智能充电模式　智能充电模式，是指给蓄电池的充电电压会根据蓄电池的状态不同而变化。例如，蓄电池电量较低时，为了保证下次顺利启动和供电电压的平稳，会适当提高充电电压，加快充电速度；在蓄电池电量较高时，会适当降低充电电压，降低整车功耗。经常处于小电流充电状态对于延长蓄电池的使用寿命有一定好处。

> **图解**
>
> 捷豹 L-PACE 低压（12V）系统：
>
> 捷豹 L-PACE 纯电动汽车带有一个 47Ah、420CCA（表示蓄电池性能，下同）启动电池和一个 14Ah、200CCA 辅助电池。两者均位于前舱中。在所有工作模式下，12V 电源网络均由直流/直流（DC/DC）转换器提供支持。DC/DC 转换器由高压（HV）蓄电池通过高压接线盒（HVJB）供电，然后它会将 350V 以上的电压降至约 14V。在 HV 系统运行时，启动蓄电池和辅助电池均由配电盒（PSDB）连接在电路中，二者均由 DC/DC 转换器进行充电。
>
> 12V 低压系统由配电盒（PSDB）、车身控制模块/网关模块（BCM/GWM）总成、启动蓄电池、辅助蓄电池、蓄电池监测系统（BMS）控制模块等组成，如图 3-7-3 所示。
>
> 如果 12V 电源发生故障，辅助电池将为以下 12V 部件提供备用电源，这将确保在启动蓄电池系统发生全面故障的情况下车辆可安全地停车：①前 EDU 中的驻车棘爪模块和锁定执行器；②制动助力器模块（BBM）；③前逆变器。

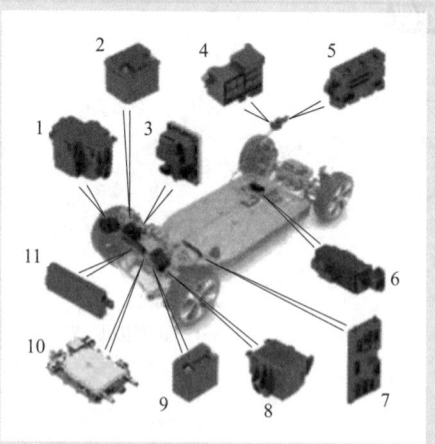

图 3-7-3　12V 低压系统

1—右侧前接线盒（FB）；2—12V 启动蓄电池；3—配电盒；4—后接线盒；5—静态电流控制模块；6—乘客接线盒；7—车身控制模块/网关模块（BCM/GWM）；8—左前接线盒；9—辅助电池；10—DC/DC 直流转换器；11—电池接线盒

3.7.2 维修操作

（1）拆卸蓄电池　步骤如下。

① 关闭点火开关。

② 将点火钥匙置于车外，以免意外接通点火开关。

③ 打开发动机舱盖。

④ 打开隔热套盖。

图解（见图 3-7-4）

⑤ 打开蓄电池负极上方的盖板 3。

⑥ 将螺母 5 松开几圈，并从蓄电池负极接地线上拔下蓄电池接线端。

⑦ 将螺母 2 旋开几圈，并将蓄电池正极线接线端 1 从蓄电池正极上拔下。

⑧ 将隔热套 4 略微向上拉。旋出固定支架 1 上的螺栓 2，并取下固定支架。

⑨ 从蓄电池支架中拉出蓄电池。

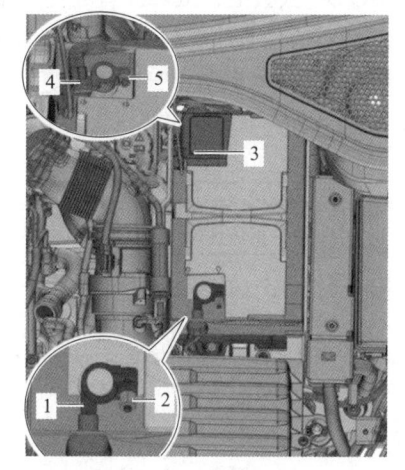

图 3-7-4　拆卸蓄电池

（2）安装蓄电池　安装以倒序进行。安装时要注意底座适配器和支架法兰位置。

3.7.3 故障点

（1）蓄电池本身故障　在低压系统充电中，蓄电池本身的故障问题比较直观，用万用表测试蓄电池电压即可确定故障点。

（2）DC/DC 转换故障　DC/DC 转换器故障、DC/DC 转换器与蓄电池连接线路故障会导致 DC/DC 系统故障，无法给蓄电池充电。这样的问题就需要进一步检测分析。

① DC/DC 高压输入检测：

a. 初步检查。拔下 DC/DC 高压输入插件，并打开高压接线盒上盖，检测前先检查高压接线盒内的保险丝、内部转接线束与接插件是否完好，连接是否良好，有没有松动、短路、断路等现象。

b. 高压输入检测。万用表旋钮旋到导通挡，黑表笔接高压接线盒输入端正极端子，红表笔接 DC/DC 高压输入插件正极端子，正常情况下应为导通状态。

如果测试结果为不导通，继续测量高压接线盒内 DC/DC 保险丝是否熔断，如保险丝熔断，更换保险丝后重新测试。如果仍然为非导通状态，则应为高压接线盒到 DC/DC 输入端的高压线束损坏，需更换。

以上述同样方法测试高压接线盒输入端负极端子到 DC/DC 高压输入插件负极端子的通断。

② DC/DC 低压输出检测：

a. 初步检查。检测前先检查 DC/DC 正负输出线束与接插件是否完好，连接是否良好，有没有松动、短路等现象。

b. DC/DC 输出检测：先拆下 DC/DC 正极输出端插件，万用表旋钮旋到导通挡，然后用红、黑表笔分别接触低压继电器盒中 DC/DC 正极输出端保险丝两端，万用表显示值为"1"且蜂鸣器响说明保险丝正常，否则保险丝损坏，需更换；确认保险丝正常后继续测量，黑表笔接蓄电池正极，红表笔点到 DC/DC 正极线束插头内侧导电芯部，此时应为导通状态，否则说明正极线束损坏，需要更换。

③ DC/DC 失去通信故障。首先使用整车钥匙上电复位 3 次，如果不能清除该故障，可先排查 DC/DC 低压信号插件接触是否可靠，再检测该线束中的电源信号和 CAN 终端电阻是否有问题。如果排查后还不能清除故障，则需要更换 DC/DC 控制器总成。

检查流程见图 3-7-5。

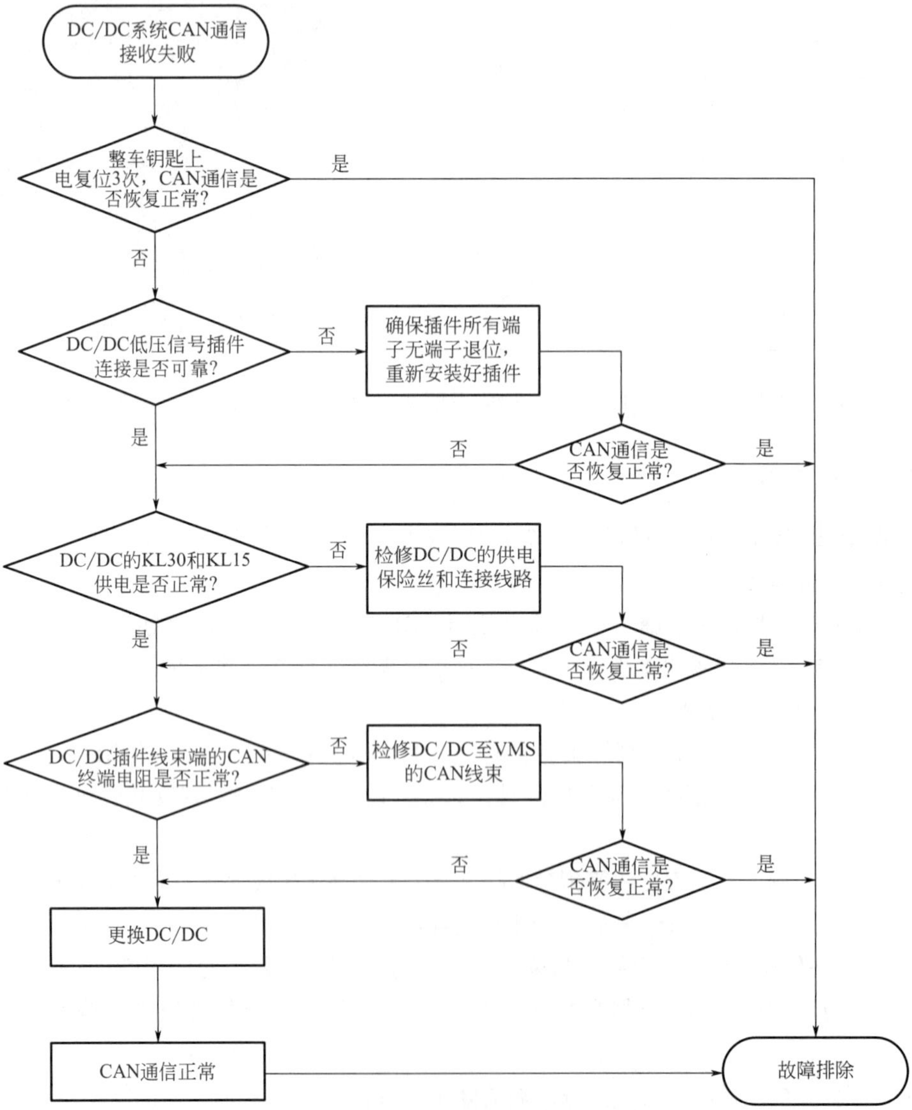

图 3-7-5 DC/DC 失去通信故障检查流程

3.8 整车控制系统

3.8.1 基础知识

整车控制器（VCU）的功能是根据踏板信号和挡位状态解释驾驶员的驾驶意图，依据动力系统部件状态协调动力系统输出动力。另外，VCU具有冷却风扇控制、仪表显示等辅助功能。整车控制器的模样和基本控制意图类似于发动机的电子控制单元。整车控制系统框图见图3-8-1。整车控制器见图3-8-2。

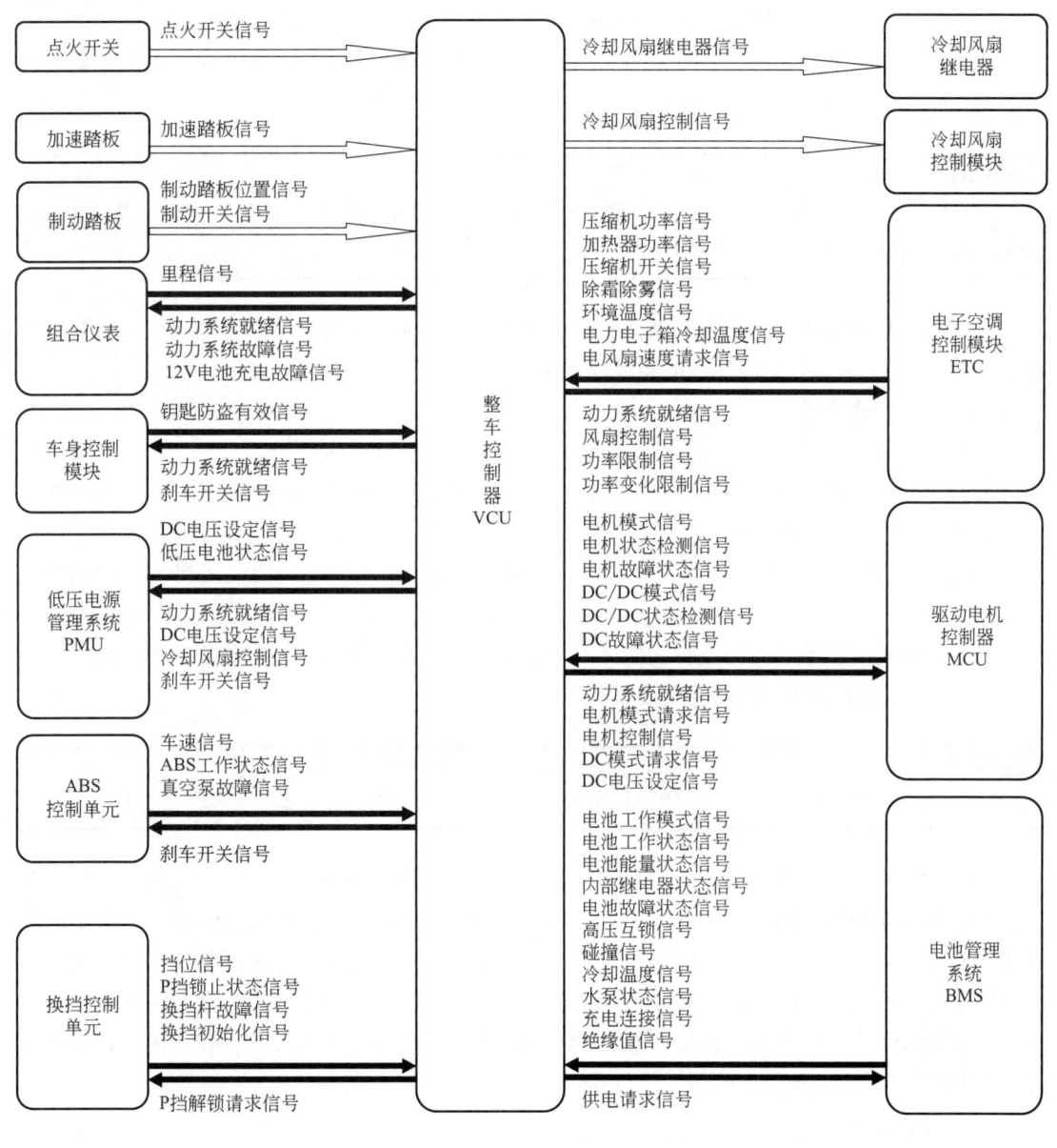

图 3-8-1 整车控制系统框图

图 3-8-2 整车控制器

（1）**系统启动控制** VCU 采集传感器的信号控制整车控制系统的启动和停止。VCU 也可以通过低压配电控制器控制自身的下电时间。

（2）**驾驶员意图分析——制动与加速** VCU 读取换挡控制单元（SCU）的 PRND 信息及制动开关信号。VCU 根据加速踏板的位置信号，发送信号给驱动电机控制器（MCU）进行输出控制。

① 加速踏板位置传感器。加速踏板位置传感器集成在加速踏板中，将驾驶员踩下的踏板位置信号转换成电压信号，发送给 VCU。

② 制动踏板位置传感器。制动踏板位置传感器集成在制动踏板中，将驾驶员踩下的踏板位置信号转换成电压信号，发送给 VCU。

> **维修提示**
>
> 当外部充电线连接在车上时，VCU 将接收到 BMS 的充电进行中的信息，此时整车控制系统将禁止车辆移动。

（3）**高压供电控制** 整车控制器接收到上电开关、直流充电桩、车载充电机或远程智能终端的唤醒信号后，直接控制高压继电器吸合或断开，完成高压系统接通或断开。

（4）**动力模式管理**

① VCU 能够根据车辆状态获取期望的转矩并将这些信息发送到 MCU。

② BMS 监控当前高压电池包的状态并反馈给 VCU，VCU 结合这些状态信息及当前的功率输出需求来平衡高压电功率的使用。

③ 电动空调压缩机和 PTC 高压电模块必须根据当前的 VCU 动力限制或者坡度限制开始工作。

（5）**制动能量回收** 滑行或者减速的时候，整车控制系统能够进行制动能量的回收。制动能量通过驱动电机转换为电能储存到高压电池组中。

> **维修提示**
>
> 当 ABS 被激活或者 ABS 故障的时候，整车控制系统将关闭该功能。

能量回收是在车辆滑行或制动过程中，电机从驱动状态转变成发电状态，将车辆的动能转换为电能储存在动力电池中的过程。同时，车辆将能量回收的旋转阻力作为制动力的一部分，制动减速。车辆在滑行或制动时，VCU 根据 ABS 状态、动力电池状态和制动踏板开度、整车减速需求，计算能量回收目标转矩并发送指令给电机控制器，启动能量回收。VCU 通过动力电池的最大可充电功率信号，计算确定最大充电量。VCU 根据驾驶员对制动踏板的操作程度，计算出合适的电机制动力，确定能量回收量，将目标转矩发送给电机控制器。

（6）**辅助功能**

① 冷却风扇控制：根据热管理策略控制冷却风扇的工作。

② 支持 12V 的低电压电源管理：从 PMU 获得蓄电池电量风险信息来控制风扇负载的工作

情况；从 PMU 获得设置的低压值，发送到 MCU 以控制 DC/DC 的转换值。

③ 仪表显示：仪表上动力系统就绪、动力系统故障、12V 充电系统故障指示灯的信号来自 VCU。

④ 换挡锁止的释放：与 BCM 的安全校验通过后，VCU 才通知 SCU 释放换挡机构，否则无法工作。

⑤ 快速充电下的辅助功能：快充模式下，VCU 仅控制风扇和 DC/DC 工作。

3.8.2 维修操作

拆卸整车控制器必须执行高压电安全操作规程。

（1）拆卸整车控制器

① 关闭点火钥匙，车辆静置 5 分钟以上，才可进行拆卸作业。

> **维修提示**
> 注意：正常情况下，在钥匙开关关闭后，高压系统还存在高压电，这是由电机控制器中高压电容的存在造成的。需要经过一段时间的等待，确保高压电容中的电能完全释放。

② 断开蓄电池负极电缆。

③ 拆下手动维修开关。

④ 拆卸安装整车控制器位置的遮挡附件。比如，整车控制器会安装在副驾驶仪表板下方等位置。

⑤ 断开整车控制器上的连接器。

⑥ 拆下将整车控制器固定到车身上的螺母或螺栓。

（2）安装整车控制器

① 安全操作。整车控制器的安装也比较简单，值得注意的是在高压系统高压电池包、驱动电机、高压配电单元、空调压缩机、电加热器、高压线束全部安装完成（包括所有连接器的连接）之前，必须确保蓄电池的负极电缆始终处于断开状态，手动维修开关处于断开位置。

② 自适应学习。更换完 VCU 后，必须用故障诊断仪执行加速踏板位置自适应学习和制动踏板位置自适应学习。

3.8.3 故障点

（1）VCU 软件意外中断故障　VCU 软件意外中断的故障是控制器软件程序出现意外中断导致故障灯点亮，建议重写软件代码；如果仍然有故障，则可能是控制器硬件损坏，建议更换 VCU 控制器。故障清除流程见图 3-8-3。

（2）挡位故障　首先进行上电复位，如果不能清除故障，检查线束是否短路或者断路；如果线束连接正常，排挡开关可能有问题，则更换排挡开关。故障清除流程见图 3-8-4。

（3）加速踏板位置信号同步故障　首先进行上电复位，如果不能清除故障，检查线束是否与地短接；如果线束未与地短接，更换电子油门踏板。故障清除流程见图 3-8-5。

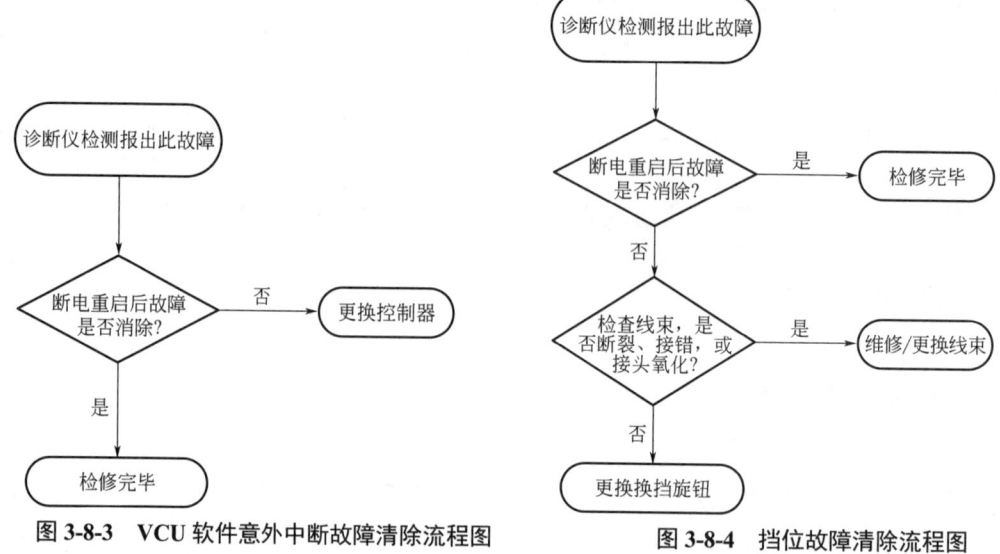

图 3-8-3　VCU 软件意外中断故障清除流程图　　　图 3-8-4　挡位故障清除流程图

（4）低压电池电压故障　低压电池电压故障可能是由蓄电池馈电导致，充电仍不能解决问题的话检查 DC/DC；若 DC/DC 仍正常，则更换蓄电池本体。故障清除流程见图 3-8-6。

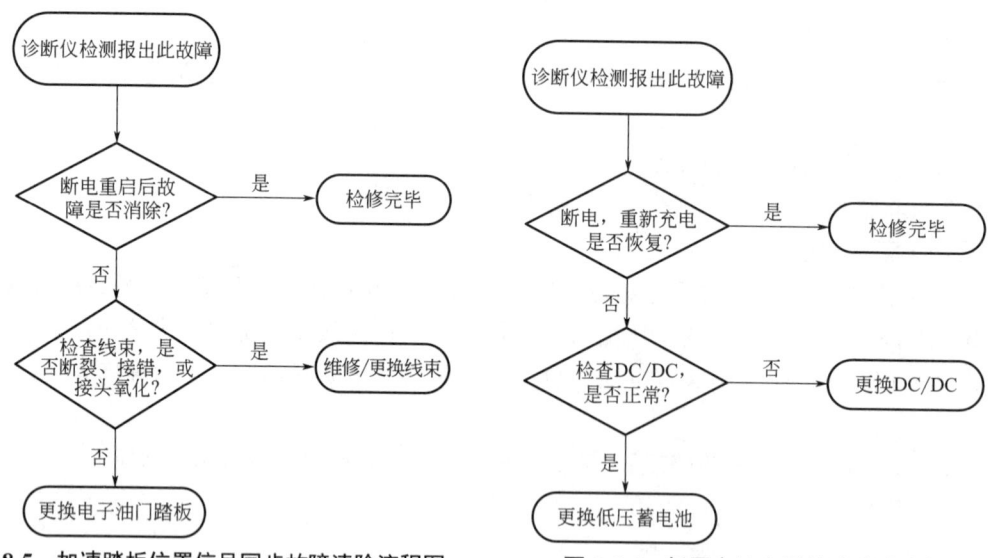

图 3-8-5　加速踏板位置信号同步故障清除流程图　　　图 3-8-6　低压电池电压故障清除流程图

（5）刹车开关故障　首先进行上电复位，如果不能清除故障，检查线束是否正常，若正常，则更换刹车开关。故障清除流程见图 3-8-7。

（6）车速信号错误　首先进行上电复位，如果不能清除故障，检查线束是否正常，若正常，则更换电机控制器。故障清除流程见图 3-8-8。

（7）VCU 模块与 MCU 模块失去通信　首先使用整车钥匙上电复位 3 次，如果不能清除该故障，可先排查电机控制器低压信号插件接触是否可靠，再检测该线束中的电源信号和 CAN 终端电阻有无问题。如果排查后还不能清除故障，则更换电机控制器总成。具体参考流程见图 3-8-9。

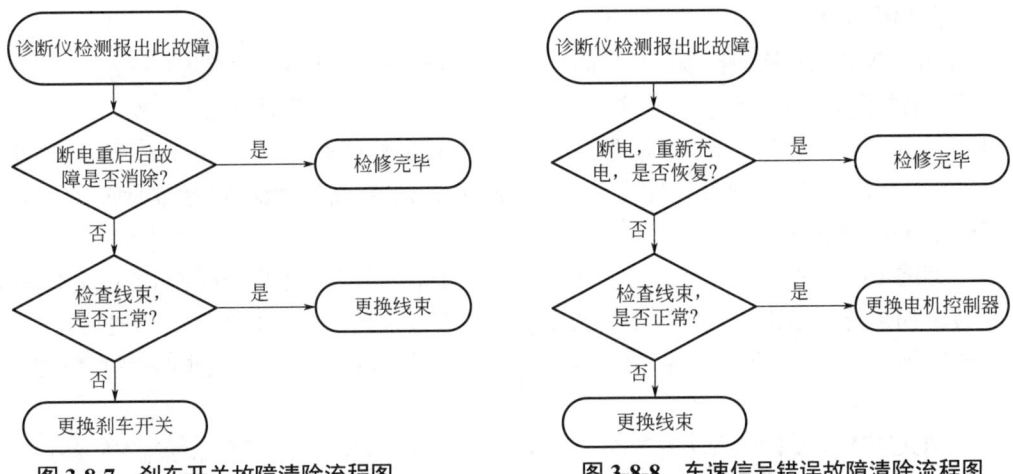

图 3-8-7　刹车开关故障清除流程图

图 3-8-8　车速信号错误故障清除流程图

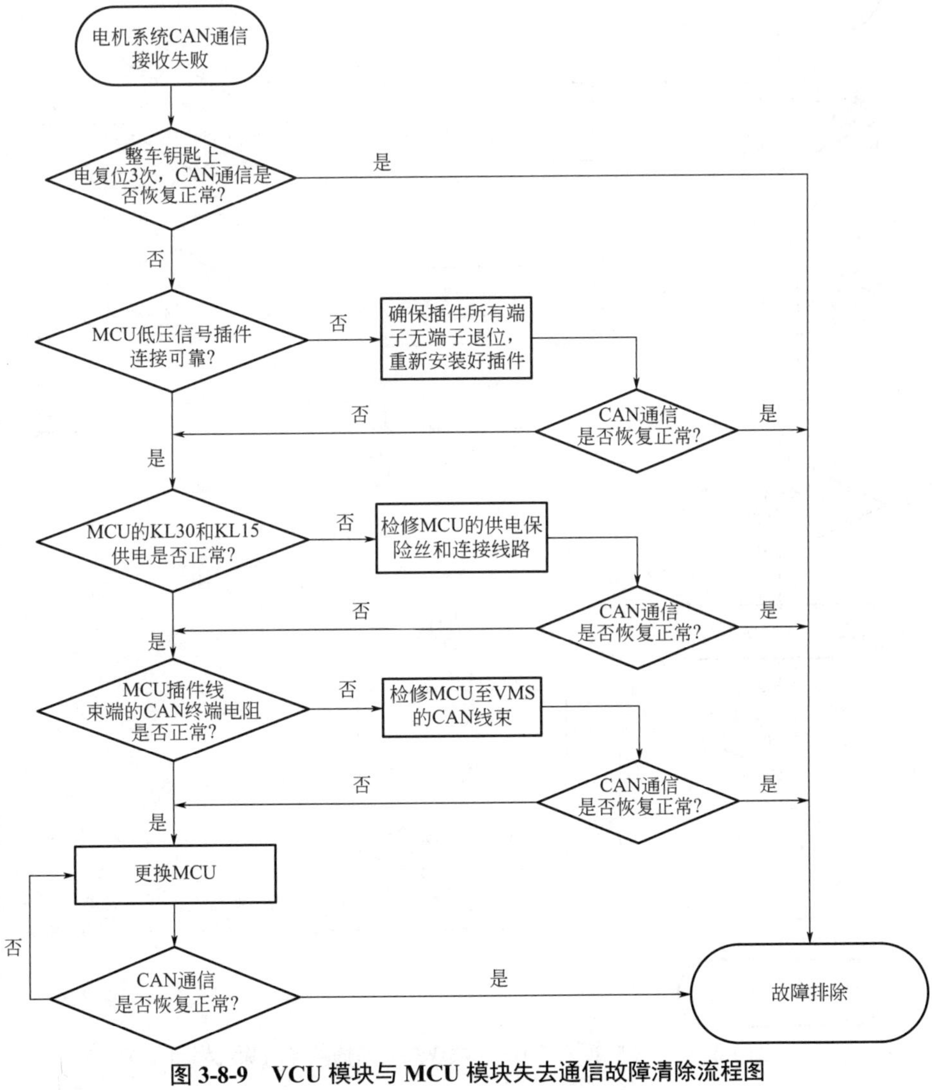

图 3-8-9　VCU 模块与 MCU 模块失去通信故障清除流程图

(8) 压缩机故障

① 用万用表高压直流挡检查压缩机高压电源端的电压是否正常。检查是否因过压或欠压导致压缩机控制器保护；如果是，当电源恢复正常时，即可再次操作启动空调。

② 检查压缩机控制器低压供电电源及开启空调后的空调请求信号（低电平有效）是否正常；如果不正常，则检查线束各连接插件或空调控制面板输出信号或蒸发温度传感器是否有故障，若有故障则进行相应维修即可。

③ 检测空调系统的压力是否正常，以判断是否因系统过载导致压缩机控制器过流保护或压缩机堵转。如果压力不正常，可能是空调系统有堵塞或前舱散热不良导致，需进一步检查确认，并维修相应部件。如果非上述原因，则可能是电动压缩机本身的机械或电气故障，需要更换压缩机。

(9) VCU 模块与 BMS 模块失去通信 VCU 模块与 BMS 模块失去通信诊断流程见图 3-8-10。

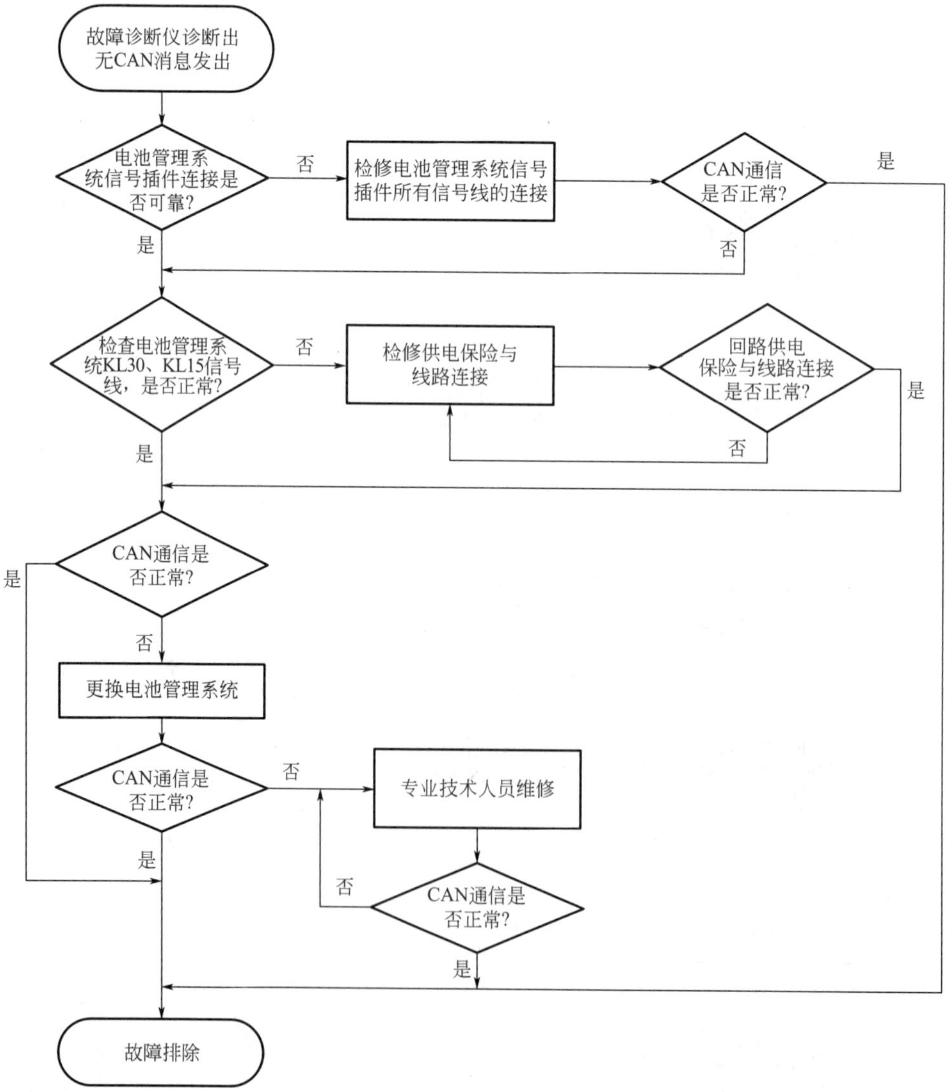

图 3-8-10 VCU 模块与 BMS 模块失去通信故障清除流程图

3.9 电动空调系统

3.9.1 基础知识

（1）电动空调系统布局　电动空调的原理与非电动汽车的空调原理一样。但纯电动车辆上配置的暖风、通风与空调系统使用的是电动空调压缩机和电加热器（或者加热冷却液方式来采暖）。电动空调系统见图3-9-1。

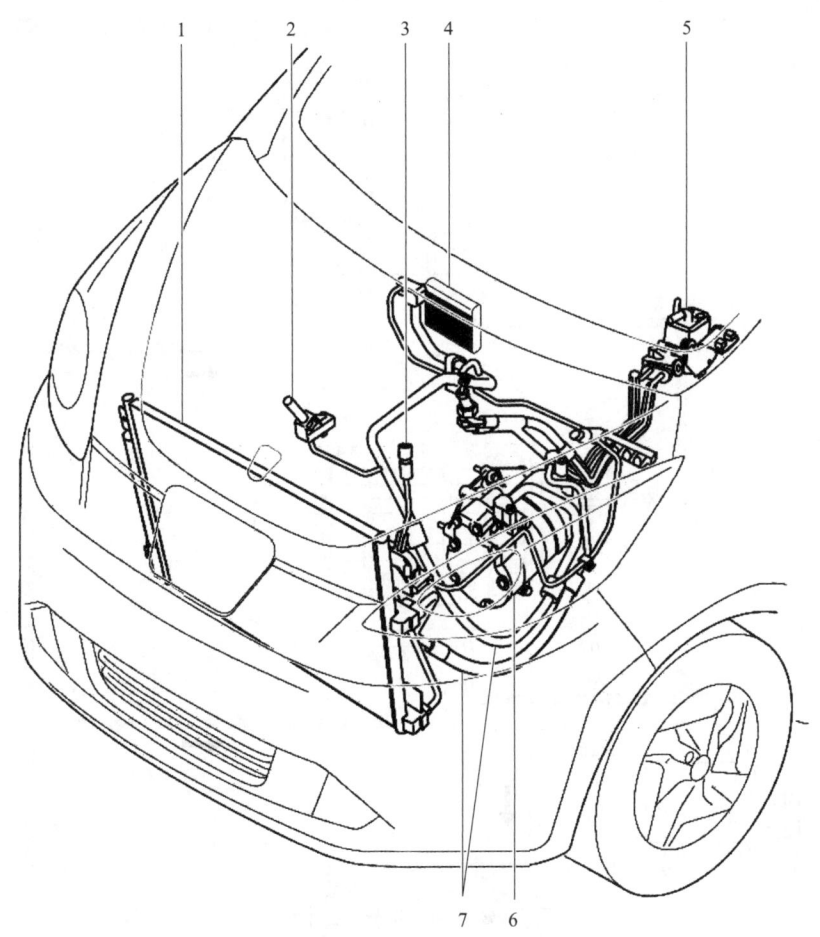

图 3-9-1　电动空调系统部件

1—冷凝器；2—低压接头；3—高压接头；4—蒸发箱；5—电池冷却器；6—电动空调压缩机；7—空调管路

（2）空调系统制冷原理　制冷系统将车辆内部的热量传递到外部大气中，以提供除湿的凉爽空气给空调箱总成。该系统由电动空调压缩机、冷凝器、膨胀阀、空调管路和蒸发器组成。系统是一个以填充R134a制冷剂作为传热介质的封闭回路。制冷剂中添加空调润滑油，以润滑电动空调压缩机的内部组件。为了运行制冷系统，空调控制单元控制电动空调压缩机转速，VCU控制冷却风扇的转速。例如，当制冷剂压力增大到需要额外的冷凝时，VCU使冷却风扇继电器单元接地，以请求相应的冷却风扇转速。

图解

为完成热量的传递，制冷剂环绕系统循环，在系统内，制冷剂经历两种压力/温度模式。在每一种压力/温度模式下，制冷剂改变其状态，在改变状态的过程中，吸收与释放最大限度的热量。低压/低温模式从膨胀阀开始，经蒸发器到电动空调压缩机。在膨胀阀内，制冷剂降低压力及温度，然后在蒸发器内改变其状态，从中温液态到低温气态，以吸收经过蒸发器周围空气的热量。高压/高温模式从电动空调压缩机开始，经冷凝器到膨胀阀。制冷剂在通过电动空调压缩机时，增加压力及温度，然后在冷凝器内释放热量到大气中，并改变其状态，从高温蒸气到中高温液态。空调系统制冷原理和基本组成见图3-9-2。

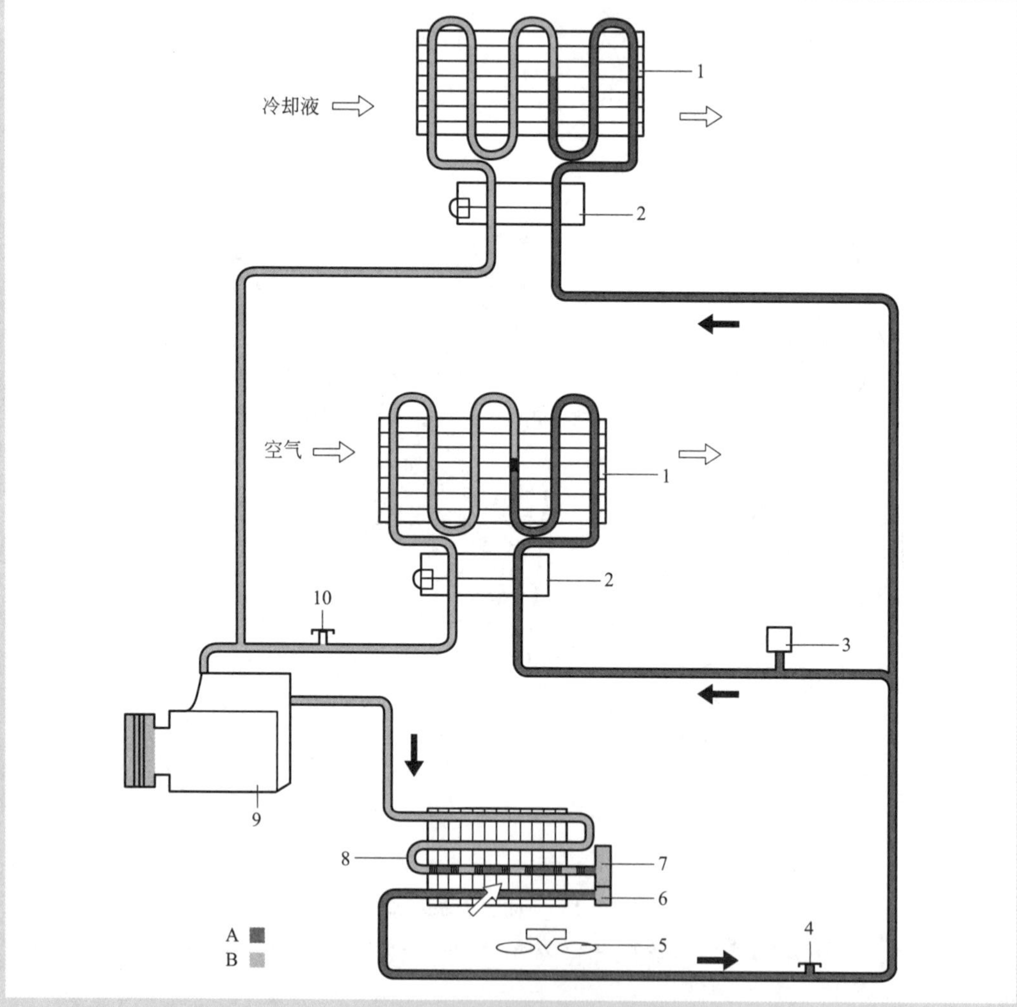

图 3-9-2　电动空调系统基本组成及原理

A—液态制冷剂；B—气态制冷剂；1—蒸发器；2—膨胀阀；3—空调压力传感器；4—高压接头；
5—冷却风扇；6—过滤器；7—干燥剂；8—冷凝器；9—电动空调压缩机；10—低压接头

制冷系统也参与电池系统的冷却，用于带走电池系统工作时产生的热量，将电池系统维持在一个良好的温度环境中工作。

自动空调系统以高速 CAN 网络与其它控制器相互通信，同时以 LIN 线与电动空调压缩机进行通信。电子空调系统与 BCM 通过 CAN 通信，以控制后风窗加热器，通过与网关模块通信连接诊断系统。

（3）**电动空调压缩机** 电动空调压缩机通过压缩来自蒸发器的低压、低温蒸汽，并将其转化成到冷凝器的高压、高温蒸汽的方式，使制冷剂绕系统循环。

> **图解**
>
> 电动空调压缩机（见图3-9-3）安装在减速器的安装支架下，通过高压电机驱动；可以通过高压电机转速的变化向空调系统提供所需要的制冷剂量。

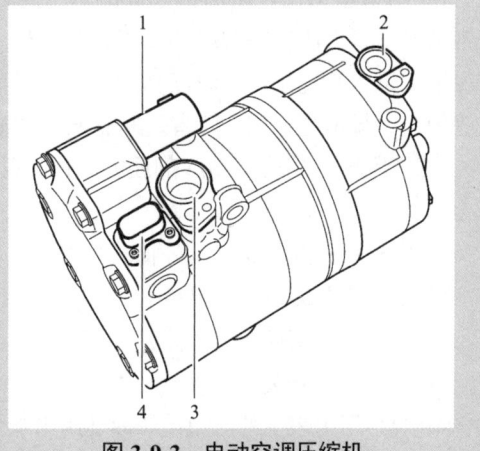

图 3-9-3　电动空调压缩机
1—高压线束连接器；2—进气口；3—出气口；
4—低压线束连接器

（4）**暖风系统** 电动汽车暖风系统有两种，一是加热模块直接加热，一种是冷却液加热。

① 加热模块。电加热模块是高压电加热器和控制器，安装在空调箱总成内，用于向乘客舱提供暖风。

② 独立的冷却液循环：

> **图解**
>
> 暖风系统有一个独立的冷却液循环，由高压加热模块加热冷却液，为车辆的暖风系统提供热源，见图3-9-4。

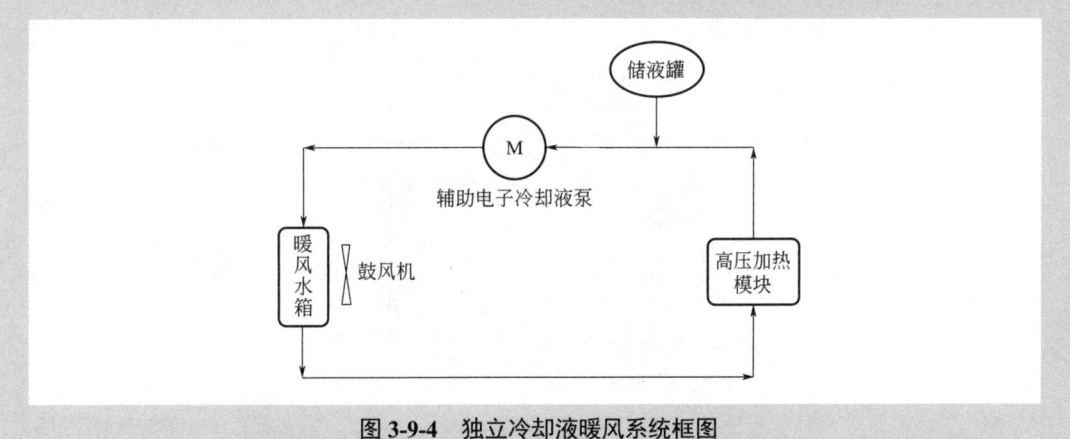

图 3-9-4　独立冷却液暖风系统框图

3.9.2 维修操作

(1) 空调系统常规检查

① 检查空调管路各接头处是否存在油污或沾有灰尘。如果出现此情况,则可能存在泄漏。

② 检查冷凝器表面是否脏污,散热片是否变形。

③ 检查压缩机总成正常工作时是否有刺耳噪声。

④ 用手感觉比较压缩机总成的进气管路和排气管路的温度,二者之间应该有明显的温差,正常情况下,低压管路较凉,高压管路较热。用手感觉比较冷凝器进入管和排出管的温度,正常情况下,进入管比排出管温度高。用手感觉比较膨胀阀进出管路的温差,正常情况下,膨胀阀进入管较热,排出管较凉,两者之间有明显的温差。

(2) 用压力表检查制冷剂压力 连接歧管压力表组件。满足下列检测条件后,读取压力表压力。

① 内外循环开关置于车外循环位置。

② 温度控制旋钮调至最冷。

③ 鼓风机速度控制开关置于最高挡。

④ 打开空调开关。

⑤ 观察压力表上的压力值(标准压力参考各厂家维修手册数据)。

(3) 电动压缩机异响检查 检查空调系统相关异响时,一般异响故障会有听起来像是轴承出现故障的声音,可能是由松动的螺栓、安装支架或松动的压缩机总成引起的。但要是关闭压缩机时异响不再继续,那么可判定是压缩机本身故障。

(4) 电动压缩机拆装

① 拆卸电动压缩机:

a. 回收系统制冷剂;

b. 拆除高、低压线束插件;

图解(见图3-9-5)

c. 拆卸压缩机的蒸发器、压缩机管路和压缩机、冷凝器管路压板螺栓;

d. 拆卸压缩机固定于悬置支架的3个固定螺栓;

e. 卸下压缩机。

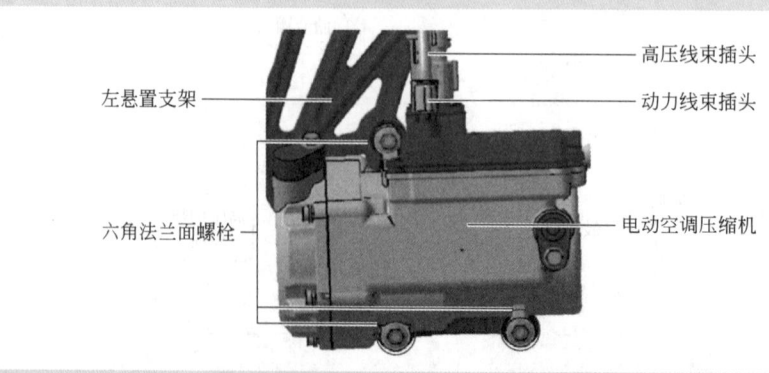

图 3-9-5 电动空调压缩机拆卸

② 安装电动压缩机:
a. 螺栓将压缩机与左悬置支架固定,暂不要拧紧;
b. 利用工具预紧,预紧后依次拧紧,紧固力矩;
c. 依次连接动力线束和高压线束插件。

3.9.3 故障点

空调控制常见故障见表 3-9-1。

表 3-9-1 空调控制常见故障

故障	现象	可能的原因	检测及排除措施
驱动控制器不工作,压缩机不工作	压缩机无启动声音,电源电流无变化	① 12V DC 控制电源未通入驱动控制器; ② 高压电没有到达压缩机,可能是高压继电器盒的保险丝烧断; ③ 高低压接插件端子接触不良或松脱; ④ 线束端 2 号脚的低电平启动信号未给出	① 检查驱动控制器控制电源插头端子是否松脱; ② 检查控制电源到驱动控制器之间的导线是否有断路; ③ 测量控制电源电压是否达到要求(对 12V DC 控制电源电压驱动控制器,控制电源电压至少大于 9V DC,不得高于 15V DC); ④ 当以上测试正常时,可以用非正常方法启动压缩机,即可以将压缩机控制器 2 号脚和 4 号脚从线束端短接,查看压缩机是否启动:如果启动,但是只保持短暂时间,然后就停机了,则说明整车网络存在故障,非压缩机本身问题;如果启动,且一直保持运转,则说明整车 2 号脚未发送有效信号,可能是整车压力开关存在问题,或系统制冷剂过少,或者 VCU 未发送信号;如果压缩机未工作,则更换压缩机
驱动控制器工作正常,压缩机工作不正常	压缩机发出异常声音	① 电机缺相; ② 冷凝器风机未正常工作,系统压差过大,电机负载过大	① 检查驱动控制器与电机连接的三相插头及相关导线,保证其接触良好及导通; ② 保证冷凝器风机正常工作,待系统压力平衡后再次启动
驱动控制器工作正常,压缩机不工作	压缩机无启动声音,电源电流无变化,各端口电压正常	驱动控制器未接收到空调系统的 A/C 开关信号	① 检查 A/C 开关是否有故障; ② 检查与 A/C 开关相连的导线是否断路; ③ 检查 A/C 开关连接方式是否正确 [接地(低电平:0～0.8V)开启压缩机,接高电平或悬空关闭压缩机]
	压缩机无启动声音,电源电流无变化,高压端口电压不足或无供电	欠压保护启动	关闭整车主电源。 ① 检查驱动控制器主电源输入接口处的接插件端子是否有松脱; ② 主电源到驱动控制器之间的导线是否断路; ③ 控制主电源输入的继电器是否正常动作
驱动控制器自检正常,压缩机不工作	压缩机启动时有轻微抖动,电源电流有变化,随后降为 0	① 冷凝器风机未正常工作,系统压差过大,电机负载过大导致的过流保护启动; ② 电机缺相导致的过流保护启动	① 保证冷凝器风机正常工作,待系统压力平衡后再次启动; ② 检查驱动控制器与电机连接的三相插头及相关导线,保证其接触良好及导通

3.10 电动冷却系统

3.10.1 基础知识

（1）冷却系统组成　纯电动汽车冷却系统分为驱动电机冷却系统（见图3-10-1）、动力电池冷却系统（见图3-10-2）。还有一个是暖风加热用的冷却液独立系统。

冷却系统利用热传导的原理，通过冷却液在各个独立的冷却系统回路中循环，使驱动电机、动力电池保持在最佳的工作温度。

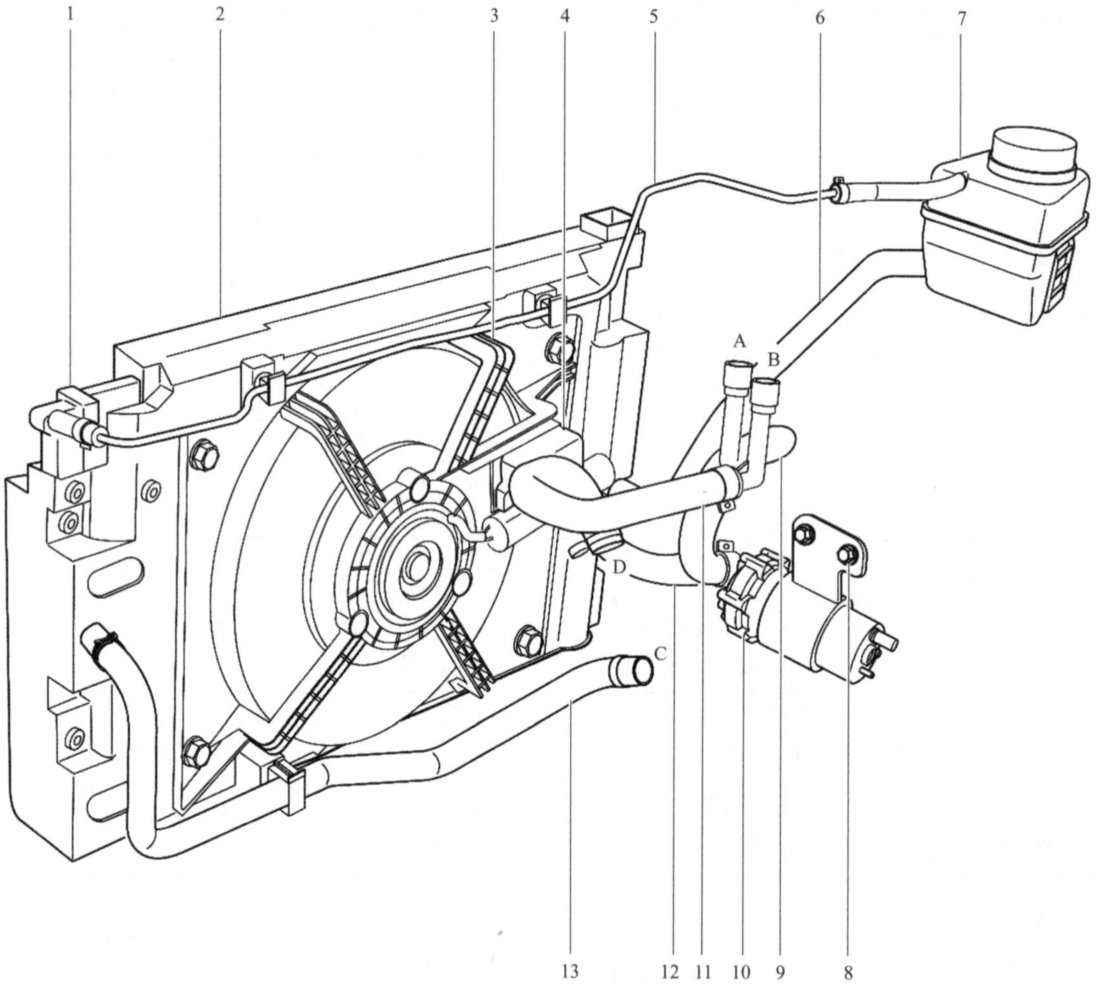

图3-10-1　驱动电机冷却系统部件

A—电力电子箱（PEB）进液口；B—电力电子箱（PEB）出液口；C—驱动电机出液口；D—驱动电机进液口；1—散热器；2—冷却风扇罩；3—冷却风扇；4—冷却风扇低速电阻；5—散热器溢流管；6—软管（膨胀水箱到散热器）；7—膨胀水箱（驱动电机）；8—驱动电机冷却水泵安装支架；9—软管（水泵到PEB）；10—冷却水泵（驱动电机）；11—软管（PEB到驱动电机）；12—软管（水泵到散热器）；13—软管（驱动电机到散热器）

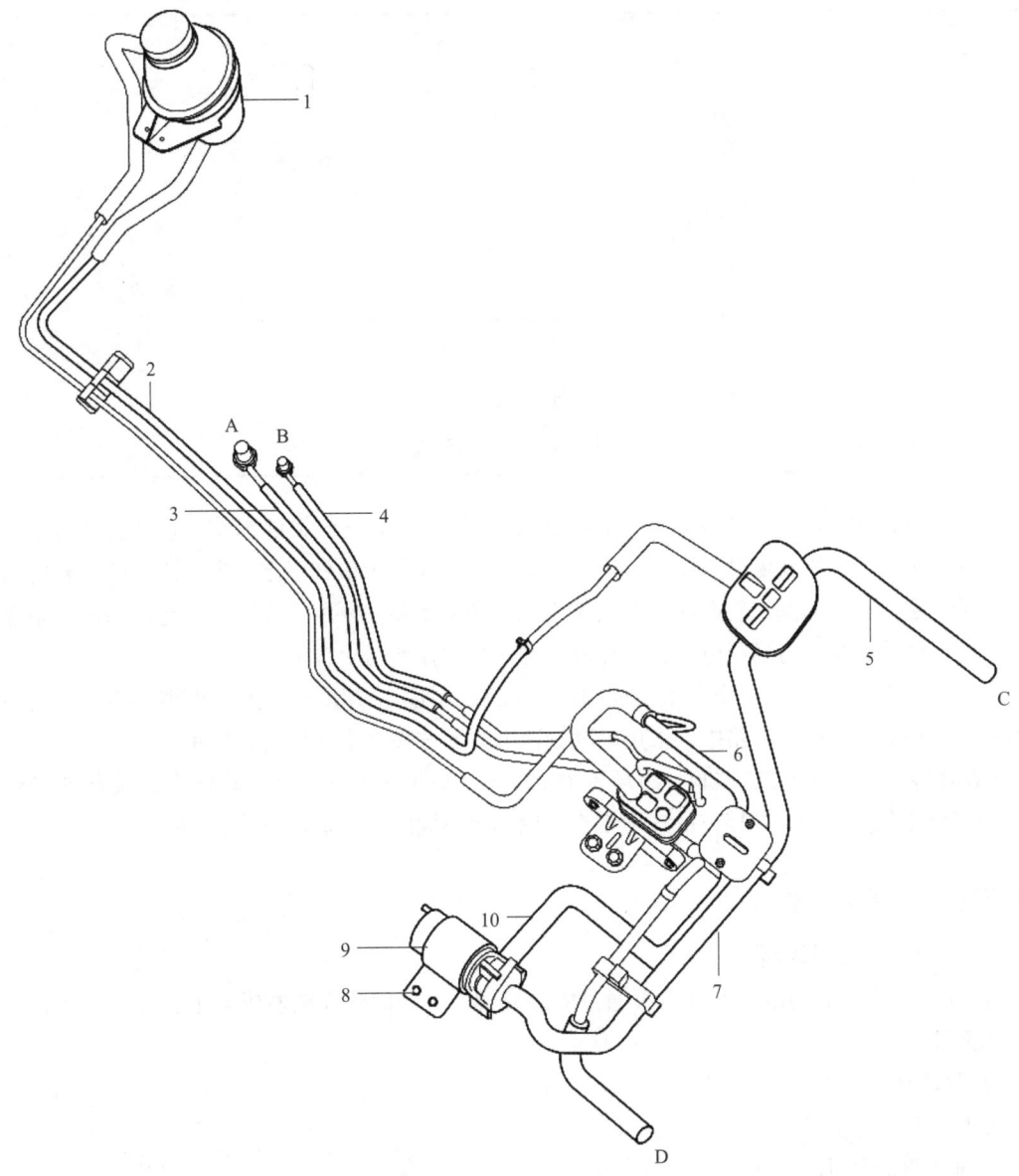

图 3-10-2 动力电池冷却系统部件

A—电池冷却器低压空调管接口；B—电池冷却器高压空调管接口；C—高压电池包冷却液出液口；D—高压电池包冷却液进液口；1—高压电池包膨胀水箱；2—膨胀水箱到冷却水管三通水管；3—电池冷却器低压空调管；4—电池冷却器高压空调管；5—高压电池包到冷却水管三通水管；6—电池冷却器到高压电池包水管；7—冷却水管三通到水泵水管；8—高压电池包冷却水泵安装支架水管；9—高压电池包冷却液泵；10—水泵到电池冷却器水管

（2）电动水泵

图解

电动水泵由低压电路驱动，为冷却液的循环提供压力。在电动水泵的驱动下冷却液在管路中的流向如图 3-10-3 所示。

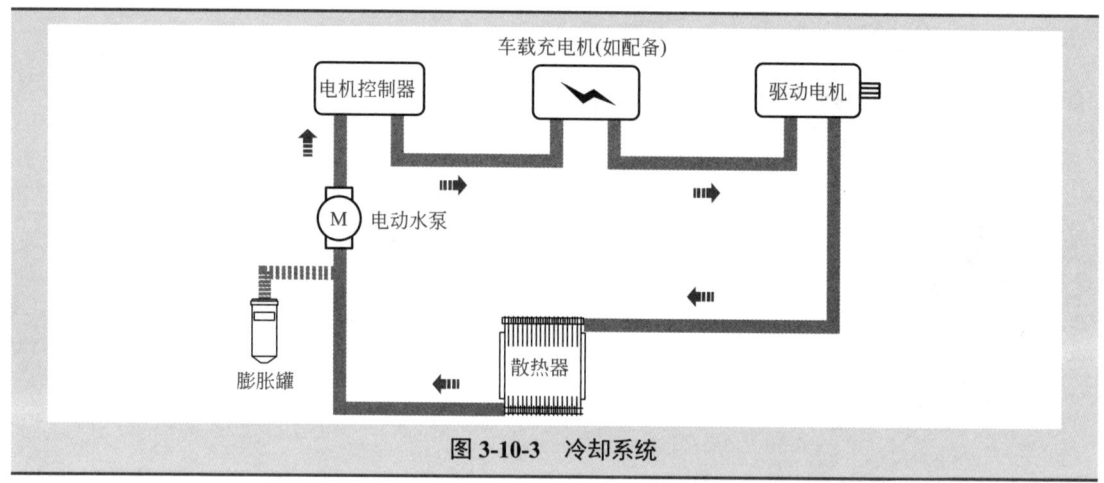

图 3-10-3 冷却系统

（3）电池冷却器　电池冷却器是高压电池包冷却系统的一个关键部件，它负责将高压电池包维持在一个适当的工作温度，使高压电池包的放电性能处于最佳状态。电池冷却器主要由热交换器、带电磁阀的膨胀阀、管路接口和支架组成。热交换器主要用于高压电池包冷却液和制冷系统的制冷剂的热交换，将高压电池包冷却液中的热量转移到制冷剂中。

（4）电动风扇　冷却风扇由整车控制器（VCU）利用冷却风扇低速继电器和冷却风扇高速继电器直接控制，在低速电路中，采用串联调速电阻的方式来改变风扇的转速。

PWM 冷却风扇受 VCU 控制，冷却风扇工作时，VCU 控制 PWM 模块使冷却风扇在 20% 到 90% 的占空比范围内的不同挡位的速度工作，以满足不同的冷却负荷要求。

3.10.2　维修操作

（1）驱动电机冷却液泵

① 安装形式：驱动电机冷却液泵通过安装支架，一般固定在前右纵梁上，经由其运转来循环传动系统。

② 驱动电机冷却液泵的拆卸：

a. 断开蓄电池负极。

b. 排空驱动电机冷却系统。

图解（见图 3-10-4）

c. 断开驱动电机冷却液泵的连接器。

d. 松开卡箍，从驱动电机冷却液泵上断开散热器到液泵水管。

e. 松开卡箍，从驱动电机冷却液泵上断开液泵到 PEB 水管。

f. 拆下将驱动电机冷却液泵支架固定到车身上的螺栓。

g. 从驱动电机冷却液泵支架上拆下驱动电机冷却液泵。

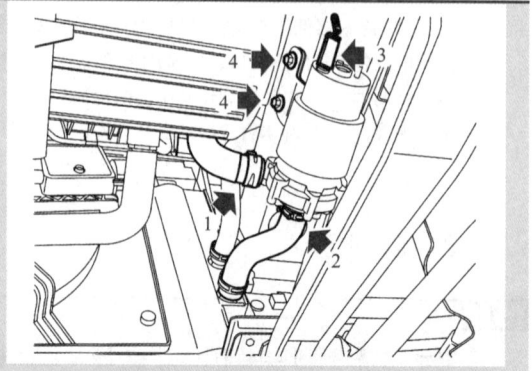

图 3-10-4　拆卸冷却液泵

1—软管；2—水管；3—连接器；4—螺栓

③ 驱动电机冷却液泵的安装：基本按照拆卸的倒序进行安装。应该注意安装位置，将驱动电机冷却液泵插入支架中，液泵壳体螺栓与液泵支架橡胶体边缘在圆周方向对齐，支架边缘与液泵壳体边缘对齐。

（2）动力电池冷却器冷却泵

① 安装形式：电池冷却器冷却泵通过安装支架，一般固定在车身底盘上，经由其运转来循环动力电池冷却系统。

② 电池冷却器冷却泵的拆装：基本与电机冷却液泵拆装方法一致。

（3）冷却液位检查　检查冷却液储液罐侧面的液位标记：MAX，上限标记；MIN，下限标记。冷却液液位应在 MIN 标记与 MAX 标记之间，如低于 MIN 标记，应及时添加与原颜色一致的冷却液。

① 检查动力电池冷却液，见图 3-10-5。

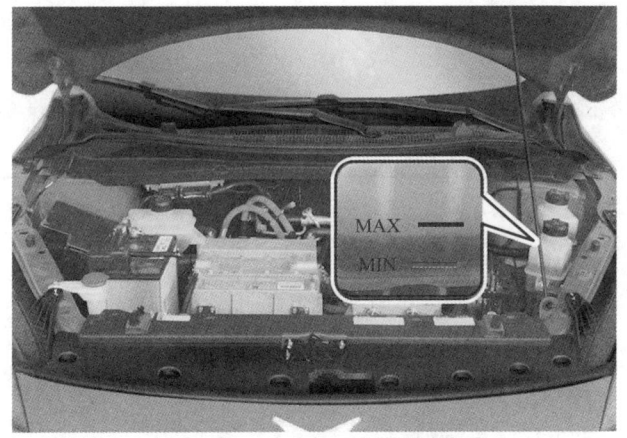

图 3-10-5　动力电池冷却液液位

② 检查电机冷却液，见图 3-10-6。

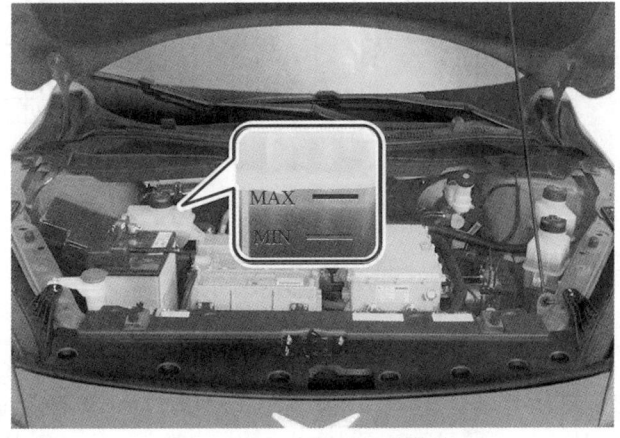

图 3-10-6　电机冷却液液位

③ 检查采暖冷却液，见图 3-10-7。

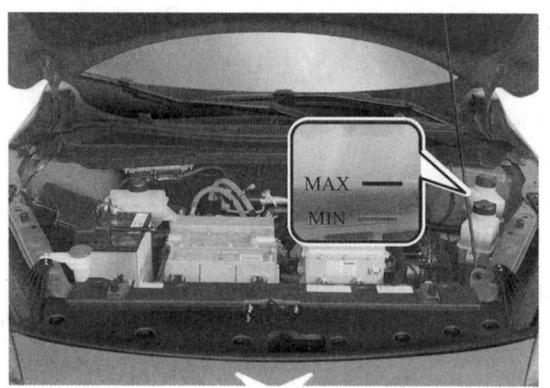

图 3-10-7　采暖冷却液液位

维修提示

① 切勿向冷却系统内添加任何防锈剂或其它添加物。因为添加物可能与冷却液或电动机组件不相容。

② 在打开冷却液壶盖之前，必须确认电机、高压电控集成模块、冷却液壶以及散热器均已冷却。

3.10.3　故障点

（1）冷却风扇低速挡不运转故障　冷却系统电路见图 3-10-8。

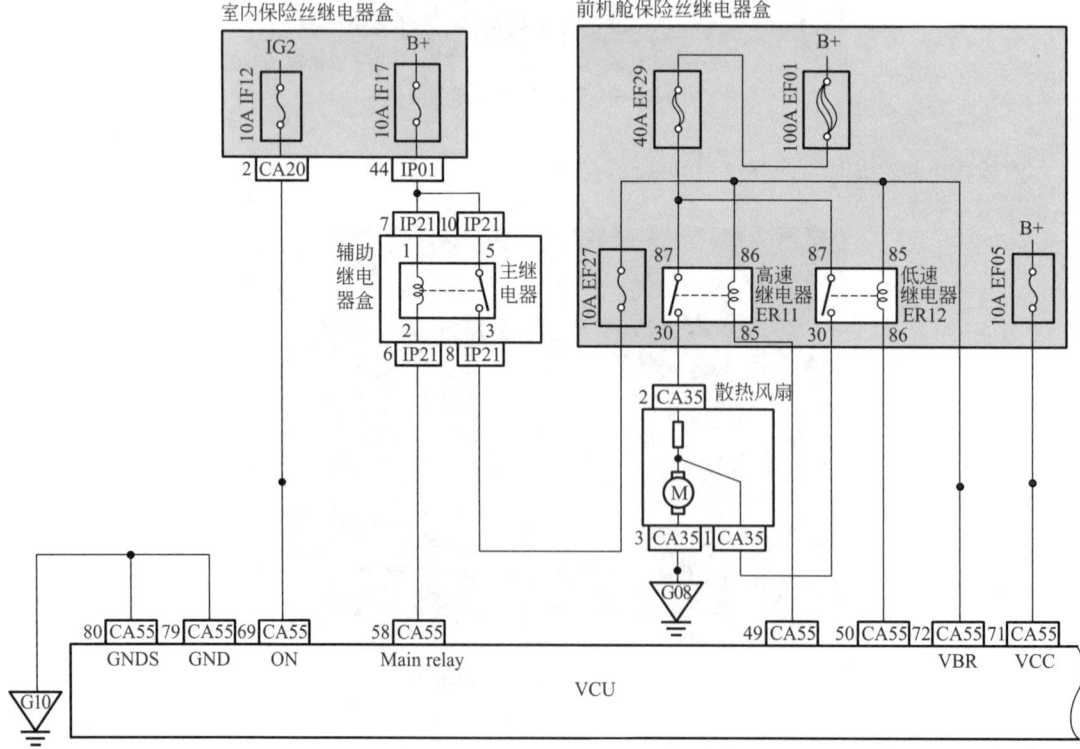

图 3-10-8　冷却系统诊断电路图

检测和确定故障点，步骤如下。

第一步：检查整车控制器保险丝。

① 操作启动开关，使电源模式至 OFF 状态。

② 拔下图 3-10-8 中 EF01、EF29、EF27 保险丝，检查是否熔断。

如果保险丝已经熔断，请检修保险丝线路，更换额定容量保险丝。

如果保险丝没有熔断，则需要接着往下一步检查。

第二步：检查冷却风扇低速继电器。

① 操作启动开关，使电源模式至 OFF 状态。

② 拔下冷却风扇高速继电器，用相同型号的继电器取代冷却风扇低速继电器（代替法）。

③ 检查故障是否排除。

如果故障已经排除，则更换相同规格的继电器。

如果故障没有排除，则需要接着往下一步检查。

第三步：检查整车控制器电源、接地之间的电压。

① 操作启动开关，使电源模式至 OFF 状态。

② 断开整车控制器线束连接器，然后启动开关使电源模式至 ON 状态。

③ 检测见表 3-10-1，见图 3-10-8。

表 3-10-1　检测端子及标准电压（整车控制电源、接地之间）

万用表连接插件端子	条件 / 状态	应测得结果
CA55/69—CA55/79	启动开关 ON 状态	11～14 V
CA55/71—CA55/80	启动开关 ON 状态	11～14 V

④ 判断测量值是否符合标准。

如果测量值不符合标准，则需要修理或更换线束。

如果测量值符合标准，则需要接着往下一步检查。

第四步：检查散热器风扇接地电路。

① 操作启动开关，使电源模式至 OFF 状态。

② 断开主散热器风扇线束连接器。

③ 检测见表 3-10-2，见图 3-10-8。

表 3-10-2　检测端子及标准电阻（散热器风扇接地电路）

万用表连接插件端子	条件 / 状态	应测得结果
CA35/3—车身搭铁	启动开关 OFF 状态	<1Ω

④ 判断测量值是否符合标准。

如果测量值不符合标准，则需要修理或更换线束。

如果测量值符合标准，则需要接着往下一步检查。

第五步：检查散热器风扇电源、接地之间的电压。

① 操作启动开关，使电源模式至 OFF 状态。

② 断开主散热器风扇线束连接器，然后操作启动开关使电源模式至 ON 状态。

③ 连接诊断仪，执行散热器风扇低速运转动作测试。或者用引线将整车控制器线束连接器 CA55 的 49 号端子与车身可靠接地连接。

④ 检测见表 3-10-3，见图 3-10-8。

表 3-10-3　检测端子及标准电压（散热器风扇电源、接地之间）

万用表连接插件端子	条件/状态	应测得结果
CA35/1—CA35/3	启动开关 ON 状态	11～14 V

⑤ 判断测量值是否符合标准。

如果测量值不符合标准，则更换散热器风扇。

如果测量值符合标准，则需要接着往下一步检查。

第六步：检查散热低速继电器与散热器风扇之间的电路。

① 操作启动开关，使电源模式至 OFF 状态。

② 断开主散热器风扇线束连接器。

③ 拆卸散热低速继电器。

④ 检测见表 3-10-4，见图 3-10-8。

表 3-10-4　检测端子及标准电阻（散热低速继电器与散热器风扇之间电路）

万用表连接插件端子	条件/状态	应测得结果
CA35/1—ER12/30（线束端）	启动开关 OFF 状态	<1Ω

⑤ 判断测量值是否符合标准。

如果测量值不符合标准，则更换散热器风扇。

如果测量值符合标准，则需要接着往下一步检查。

第七步：检查散热低速继电器与整车控制器之间的电路。

① 操作启动开关，使电源模式至 OFF 状态。

② 断开整车控制器线束连接器。

③ 拆卸散热低速继电器。

④ 检测见表 3-10-5，见图 3-10-8。

表 3-10-5　检测端子及标准电阻（散热低速继电器与整车控制器之间电路）

万用表连接插件端子	条件/状态	应测得结果
CA61/50—ER12/85（线束端）	启动开关 OFF 状态	<1Ω

⑤ 判断测量值是否符合标准。

如果测量值不符合标准，则需要修理或更换线束。

如果测量值符合标准，则需要更换整车控制器。

（2）冷却风扇高速挡不运转故障　冷却系统电路见图 3-10-8。

检测和确定故障点,步骤如下。

第一步:检查整车控制器保险丝。

① 操作启动开关,使电源模式至 OFF 状态。

② 拔下图 3-10-8 中 EF01、EF29、EF27 保险丝,检查是否熔断。

如果保险丝已经熔断,请检修保险丝线路,更换额定容量保险丝。

如果保险丝没有熔断,则需要接着往下一步检查。

第二步:检查冷却风扇高速继电器。

① 操作启动开关,使电源模式至 OFF 状态。

② 拔下冷却风扇高速继电器,用相同型号的继电器取代冷却风扇低速继电器(代替法)。

③ 检查故障是否排除。

如果故障已经排除,则更换相同规格的继电器。

如果故障没有排除,则需要接着往下一步检查。

第三步:检查整车控制器电源、接地之间的电压。

① 操作启动开关,使电源模式至 OFF 状态。

② 断开整车控制器线束连接器。然后操作启动开关使电源模式至 ON 状态。

③ 检测见表 3-10-6,见图 3-10-8。

表 3-10-6　检测端子及标准电压(整车控制器电源、接地间)

万用表连接插件端子	条件/状态	应测得结果
CA55/69—CA55/79	启动开关 ON 状态	11～14 V
CA55/71—CA55/80	启动开关 ON 状态	11～14 V

④ 判断测量值是否符合标准。

如果测量值不符合标准,则需要修理或更换线束。

如果测量值符合标准,则需要接着往下一步检查。

第四步:检查散热器风扇接地电路。

① 操作启动开关,使电源模式至 OFF 状态。

② 断开主散热器风扇线束连接器。

③ 检测见表 3-10-7,见图 3-10-8。

表 3-10-7　检测端子及标准电阻(散热器风扇的接地电路)

万用表连接插件端子	条件/状态	应测得结果
CA35/3—车身接地	启动开关 OFF 状态	<1Ω

④ 判断测量值是否符合标准。

如果测量值不符合标准,则需要修理或更换线束。

如果测量值符合标准,则需要接着往下一步检查。

第五步:检查散热器风扇电源、接地之间的电压。

① 操作启动开关,使电源模式至 OFF 状态。

② 断开主散热器风扇线束连接器，然后操作启动开关使电源模式至 ON 状态。

③ 连接诊断仪，执行散热器风扇高速运转动作测试。或者用引线将整车控制器线束连接器 CA55 的 49 号端子与车身可靠接地连接，见图 3-10-8。

④ 检测见表 3-10-8，见图 3-10-8。

表 3-10-8　检测端子及标准电压（散热器风扇电源、接地间）

万用表连接插件端子	条件/状态	应测得结果
CA35/2—CA35/3	启动开关 ON 状态	11～14 V

⑤ 判断测量值是否符合标准。

如果测量值符合标准，则更换散热器风扇。

如果测量值不符合标准，则需要接着往下一步检查。

第六步：检查散热高速继电器与散热器风扇之间的电路。

① 操作启动开关，使电源模式至 OFF 状态。

② 断开主散热器风扇线束连接器。

③ 拆卸散热高速继电器。

④ 检测见表 3-10-9，见图 3-10-8。

表 3-10-9　检测端子及标准电阻（散热高速继电器与散热器风扇之间电路）

万用表连接插件端子	条件/状态	应测得结果
CA35/2—ER11/30（线束端）	启动开关 OFF 状态	<1Ω

⑤ 判断测量值是否符合标准。

如果测量值不符合标准，则需要修理或更换线束。

如果测量值符合标准，则需要接着往下一步检查。

第七步：检查散热高速继电器与整车控制器之间的电路。

① 操作启动开关，使电源模式至 OFF 状态。

② 断开整车控制器线束连接器。

③ 拆卸散热高速继电器。

④ 检测见表 3-10-10，见图 3-10-8。

表 3-10-10　检测端子及标准电阻（散热高速继电器与整车控制器之间电路）

万用表连接插件端子	条件/状态	应测得结果
CA61/49—ER11/85（线束端）	启动开关 OFF 状态	<1Ω

⑤ 判断测量值是否符合标准。

如果测量值不符合标准，则需要修理或更换线束。

如果测量值符合标准，则需要更换整车控制器。

（3）电动水泵不工作故障　电动水泵电路见图 3-10-9。

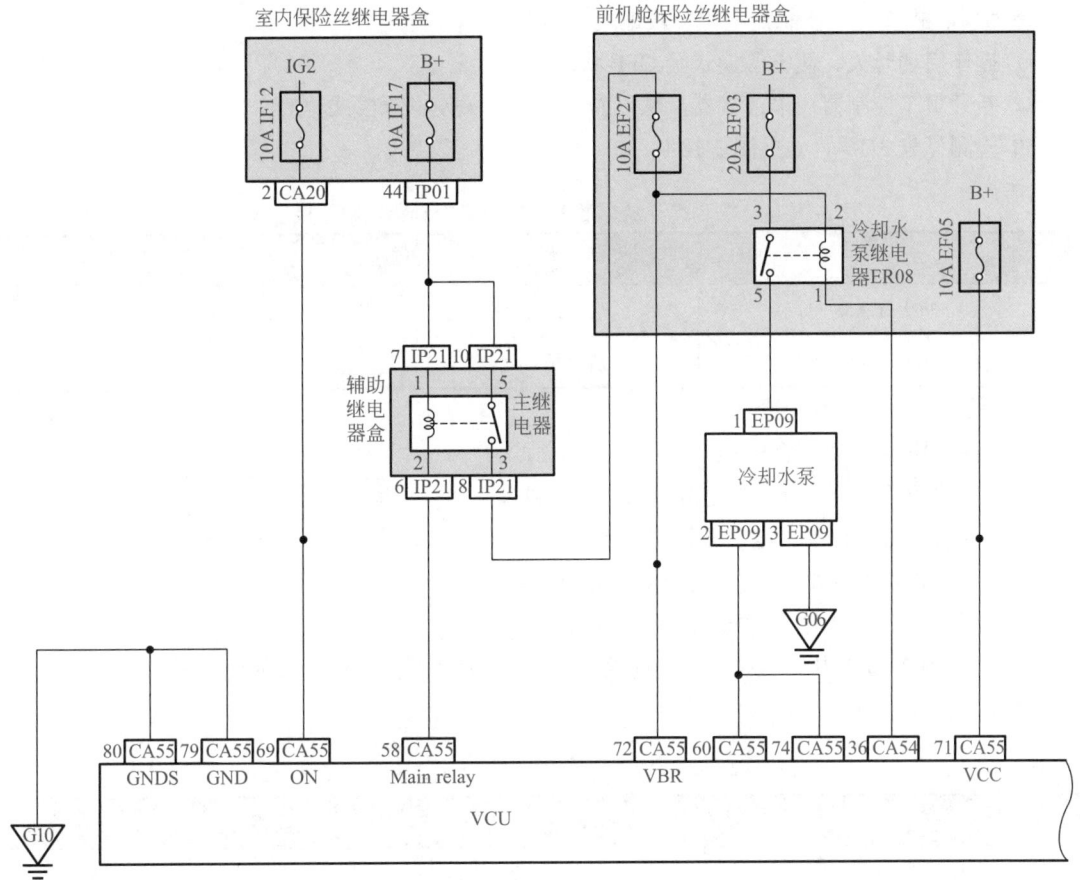

图 3-10-9　电动水泵电路图

检测和确定故障点,步骤如下。

第一步:使用故障诊断仪读取故障代码。

① 操作启动开关,使电源模式至 ON 状态。

② 连接故障诊断仪,读取系统故障代码。

③ 检查系统是否存在相应故障。

优先排除故障代码指示故障。

第二步:检查电动水泵保险丝。

① 操作启动开关,使电源模式至 OFF 状态。

② 拔下图 3-10-9 中水泵保险丝 EF03,检查保险丝是否熔断。

第三步:检查整车控制器保险丝。

检查图 3-10-9 中整车控制器保险丝 EF05、IF12、EF27。

第四步:检查电动水泵继电器。

① 操作启动开关,使电源模式至 OFF 状态。

② 拔下电动水泵继电器,用相同型号的继电器取代电动水泵继电器。

③ 检查故障是否排除。

更换相同规格的继电器。

第五步:检查整车控制器电源、接地之间的电压。

① 操作启动开关,使电源模式至 OFF 状态。

② 断开整车控制器线束连接器。然后操作启动开关使电源模式至 ON 状态。

③ 检测见表 3-10-11,见图 3-10-9。

表 3-10-11 检测端子及标准电压(整车控制器电源、接地间)

万用表连接插件端子	条件/状态	应测得结果
CA55/69—CA55/79	启动开关 ON 状态	11～14 V
CA55/71—CA55/80	启动开关 ON 状态	11～14 V

④ 判断测量值是否符合标准。

如果测量值不符合标准,则需要修理或更换线束。

如果测量值符合标准,则需要接着往下一步检查。

第六步:检查电动水泵电源、接地之间的电压。

① 操作启动开关,使电源模式至 OFF 状态。

② 断开图 3-10-9 中电动水泵线束连接器 EP09,然后操作启动开关使电源模式至 ON 状态。检测见表 3-10-12。

表 3-10-12 检测端子及标准电压(电动水泵电源、接地之间)

万用表连接插件端子	条件/状态	应测得结果
CA55/36—车身接地	启动开关 ON 状态	11～14 V
EP09/1—EP09/3	启动开关 ON 状态	11～14 V

③ 判断测量值是否符合标准。

如果测量值不符合标准,则需要修理或更换线束。

如果测量值符合标准,则需要接着往下一步检查。

第七步:检查整车控制器与电动水泵之间的线路。

① 操作启动开关,使电源模式至 OFF 状态。

② 断开图 3-10-9 中电动水泵线束连接器 EP09,然后断开整车控制器线束连接器 CA55。

③ 检测见表 3-10-13,见图 3-10-9。

表 3-10-13 检测端子及标准电阻(整车控制器与电动水泵之间线路)

万用表连接插件端子	条件/状态	应测得结果
CA55/60—ER09/2	启动开关 OFF 状态	<1Ω
CA55/74—ER09/2	启动开关 OFF 状态	<1Ω

④ 判断测量值是否符合标准。

如果测量值不符合标准,则需要修理或更换线束。

如果测量值符合标准，则需要更换电动水泵。

3.11 减速器

（1）减速器功能　电动机的速度-转矩特性非常适合纯电动汽车驱动的需求，纯电动汽车的驱动系统不再需要多挡位的变速器，驱动系统结构得以大幅简化。

减速器介于驱动电机和驱动半轴之间，驱动电机的动力输出轴通过花键直接与减速器输入轴齿轮连接。一方面，减速器将驱动电机的动力传给驱动半轴，起到降低转速、增大转矩作用；另一方面，满足汽车转弯及在不平路面上行驶时，左右驱动轮以不同的转速旋转，保证车辆的平稳运行。当车辆处在驻车挡时会通过一套锁止装置，锁止减速器。

图解　传动系统通过电机调速、电机反转原理来驱动输入轴改变转动的速度和方向，从而产生不同速比的行车挡和倒挡。当换挡操纵机构处于行车挡时，转矩由驱动电机直接传送到减速器输入轴，然后转矩通过输入轴齿轮传送到中间轴小齿轮和主减速从动齿轮，然后传送到驱动轴，见图3-11-1。在汽车启动后和行驶过程中，通过改变电机转速来改变汽车速度。

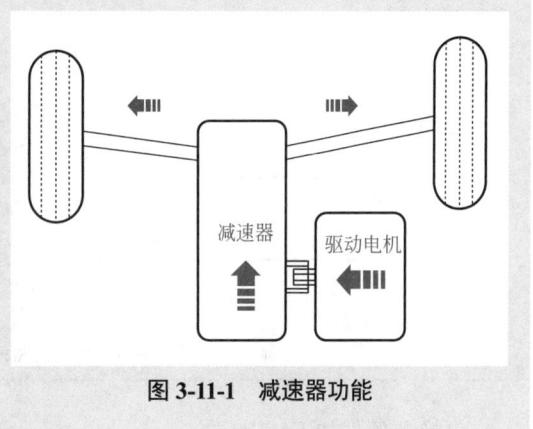

图3-11-1　减速器功能

（2）减速器工作

① 减速器控制。驾驶员操作电子换挡器进入P挡，电子换挡器将驻车请求信号发送到整车控制器（VCU），VCU结合当前驱动电机转速及轮速情况判断是否符合驻车条件。当符合条件时，VCU发送驻车指令到TCU，TCU控制驻车电机进入P挡，锁止减速器。驻车完成后TCU将收到减速器发出的P挡位置信号，并将此信号反馈给VCU，完成换挡过程。

驾驶员操作电子换挡器退出P挡，电子换挡器将解除驻车请求信号发送给整车控制器（VCU），VCU结合当前驱动电机转速及轮速情况判断是否满足解除驻车条件。当符合条件时，VCU发送解除驻车指令到TCU，TCU控制电机解除P挡锁止减速器。解除驻车完成后TCU将收到减速器发出的挡位位置信号，并将此信号反馈给VCU，完成换挡过程。驻车控制见图3-11-2。

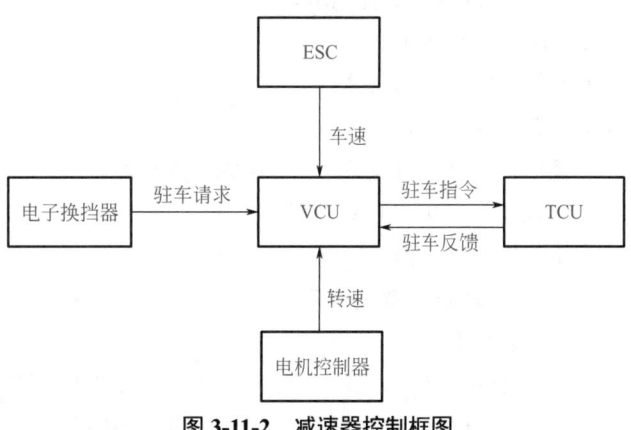

图3-11-2　减速器控制框图

图解

TCU控制减速器上的换挡电动机。驻车电机有一个编码器,输出一个代码用来确定驻车电机位置。TCU接口通过汽车CAN总线接收来自其它车辆系统的信息(驱动电机转速、车速、停车请求等)。TCU接收相关的换挡条件和换挡请求,直接控制驻车电机驱动棘爪扣入或松开棘轮,达到驻车或解除驻车功能。控制原理见图3-11-3。

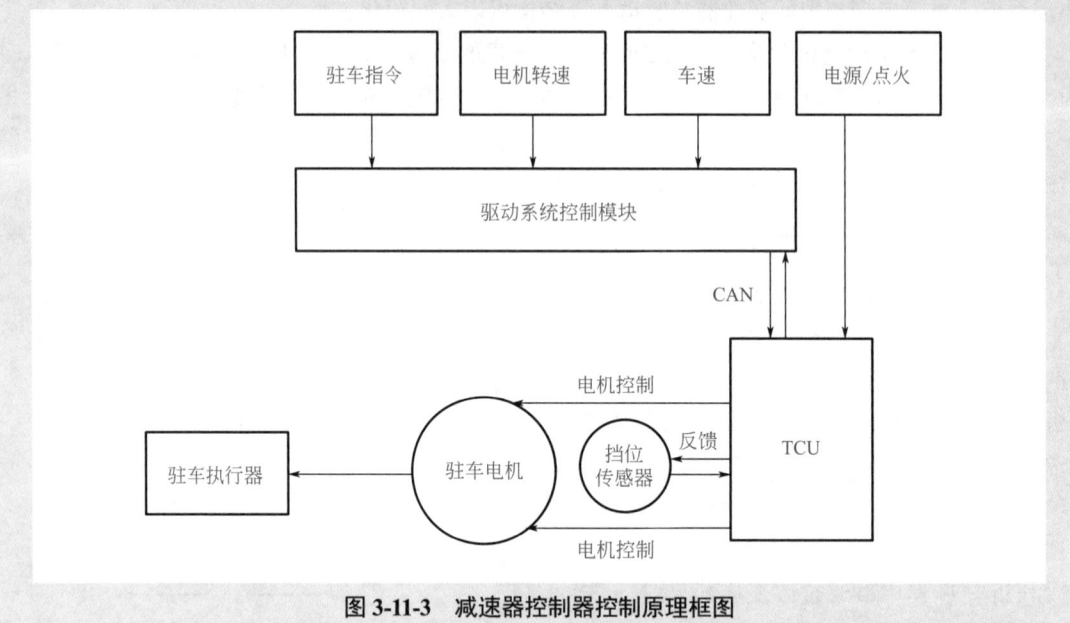

图3-11-3 减速器控制器控制原理框图

② 换挡条件如下。

驻车换挡驻车条件:

a. 无普通编码器故障。

b. 无电机开路、对地短路、对电源短路故障。

c. 供电电压在9~16V之间。

d. 上一次换挡过程已完成。

e. 接收到VCU的锁止请求。

f. 车速小于5km/h。

驻车换挡解除驻车条件:

a. 无普通编码器故障。

b. 无电机开路、对地短路、对电源短路故障。

c. 供电电压在9~16V之间。

d. 上一次换挡过程已完成。

e. 接收到VCU的解锁请求。

f. 车轮未发生滑移。

(3)减速器结构与部件 减速器动力传动机械部分是依靠两级齿轮副来实现减速、增大转矩。其按功用和位置分为:壳箱体、输入轴组件、中间轴组件、差速器组件。减速器总成见图3-11-4。

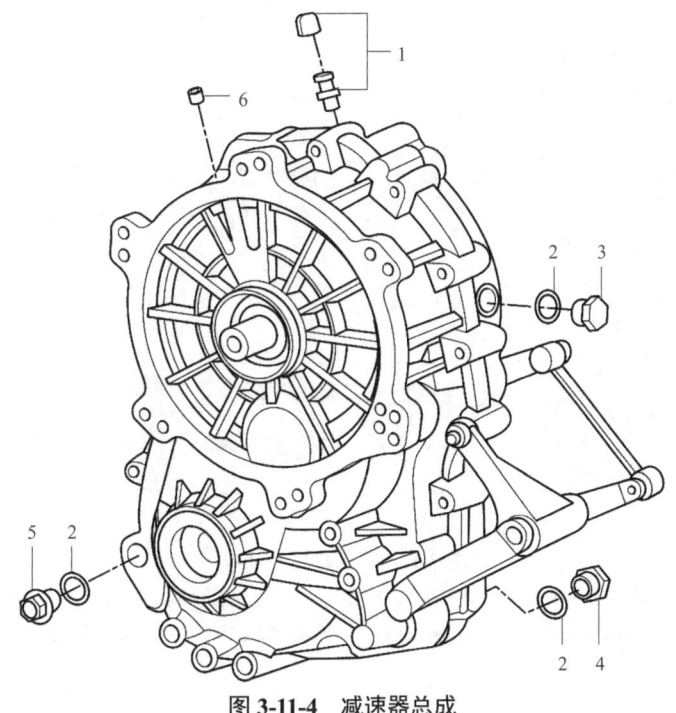

图 3-11-4 减速器总成

1—通气塞总成；2—垫圈；3—加油塞；4—放油塞；5—油位塞；6—油堵头

① 减速器驻车机构与壳体，见图 3-11-5。

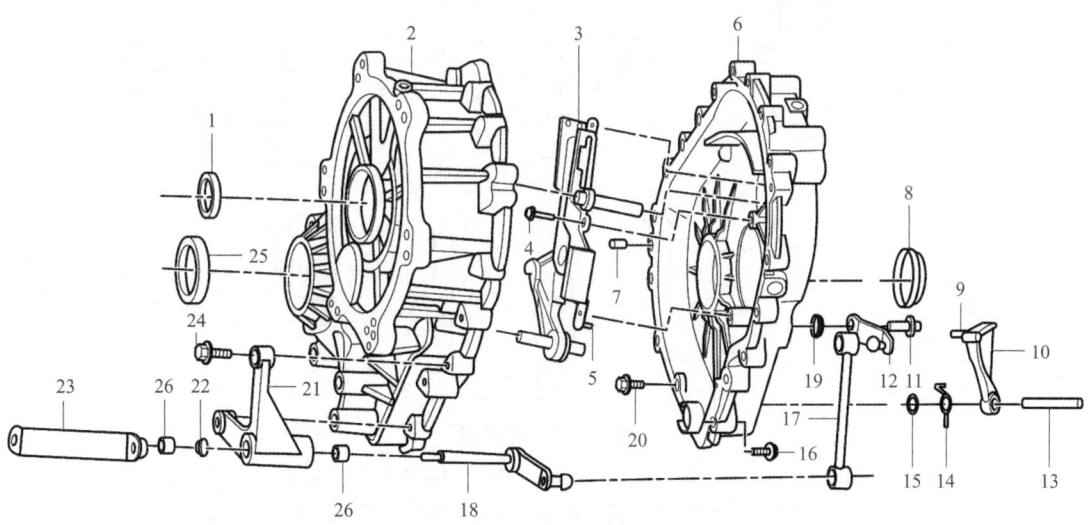

图 3-11-5 减速器驻车机构与壳体

1—输入轴油封；2—前壳体；3—滑板及托架总成；4—螺栓（驻车机构）；5—圆柱销；6—后壳体；7—定位销（前后壳体）；8—后壳体输出油封；9—销子；10—棘爪；11—梅花头法兰面螺栓；12、17、18、23—摇臂；13—棘爪回转轴；14—弹簧；15—弹簧架；16—短螺栓（前后壳体）；19—油封（驻车机构）；20—螺栓（前后壳体）；21—拉索支架；22—螺母；24—螺栓（拉索支架）；25—前壳体输出油封；26—滚针轴承

② 齿轮传动机构，见图 3-11-6。

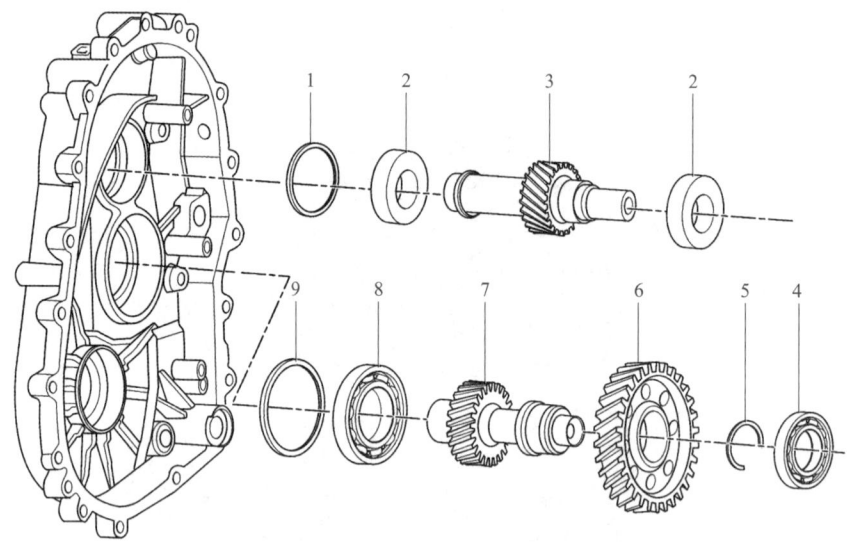

图 3-11-6　齿轮传动机构

1—输入轴调整垫片；2—输入轴轴承；3—输入轴；4—输出轴前轴承；5—输出轴挡圈；6—输出轴从动齿轮；7—输出轴；8—输出轴后轴承；9—输出轴调整垫片

③差速器，见图 3-11-7。

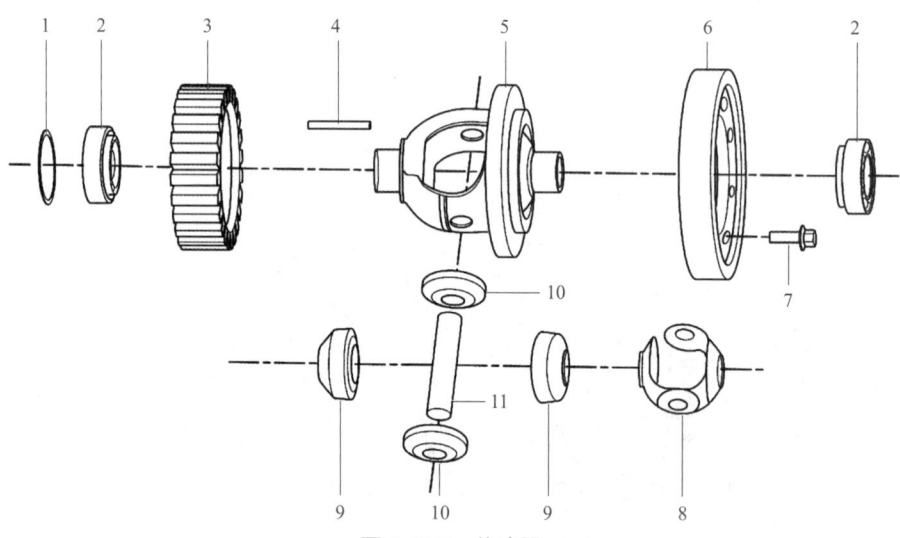

图 3-11-7　差速器

1—调整垫片；2—锥轴承；3—制动棘轮；4—弹性销；5—差速器壳体；6—主减速齿轮；7—差速器螺栓；8—差速器垫圈；9—半轴齿轮；10—行星齿轮；11—行星轴

（4）动力传动路径　动力传递路径见图 3-11-8。

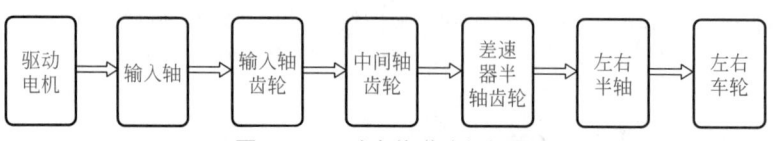

图 3-11-8　动力传递路径框图

3.12 转向系统

(1) EPS 组成 电动汽车上的电动助力转向系统(EPS)与装配发动机的汽车 EPS 结构原理一样,是直接依靠电机提供辅助转矩的动力转向系统,由转矩传感器、电子控制单元、ECU 和助力电机共同组成。电子控制单元根据各传感器输出的信号计算所需的转向助力,并通过功率放大模块控制助力电机的转动,电机的输出经过减速机构减速、增大转矩后驱动齿轮齿条机构产生相应的转向助力。

(2) 类型 根据电动机布置位置不同,EPS 可分为转向柱助力式、齿轮助力式、齿条助力式 3 种。

① 转向柱助力式(C-EPS),如图 3-12-1 所示。转向柱助力式 EPS 的电动机固定在转向柱一侧,通过减速机构与转向轴相连,直接驱动转向轴助力转向。

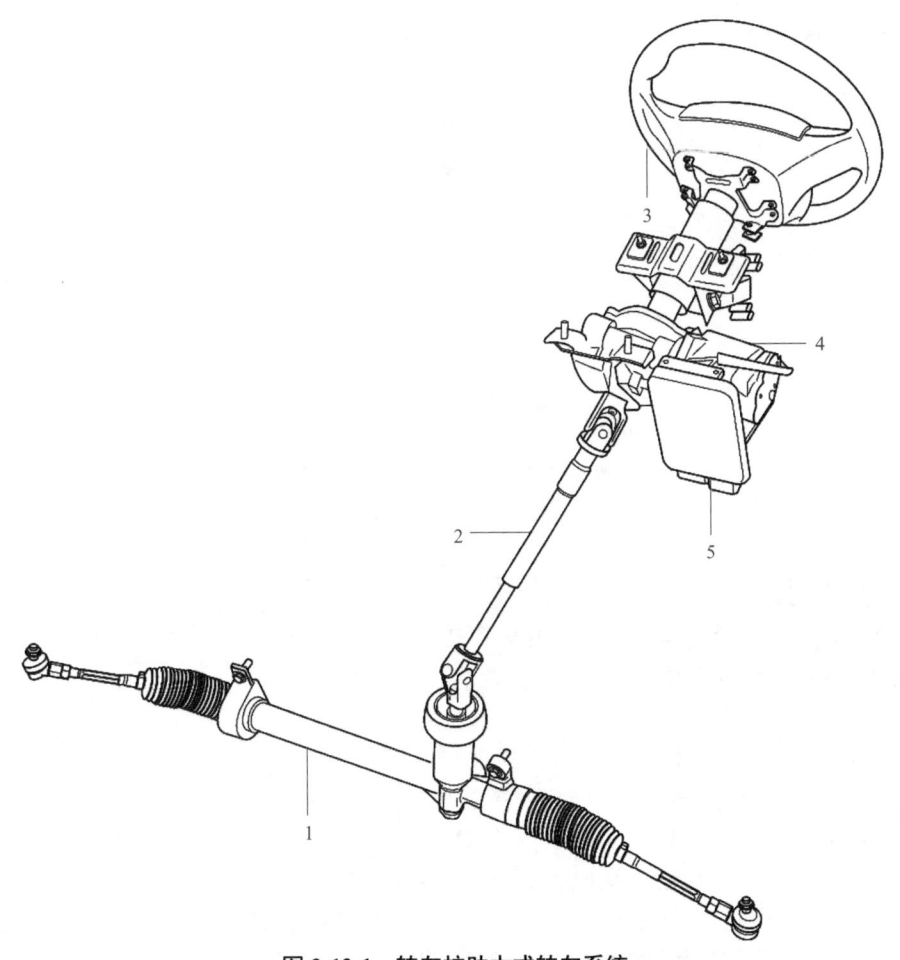

图 3-12-1 转向柱助力式转向系统
1—动力转向机总成;2—转向管柱总成;3—转向盘总成;4—EPS 助力电机;5—EPS 控制器

② 齿轮助力式(P-EPS),如图 3-12-2 所示。齿轮助力式 EPS 的电动机和减速机构与小齿轮相连,直接驱动齿轮助力转向。

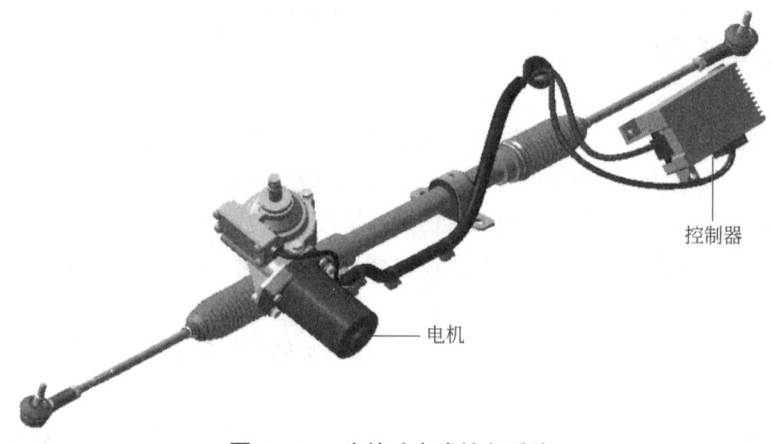

图 3-12-2　齿轮助力式转向系统

③ 齿条助力式（R-EPS），如图 3-12-3 所示。齿条助力式 EPS，也叫齿条平行式电动助力转向系统，其电动机和减速机构直接驱动齿条提供助力。

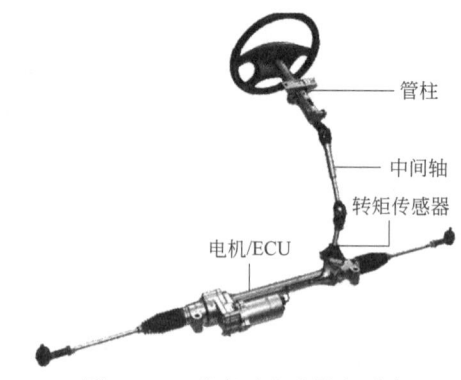

图 3-12-3　齿条助力式转向系统

（3）EPS 控制

图解（见图 3-12-4）

① 当整车处于停车下电状态时，EPS 不工作。此时，EPS 不进行自检、不与 VCU 通信，EPS 驱动电机不工作。

② EPS 正常工作时，EPS 根据接收的来自 VCU 的车速信号、唤醒信号及来自转矩传感器的转矩信号和 EPS 助力电机的电机位置、电机转速、电机转子位置、电流、电压信号等进行综合判断，以控制 EPS 助力电机的转矩、转速和方向。

③ 转向控制器在上电 200ms 内完成自检，上电后可以与 CAN 线交互信息。

④ 当 EPS 检测到故障时，通过 CAN 总线向 VCU 发送故障信息，并采取相应的处理措施。

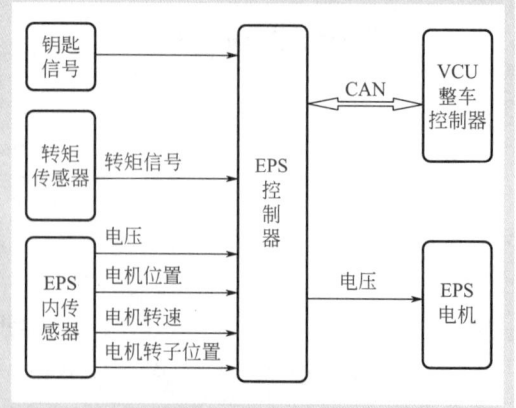

图 3-12-4　EPS 控制框图

第 4 章 氢燃料电池汽车概要

燃料电池的燃料有氢、甲烷等。车用燃料电池装置所使用的燃料主要为高纯度氢气。与通常的电动汽车比较,其动力方面的不同在于燃料电池汽车(FCV)用的电力来自车载燃料电池装置,电动汽车所用的电力来自由电网充电的蓄电池。因此,FCV 的关键是燃料电池。

4.1 氢燃料电池原理

氢燃料电池的基本原理其实就是电解水的逆反应,见图 4-1-1。把氢和氧分别供给阴极和阳极,氢通过阴极向外扩散和电解质发生反应后,放出电子通过外部的负载到达阳极,从而产生电能。

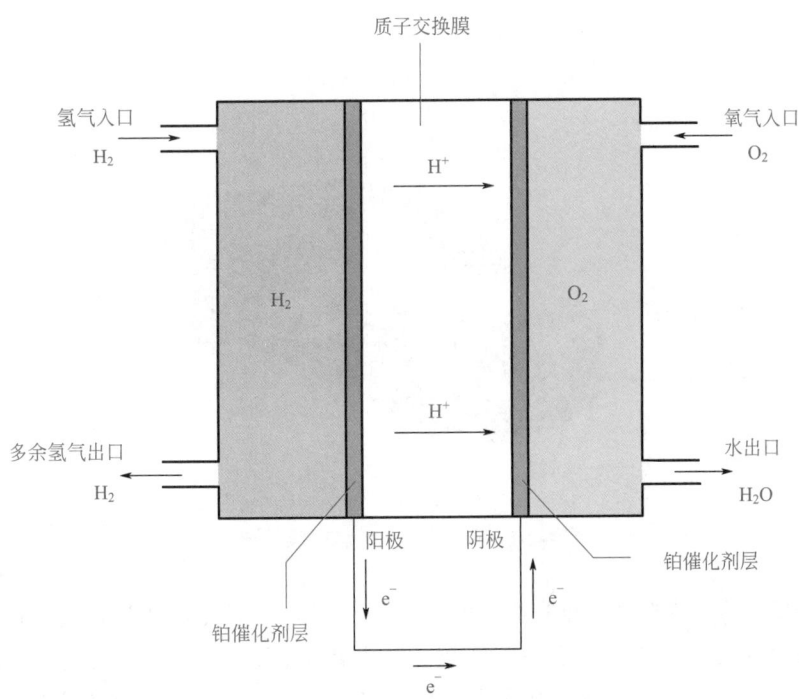

图 4-1-1　氢燃料电池原理

图解

氢燃料电池汽车可以简单理解为：氢气和氧气在燃料电池堆发生反应，产生了电能和水，其中电能带动电动机驱动车辆行驶，水则排出车外。原理见图 4-1-2。

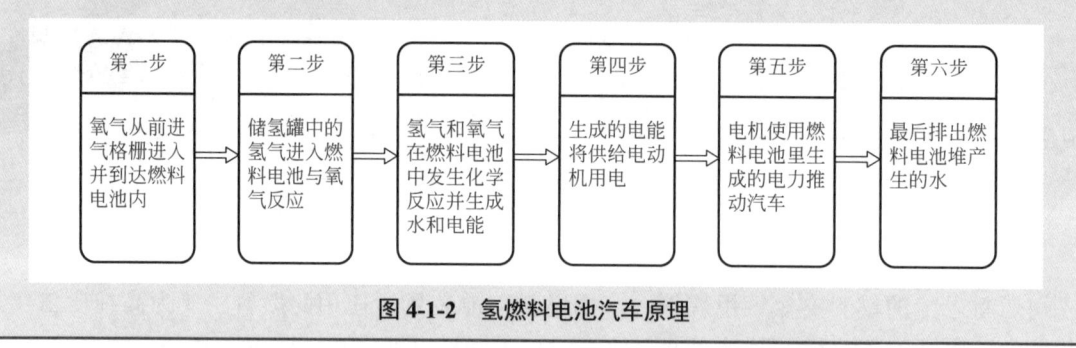

图 4-1-2　氢燃料电池汽车原理

氢燃料电池汽车最大的特点：一是续驶里程长，采用燃料电池系统作为能量源，克服了纯电动汽车续驶里程短的缺点；二是绿色环保，属于零排放。

4.2　氢燃料电池汽车主要部件

氢燃料电池汽车配备燃料电池堆、氢气泵、燃料电池水泵、燃料电池水泵与氢气泵逆变器、燃料电池升压转换器以及燃料电池空气压缩机等专用的高电压零部件。为使用氢气发电，燃料电池汽车配备有燃料电池堆、氢气罐以及氢气管道等氢气系统零部件。主要部件见图 4-2-1。

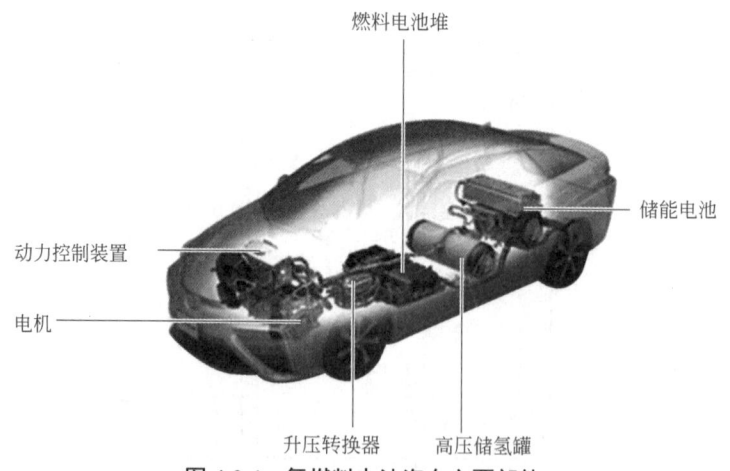

图 4-2-1　氢燃料电池汽车主要部件

（1）燃料电池堆　燃料电池堆是通过氢气和氧气的化学反应发电的装置。利用氢气罐提供的氢气和从车外吸入的空气中的氧气，产生 200V 或更高的电压。燃料电池组使用单体电池发电，单体电池由一个电解质膜夹在隔板中组成，几百个单体电池连在一起产生高电压。单体电池装在金属壳体内，不易接触。在发电过程中，通过氢气和氧气的化学反应生成水，水通过排水口排出。

① 燃料电池升压转换器（DC/DC 转换器）。燃料电池升压转换器将燃料电池堆产生的直流电压升高到最大 650V，用于电机运行，然后将该电流输送到带转换器的逆变器。根据来自车辆控制单元的需求，连接或断开燃料电池主继电器，并控制电源，以匹配电源需求指定值，稳定整车直流母线电压。燃料电池及升压系统见图 4-2-2。

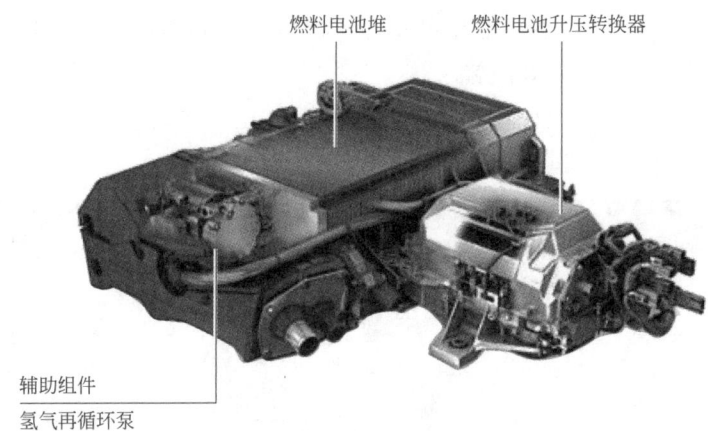

图 4-2-2　燃料电池及升压系统

② 氢气泵。氢气泵将会使氢气罐给燃料电池堆循环供应氢气。氢气泵有一个内置电机，电机由燃料电池水泵与氢气泵逆变器的高电压运转。氢气泵安装在燃料电池堆侧面的盖子下面。

（2）氢气管　氢气管连接燃料电池堆和氢气罐等储存和使用氢气的零部件，氢气管位于汽车地板下部，高压氢气管用红色标识。

（3）氢气罐　环境温度在 15℃时，氢气罐内储存氢气的最高气压可达到 70MPa，这些氢气被输送至燃料电池堆。氢气罐由碳纤维增强塑料制成，位于地板下方。

① 氢气探测器。用于检测氢气泄漏的氢气探测器位于氢气罐附近。如果检测到规定浓度的氢气泄漏，燃料电池系统将切断氢气供应。

② 热减压阀。每个氢气罐配备有一个热减压阀，车辆发生故障时，可防止氢气温度太高而发生爆炸。温度在大约 110℃时将会打开热减压阀，把氢气罐中的氢气释放到车辆外部。

（4）逆变器　燃料电池水泵和氢气泵逆变器将动力高压蓄电池的直流电转换为交流电，并将该电流输送到燃料电池水泵和氢气泵。燃料电池水泵和氢气泵逆变器安装在车辆前方的电机舱内。

（5）燃料电池空气压缩机　燃料电池空气压缩机向燃料电池堆供应氧气。燃料电池空气压缩机有一个内置电机，该电机由逆变器/转换器高达 650V 的输出电压驱动，安装在电机舱内。

（6）燃料电池水泵　燃料电池水泵循环冷却液，以便冷却燃料电池堆和燃料电池空气压缩机产生的压缩空气。燃料电池水泵有一个内置电机，该电机由燃料电池水泵和氢气泵逆变器的高电压驱动。

（7）储能电池（动力电池）　储能电池安装在座椅后方，占据了一定的后备厢空间。燃料电池输出剩余的电能和制动回收的电能都被储能电池储存起来，供急加速和车载用电器使用。

4.3 氢燃料电池汽车控制

（1）整车控制　燃料电池汽车整车控制系统是燃料电池汽车的控制核心，由燃料电池管理系统、驱动电机控制器等组成。它一方面接收来自驾驶员的需求信息，如点火开关、加速踏板、制动踏板、挡位位置信号等，实现整车工况控制；另一方面基于反馈的实际工况，如车速、制动、电机转速等，以及动力系统的状况，如燃料电池及动力蓄电池的电压、电流等，根据预先设定好的多能源控制策略进行能量分配调节控制。

（2）驱动模式（见表 4-3-1）

表 4-3-1　驱动模式

驱动模式	说明	示意图
启动	在正常工况下，当车辆开始起步时，牵引电机由动力蓄电池提供电能	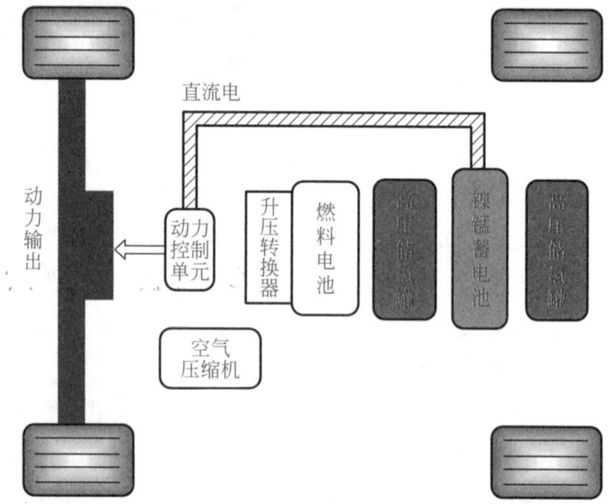
巡航	在平稳驾驶期间，燃料电池堆的电能驱动牵引电机	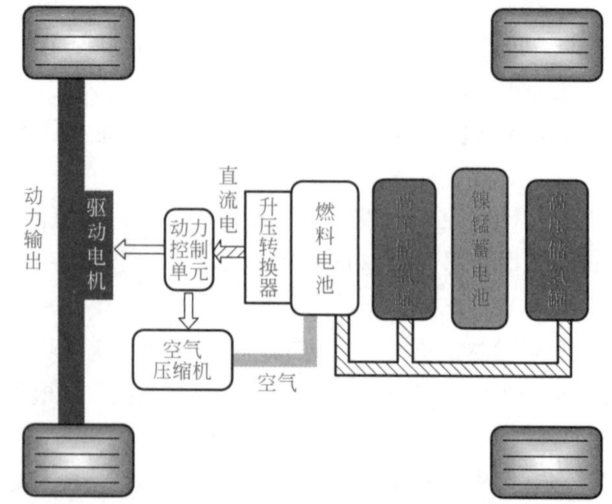

续表

驱动模式	说明	示意图
加速	在加速过程中,来自燃料电池堆的电能增加,燃料电池转换器的升压比增大,并由动力蓄电池提供额外的电能来加速车辆	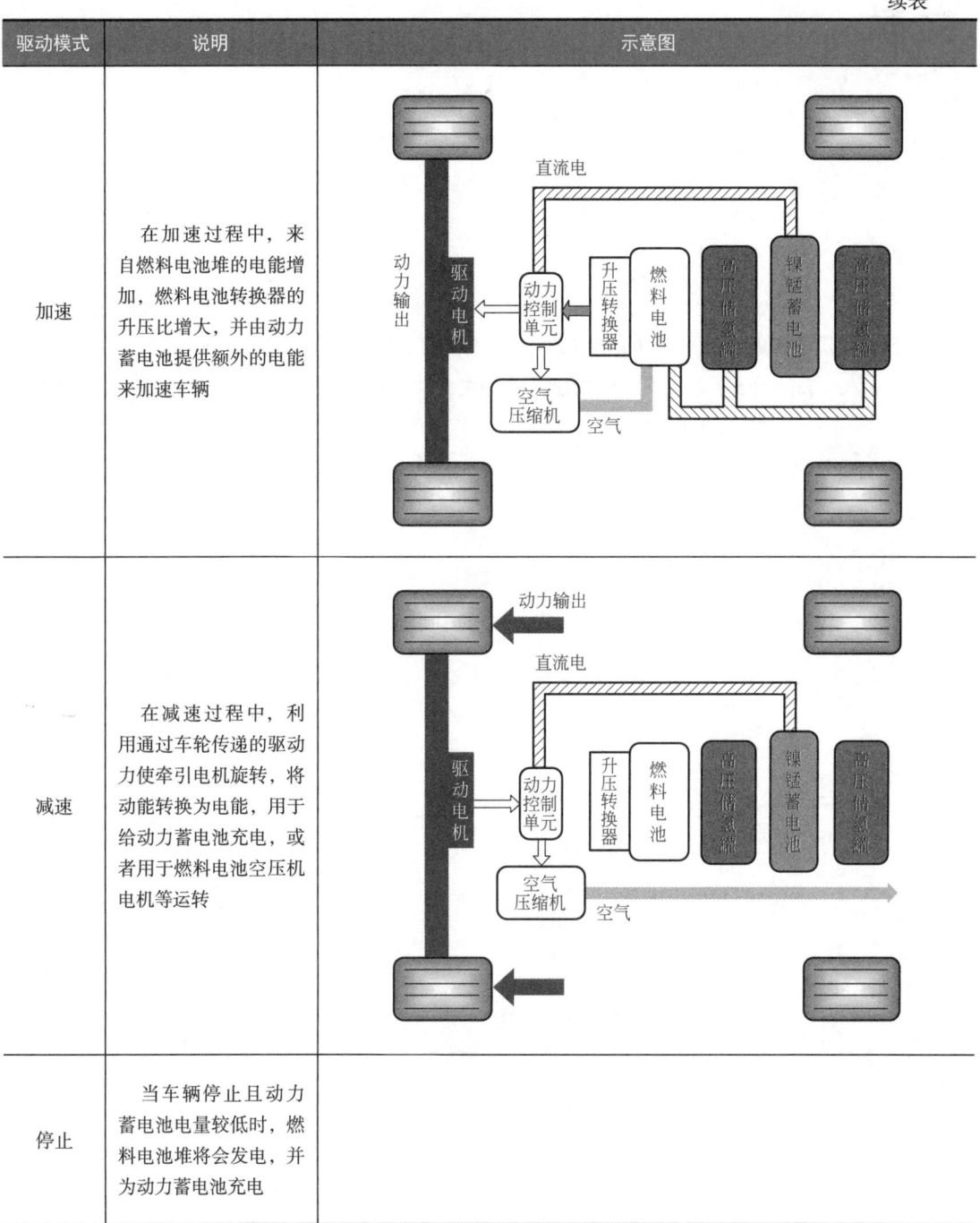
减速	在减速过程中,利用通过车轮传递的驱动力使牵引电机旋转,将动能转换为电能,用于给动力蓄电池充电,或者用于燃料电池空压机电机等运转	
停止	当车辆停止且动力蓄电池电量较低时,燃料电池堆将会发电,并为动力蓄电池充电	

注:直流电 ▨;交流电 ⇐;空气 ▬;动力输出 ■;氢气 ▨。

参考文献

[1] 黄志坚. 电动汽车结构·原理·应用[M]. 2版. 北京：化学工业出版社，2018.

[2] 周晓飞. 图解电动汽车维修入门与提高[M]. 北京：化学工业出版社，2018.

[3] 许云，赵良红. 新能源汽车动力电池及充电系统检修[M]. 北京：机械工业出版社，2018.